抗日战争时期中国人口伤亡和财产损失调研丛书

主　编　张树军　李忠杰
副主编　蒋建农　霍海丹
　　　　李　蓉　姚金果

广东省抗日战争时期人口伤亡和财产损失

广东省委党史研究室　编

中共党史出版社

图书在版编目(CIP)数据

广东省抗日战争时期人口伤亡和财产损失/广东省委党史研究室编．
—北京:中共党史出版社,2018.1
(抗日战争时期中国人口伤亡和财产损失调研丛书/张树军,李忠杰主编)
ISBN 978-7-5098-4280-5

Ⅰ.①广… Ⅱ.①广… Ⅲ.①抗日战争－损失－史料－广东
Ⅳ.①K265.06

中国版本图书馆 CIP 数据核字(2017)第 187469 号

出版发行:**中共党史出版社**
责任编辑:安胡刚
复　　审:陈海平
终　　审:汪晓军
责任校对:龚秀华
责任印制:谷智宇
责任监制:贺冬英
社　　址:北京市海淀区芙蓉里南街6号院1号楼
邮　　编:100080
网　　址:www.dscbs.com
经　　销:新华书店
印　　刷:北京汇林印务有限公司
开　　本:170mm×240mm　1/16
字　　数:616 千字
印　　张:31.75　　20 面前插
印　　数:1－3050 册
版　　次:2018 年 1 月第 1 版
印　　次:2018 年 1 月第 1 次印刷
　ISBN 978-7-5098-4280-5
定　　价:68.00 元

此书如有印制质量问题,请与中共党史出版社出版业务部联系
电话:010－82517197

《抗日战争时期中国人口伤亡和财产损失调研丛书》

本课题在中共中央党史研究室室委会领导下进行。先后四位时任主任孙英、李景田、欧阳淞、曲青山对本课题给予了重要指导。

主　编　张树军　李忠杰
副主编　蒋建农　霍海丹　李　蓉　姚金果

参加审稿的领导和专家：

一、中共中央党史研究室领导和专家

曲青山　孙　英　龙新民　陈　威　石仲泉
谷安林　张树军　黄小同　黄如军　李向前
陈　夕　任贵祥　郑　谦　王　洪　黄修荣
刘益涛　韩泰华

二、有关部门和单位的专家

李景田（第十二届全国人大常委、民族委员会主任
　　　　委员；中共中央党史研究室原主任；中共
　　　　中央党校原常务副校长）
何　理（中国人民解放军国防大学少将、教授、中
　　　　国抗日战争史学会会长）
支绍曾（中国人民解放军军事科学院少将、原军事

历史研究部副部长、研究员）

罗焕章（中国人民解放军军事科学院研究员）

刘庭华（中国人民解放军军事科学院原军事历史研究部研究室主任、研究员、博士生导师、首席军史专家）

阮家新（中国人民革命军事博物馆原副馆长、研究员）

步　平（中国社会科学院近代史研究所原所长、研究员）

汤重南（中国社会科学院世界历史研究所研究员、中国日本史学会名誉会长）

姜　涛（中国社会科学院近代史研究所研究员）

荣维木（《抗日战争研究》原主编）

郭德宏（中共中央党校党史教研部原主任、教授、博士生导师）

肖一平（中共中央党校党史教研部教授）

杨圣清（中共中央党校党史教研部教授）

李东朗（中共中央党校党史教研部教授、博士生导师）

徐　勇（北京大学历史系教授、博士生导师）

李良志（中国人民大学中共党史系教授）

王桧林（北京师范大学教授、博士生导师）

谢忠厚（河北省社会科学院原现代史研究所所长、历史研究所顾问、研究员）

中共中央党史研究室课题组成员

李忠杰　霍海丹　李　蓉　姚金果　李　颖

王志刚　王树林　杨　凯

《抗日战争时期中国人口伤亡和
财产损失调研丛书》

总　序

中共中央党史研究室副主任　李忠杰

　　发生在 20 世纪三四十年代的中国人民抗日战争，是中华民族抵抗日本帝国主义侵略的一场规模巨大的战争，是世界反法西斯战争的重要组成部分和东方主战场，是近代以来中国反对外敌入侵第一次取得完全胜利的民族解放战争。中国人民抗日战争的胜利，成为中华民族由衰败走向振兴的重大转折点，也对世界各国人民取得反法西斯战争的胜利、争取世界和平的伟大事业产生了巨大影响。

　　这场战争，作为世界反法西斯战争的一部分，从根本上来说，是反法西斯正义力量与法西斯侵略势力之间的一场大决战，是文明与野蛮的一场大搏斗。日本侵略者，站在法西斯阵营一边，不仅与中国人民为敌，而且与世界人民为敌，肆意践踏人类的公理和正义，企图以残暴杀戮的手段，将中华民族置于自己的铁蹄之下。日本侵略者先后占领了中国、东南亚、南亚、大洋洲许多国家的领土，杀害居民，掠夺物资，强征劳工，施放毒气，蹂躏妇女和儿童，毁坏和窃取文物，造成了大量人员和财产的损失，给中国人民和亚洲其他许多国家人民留下了巨大的创伤，给世界文明造成了空前的破坏。

　　中国是受战争摧残最为严重的国家。从 1931 年到 1945 年的 14 年间，日本侵略者先后占领了东北、华北、华中、华南等大片中国最重要的经济政治文化战略地区。在整个战争进程中，日军到处屠杀、焚烧、抢掠、奸淫，使中国人民的生命财产惨遭蹂躏；大量使用生化武器，进行残酷的细菌战和化学战；把大批中国平民和俘虏当作细菌和毒气的试验品；对无辜的中国平民施放毒气，或在河流、湖泊、水井中投毒；掠走大批中国劳工，强迫他们筑路、开矿、拓荒，从事大型军事工程，使其大批冻、饿、病、累而死；强征中国妇女作为"慰安妇"，严重残害妇女的身心健康；对抗日根据地实行"烧光、杀光、抢光"政策，企图摧毁抗战军民起码的生存条件；在许多地方还制造了一系列触目惊心的大惨案。直至今天，日本侵略所造成的后果还难以完全消除，日军遗留的毒气弹还不时地威胁着中国人民的生命安全。

日本侵略者的罪行，违背了起码的人类良知和国际公法，不仅是对人权和人道主义的践踏，而且是对人类文明的挑战。它决不是如某些日本右翼分子所说是解放亚洲和太平洋地区人民的行动，而是亚洲和太平洋地区历史上最黑暗的一幕，是人类文明史上的一场浩劫。第二次世界大战结束后，根据《波茨坦公告》的规定，远东国际军事法庭在东京对日本首要战犯进行了国际审判，确认侵略战争为国际法上的犯罪，策划、准备、发动或进行侵略战争者为甲级战犯。此外，盟军还在马尼拉、新加坡、仰光、西贡、伯力等地，对日本的乙、丙级战犯进行了审判。中国也先后对日本的有关战犯进行了审判。这些审判，与欧洲的纽伦堡审判一起，使发动侵略战争的罪犯受到了应有的惩处，代表了全世界一切爱好和平人民的共同愿望。这是正义的审判，历史的审判！这一审判的结果是不容挑战的！

策划和制造当年这场战争的，是一小撮日本军国主义和法西斯分子。而日本人民，从根本上来说，也是受害者。所以，日本人民也用不同方式对这场战争进行了抵制和反抗。不少参加侵华战争的士兵认识到战争的性质，幡然悔悟，积极参加了国际和日本国内的反战活动。战后，很多人勇敢面对历史事实，以见证人的身份揭露了日本军国主义的罪行。还有很多当年的士兵，真诚忏悔战争的罪行，以实际行动推动世界和平和中日友好，做了很多有益的工作。他们的良知和勇气，应该得到充分的肯定和赞赏。

相反，日本国内一些右翼势力，直到今天仍然否认侵略战争的性质和罪行，竭力推卸侵略战争的责任。对早已由当年远东国际军事法庭作出严正判决的南京大屠杀一案，始终企图翻案。历史不容改变，事实岂能抹杀！企图歪曲历史，掩盖罪行，这是中国人民绝对不能同意的！

中国人民在当年那场战争中的胜利，是正义战胜邪恶、光明战胜黑暗、进步战胜反动的伟大胜利！是正义的胜利、人民的胜利、和平的胜利！既是中华民族永远值得纪念的胜利，也是世界人民永远值得纪念的胜利！但是，在纪念胜利的同时，我们不要忘记，这一胜利是用极为惨重的代价换来的。在这一伟大胜利的背后，是中华民族遭受的巨大人员伤亡和财产损失！中华民族，既为这场战争的胜利作出了巨大的贡献，也在这场战争中付出了巨大的民族牺牲。

1995 年，江泽民同志在首都各界纪念抗日战争暨世界反法西斯战争胜利 50 周年大会上，对当年日本侵略中国造成巨大人口伤亡和财产损失的基本数据作出了重要表述。2005 年，胡锦涛同志在纪念中国人民抗日战争暨世界反法西斯战争胜利 60 周年大会的讲话中，再次郑重宣布，据不完全统计，在抗日战争期间，中国军民死伤 3500 多万人；按 1937 年的比值折算，中国直接经济损失 1000 多亿美元，间接经济损失 5000 多亿美元。中国领导人公开宣布的基本数据，从整体上揭示了中国人口伤亡和财产损失的规模，有力地揭露了日本军国主义侵略的罪行。

数据，是历史的抽象。数据的背后，是大量的事实、确凿的证据，是无数人们的惨痛记忆和血泪控诉。为了更直接、更具体、更全面、更系统、更立体地还原当年的历史，展示中国人民遭受的灾难和损失，揭露日本军国主义的罪行，驳斥日本右翼势力否认侵略罪行的种种言论，我们必须通过更多档案资料的展示、历史文书的挖掘、具体事实的考查、当事人的证词证言、各种各样的物证书证，等等，将侵略者的罪行昭告天下。因此，作为炎黄子孙，作为郑重的历史工作者，有必要、有责任、有义务、也有权利对战争期间中国的人口伤亡和财产损失进行更加系统、详尽、具体的调查研究，将当年中国人民的巨大牺牲和惨重损失永远地记载下来。

这项调查研究工作，本来在抗日战争结束之后，或者在新中国成立时，就应该进行。但由于种种历史原因，未能系统、全面地进行。由于年代久远，资料散失，在世的证人越来越少，现在进行这方面的调查和研究已经有很大困难。但是，无论早晚，这项工作总得有人来做。现在才做，已经晚了几十年。但如果现在再不做，将来就更晚，也更困难了。所以，无论再困难，做，都是必要的。做好这项调研，是对历史负责、对人民负责、对当年的牺牲殉难者负责、对我们的子孙后代负责。根本上，是对整个中华民族负责，也是对国际社会和人类文明负责。

因此，2004 年，中央党史研究室决定开展《抗日战争时期中国人口伤亡和财产损失》的课题调研。从 2005 年开始，组织全国党史部门围绕这一重大课题，开展了系统深入的调研工作。其基本任务，是按照实事求是的原则，调查更加详实、有力、具体、准确的档案、材料、事实，更加清楚准确地掌握日本军国主义的侵略罪行，更加清楚准确地掌握日本侵略在各个不同领域、地区和方面对中国造成的破坏和损失。其中包括：各个省、自治区、直辖市在抗战中的人口伤亡和财产损失情况；历次重大战役战斗中中国军队伤亡的情况；日本从中国掠走各种资源的情况；日本从中国掠走和破坏文物的情况；日军在中国制造的一系列重大惨案；中国劳工的损失情况；中国妇女遭受日军性侵犯的情况，包括"慰安妇"的情况；日军在中国使用细菌武器、化学武器及其造成伤害的情况；日本侵略在其他方面给中国造成破坏的情况；等等。

课题调研的整体布局，实行块块和条条的结合。每个省、自治区、直辖市党史研究室，主要负责把本区域内的情况调查清楚。也可根据实际情况，选择一些重点，进行专题性的调研，形成专题性的研究成果。一些重要专题，单靠某个省（自治区、直辖市）做不了，就采取条条的办法，组织专题性的调研。还有一些，则是条条与块块相结合。如毒气，日军在不同区域使用过，有关的省（自治区、直辖市）都调查。但作为一个专题，由相关的区域进行协调，配合开展调研工作，并形成专项的调研成果。如劳工、性侵犯等，就大致属于这种类型。

课题调研的方式方法，主要是查阅和搜集档案文献资料，包括不同历史时期的统计报表。同时查阅当时有关的报刊资料，查阅多年来涉及有关地方、有关课题的研究成果。对一些特殊的重大事件，特别是重大惨案等，也同时进行社会调查，对当事人、知情人、有关研究人员等进行走访，记录证词证言。对于特别重要的事件，有条件的，还进行必要的司法公证，如南京大屠杀、潘家峪惨案等，使这些调查都成为在法律上可以采信的证据。根据需要与可能，也到国外境外包括台湾地区查阅搜集档案资料。

中央党史研究室进行了大量组织和指导工作。在课题确定前，首先进行了必要的论证，得到了许多专家的支持。随后，制定了详细的工作方案，向各省、自治区、直辖市党史研究室发出正式通知和实施意见，明确了工作的指导思想、组织领导、调研项目、工作步骤、基本要求、注意事项等等。为了提高认识，振奋精神，交流经验，落实措施，专门召开了工作培训会议，就课题的总体规划、调研方法、需要把握的问题等，作了全面部署，特别是提出了把调研工作做成"基础工程、精品工程、警世工程、传世工程"的要求。多年来，一直分阶段、有步骤地把这项课题调研推向前进。有关领导和专家分别到各地参加会议，指导培训，提出要求，统一规格，解答疑难问题。在调研过程中，随时就有关问题进行具体指导。工作班子及时编发简报和简讯，交流情况和经验。

各级党委和政府高度重视。多数地方成立了由党史研究室领导负责的课题组。各地先后召开工作会议、电话会议等，培训人员，落实任务。许多地方形成了由党史研究室牵头，档案、民政、财政、司法、地方志、社科院以及高校等部门单位联合攻关的局面，保证了调研工作扎扎实实、有计划有步骤地向前推进。

《抗日战争时期中国人口伤亡和财产损失》课题调研先后经历了六个阶段。第一，酝酿启动。第二，全面调研。这是最重要的阶段。各地组织专门人员，查询档案，实地走访，搜集了大量资料。第三，起草报告。凡参加调研的县以上单位，都要在搜集整理、考证研究档案文献资料和进行实地调查的基础上，写出调研报告，全面、准确地反映调研成果。同时，将调研中搜集的档案文献资料进行分类整理，制作统计表、大事记和人员伤亡名录等。第四，分级验收。为保证调研成果的科学性、准确性、严肃性，各省、自治区、直辖市调研报告都要经过四级验收。首先由课题领导小组审查通过，然后聘请所在省份资深专家审读验收，合格后报送中央党史研究室课题组。中央党史研究室课题组审读各省、自治区、直辖市的调研报告及相关调研成果，认为合格后，再聘请有全国影响的专家审读，写出书面意见并亲笔署名。根据审读意见，各地都要反复认真进行修改，只有达到规定要求才能通过验收。第五，上报成果。完成调研工作的省、自治区、直辖市，都按统一要求，将调研中收集的档案文献资料等所有文件，精心整理，分类成册，向中央党史研究室提交调研成果。各市县也要逐级向省级报送。第六，反复审核。中央党史研究室召开审稿会，组织各省、自治区、直辖市按照标准自审，相互间互审，将各种材料进行比对，将有关数据核实，解决带有共性的问题，进一步统一标准、统一规范、统一格式。

这项课题调研，作为一项浩大的工程，到目前为止，进行了将近10年之久。前后共有60多万党史工作者、史学工作者和其他各类有关人员参加。将近10年来，各个地方都周密组织，采取有力措施推动工作开展，保证调研质量。如山东省，先在30个县（市、区）进行试点，然后在全省普遍推开，形成了纵向省市县乡村五级联动、步调一致，横向十几个部门优势互补、携手攻关的工作格局。课题调研期间，山东省参加工作的同志共查阅档案238742卷，复印档案资料406912页，查阅抗战期间及战后出版的书刊61301册（期），复制文献资料220177页。走访调查8万余个行政村、609万名70岁以上（即1937年全国性抗战爆发以前出生）老人中的507万余人，收集证言证词79万余份。拍摄照片资料7376幅、录像资料49678分钟，制作光盘2037张。全省1931个乡镇，每个乡镇都建立了包括证人证言证词、伤亡人员名录、财产损失清单、人员伤亡和财产损失数字统计、人员伤亡和财产损失大事记、重大惨案证据材料以及证人和知情人口述录音、录像、照片等内容的抗战时期人口伤亡和财产损失材料卷宗，共12892个。

这项课题调研，也得到了社会各界特别是档案图书部门、专家学者的普遍支持。许多档案馆、图书馆为这次调研提供各种方便。不少专家学者在教学科研任务繁重、经费困难的情况下，承担专题研究任务。有的外请专家利用学校假期全力以赴做课题，缺少交通工具，就以自行车代步或徒步，到档案馆和图书馆查阅文献资料。

为了扩大搜寻面，中央党史研究室还组织查档小组，分赴美国、俄罗斯、日本，搜集了许多抗战史料。很多地方的课题组都到台湾查档。在台北"国史馆"、中国国民党党史馆、"中央研究院"近代史研究所档案馆等，找到了数量巨大、整理比较细致的抗战档案。台北"国史馆"馆藏的国民党在大陆统治时期行政院赔偿委员会档案，涉及抗战时期中国人口伤亡和财产损失的有8924卷，内容十分翔实具体。既有中央机关、军队系统人口伤亡和财产损失情况，也有地方省、市，县、区和个人填报的资料，包括台湾地区和华侨的档案资料。新疆防空委员会也报送有财产损失材料，如修筑防空工事、疏散费等财产损失。重庆市报送有日机空袭慰恤重伤难胞姓名卡，上面有卡号、伤员姓名、性别、年龄、籍贯、受伤时间、受伤地点、犒金额、发犒金时期、所住医院名称、医院地址、入院时间等，受伤部位还配有图片加以说明。所有这些，为查明当时各方面的人口伤亡和财产损失，提供了重要证据。

这项重大课题调研的成果，均编成《抗日战争时期中国人口伤亡和财产损失调研丛书》公开出版，为国内外学者提供并为子孙后代留下一份关于抗战时期中国人口伤亡和财产损失的系统资料。经过验收、审核合格的调研报告和主要档案文献资料，都按统一体例，编辑成为丛书的 A、B 两个系列。A 系列为各省、自治区、直辖市各一本调研成果，以及若干重要专题的调研成果，由中央党史研究室负责审核。B 系列为各省、自治区、直辖市的其他大量调研成果，由各省、自治区、直辖市党史研究室负责审核。全部成果统一设计、统一规格、统一版式、统一编号，由中共党史出版社统一出版。全部出齐之后，将有 300 本左右。

为了集中反映日本侵略者在中国制造的各种重大惨案，我们专门编纂了一套《抗日战争时期全国重大惨案》，收录抗战时期死伤平民（或以平民为主）800 人以上的重大惨案 100 多个，配以档案、文献、口述及照片等作为历史证据。日本一些右翼分子，常常攻击中国为什么不拿出伤亡人员名单。我们专门安排了一个省，即山东省，公布该省具体的伤亡人员名录（第一批先公布该省100个县〈市、区〉的死难人员名录），包括姓名、籍贯、年龄、性别、伤亡时间等多项要素。以此说明，中国的伤亡人员都是有根有据、铁证如山的。

历史的生命在于真实、客观、准确。《抗日战争时期中国人口伤亡和财产损失》这一课题调研的生命也在于真实、客观、准确。所以，在开展这一课题调研的过程中，我们始终把保证调研质量，保证所有材料、事实、成果的真实性、客观性和准确性放在第一位，并在五个重要环节上严格要求、严格把关。第一，严格要求。一开始就明确规定，课题调研工作坚持实事求是的原则和科学严谨的态度。整个调研工作必须尊重历史事实。档案怎么记录的，就怎么记载，不能随意改变。当事人、知情人怎么说的，就怎么记录，不能随意加工。所有的材料、事实都要经得起法律上和学术上的质证。在需要与可能的情况下，对当事人、知情人的证词证言要进行司法公证。各种数据，都要确有根据，不能随便编排、采信。不许追求任何高数字、高指标。第二，统一规范。对课题调研的项目、内容，都做了认真细致的研究，提出了统一要求和严格规范。对全部调研项目设计了统一的表格，对调研报告的内容和格式做了统一规定。每个数字的内涵外延，包括如何计算、如何换算等等，都有明确的规定。事前对调研人员进行了培训。调研过程中，对没有理解的问题、疑难的问题等，都由专家给予统一的解释、说明。第三，责任到人。对所有参与课题调研的人员，都实行责任制。查档的、笔录的、整理的、起草调研报告的、审读的……，每个环节的人员都要签名，以对这一环节自己的工作负责，对子孙后代负责。明确规定，今后凡遇到质疑，有关环节的调研人员都要能够站出来进行证明、解释和辩论。第四，客观撰写。在汇总情况、起草调研报告阶段，要求所有的数据统计都必须客观、真实、准确。一律用事实说话，材料要具体、实在。不允许像写文艺作品那样来写调研报告；不允许作任何想象、编造和煽情性的描写；不允许刻意追求语言的生动华美；不允许使用任何带有夸张性、主观推断性的文字；不允许用"不计其数"、"无恶不作"这类抽象的形容词来概括相关内容；经过调研，凡是能够说清的事实、数字都予采用，但仍然说不清的情况、数据，就客观地说明未查核清楚，在汇总和整理数据时充分考虑这些因素，绝对不得编造数字。第五，逐级验收。除了在调研过程中由特聘的专家随时给予指导外，对各地提交的调研报告和相关材料，都实行逐级验收制度。其中，对省级调研成果实行由地方到中央的四级验收，其他调研成果由有关省、自治区、直辖市党史研究室组织验收。每一验收环节都要有专家审读、签字。凡存在问题和不符合要求之处，都要退回重新核查和修改。

经过艰苦努力，到 2010 年底，我们在深入调研的基础上，初步编出了几十本成果，先行印制了少量样本作为内部工作用书，组织力量作进一步的研究、审读、复查、校核。从 2014 年初开始，我们又组织展开了新一轮较大规模的审核工作。第一，召开有关省、自治区、直辖市党史部门参加的审稿会，进一步提高认识，明确规范，听取相互评审以及从社会各方面听到的意见，对审核工作提出要求，进行部署。第二，开展自审、复核、修改，确保准确无误。同时在各省、自治区、直辖市党史部门之间交叉审读，相互间进行比较、核对、衔接。自审互审完成后，都要确认是否具备正式出版的质量水准，签署是否同意交付出版的意见。第三，由中央党史研究室组织专家，对所有拟第一批出版的成果（书稿）进行六个环节的审读、检查、修改、校对，不仅检查是否还有表述不够准确或不够清楚的地方，而且对各本书稿之间、每本书稿各个部分之间的内容、叙述、时间、数字等进行统筹检查，排除表述不一致的内容。第四，如实客观地说明我们工作尽最大努力后达到的程度。始终强调，凡是已经清楚的，就清楚表述。还没有搞清楚的，就如实说明还没有搞清楚。某些数据、结论与其他书籍资料不完全一致的，则说明我们是依据什么材料、从什么角度得出和叙述的，不强求一致。第五，组织各地党史部门继续参与审核。凡有疑问的，都与有关地方党史部门联系、查核。多数省、自治区、直辖市都派专人来京参与审核、修改、校对。审核完毕后，又组织各地党史部门对自己书稿的清样再次进行审核。然后再按出版流程交付印制。今年以来对这些成果再次进行如此繁密、细致的复核工作，都是为了进一步保证成果的质量，保证历史事实的真实性和准确性。

特别需要强调的是，开展这项调研，不是为了简单汇总、计算这样那样的数据，而是为了寻找、展示更多的档案、更多的材料、更多的人证物证、更多的历史事实，用具体的事实来反映当年中华民族遭受的巨大灾难，揭露日本侵略者反人类的罪行。时隔几十年，很多数据难以查清，很多数据可能不很吻合，而且数据的分类、统计、核算都极为复杂，远远不是简单做一做加法就能算出来的。所以，我们在数据上采取了十分谨慎的态度。能统计出来的就统计出来，难以统计的也不强求。统计的口径、结果相互有差别的，也注意说明。今后，我们将会对数据问题作进一步研究。因此，目前的研究还只是阶段性的，不能说已经包罗万象，更不是最终的结论。总体上，还是在为今后更加综合性的研究提供一个详尽、扎实的基础。

由于自始至终都高度重视和强调调研的质量，所以，对于这一项目的真实性、客观性、准确性，我们有充分的信心。当然，无论如何，历史已经过去了六七十年，很多当事人已经去世，很多档案资料已经散失。现在再对发生在六七十年前的灾难进行大规模的调查，其困难是可想而知的。所以，即使做了最大的努力，我们仍然充分预计在调研成果及有关材料中，还是会有不足和差错之处，出版之后，肯定会有不同意见。所以，我们真诚地欢迎所有看到这些调研成果的人们，对其中的内容、材料、数据等进行审查、讨论。如此，必将有更多的人们关心和参与对当年那场灾难的调查，必将会提供和发现更多的档案、更多的资料、更多的见证，必将对我们调研成果中的很多内容进行不断的推敲琢磨，从而使我们能够更加准确、系统地展示当年中国的人口伤亡和财产损失，使我们为子孙后代留下的资料更为完整、更为丰富。我们也欢迎日本和其他国家的人们对这些调研成果进行阅读、审查、讨论、质疑。如此，将会有更多的国家和人们关注中国当年所遭受的灾难，也将会有更多的存留于国外境外的档案资料出现在公众面前，也将会使对当年这段历史和灾难的记录、研究更加准确和科学。

《抗日战争时期中国人口伤亡和财产损失》课题调研，是一项学术性的工作。开展这项课题调研，是为了更加准确和详尽地记录这场战争和灾难的历史，更加充分和有力地揭露日本军国主义的侵略罪行、反击日本右翼势力否认侵略战争的言行，更加充分和有效地进行爱国主义教育，毋忘国耻、振兴中华，更加积极地促进两岸交流、推进祖国和平统一进程，同时，也是为了给全世界所有关注当年这场战争和灾难的国家、政府和人们一个更加负责任的交代，为子孙后代继续研究当年中国人民抗日战争和日本军国主义的侵略罪行留下一笔丰富翔实的历史遗产。因此，虽然是学术性调研，但具有重大的历史意义、现实意义、国际意义、政治意义。作为历史工作者，我们有责任、有义务，实事求是地把中华民族在那场战争中蒙受的巨大灾难和损失尽可能完整地记载下来。推动和开展这项课题调研，是良心所在，是责任所在！每每读到那些令人震颤的历史事实，每每想到那数千万死难者的冤魂亡灵，每每掂量我们今人特别是历史工作者的责任，我们都禁不住潸然泪下。将近10年来，所有调研人员本着对历史和民族负责的精神，殚精竭虑，无私奉献，千方百计寻找各种线索，逐字逐页翻阅档案资料。为了做好对当事人、知情人的调查取证工作，顶酷暑，冒严寒，深入村镇，一家一户进行走访。也许，随着时间的流逝，这样的调研工作，以后再也不可能如此全面深入大规模地进行了。所以，对于能够基本完成这一课题的调研，我们极为欣慰，对能够取得今天这样的成果，我们极为珍惜。将近10年来，调研工作遇到过重重困难，调研人员付出了巨大心血，但只要能够对国家、对民族、对人民有一个负责任的交代，我们所有的努力、辛劳甚至痛苦都是值得的！

现在，《抗日战争时期中国人口伤亡和财产损失调研丛书》A系列第一批成果就要正式出版了，随后我们还将根据工作进程陆续出版第二批、第三批……B系列丛书的编纂和出版工作也将同时推进。而且，这项课题调研工作远没有结束。截至目前课题调研取得的成果，都还是阶段性的、部分的、不完全的成果。很多专题性调研还要继续进行，对大量档案资料还要进行分析研究。所有这些，都还需要我们继续不懈地努力。我们将以对历史负责的精神，一如既往地将这项课题调研工作做好。

历史，是现实的基础，更是未来的起点。打开尘封的记忆，重温昔日的往事，我们可以得到很多的启示和教诲，增长很多的聪明和智慧。所以，研究历史，形式上是向后看，但根本目的是向前看。作为一种科学的研究，我们调查历史的真相，记录历史的灾难，不是为了延续旧时的仇恨，不是为了扩大中日之间的裂痕，不是为了煽动狭隘民族主义的情绪，而是为了以史为鉴，不让历史的悲剧重演；面向未来，书写更加友好合作的美好篇章。经历了太多的苦难和挫折之后，我们更加坚定地热爱和平，更加执着地追求正义，更加珍惜国家的主权与独立，也更加关注世界的文明发展和进步。我们真诚地希望，世界各国能够携手努力，平等协商，求同存异，友好相处，共同推进世界的发展，共享人类文明的成果；我们真诚地希望，中日两国人民能够更多地加强交流、理解和合作，共同开辟中日关系的新局面，使中日关系更加健康稳定地向前发展，使中日两国人民真正世世代代地友好下去；我们真诚地希望，中华民族能够始终以坚韧不拔的努力，坚定不移地走和平发展之路，在中国特色社会主义旗帜下全面建设小康社会，努力实现社会主义现代化，为推动建设一个和平发展、文明进步的世界作出自己的贡献！

2014 年 4 月 30 日

《抗日战争时期中国人口伤亡和财产损失》课题[①]调研工作规范和要求

2004 年，中共中央党史研究室决定开展《抗日战争时期中国人口伤亡和财产损失》课题调研。2005 年向全国各省、自治区、直辖市党史研究室发出开展此项工作的正式通知，进行相应部署，着重说明工作的指导思想、调查项目、实施步骤及规范和要求。以后又随着课题调研的深入开展，对规范和要求进行了补充和完善。

一、课题调研的基本任务

抗战损失课题调研的目的和任务是深化对抗日战争时期中国人口伤亡和财产损失的研究。1995 年，在首都各界纪念抗日战争暨世界反法西斯战争胜利 50 周年之际，江泽民同志曾经对 20 世纪三四十年代日本侵略中国造成巨大人口伤亡和财产损失的基本数据做出了重要表述。2005 年，在纪念中国人民抗日战争暨世界反法西斯战争胜利 60 周年大会的讲话中，胡锦涛同志再次郑重宣布，据不完全统计，在抗日战争期间，中国军民伤亡 3500 多万人；按 1937 年的比值折算，中国直接经济损失 1000 多亿美元、间接经济损失 5000 多亿美元。中共中央党史研究室组织开展的课题调研，旨在全面详尽调查有关抗日战争时期中国人口伤亡和财产损失的具体事实，为这组基本数据提供强有力的史实支撑，并不是简单地做数据统计。

---

① 本课题亦简称为抗战损失课题或抗损课题。因为抗日战争时期及抗战胜利后国民政府统计人口伤亡和财产损失多采用"抗战损失"等概括性提法，其中将人口伤亡也称作抗战损失之一种，与财产损失并提，故沿用这一表述。

课题调研的基本任务是：按照实事求是的原则，经过广泛、全面、深入细致的调查研究，包括查阅搜集档案资料、对统计数据进行分析等，获得更多的证据，以更加全面和准确地揭露日本帝国主义侵略中国的罪行及其对中国人民造成的伤害。

课题调研的主要内容包括：(1)各个省、自治区、直辖市在抗战中的人口伤亡和财产损失情况；(2)历次重大战役战斗中中国军队伤亡的情况；(3)日本从中国掠走各种资源的情况；(4)日本从中国掠走和破坏文物的情况；(5)日军在中国制造的一系列重大惨案；(6)中国劳工的损失情况；(7)中国妇女遭受日军性侵犯的情况，包括"慰安妇"的情况；(8)日军在中国使用细菌武器、化学武器及其造成伤害的情况；(9)日本侵略在其他方面给中国造成破坏的情况；等等。

二、课题调研的方式和方法

主要是组织有关人员查阅和搜集档案馆、图书馆和其他文博单位以及民间保存的有关中国抗战人口伤亡和财产损失的档案资料、报刊杂志、历年出版的专题资料集和发表的研究成果。对一些特殊、重大的事件如重大惨案，则走访当事人、知情人和有关研究人员，进行录音录像，整理和保存证人证言，有条件的还进行司法公证，努力使这些调查材料成为在法律上可以采信的证据。有些省份的课题组还到境外的有关机构查阅相关档案资料，作为对大陆保存的档案资料的丰富和补充。这次课题调研的整体布局，实行块块和条条相结合。每个省、自治区、直辖市党史研究室在负责开展地区性的广泛调研的同时，也从实际出发开展一些专题性调研。一些重要的、涉及多个地方的带有全局性的专题，则另组织专家进行调研。

三、对搜集档案资料的要求

1. 明确搜集档案资料的范围。搜集档案资料是本课题调研工作的基础，调研成果的质量也主要决定于档案资料是否翔实，是否尽可能完整和全面。所以，凡相关内容的档案资料，不论是直接反映人口伤亡和财产损失的，还是间接反映的（如关于人口状况、财产状况、生产能力、各类资源情况等资料），都尽量搜集，作为撰写调研报告的客观的历史依据。搜集的要件有：档案、报刊、史志、时人日记、专著专论、实地调查报告、图片、影像资料以及出版、发表的研究成果等。

2. 认真整理原始档案和资料。对于搜集到的档案资料，不论是来自原始的档案，还是来自报刊、史志、日记、图书、专题论文等，都认真整理，每份每件都注明保存的地点、单位，文件卷号、出版或发表处等，然后分类汇总，妥善保存。档案资料使用时一律保持原貌，必要时作注释说明，不允许对原件内容增改、涂抹。对搜集到的档案资料要在分门别类整理的基础上进行必要的考证、鉴别和研究。整理后的档案资料，不仅是有关课题承担者撰写课题调研报告的重要依据，其主要内容也作为附件收入有关的调研成果之中。

四、有关数据统计中的几个问题

1. 根据搜集、掌握资料的情况，抗日战争时期中国的人口伤亡分为直接伤亡和间接伤亡两大类。直接伤亡，一般是指日本侵略中国的战争直接导致的中国方面人员的死、伤、失踪等；间接伤亡，一般是指在日本侵略中国的战争包括特定战争环境中造成的中国方面被俘捕人员、灾民、难民、劳工等的伤亡。抗战期间，被俘捕人员、灾民、难民、劳工等伤亡很大，但由于其流动性大等复杂原因，很难形成具体数据资料，统计起来十分困难。因此，本课题调研中，将已确定属于死、伤或失踪的被俘捕人员、灾民、难民、劳工的数据归入有关地方间接伤亡统计数据；无法确定是否伤亡失踪的，可视情况单列相关数据并加以说明。需要补充说明的是，在战争中失踪者，按通常惯例归为死亡。

2. 抗日战争时期中国的财产损失分为直接损失和间接损失两大类。直接损失，一般是指在日军攻击、轰炸或掠夺中直接造成的社会财产损失。居民财产损失列为直接损失。间接损失，一般包括：(1)政府机关等因抗战需要而增加的费用，如迁移费、防空设备费、疏散费、救济费、抚恤费等；(2)各种营业活动可获利润额的减少及由于成本上升等增加的费用；(3)有关伤亡人员的医药、埋葬等费用；(4)为抗战捐献的物资和钱财；(5)有关人力资源的损失。总之，一切因战争造成的间接财产损失均包括在内。

3. 在财产损失中所列的人力资源类损失，包括了被俘捕人员、劳工等在财产方面的损失。中国各级政府所组织的劳役，例如为战争修筑公路、机场、军事工事等抽调民工，都算作人力资源损失。但中国方面征用民工和日本侵略军强征劳工有所区别。日军强征劳工的伤亡率很高，和中国方面征用民工民夫的情况区别很大，因此要分别统计和说明，不能混淆。

4. 中国军队在重大战役战斗中的人员伤亡，分别情况加以统计处理。此次课题调研以统计平民伤亡为主。有关省（自治区、直辖市）如发现有本地发生过军队人员伤亡的重要资料，可以搜集整理并在调研报告中说明，但不计入本地人口伤亡总数。若是本地籍军人的伤亡，则计入本地人口伤亡总数。

5. 海外华侨拥有中国国籍，因此在计算抗日战争时期中国人口伤亡和财产损失时，华侨人口伤亡和财产损失均计算在内。各有关地方在计算本地人口伤亡和财产损失时，视情况可以将本地籍华侨的伤亡、损失计入统计数据总数，亦可单列数据并加以说明。

6. 工厂、学校、机关团体等由于战争原因搬迁造成的损失，算作间接损失，原则上由工厂、学校、机关团体等原所在地方统计。如果原所在地方缺少相关资料，新迁移处具备资料条件，也可由后者统计。为避免交叉和重复，遇到这类情况须特别加以说明。

7. 政党、政府机构的财产损失，归入公用事业的社会团体类财产损失一并计算。

8. 被日军、日本占领当局无偿征用、占用的中国耕地，按农作物的产量及其价值计算财产损失。

9. 伪军、伪政府的人员伤亡和财产损失，一般计入中国人口伤亡和财产损失。

10. 由战争原因导致的如黄河花园口决堤一类重大事件所造成的人口伤亡和财产损失，计算在间接人口伤亡和财产损失中。

11. 重大的财产损失，均以相应数额的货币反映价值。反映财产损失的货币一般要注明币种。

12. 通常用于抗日战争时期财产损失统计的货币（主要是法币），币值问题非常复杂。本课题调研中，涉及财产损失统计的货币数据，有条件进行折算的，一般按1937年即全国抗战爆发当年通用货币法币的币值进行折算，并说明折算的方式方法。因条件不具备，保留原始数据未作折算的，则注明有关数据中用以反映财产损失的货币系何种货币、何年币值。

五、关于撰写课题调研报告的要求

本次课题调研，有关课题组和承担专门课题的专家均按要求撰写出调研报告。

1. 各省、自治区、直辖市课题组撰写调研报告，内容大致分为概述、主体、结论三部分。

概述部分主要包括：介绍课题调研工作的基本情况，如：投入多少力量，到过什么地方查阅搜集档案资料，搜集了多少档案资料等。反映本地的自然地理概况，抗战爆发前的经济社会发展和人口状况，以及在抗战时期是重灾区还是大后方，是沦陷区还是根据地等。叙述日本侵略者在本地的主要罪行。还可简略回顾以往相关课题的资料和研究情况。

主体部分主要包括：分析说明本地人口伤亡和财产损失情

况。根据现掌握资料，将本地抗战时期人口伤亡分为直接伤亡和间接伤亡，将本地财产损失分为直接损失和间接损失，并分别说明主要的史料依据和分析结果。

结论部分，汇总本地人口伤亡数据、财产损失数据。据实说明迄今所掌握资料的局限性、本地遭受人口伤亡和财产损失的特点、影响等。

撰写调研报告依据的主要资料以及调研中同步完成的专题研究报告等，作为调研报告的附件，纳入课题调研成果中。

2. 由一批专家承担的全局性专门课题，如抗日战争时期重大惨案、劳工问题、"慰安妇"问题、细菌战、化学战、文化损失、海外华侨人口伤亡和财产损失、中国军队伤亡、重要战役战斗伤亡等，其调研报告的撰写和附件的收录，参照以上要求进行。

六、对调研成果的验收

在各省、自治区、直辖市课题调研工作结束后，完成的包括课题调研报告在内的省级调研成果和市、县等调研成果，要装订成册，通过审阅和验收，逐级上报，送交各省、自治区、直辖市党史研究室和中共中央党史研究室分别保存。

为确保质量，在调研过程中形成的各省、自治区、直辖市A、B两个系列书稿（省级调研成果为 A 系列书稿，市、县等调研成果为 B 系列书稿），要分别通过验收。其中，省级调研成果要通过由地方到中央的四级验收，市、县等调研成果则在有关省、自治区、直辖市内验收。

省级调研成果上报验收前，课题组先认真进行自审，以保证内容的完整准确，特别是调研报告和有关专题研究报告、资料、大事记的内容和数据要互相补充、印证，不能互相矛盾。课题组完成自审后，省级调研成果首先报送省级抗战损失课题领导小组验收。省级课题领导小组审查通过后，送省级专家验收组验收。省级专家验收组参加验收的专家一般为3—5人，人选来自党史系统、社会科学院和社科联系统、档案史志部门、高等院校等方面，为较有影响力、权威性的专家。省级专家验收组在本省（自治区、直辖市）课题领导小组的指导下，按照学术规范的严格要求和有关规定审读、验收本省（自治区、直辖市）拟提交中共中央党史研究室的省级调研成果。验收的主要标准和目的是确保调研成果的准确性、可靠性。对于验收中指出的问题、提出的意见和建议，各省（自治区、直辖市）课题组须采取有效措施解决和落实。对一次验收不合格的，修改、完善之后进行第二次以至多次验收，直到合格为止。省级专家验收组验收合格后，填写《A系列书稿验收报告表》。填写的报告表和书稿同时报送中共中央党史研究室课题组。

中共中央党史研究室课题组收到经省级专家验收组验收合格的省级调研成果后，先进行验收。认为合格后，再聘请国内知名专家进行验收，并填写《A系列书稿验收报告表》。验收中所提修改意见，由有关省、自治区、直辖市课题组予以逐条落实，对调研成果做出相应修改或者说明相关情况。

由一批专家承担的全局性专题研究成果，最后形成的书稿也纳入A系列，其验收也参照上述程序和要求，由中共中央党史研究室课题组组织有关专家进行。对于验收中提出的意见，承担课题的专家要逐条落实，对调研成果进行修改完善直至合格为止。

最后，中共中央党史研究室课题组对经过反复修改形成的省级调研成果和全局性专门课题调研成果进行复核。完成各项程序并符合要求的调研成果，包括通过四级验收的A系列书稿和由有关省、自治区、直辖市党史研究室组织验收并合格的B系列书稿，分批次送交中共党史出版社付印出版。

中共中央党史研究室课题组

广东省抗战损失调研课题组

组　长　陈弘君（2006.1—2010.11）

　　　　李淼翔（2010.11—　）

副组长　李淼翔（2006.1—2010.11）

　　　　林　益（2010.11—2016.5）

　　　　刘　敏（2016.5—　）

成　员　林　益　官丽珍　李秀珍　刘　敏

　　　　魏法谱　孙莉娜　张启良　丁少红

　　　　叶浩豪

1937年9月22日，广州西村四约大街遭侵华日军飞机轰炸后情形。

1937年11月24日，防护团救护队员在广州河南日军空袭轰炸灾区找寻死伤者。

　　1938年4月10日，广州宝华正中约12号大利制衣厂在日军空袭轰炸中蒙难的民众及儿童尸体。

　　1938年4月17日，广州大北双山寺被日军飞机炸毁。

1938年4月，日军飞机轰炸
广州西关住宅区，死伤数百人。

1938年5月28日，广州荔枝湾凌园被日军飞机炸死的儿童。

1938年5月30日和6月10日，广州近郊黄华塘乡先后两次遭日军飞机轰炸，共死伤百余人。战后，为追悼死难者，民众组织在被炸地点树立『血泪洒黄华』石碑。

1938年6月6日，广州惠爱西路被日军飞机炸死的民众。

1938年7月12日，日军飞机轰炸广州黄沙如意坊江面，造成大量蛋民（水上居民）伤亡。

1938年7月17日，广州市立第六十四小学遭日军飞机轰炸。

1938年8月8日，日军飞机在广州石室教堂投弹，造成200多人伤亡。

1938年8月15日，广州黄沙西屠场被日军飞机炸毁。

日军飞机轰炸后的广州街道

在日军飞机轰炸下，广州仓边路变成了瓦砾场。

广州小北一带被日军飞机轰炸死亡者的遗体

广州海珠桥边被日军飞机炸沉炸翻的民船

被日军飞机炸毁的广东省营纺织厂

1938年7月23日，曲江县城（今韶关市区）西门关帝庙被日军飞机炸毁，在庙内外避难的市民被炸死104人，炸伤105人。

遭日军飞机轰炸后的南海县邵边乡太兴祖祠

日军空袭后的鹤山县沙坪镇

日军飞机轰炸后的惠阳县

日军飞机轰炸后的罗湖火车站

日军飞机轰炸广九、粤汉铁路沿线

日军飞机轰炸汕头市西北郊运输线（龙泉岩附近）

1938年10月12日，日军在惠阳大亚湾登陆。

1938年10月，日军占领惠州。

1938年10月21日，日军占领广州市政府行署大楼。

1939年6月21日，日本华南派遣军毛利部队占领汕头市政府。

日军通过被破坏的桥梁向潮州进发

日军抓捕潮阳抗日民众

广州沦陷前夕被迫自行炸毁的广东省营制纸厂

潮阳县海门莲花峰遭日军屠杀死难者"万人冢"

日军在澄海附近海域扣押帮助运送中国军队军需品的船只

汕尾失守后，大量中国抗战物资落入日军之手。

抗战期间深圳铁路边上的难民收容所

抗战期间广州南石头难民营收容所遗址

侵华日军细菌战广州大本营旧址

日军设在珠海三灶镇海澄上表村的"慰安所"

日军侵占广州爱群
酒店期间，曾在此设立
"慰安所"。

珠海市三灶镇竹沥山下琴石的"万人坟"，安葬着被日军杀害的三灶岛同
胞的骸骨。

目　　录

总序

《抗日战争时期中国人口伤亡和财产损失》课题
　调研工作规范和要求

（二）　文献资料 ···················· 289

一、广东省抗日战争时期人口伤亡和财产损失调研报告

广东省抗战损失调研课题组

日本帝国主义于 20 世纪三四十年代发动的侵华战争，给中华民族造成了深重灾难。广东省是日本发动侵华战争的重灾区之一。侵华日军对广东省造成了重大的人口伤亡和财产损失。为查清这些伤亡和损失情况，从 2006 年起，至 2009 年底，全省党史（史志）部门根据中央党史研究室的部署，开展了广东省抗日战争时期人口伤亡和财产损失课题调研工作（简称抗损课题调研）。

（一）调研工作概况

从 2005 年起，中央党史研究室组织全国党史部门开展"中国抗战时期人口伤亡和财产损失"课题调研工作。2006 年 1 月，广东省委党史研究室在广州召开了全省第一次抗损课题调研工作会议，各市党史研究室（史志办）负责人和具体负责抗损课题调研的工作人员参加。会议对"广东省抗战时期人口伤亡和财产损失"课题调研工作进行了部署。会后下发《关于"抗战时期广东人口伤亡和财产损失调研"的若干规范意见》。此后，调研工作在全省全面展开。

2007 年 4 月，省委党史研究室在中山市召开全省第二次抗损课题调研工作会议，对全省抗损课题调研下一阶段的工作作了进一步部署。中央党史研究室副主任李忠杰、第一研究部副主任李蓉和研究员姚金果专程到会指导。同年 8 月，为落实全国抗损课题调研培训班的精神，省委党史研究室在广州市召开了全省第三次抗损课题调研工作会议，对各市、县（区）参加抗损课题调研的有关工作人员进行业务指导。为帮助全省各市县更好地完成财产损失的统计填报工作，省委党史研究室特针对广东省实际，整理并下发了《抗战时期广东财产损失价值计算、折算办法》。

全省省、市党史（史志）部门共成立了 22 个课题组，共有 13287 人参与了

调研工作。

全省抗战损失调研课题组及参与人数一览表

单 位	负责人	职 务	参与人数
省 直	陈弘君	省委党史研究室副主任	16
广州市	禤兆强	市委党史研究室主任	1074
深圳市	黄 玲	市史志办公室主任	1076
珠海市	刘望新	市委党史研究室副主任	222
汕头市	吴小坚	市委党史研究室主任	49
佛山市	方焕赞	市委党史研究室主任	55
韶关市	吴土清	市史志办公室主任	372
河源市	吴金华	市委党史研究室主任	78
梅州市	刘小辉	市委党史研究室主任	71
惠州市	洪汉文	市委党史研究室主任	294
汕尾市	高小洪	市委党史研究室主任	93
东莞市	陈立平	市委党史研究室主任	106
中山市	郭昉凌	市委党史研究室主任	27
江门市	吕伟英	市委党史研究室主任	30
阳江市	林进防 黄文放（后）	市委党史研究室主任	93
湛江市	陈 涛	市委党史研究室主任	7090
茂名市	李玉珍	市党史地志办公室副主任	711
肇庆市	杨镜培	市委党史研究室副主任	108
清远市	罗琼标	市史志办公室主任	30
潮州市	姚尚睦	市委党史研究室主任	1271
揭阳市	张素忠	市史志办公室主任	290
云浮市	李慧敏	市委党史研究室主任	121
合 计			13287

　　调研工作主要包括查阅历史档案、文献资料，以及寻访当事人、见证人，录取口述资料等方面。根据广东省的实际情况，为了尽可能掌握更多的史料，省课题组将所查档案文献资料的时间下线延伸到20世纪50年代中期。

　　查阅档案、文献资料是这次全面调研的基础性工作，也是工作量最大的一项工作。由于广东省抗战时期的有关档案文献资料保存非常零散，各级调研组先后派人分赴各地的档案馆、图书馆和方志馆等查阅有关资料。其中包括：中国第二历史档案馆、广东省档案馆、广州市档案馆、韶关市档案馆（韶关是战时广东省政府所在地）、惠州市档案馆、重庆市档案馆、湖北省档案馆，广西壮族自治区的南宁、梧州、桂林、平乐等地档案馆，以及台湾地区的"国史馆"、中国国民党党史馆等；广东省立中山图书馆、中山大学图书馆、暨南大学图书馆、香港大学图书馆；广东省及有关市的方志馆。经过几年的努力，到 2009 年底，全省各级调研组征集到大量有关广东抗战时期人口伤亡和财产损失的资料。其中，合计查阅档案、文献资料 53961 卷，查阅文史、方志和省情等各类书刊 13749 册，复印资料 58726 页。

为获取历史当事人的口述资料，各市、县（市、区）调研人员深入各街道、镇村开展社会调查，寻访历史见证人，进行了大量的录音、录像和笔录等工作。据统计，全省共走访目击证人 52220 人，获得访谈笔录、回忆录资料 9688 份，收集、拍摄照片资料 4069 张。

各市、县课题组对所征集的档案、文献和口述资料进行了认真的分析研究、整理、统计和汇总，形成各市的调研成果，并上报省课题组审阅。省课题组则负责收集整理省直部门的档案、文献资料。省直及各市成果在按照技术规范审批合格后，才按照中央课题组的要求汇编成册，集成为全省调研成果后上报中央课题组。据统计，全省调研成果总计为 489 卷。为保证此次调研工作的质量，省课题组特别聘请历史研究专家黄振位研究员、黄菊艳研究馆员和左双文教授为顾问，对省级调研报告和有关资料进行了审阅。在开展全面调研的同时，省课题组还在中央课题组的直接指导下，组织开展了诸如重大惨案、工业损失、教育损失、日军细菌战和毒气战等重要专题的调研，并撰写了专题调研报告。经过全省各级调研工作者的共同努力，广东省抗日战争时期的人口伤亡和财产损失调研工作取得了阶段性的丰硕成果。

本次课题调研的覆盖范围，为今广东省行政管辖区域。

（二）全国抗战前广东的自然条件和经济社会发展状况

1. 地理位置与行政区划

广东（简称粤）位于中国大陆南部，南海北部，是一个海陆兼备的省份。

广东的陆地范围位于北纬 20°12′~25°31′、东经 109°45′~117°20′之间,陆地总面积约 17.81 万平方公里。广东大陆自东北至西南依次与福建、江西、湖南、广西为邻,东南隔宽约 320 公里的台湾海峡与台湾省相望,西南隔宽 20 公里—30 公里的琼州海峡与海南省相邻。广东大陆海岸线长度为 3368.1 公里,居全国各省首位。自岸线向外海延伸至水深 200 米范围的海域面积约 17.8 万平方公里,与陆地面积基本相等。全省岛屿众多,面积 500 平方米以上的岛屿有 759 个,其总面积达 1599.9 平方公里。海岛是广东近海屏障,对海防、水产和航运有重要意义。

广东地处热带亚热带过渡地带,北回归线横贯本省大陆中部,日照量大,气候温和。优越的地理位置和自然气候,使境内生物种类繁多,动植物资源丰富。适宜发展热带、亚热带作物,为中国主要的水稻高产区;适合发展水产养殖和海洋渔业。

广东海域位于东南亚海上交通要冲。境内河网稠密,纵横交错,流量丰富,港湾众多,内河航道与海洋沟通,海运、内河航运业发达。秦汉时期开辟了从广东的徐闻、合浦(今属广西)出发经南海到达太平洋与印度洋沿海各国的"海上丝绸之路";唐代以广州为起点的航线远达中东和非洲东岸,形成了举世闻名的"通海夷道";明清时期的航线已达南、北美洲,欧洲东部和大洋洲。经历代不断开发,广东成为中国通往世界各地的南大门,成为中国对外贸易的重要口岸。

广东毗邻港澳地区,香港、澳门位于珠江口的东西两侧,与广东的深圳、珠海经济特区相连。历史上港澳地区是广东政区的一部分,地缘关系密切,是广东与海外联系的重要门户,中外经济、文化在此交汇融合。粤人凭借地处沿海的便利条件,自唐代开始便陆续有人出洋谋生,华侨人数居全国各省首位。

民国时期,广东政局混乱,政区调整频繁,屡设屡废。到 1936 年,全省设立广州市和 9 个行政督察区,下辖汕头市、97 个县和安化、南山、梅菉 3 个管理局①。怀集县属广西省。1938 年 10 月,日本侵略军侵略广东大陆,广东省政府迁到粤北曲江。为适应抗战形势的需要,全省设立东江、西江、南路、琼崖 4 个行署,分辖原 9 个行政督察区。1940 年撤行署,另设珠江、潮汕、兴梅、东江、北江、西江、粤中、高雷、钦廉 9 区和海南行政区。翌年复设 9 个行政督察区,辖县如旧。1947 年,广东政区作最后一次调整,即在原来政区的基础

---

① 管理局与县同级。安化管理局辖连县、连山、阳山三县之间的瑶族聚居地;南山管理局辖潮阳、普宁、惠来三县交界区域;梅菉管理局辖茂名、吴川、化县三县交界区域。

上，将行政督察区分为省府直接督察区和专署行政督察区。省府直接督察区辖汕头、湛江2市和南海、番禺等10县。专署行政督察区分为11区。同年12月1日，国民政府内政部通过中央社重新公布南海诸岛岛礁地名，并将1935年公布的南沙群岛改为中沙群岛，团沙群岛改为南沙群岛。将重新确定的南海诸岛东沙、西沙、中沙、南沙4群岛划归广东省政府管辖。1947年全省共设2个省辖市、98县、2局、4群岛；广州市直隶于中央。

中华人民共和国成立后，广东政区进行了很大的调整。主要有：1951年，钦廉专区改为钦州专区，所属合浦、钦县、防城、灵山4县连同增设的北海市委托广西代管，而原属广西的怀集县则委托广东代管。1955年，一度划归广西省的钦州专区所属各县连同北海市划归广东省，更名合浦专区，怀集县正式划给广东省。1965年，原合浦专区所属各县连同北海市划归广西壮族自治区管辖。20世纪80年代起，广东政区体制又进行了改革，内容包括：成立深圳、珠海、汕头经济特区；市管县、乡镇管村体制的推行，以及海南行政区从广东省划出，设立海南省。至1998年，全省设21个地级市，33个县级市，43个县级市辖区，46个县（其中含3个民族自治县）。东沙群岛属广东省管辖①。

此次广东省抗日战争时期人口伤亡和财产损失课题的调研范围，按照现行政区划开展，不包括海南岛16县，原广西省合浦、钦县、防城、灵山4县，但包括原广西省怀集县。

2. 人口情况

1936年广东人口数为30585415人，1945年为28906010人，其间，人口减少了1679405人，减少了5.5%，其中男性减少了6.4%，女性减少了4.5%。从1936年以至战后的1948年，全省人口一直呈下降趋势。

1936—1948年广东人口统计表②

（含海南岛，广西合浦、钦县、防城、灵山4县人口数，不含怀集县人口数）

年　份	户　数	人口数	年　份	户　数	人口数
1936	5998821	30585415	1943	6347695	30224033
1937	5501142	29172085	1944	6385901	30677417
1938	5562226	29705989	1945	6191510	28906010

---

① 参见广东省地方史志编纂委员会编：《广东省志·总述》，广东人民出版社2004年版。

② 广东省地方史志编纂委员会编：《广东省志·人口志》，广东人民出版社1995年版，第43—44页。

年　份	户　数	人口数	年　份	户　数	人口数
1939	5567791	30073371	1946	5599326	28466035
1940	5542973	30401423	1947	5533353	27639452
1941	6083708	28761689	1948	5546733	27347215
1942	6315927	30217813	—	—	—

日军侵入广东后，各种工业、手工业多处于停顿半停顿状态，进口粮路断绝，连年饥荒，更加上自然灾害的发生（如1943年的全省大旱），以及日军劫掠劳工、残害百姓等原因，使得人民的生活状况极端恶化，人口因战争、饥饿和疾病而大量死亡。此外，由于战乱、天灾，造成大量灾民、难民人口，在本省至邻省、港澳及海外的往复迁移，奔走求生。例如，顺德、南海的人口在抗战结束时仅及战前的三分之一①。广州人口据1940年5月伪广东省公安处披露"大约在90万左右"，1943年8月日伪政权公布"全市合计有120361户"，没有具体人数，实际上是人口逐年减少②。人口剧减造成就业人数锐减，直接影响了广东经济社会的发展。

3. 日军入侵前广东经济社会发展情况

（1）工业

全国抗日战争前，广东近代工业已开始迅速发展。一批大规模近代化官营企业相继兴建。1928年开始筹建西村士敏土（水泥）厂，并将广州河南士敏土厂并入作为分厂。从1933年开始计划新建20余家大型的近代化官营企业。设于广州西村的士敏土厂，于1932年投产，日产水泥600吨，成为南中国颇具规模的近代企业。该厂每年纯利润约500万元（粤币）③。省营市头糖厂是中国第一家机制白砂糖厂，每月产砂糖7500吨④。新造糖厂每月产砂糖1500吨⑤。揭阳4家糖厂每月产砂糖2100吨⑥。位于广州河南的纺织厂也是一家规模宏大的

① 广东省地方史志编纂委员会编：《广东省志·人口志》，广东人民出版社1995年版，第42页。

② 广州市政协文史资料委员会编：《广州文史资料——广州抗战纪实》第48辑，广东人民出版社1995年版，第376页。

③ 《广东省营工业概况》，广东省档案馆馆藏档案，档案号6—6—3，转引自黄菊艳：《抗战时期广东经济损失研究》，广东人民出版社2005年版，第22页。

④ 见《广东省银行1940年年鉴》。

⑤ 见《广东省银行1940年年鉴》。

⑥ 见《广东省银行1940年年鉴》。

省营工厂，于1933年开始筹建，资本共计220万元（粤币）。它的建成投产改变了华南各省向无大规模纺纱工业的历史。省营各工厂中以制纸厂规模最大，投资1200万元（粤币），日产新闻纸50吨①。据实业部的统计，1936年全国造纸厂有30余家，合计资本不足1000万元（法币）。因而，广东省营纸厂堪称当时国内规模最大，设备最先进的造纸厂。广东省营工业的发展，为其带来了丰厚的利润。如士敏土厂，1935年有630万元（粤币）之赢余②。1936年省营工厂出产的士敏土、纺织品两项，收入达1123万元（法币）③。此外，一些大规模的重工业如水电厂、钢铁厂、造船厂等仍在筹备和兴建中。采矿业中，除已开采的乐昌杨梅山煤矿、曲江富国煤矿、乳源狗牙洞煤矿和英德八宝山钨矿外，拟收购宜章苦竹煤矿，筹备开采云浮乌石岭铁矿、紫金宝山嶂铁矿、信宜牛洞铁矿、惠阳铁炉嶂铁矿、乳源梅花官村煤矿、乐昌土猪岭煤矿、罗家渡煤矿等。

在官营工业获得较大发展的同时，广东近代民营工业也较前有了明显进步。1933年，中国经济统计研究所进行了一次全国性工业调查，据统计，广东工厂数为1975家（这个数字是包括了那些没有使用机器生产的小厂在内的），其中符合国民政府所颁《工厂法》规定（即雇工在30人以上并使用动力者）的工厂有231家，资本额1165万元（粤币）（没有包括当时的官营企业如石井兵工厂、造币厂、电力厂等)④。据广东省银行经济研究室对抗战前广东主要民营新式工业的统计，稍具规模的民营工厂有347家（统计数据多是1936年的，个别行业是1935年和1937年的）。至广州沦陷前，民用工业方面已相继建成市头糖厂、新造糖厂、揭阳糖厂、顺德糖厂、纺织厂、硫酸苏打厂、饮料厂、肥田料厂、麻织厂、制纸厂、电力厂等，总资产达3500万元（法币）。据1937年的调查，广州较具规模的22家机器厂中，专营制造机器的就有12家。战前广东近代官营、民营工业得到长足的发展，企业规模扩大，数量增加，门类增多，以广州为中心的近代工业体系初具规模。

除新式工业外，战前广东的工场手工业也较为发达，著名的有顺德、南海的丝业，潮州枫溪、大埔高陂、南海石湾、廉江安埔的陶瓷业，北江各属及茂

---

① 广州市政协文史资料委员会编：《南天岁月》，广东人民出版社1987年版，第242—265页；《广东省营工业概况》，广东省档案馆藏档案，档案号6—6—3；《广东经济年鉴》，1940年，第十四章，第2—4页。
② 《粤桂实业考察报告——粤桂两省实业之鸟瞰》，载《申报》1936年4月28日。
③ 《前广东省营特产经理处二十六年份业务概况书》，《广东统计汇刊》第1期，1937年版。
④ 刘大均编：《中国工业调查报告》，中国经济统计研究所1937年版，中册第1—64页、下册第325—361页。

名、信宜的纸业，新会的葵业，鹤山、南雄的烟业，海康的席业，徐闻的糖业，梅菉博茂的榨油业，梅菉东西江的砖窑，兴宁、佛山的织布业，盐步的爆竹业，阳江的皮箱业等①。

（2）农业

全国抗战前广东为了增加粮食生产，农林局致力于稻种的改良，在全省设立 17 个优良稻种繁殖区，三年内改良稻种 10 种，每种改良的稻种均可增产 30%。此外，从暹罗（今泰国）采购可增产 60% 的优良稻种，分发各县农民播种。为了复兴农村经济，广东当局设立蔗糖、蚕丝、烟叶、茶叶、天蚕、棉花等经济作物经营区，其中成绩最显著的当属蔗糖、蚕丝经营区。蚕丝是广东特种农产品，极盛时代，平均每年出口 5 万余包，值港币 6000 万元②，成为广东的主要出口商品，全省直接间接从事蚕丝业的达 200 万人。

（3）商业

全国抗战前广东商业发展的重点集中在广州地区，广东当局大力发展广州市政建设，在广州市内设立了几大商业中心区，市内形成西堤、汉民路、十三行、十八甫等几大商业区，西堤一带兴建了一批新型百货公司和旅馆、饭店。广州商业已形成较细的内部分工并成行成市集中经营。1936 年广州市商户有 31970 户，营业额 6.5 亿元（法币）③。国内贸易总值 144595915 海关两，占全国的 6.08%，居全国的前 5 位④。

汕头是广东省东部的重要商港，由于潮汕地区赴南洋经商者众多，因而汕头每年所收侨汇为数甚巨，资金较充裕，工商业的发展仅次于广州。位于西江下游的江门，交通便利，是五邑地区内商与外贸的枢纽，商贾云集。各大商行有谷栏、米糖行、果栏、海味栏、油糖行、咸鱼栏等，大小商号约 3000 家，其中银业有 39 家，每年汇兑总额约数千万元（法币）⑤。

全国抗战前全省商业都有长足的发展，1932 年至 1934 年间，全省有 90% 的县城普遍拆城墙扩马路，增设商店，有 84 县成立商会共 264 个，同业公会 1677 个，商户 98000 家⑥。

① 广东省银行经济研究室编：《广东经济年鉴》，1940 年，第四章，第 59 页。

② 广东省银行经济研究室编：《广东经济年鉴》，1940 年，第七章，第 84 页。

③ 《广州工业十年》，广东省档案馆馆藏档案，档案号 219—2—242。

④ 程浩：《广州港史》（近代部分），海洋出版社 1985 年版，第 211 页。

⑤ 广东省银行经济研究室编：《广东经济年鉴》，1940 年，第十五章，第 2 页；广东省民政厅编：《广东全省地方纪要》第 1 册，1934 年，第 130 页。

⑥ 广东省商业厅《广东商业志》编纂委员会编：《广东商业志》上册，1992 年印行，第 14 页。

（4）交通

在公路建设方面，全省修筑起以广州为中心的东、南、西、北四大省道公路干线，东路经增城、博罗、惠来、海丰、普宁、揭阳、潮安、饶平至福建和平；西路经三水、德庆、封川抵梧州；南路经南海、鹤山、开平、恩平、阳春、茂名、化县、廉江、合浦、钦县、防城至安南（今越南）边境；北路经花县、从化、佛冈、翁源、曲江、南雄抵江西省境。此外，还修筑县道、乡道，作为省道分支，至 1937 年，全省筑成公路 14518.7 公里，其中省道 6563.6 公里，县道 6091.8 公里，乡道 1863.3 公里，公路里程居全国各省之冠，全省公路运输网初步形成①。在铁路建设方面，1936 年完成粤汉铁路建筑工程，该路全线通车。战前全省已建成的铁路有粤汉（包括广三支线）、广九、新宁、潮汕 4 条线，合计长 657.57 公里②。此外，在电讯业方面，全省的长途电话、电报、无线电话等都有较大发展。

（5）教育

全国抗日战争前，广东的教育有较大的发展。至 1936 年，广东的小学共有 24463 间，在校学生 1536446 人、教职工 65441 人、经费 16170296 元；广东的中等学校共有 323 间（其中中学 253 间、中等师范 43 间、中等职业学校 27 间）、在校学生 73914 人、教职工 7163 人、经费 7656931 元；广东的高等院校有 8 间，在校学生 6236 人，教职工 1604 人，经费 4641563 元③。广东教育的发展状况，从 1932—1939 年度省库教育经费分配中也可见一斑。据《广东教育经费统计报告》统计，教育经费 1932 年为 2309995 元，1933 年为 2840722 元，1934 年 3335811 元，1935 年为 3137790 元，1936 年为 3106900 元，1937 年为 1704267 元（以上均为法币）④。

（三）侵华日军在广东的主要罪行

1. 日军对广东的侵略

全国抗战爆发后，日军对广东的侵略主要分为对广东城乡实施轰炸、抢占

---

① 广东航运史编委会编：《广东航运史》（近代部分），人民交通出版社 1989 年版，第 204 页；广东省交通厅公路交通史志编写委员会编：《广东公路交通史》第 1 册，人民交通出版社 1989 年版，第 118 页。

② 广东省银行经济研究室编：《广东经济年鉴》，1940 年，第四章，第 59 页。

③ 参见本书专题：《抗战时期广东教育损失调查报告》。

④ 广东省档案馆馆藏档案，档案号 5（1）208。

岛屿封锁海岸、侵占大陆战略要地和交通线等几个部分。

从 1937 年 8 月至广东各地先后沦陷前后，日军飞机就在各地城乡，尤其是广州、汕头、韶关等重要城市实施了旷日持久的大规模的无差别轰炸，导致大量的人员伤亡和财产损失。

为切断广东主要的对外补给线，日军对广东沿海实施封锁，并先后抢占了南澳岛、三灶岛、南鹏岛等岛屿，作为其侵略广东大陆的军事基地。

1938 年 9 月 7 日，为配合武汉作战，日军大本营御前会议作出进攻广州的决定，并下令组编第 21 军，担任广东作战。9 月 19 日，日军大本营下达第 21 军战斗序列，决定由古庄干郎中将任司令官，下辖第 5 师团、第 104 师团、第 18 师团、第 4 飞行团。日军大本营下达《大陆作战令第 201 号》，规定："在进攻汉口以前，为夺取华南敌人为主要基地，切断其主要的对外补给线，大本营企图占领广州附近要地"。"第二十一军司令官海军相配合，进攻广州附近要地"①。10 月上旬，日军南支派遣军 7 万余人，舰艇和木船 500 艘，飞机 100 余架，在第 21 军司令官古庄干郎中将指挥下，秘密集结于澎湖马公岛。10 月 9 日下午，日本海军第五舰队护送庞大的运兵船队向大亚湾进发。12 日凌晨 2 时左右，日军第 18 师团先头部队在大亚湾登陆，随后长驱直入，突破国民党军的薄弱防线，先后攻占惠州、博罗、增城，21 日占领广州。另一路日军第 5 师团先头部队为配合第 18 师团作战，在海、空军支援下于 23 日攻占珠江西岸的虎门要塞，然后溯珠江进攻，相继占领三水、佛山，并于 29 日与第 18 师团会合。广东省政府于广州沦陷前迁至粤北，并以曲江作为战时省会。国民党第四路军总部在撤退前，实施所谓"焦土抗战"策略，对所有机关公署、重要工厂和公共设施实行爆破，以避免落入敌手。

日军占领广州后，日军大本营命令驻广州日军设法切断中国沿海的进口通道。1939 年 2 月 10 日，日军攻占了海南岛。6 月 21 日凌晨，日本陆军粤东派遣支队（以步兵 132 旅团为主力）由第 21 军司令安藤利吉指挥，在海、空军的配合下，在汕头附近的新津港、梅溪登陆，随即攻占庵埠镇，22 日攻占汕头市，27 日攻占潮州，29 日沿着韩江南下攻占澄海县。韩江、榕江、练江出海口被日军控制。

日军侵占广州、海南岛和汕头后，随即对广东腹地扩大侵略，发动了数次较大规模的军事进攻。广东除少数地方（如兴宁、梅县等地）外，大部分县、

---

① ［日］臼井胜美、稻叶正夫编：《现代史资料 9 日中战争》，第 282 页。

市、局都程度不同地遭受了日军的侵占或侵扰。

1939年12月下旬和1940年6月，日军为策应南宁作战和宜枣作战，打通粤汉线，先后发动了第一、第二次粤北战役（即粤北会战）。由于中国军队顽强阻击，日军退回广州。战场所及的英德、花县、从化、增城、龙门、新丰、佛冈、清远、翁源9县遭到严重侵扰和破坏。

1941年，日军为切断中国国际补给线，在广东沿海实施了一系列封锁作战。2月4日，日军再次登陆大亚湾，封锁了大鹏湾、大亚湾。3月初，日军从台山的广海至电白一线沿海的主要口岸登陆，台山、开平、阳江、电白等县遭到劫掠。3月下旬入侵潮阳、惠来、海丰、陆丰，5月10日再次进犯惠州、博罗，7月初奔袭饶平，9月再犯台山、开平和新会，同时进犯芦苞、清远。由于沿海交通线聚集了大量进出口物资，日军封锁战给这些地区造成了巨大的经济损失。

1942年1月，数千日军再次进犯惠阳、博罗，2月，数千日军进犯雷州半岛；6月，千余日军再向清远芦苞、源潭进攻，至8月才退去。7月进占广州湾（法国租界地，后为湛江市）。1943年2月，日军再袭击清远芦苞和鹤山沙坪，同时占领雷州半岛的海康。

1944年8月底，日军发动旨在打通湘桂线的作战。9月，日军沿西江向西进攻，四会、广宁、怀集、高要、郁南、新兴、云浮、罗定、德庆、封川和开建等县皆遭到破坏和劫掠。另一路日军从雷州半岛进入广西。同年5月，日军发动打通粤汉线的作战，1945年1月27日，广东战时省会曲江及粤北大片地区相继沦陷，广东省后方的资源和厂矿遭受严重的破坏或掠夺。

据国民政府1946年统计，全国抗战八年间广东全省的战斗次数总计为5764次，其中重要战斗（引者注：原文如此）30次，小战斗5734次[①]。（引者注：此数据应未计入中共领导的抗日游击队的战斗次数）

抗日战争期间，日军侵占广东各地的时间及损害情况不一，据战后统计，1939年7月至1945年7月间广东省各县、市、局受战事损害情况如下：

县境全部沦陷：广州市、番禺、中山、顺德、赤溪、花县、南海、三水、东莞、宝安、南澳、汕头市、遂溪、徐闻

县境部分沦陷：台山、开平、恩平、曲江、清远、南雄、英德、从化、佛岗、翁源、始兴、乐昌、高要、云浮、新会、广宁、四会、鹤山、高明、惠阳、

---

① 中央党史研究室第一研究部、中国第二历史档案馆编：《国民政府档案中有关抗日战争时期人口伤亡和财产损失资料选编》（1），中共党史出版社2014年版，第379页。

增城、博罗、海丰、陆丰、潮安、潮阳、郁南、德庆、封川、龙门、揭阳、澄海、普宁、惠来、南山局、廉江

县境被敌窜扰：仁化、乳源、罗定、吴川、海康、连县、新兴、开建、河源、紫金、新丰、饶平、丰顺、连平、和平、茂名、阳江、电白、化县、梅菉局、信宜、阳春

县区完整：阳山、安化局、兴宁、连山、梅县、五华、大埔、蕉岭、平远、龙川[①]（作者注：但这些县也曾遭到日军飞机轰炸）

2. 狂轰滥炸

日本在战争之初就利用其空军优势对广东城乡各地实施狂轰滥炸。

1938 年 4 月，日军飞机大举轰炸广州市区，且集中轰炸市内工厂区。广州西关住宅区、西村工业区和广州附近的市头糖厂在 4 月都被日军飞机轰炸。5 月底至 6 月，日军飞机对广州市区进行空前的大轰炸。5 月 28 日，日军飞机 70 多架，分 3 批轰炸广州市各区，共投弹 150 多枚，炸毁房屋 200 多间[②]。5 月 28 日起，敌机大规模地向广州市区轰炸，5 月 28、29 日，每天死伤的人数是 1000 人以上。6 月 6 日死者 1200 人。从 1937 年 7 月至 1938 年 6 月一年内日军飞机袭粤已逾 2000 次，广州市亦在 800 次以上。据 1938 年 8 月 23 日《广州市被炸点标示图》：仅 1937 年 8 月 31 日至 1938 年 8 月 9 日，广州市区被炸地点有 300 多个[③]。广州是中国遭受日军飞机轰炸最严重的城市之一。

除重点轰炸广州、汕头、韶关等重要城市外，日军飞机而且对全省各地实行轰炸。据国民政府内政部统计处 1938 年 9 月省县市受敌机侵袭次数统计，其中 1937 年 8 月—1938 年 5 月广东省被日军空袭次数共计 1002 次。死亡人数 1703 人。受伤人数 3116 人[④]。这是以各省市政府上报内政部 1937 年 8 月至 1938 年 5 月所受敌机侵袭损失为范围。据 1941 年《广东年鉴》的统计：从 1937 年 8 月 31 日至 1941 年底，日军飞机袭粤共 19281 架次；投弹达 20842 枚。总共炸死 7153 名，受伤 11838 名；毁房屋 20031 栋[⑤]。应当指出，这个统计有

① 广东省政府民政厅统计室编制：《广东省各县市局曾否受战事损害情形一览》（1939 年 7 月至 1945 年 7 月），1945 年 12 月 1 日，中国第二历史档案馆馆藏档案，档案号廿一（2）2561。

②《敌机疯狂轰炸中余主任呼吁粤民奋起》，载《新华日报》1938 年 5 月 30 日。

③《广州市被炸点标示图》，转引自广州市档案馆编著：《侵华日军在广州暴行录》，中国档案出版社 2005 年版，第 223 页。

④ 国民政府内政部统计处编：《1937 年 8 月—1938 年 5 月各省、市、县被日寇空军侵袭所受损失统计》，1938 年 9 月，中国第二历史档案馆馆藏档案，档案号十二（2）967。

⑤ 广东省政府统计室编：《广东统计季刊》第 1 期，1941 年 12 月印行，原件存广东省档案馆。

遗漏不确之处，也没有反映 1942 年以后广东被炸的情况。广东被炸的县、市有 76 个以上（未计海南），被炸时间长达 8 年，直至 1945 年 8 月日本投降前夕，日军飞机还轰炸了阳山县境内小北江沿岸的渡口和城镇。

根据此次全省调研统计，抗战期间，广东全省因受日军飞机侵袭伤亡的人数合计为 24753 人，其中死亡 14587 人，受伤 10166 人。

3. 血腥屠杀

日军在侵略广东期间，血腥屠杀无辜百姓，制造了大量的惨案。经此次调研，较为重大的惨案至少有 49 个（日机轰炸造成的惨案除外）。惨案主要发生在广州、惠州、江门、揭阳、佛山等沿海地区和交通要道。下面列举其中部分重大惨案。

海丰 "九条龙" 事件

1937 年 9 月 20 日，海丰县 12 艘深海拖网渔船（船长姓名是：冯兴和、冯兴爽、黎树保、林芝、林添宝、李满、吴英杰、林容好、兴球婆、陈东九、林容胜、林容基）驶抵金厢对（42 浔水）到碣石对（48 浔水）渔场下网，至上午八九点左右，突遭一艘日本潜水艇发炮乱轰，当场 10 艘渔船被命中，其中九艘渔船沉没，一艘渔船被炸坏（陈东九船）勉强驶回汕尾港躲避。事件中共有 100 多名渔民罹难。事后，日本海军省在世界舆论的同声谴责下于 10 月 1 日承认是其潜艇所为①。因为是 9 艘渔船沉没，故当地渔民将此事件称为 "九条龙" 事件。

三灶岛惨案

三灶岛位于珠江出海口磨刀门和鸡啼门两河道出口之间，面积 72 平方公里。1937 年 12 月 4 日，日军首次攻占三灶岛，烧杀抢掠 24 日后离去。1938 年 2 月 16 日（农历正月十七），日军 6000 多人分乘 20 多艘战船再次入侵三灶岛，毁掉 13 座村庄和 1800 余亩农田，开始修建军用机场。同年 4 月 12 日，日军突然包围了鱼弄村，把抓到的群众，用麻绳捆绑用铁线穿手心。日军用预先在附近屋顶上架设两挺机关枪进行疯狂扫射。这次惨杀中遇难同胞共有 386 人。4 月 13 日，日军再次施暴。据统计，上表、草塘等 36 个村庄，3264 间房屋，164 艘渔船被毁之一炬。4 月 14 日，日军继续在草堂沙岗等地进行大屠杀，三灶岛 2000 余人惨遭杀戮。据 1946 年统计，八年沦陷期间，三灶岛直接死于日军屠刀下的民众有 2891 人，民众逃难到外地因饥饿折磨而死的有 3500 人，全岛原有

---

① 见《广州国华日报》1937 年 10 月 4 日。

12577 人，仅剩 6000 人①。

惠州惨案

日军曾四次侵占惠州，并制造了血腥惨案。1938 年 10 月 12 日，日军在大亚湾登陆后，第二天就入侵惠州，纵火焚烧繁华的商业区。1941 年 5 月，日军第二次入侵惠州，四处放火焚烧，城内被大火烧毁的商店和居民住宅占全市的八九成。在西湖周围的名胜如栖禅寺、永福寺、元妙观等古迹也均遭焚烧。1942 年 2 月 4 日，日军第三次入侵惠州，实行历时 3 天的大屠杀。1945 年 1 月 14 日，日军第四次入侵惠州，有四五百居民被屠杀②。据不完全统计，在惠州惨案中，日军共杀害惠州居民 5000 多人。

东莞道滘惨案

1941 年 8 月 3 日（农历闰六月十一），日军数百名分乘机动艇十余艘，从几个河口入侵东莞道滘乡，将 3000 名手无寸铁的村民，分别押往闸口村卢宅和卢氏祠堂、马洲村下闸门禾地堂、金牛村的翕和书院、永庆村岐山家塾这四个集中关押点，分别施以烟熏毒打等暴行，制造了震惊全省的"六一一"惨案。据广东全省保安司令部参二科 1941 年 8 月份编的《情报汇编》记载，日军进犯道滘，民众被杀害 100 余人，伤者 200 余人。据此次调查取证统计，在这次惨案，有五六百人被毒烟熏过，有姓名可查的 58 人被熏死，19 人被打死，4 人被踩、被挤、被吓而死，8 人被打成重伤③。

揭阳惨案

日军 1943 年 9 月 17 日"围剿"揭阳福美村，施行"三光"政策，进行血腥屠杀。全村老幼死的死，逃的逃，男女老少被杀 70 多人，伤者二三百人，幸存者逃走他乡。房屋在一片火海之中，烧掉祠堂 4 个，公厅 6 个，民房 900 多间。耕牛被抢 70 余头，烧死几十头。一个拥有 1900 人的福美村成为废墟。1944 年 1 月日军又在揭阳境内的官硕乡杀害中国民众，造成 700 多人伤亡，仅有名可查的就达 624 人。其中死亡 401 人，伤 223 人。在 401 名死者中被枪杀者 57 名、刀杀者 27 名、烧死者 58 名；在 223 名伤者中，被枪伤者 62 名，刀伤者 46 名，烧伤者 56 名。在伤亡当中有 102 名是 15 岁及 15 岁以下儿童。

台山三社惨案

1944 年 7 月 4 日，日军 1000 多人于凌晨开抵台山县三社乡（现属台山市台

---

① 参见珠海市抗损调研课题组对三灶岛惨案的专题调研，调研报告存中共广东省委党史研究室。
② 梁海南：《抗战期间惠州四次沦陷回忆》，载广东省政协文史委员会编：《广东文史资料》第 55 辑，第 161 页。
③ 东莞市道滘镇抗损课题调研组：《道滘六一一惨案》，调研报告存中共东莞市委党史研究室。

城镇），对三社村民实行大屠杀。日军在施行杀光、烧光、奸淫等暴行后，所到之处，还疯狂抢掠。所到的村庄，各家各户的衣服、稻谷、牲畜、金银首饰均遭洗劫。至7月4日下午2时，日军撤离三社，用30多只木船将抢掠的物资运回台城日营。至此，三社被抢掠一空。据当年三社乡公所统计，此次大屠杀死亡700人，受伤后死亡500人；焚毁民房531家、祠堂5间、学校3所、华安圩的商店41家，现金损失7000万元，物品损失折价8000万元①。

4. 摧残渔业杀害渔民

广东全省海岸线漫长，港湾繁多，渔场面积广大。全国抗战爆发后，沿海被日军封锁，渔船、渔民出海，屡为日军焚烧屠杀。下表是1938年9月国民政府内政部编制的广东省沿海各县被敌舰袭击的部分统计②。

县别	袭击次数	损失情形
中山	19	被毁渔船24只、缉私船7只、民船3只，死伤渔民100余人。
台山	7	损失渔船4只、货船1只。
宝安	5	毁民房商店多处。
赤溪	3	焚渡船1只、大帆船2只。
惠阳	2	焚毁渔船20余艘。
海丰	3	损失木船、货船各1只，渔船4只。
陆丰	2	焚毁渔船13只，毁1只，死渔民1人。
潮阳	7	焚毁渔船9艘，民船1艘。
惠来	3	沉货船1艘，伤1艘死3人，伤1人。
南澳	2	损失渔船、大帆船各1只。
电白	1	毁坏渔船1艘。
合浦	2	毁渔船20余艘。

战前，全省有各式渔船共计37496艘③，仅1938年6月一个月内，沿海各类船只被毁334艘，渔民遇害234人④。据广东省银行经济研究室的统计和估

---

① 刘达之：《抗战八年的台山》，1946年印，台山市档案馆馆藏档案，档案号1—7—241。
② 《广东省沿海各县被敌舰袭击情况一览表》，1938年9月，中国第二历史档案馆馆藏档案，档案号十二2—967。
③ 《广东省各区工商业经济调查》，1947年10月，载工商部广州工商辅导处编撰委员会编：《两广工商经济特辑》，1948年印行，广东省立中山图书馆藏。
④ 《敌舰焚掠民船》，载《中山日报》1938年7月20日。

算，渔船之被毁及失踪者，惠阳一县，已达240艘，全省约1600艘。经八年全国抗战，渔船损失估计不下15014艘①。战前全省渔民总数为449410人②。抗战期间，渔民被杀及失踪者有11200余人③。其中以饶平、潮阳、海丰、惠阳、台山等地最为惨重。据第四战区司令长官司令部组织的广东渔业视察团1939年对饶平、陆丰、惠阳、宝安、澄海、惠来、潮阳县的调查，8县仅存渔民140920人④。

5. 使用细菌武器和毒气

日军波字8604部队使用细菌武器屠杀粤港难民。日军波字8604部队的前身组建于1938年9月7日，时称"第21野战防疫部"，以井上少佐为首，约150人。该部随日军作战部队在大亚湾登陆后，于31日进入广州，在原中山大学医学院（当时该校已撤离）设置本部。该部是华南派遣军司令部直辖部队，人员逐步增加，开始执行秘密使命，改名为"波字8604部队"。战后较早披露日军在广东进行细菌战的，是1949年苏军伯力军事法庭对原8604部队长佐藤俊二⑤审判的有关档案材料。法庭在预审和庭审过程中还查明，8604部队是"专门制造细菌武器的秘密部队"，其"活动性质与第731部队及第100部队一样。"⑥ 而日本方面的文献资料印证了日军驻广州波字8604部队的存在。除原中山医学院外，波字8604部队还占据了原设在广州北郊江村的国民党第四路军野战医院和军医学校，主要从事防疫（侦察水源，收集疫情）、病源检验、验水、消毒检诊、净水等作业，直接为日本军队和日人啤酒工厂服务⑦。此外，在广州小北路大石街附近位置，以及现华南农业大学、中山大学肿瘤医院等位置，也都曾驻有日军细菌部队。

1941年12月太平洋战争爆发，日军迅速占领香港。香港沦陷后，大批难

---

① 《广东省各区工商业经济调查》，1947年10月，载工商部广州工商辅导处编撰委员会编：《两广工商经济特辑》，1948年印行，广东省立中山图书馆藏。

② 《广东省各区工商业经济调查》，1947年10月，载工商部广州工商辅导处编撰委员会编：《两广工商经济特辑》，1948年印行，广东省立中山图书馆藏。

③ 广东省银行经济研究室编：《广东经济年鉴》，1940年，第十四章，第35页。

④ 《广东统计季刊》第1期，1939年印行。

⑤ 佐藤俊二，1896年生于日本爱知郡丰桥城，医学博士，军医少将，细菌科医生，战败前系日本关东军第五军团军医处长。

⑥ 王国栋编译：《日本细菌战战犯伯力审判实录》，湖南人民出版社2005年版，第266—270、450、462、457页。

⑦ 日本陆上自卫队卫生学校编：《大东亚战争陆军卫生史》，沙东迅、易雪颜译（有关广东部分），未刊稿，第49—141页。

民返回内地。据统计，到1942年2月4日止，从香港返回内地的难民达46万人，截至3月31日，从香港进入内地难民达52.8万人①。日军在广州进行细菌试验屠杀粤港难民。当时设在南石头的伪粤海关海港检疫所是8604部队秘密进行人体试验的一个秘密场所。广州南石头难民收容所是该部队在广东进行细菌试验的主要地方。日军8604部队从日本东京军医学校空运来大量的沙门氏菌，秘密地投放在难民们所喝的汤水中，致使至少有两三千名无辜的香港难民和广东难民直接惨死于日军细菌试验中②。

日军还多次进行化学战（毒气战）。据日本1990年出版的《化学战史》一书的不完全统计，日军曾在广东进行化学战（毒气战）20次。实际上远不止20次，仅从保存不全的书刊报纸和档案等资料中，就有40多则日军在广东进行化学战的史料，时间从1937年至1942年，地点包括了广州、东莞、江门、潮州等多个城镇和乡村。在第一次粤北战役中，日军配属于"近卫混成旅"的独立山炮第2团在1939年12月20日至1940年1月5日的半个月里，在太平场—南阳围—望到底—佛冈转战过程中，曾发射94式山炮"赤B弹"10发、"黄B弹"（毒气、路易氏混合毒剂炮弹）294发③。1938年六七月，香港《循环日报》《香港工商日报》曾报道了日军飞机在顺德、南海两县施放毒棉致使乡民受伤和死亡的消息④。根据此次调研统计，顺德、南海、高明等县因受日军施放毒气或细菌而死者265人，受伤463人。1940年3月8日，驻汕日军2000多人，从庵埠出发，向潮州进攻，在陇美［陇尾］村的桥头祠前和凤地祠前，发射几百发毒气弹。时刮东南风，冯厝、蔡厝、杨厝、邱厝、沟头、后陇、洪巷等村中毒群众有2万多人⑤。

---

① 谢永光：《三年零八个月的苦难》，香港明报出版社1994年版，第20页。

② 沙东迅：《侵华日军在粤进行细菌战之概况》，载《抗日战争研究》1996年第2期，此文后补充订正收入沙东迅：《粤海抗战史谭》，中国文史出版社2005年版，第93—113页。

③ 《独立山炮第2团翁英作战战斗详报》，转引自［日］粟屋宪太郎、吉见义明：《毒气战的真相》，载日本《世界》杂志1985年9月号。

④ 《日机投放毒物》，载《循环日报》1938年6月11日，佛山市顺德区档案馆藏；《日机在黄竹岐放毒》，载《循环日报》1938年7月3日，佛山市南海区方志办藏；《放毒伤农民》，载《循环日报》1938年7月21日，佛山市南海区方志办藏；《调毒气兵赴顺德增援》，载《香港工商日报》1939年3月26日，佛山市顺德区档案馆藏。

⑤ 中共潮州市委党史研究室编：《潮安八年抗战纪事》，1995年印行，第56页；转引自沙东迅：《粤海抗战史谭》（中国文史出版社2005年版）第136页，吴奇伟致蒋介石1940年3月11日电称，3月7日及8日，日军进攻潮安青麻山和浮冈，数度施放毒气，国民党军队伤亡惨重。

6. 强奸虐杀妇女

日军在侵略广东过程中，所到之处，对当地妇女实施了大量的强奸和虐杀的暴行。1938 年初日军侵占三灶岛时，岛上的姑娘、媳妇惨遭强奸蹂躏，35 岁以下的妇女被日兵强奸者有十分之七以上①。日军连六七十岁的老妇也不放过。据 1938 年 11 月 4 日的《新华日报》报载：惠属飞鹅岭驻日军 3000 余人，每日四出劫掠，强奸妇女，城乡居民几无一幸免。沿途拉夫 300 余人，到惠州后悉数纵火焚毙。在淡水一带，掳获妇女 600 余，任意奸污，稍有不遂即行枪杀②。据《开平民报》记载，1941 年 3 月 5 日日军入侵三埠，"因走避不及之妇女无论老少，被奸过半。"③ 1941 年 9 月间，日军侵入四邑时，长沙乡梁企的妻子被日兵追赶，遇 71 岁老妇阻拦，得免于难，日兵老羞成怒，竟将该老妇强奸。幕村伍习学已 70 余岁，日军入屋搜劫时，将其妻（60 余岁）强奸，伍习学大骂日兵兽行，被拉往草堆枪杀，伍妻被奸后，也被日兵拉往田间杀害。三江乡有 6 名妇女被强奸。海心洲新田坊有一名年已 60 岁的妇人，在日军入村时因躲避不及，被日军轮奸。日军还从各乡捕捉妇女 30 余人，囚禁于开侨中学轮奸。冲奕一带村落，被杀妇女 30 余人④。日军占领汕头后，来不及逃难的妇女多被奸污⑤。日军在海门还无故地残杀妇女儿童。上宅渔工姚海的女儿已怀孕四个月，被日军污辱。姚海之妻为救女儿与敌抢夺。日军残忍地将母女俩劈死，造成二尸三命的惨案。北门妇女林斟外出路过日军封锁线，日兵将她强奸后还用铅线穿其乳房，赤身裸体吊死在大树上，还不准其家人收埋。据不完全统计，海门沦陷后，惨遭日军当靶子刺杀而死的妇女和儿童有 41 人⑥。据 1951 年潮安县委的调查，沦陷期间，潮安县城关镇、一区、二区、四区、六区、七区、八区、九区被日军强奸的妇女 2897 人⑦。

此外，日军还在占领地区普遍营建"慰安所"，强迫中国妇女充当"慰安妇"，供日军官兵奸淫。据日本第 21 军的《旬报》记载，1939 年上半年其所辖

① 《国华报》1938 年 3 月 11 日。

② 广东省档案馆编：《日军侵略广东档案史料选编》，中国档案出版社 2005 年版，第 113 页。

③ 《开平明报》，1941 年 3 月 23 日，第 20 卷，第 10、11、12 期合刊，第 8、11 页。开平市档案馆藏档案，档案号 K2.01—528。

④ 见司徒宗编：《伦教月刊》第二十卷第八、九期合刊。

⑤ 见中国国民党中央执行委员会粤闽宣传专员办事处编：《调查资料》第 2 辑《潮汕沦陷区报告》，1940 年 3 月印，第 27 页，汕头市图书馆藏。

⑥ 见陈兆熊主编：《海门万人坟血泪史》，1970 年 10 月印行。

⑦ 潮安二区调研组：《关于"九三"材料报告》，潮州市档案馆藏档案，档案号 3—1—8。

的"慰安妇"就有1000多人,由军队直接管理的有854人。其中:军直部队(驻市内)159人;久纳兵团(驻广东东部)223人;浜本兵团(驻广东北部)129人;兵站部队(驻广州河南)122人;佛山支队(驻佛山)41人①。日军在广州市内遍设"慰安所",将抓来的妇女囚于所内,大肆奸淫。据时任日军第18师团兵站军曹的野村武回忆,第18师团的兵站部队驻扎在中山大学附近,他们将民居改作"慰安所"。另据军直部队野战重炮兵小田清回忆说,他是1939年4月到达广东的,那时在广东各地已有不少"慰安所"。广州附近的官窑山设有一个"慰安所",爱群酒店也被设立"皇军慰劳所"。在广东淡水也有"慰安所","慰安所"的名称有新町"慰安所"、东山"慰安所"、白云"慰安所"和河南"慰安所"等。在佛山也有5家日军"慰安所",如"大门楼""慰安所"内有10名中国"慰安妇"②。日军占领东莞后,掳走许多群众,将女的逼做"慰安妇"。据此次调研统计,东莞沦陷区共有14所大小不等的"慰安所"③。

7. 强征劳工

抗战期间,日军为实行"以华制华"和"以战养战"等战略,在广东大肆掠夺劳工,用于构筑军事设施,修建道路,补充兵力,运送劫掠的物资等。1941年3月,日军占领台山台城(镇)后,在台城内及附近乡村大举拉夫,共约1000余人,分队分班运输物资④。1941年4月13日出版的国民党方面报纸报道,日军当时曾在广州抽壮丁3万人,送往南宁一带构筑工事,病死、拖死占2/3,存活者不及1/3⑤。1941年8月,日军在粤汉路、广九路、广从各路捕去行人共4000多人⑥。1943年10月,日军在香港、广州强拉壮丁5000多人⑦。1944年12月25日至27日,日伪军出动骑兵、步兵进犯廉江县青平、石岭等地,掳去壮丁300多人⑧。1945年6月间,日军在潮阳溪头、华溪、沙陇三乡附近30里内修筑公路,强征当地民工共27410人,造成死亡68人,伤80人⑨。

① 参见〔日〕吉见义明编:《从军慰安妇资料集》,第215—216页,转引自官丽珍:《对和平与人道的肆虐——1937至1945年日军侵粤述略》,中共党史出版社2001年版,第142页。

② 苏智良:《慰安妇研究》,上海书店出版社1999年版,第143—145页。

③ 参见《东莞市抗日战争时期人口伤亡和财产损失调研报告》。

④ 《大同日报》1941年3月25日。

⑤ 广州市档案馆编:《侵华日军在广州暴行录》,中国档案出版社2005年版,第155页。

⑥ 《中山日报》1941年8月17日,广东省立中山图书馆藏。

⑦ 广州市档案馆编:《侵华日军在广州暴行录》,中国档案出版社2005年版,第161页。

⑧ 《高州民国日报》1945年1月3日。

⑨ 潮阳市档案馆馆藏档案,档案号1—5—73。

汕头市区在沦陷期间有大量劳工被日军强征到菲律宾、安南（越南）、香港、海南岛等地作俘虏式之非人道服役，其中，埋骨异乡的达 1640 人，还有相当一部分无稽可查①。

8. 戕害经济民生

日军的侵略给广东经济和民生带来前所未有的巨大破坏和摧残。大批省营、民营工矿企业大都因来不及搬迁而被毁坏或劫掠，农业、商业、交通运输、邮电、金融等行业都因战争遭受严重破坏。广东战前的经济建设成果被毁坏殆尽，以致在战争期间和战后广东经济社会凋零衰败，经济民生一直处于全面倒退的状态。

日本侵略者还通过发行军用票等债券掠夺沦陷区财富。日军占领广州后，发行大日本帝国政府军用手票（简称"军票"），强制占领区商民使用，军票分十元、五元、一元、十钱、五钱、一钱等面额。日军禁止商民直接以法币或毫券交易，并强制压低法币、毫券、港币与军票的兑换比率。1942 年 7 月，伪中央储备银行广东支行成立，中储券开始在广东沦陷区流通使用，广东伪政权宣布限期两个星期实施中储券与旧币（法币、毫券）全面兑换。7 月 24 日后，法币、毫券禁止流通，中储券与法币兑换比率为 1∶2。沦陷区商民财产因此而损失 50%。1943 年 4 月 1 日，日军废止军票新钞发行，中储券取代军票成为掠夺中国资源，为其侵略战争服务的工具。据不完全统计，至 1940 年，日军在广东沦陷区（海南除外）推行军票 300 多万元②。伪中央储备银行广东支行至 1945 年 9 月 22 日被接收为止，发行伪中储券 5921796 元③。日军通过推行伪币，控制沦陷区的金融命脉，搜刮法币，套取外汇、粮食和战略物资等。

9. 破坏教育文化

广东各地在日军飞机频繁袭击中，学校的校舍被炸毁，教学秩序遭到严重的干扰和破坏。据不完全的统计，在广州先后被轰炸的学校有：中山大学、勷勤大学、岭南大学；省立女中、中大附中、仲元中学；远东中学、美华中学、协和女子中学、淑正女校；市立第 28、第 49、第 64 小学等④。全省各地受过日

---

① 汕头市档案馆馆藏档案，档案号 11—1—272。

② 《粤省政改革管见》，广东省档案馆馆藏档案，档案号 2—2—199。

③ 转引自黄菊艳：《抗战时期广东经济损失研究》，广东人民出版社 2005 年版，第 161 页。

④ 参见粤海关《各项事件传闻录》选录、中央社电讯选录，载广东省档案馆编：《日军侵略广东档案史料选编》，中国档案出版社 2005 年版，第 49—66 页。

机轰炸的学校有省立老隆师范学校等30多间。其中肇庆中学先后被炸5次。

日军入侵后造成社会剧烈动荡，广东教育受到重创。据不完全统计，1941年，全省小学由抗战前的2.4万多所减至1.6万多所，大专学校由14所减至7所。广东的300多所中学，据1942年的《广东省中等学校一览》载称，到1941年已减为221校，且多分布在日军未到的县市，其中梅县一县就集中了22所学校。1940年根据对6个县的调查，在园幼儿仅459人。在广州市区内仅有小学13所，中学1所。全市学龄儿童共有5万多人，但这个时期内广州全市小学生最多时也仅6000余人。由于许多小学无法进行正常的教学，特别是缺乏经费和师资，纷纷停办，所以私塾则纷纷出现。根据当时省政府的统计，1940年，广东全省有新会等71县，设私塾7135所，塾师7136人，学生1389900人①。

日军大举入侵广东后，沦陷区的中等学校不是停办，就是外迁。非沦陷区的中等学校也有不少因为日军的骚扰和进犯而停课或迁徙。广东许多学校被迫从1937年9月开始陆续向各地迁移，如中山大学、广东省文理学院等多所高校被迫搬迁。省立韩山师范、雷州师范、广州女师等几十所中等师范学校、中学被迫内迁。据当时广东省政府的统计，至1939年6月休课公私立学校有83校；至1941年3月，广东公私立中等学校"因战事休课之学校"还有40所以上②。

中山图书馆不但在广州沦陷时被迫停馆，未运走的书刊近10万册，后均为日军囊括而去。1944年省图书馆在避敌转移中损失书刊近2万册。据《国民政府年鉴》《中华年鉴》《广东年鉴》提供的数字，1940年全国公共图书馆只有894所，广东为80所。到日本投降时只剩下33所了。日军进入广州后曾搜刮了颐园的一套佛经达数十箱之多。岭南大学寄存香港的总善本，包括《大清实录》及方志亦损失无遗。在日军侵略粤北期间，乳源县有价值的文物、地方性的历史资料被抢劫。其中，清康熙二十六年张洗易编纂《乳源县志》被抢至日本。分布在各地的宗教文化古迹、庙宇、祠堂及宗教场所也难逃厄运，横遭摧残。顺德县大良镇两次沦陷中，当地望族龙、罗两姓家中的大批古籍被日军洗劫一空，其中龙族一士绅所藏的《佛经血本》（此经系200年前某古刹苦行僧

① 广东省地方志编纂委员会编：《广东省志·教育志》，广东人民出版社1995年版，第92页。
② 黄麟书《广东政治新阶段的教育》谓："至二十七（1938）年时局日形严重，省政府决意北迁，乃密令三角洲，东江，南属和西江下游各校，暂行休课或迁址复课，自这时起，遵令迁址复课又有六十九校，暂行休课的，有省立广雅中学等四十校。"《广东政治》第1卷第1期（1941年9月）第40页。以上资料见广东省教育厅编印：《民国三十年三月广东省公私立中等以上学校一览表》，广东省档案馆馆藏档案，档案号5—1—49。

滴血书成）尤为珍贵，被日军搜出后运回日本①。

日军侵略广东后，不仅摧残文教事业，还在其占领区开办日语学校，妄图利用这些手段和措施奴化中国人民。广州、佛山、汕头、庵埠、三灶岛等地的日语学校往往不止一所。在广州市有日语学校 5 所，共 14 个班，学生达 681人。汕头市有日语学校 5 所，学生 400 多人。

（四）人口伤亡情况

1. 以往人口伤亡调查情况

日本侵华战争给广东人民带来了深重灾难。自日军空袭轰炸开始，广东各级政府即开始陆续开展有关人口伤亡的调查统计和上报工作。

1938 年 9 月，国民政府内政部根据各省县市政府的损失报告编制了 1937 年8 月至 1938 年 5 月底止《各省县市被空军侵袭所受损失统计》，其中日军飞机空袭广东 1002 次，投弹 7045 枚，死亡 1703 人，伤 3116 人。

1939 年国民政府要求各地进行战争损失统计后，广东各地也展开调查。但因当时战争仍在继续，调查难度很大，上报材料不完整。1939 年全国各地空袭损害统计表中列广东死 2048 人，伤 3101 人②。由于部分县市未能如期查报损失，加上国民政府迁都重庆时，部分机关公文遗失，因此，内政部所编的统计数字是不完整的，广东实际人口伤亡的数字远不止此数③。

以下是当年对日军飞机轰炸造成伤亡情况的不完整统计，统计范围为广东75 个县、市。按年度分列如下：

年度	死	伤	合计
1937 年	327	578	905④
1938 年	2272	4530	6802⑤
1939 年	2089	3089	5178⑥

① 《日军搜劫古书》，载《香港工商日报》1940 年 3 月 29 日，佛山市顺德区档案馆藏。

② 重庆市档案馆馆藏档案，档案号 0044—130。

③ 《各省县市被敌空军侵袭所受损失统计》，中国第二历史档案馆馆藏档案，档案号十二（2）967。

④ 中国第二历史档案馆馆藏档案，档案号二—32338。

⑤ 中国第二历史档案馆馆藏档案，档案号二—32338。

⑥ 广东省档案馆编：《日军侵略广东档案史料汇编》，中国档案出版社 2005 年版，第 71 页。

年度	死	伤	合计
1940 年	1329	2079	3408①
1941 年	932	1533	2465②
1942 年	1398	565	1963③
1943 年	677	1013	1690④
1944 年	360	72	432⑤
合计	9384	13459	22843

1943 年国民政府再次修订抗战损失调查程序，但出于同样的原因，所调查的县份不全面，结果只统计出广东伤亡合计 11325 人，其中死亡 7799 人，受伤3526 人⑥。

据 1942 年国民政府行政院赈济委员会整理的各省市难民救济人数统计，广东难民救济人数共计 227793 人，其中 1939 年以前为 97855 人，1940 年为 84467人，1941 年为 45471 人⑦。

1945 年 11 月 22 日，国民政府颁布了《抗战损失调查实施要点》，要求各地尽快调查上报。广东为此在全省进行了较大规模的调查工作。人口伤亡统计合计仅 18740 人，其中重伤 6949 人，轻伤 1855 人，死亡 9936 人⑧。但由于有遭受损失而未据报或无从查报者概未列入，因此，这个数字是不全面、不准确的。这是由于战争的影响，各地作为损失统计依据的卷宗、账册丢失、损毁或散失，损失查报工作面临种种实际困难。统计不准确，缺报漏报的情况不少。很多地方并未按期报告损失，每每拖延迟报。凡此种种，所得伤亡统计就难免不全面、不完整。

① 重庆市档案馆馆藏档案，档案号 0044—130。

② 重庆市档案馆馆藏档案，档案号 0044—130。

③ 广东省政府统计处编制：《广东省统计资料汇编》，1946 年 2 月，广东省立中山图书馆藏。

④ 广东省政府统计处编制：《广东省统计资料汇编》，1946 年 2 月，广东省立中山图书馆藏。

⑤ 广东省政府统计处编制：《广东省统计资料汇编》，1946 年 2 月，广东省立中山图书馆藏。

⑥ 广东省政府统计处编制：《广东抗战损失》，1945 年 10 月，广东省立中山图书馆藏，档案号 3732／518165。

⑦ 中国第二历史档案馆馆藏档案，档案号 11—692，转引自孙艳魁：《苦难的人流——抗战时期的难民》，广西师范大学出版社 1994 年版，第 70 页。

⑧ 广东省政府统计处编制：《广东省抗战损失》第 2 辑，1946 年 2 月，广东省档案馆馆藏档案，档案号 6—2—376。

1946 年 8 月，国民政府行政院赔偿调查委员会向行政院报送军民人力及公私财产损失总数，其中，广东人员伤亡总数估计为 422725 人，其中重伤 48037 人，轻伤 110921 人，死亡 263767 人①。根据当时行政区划推测，此数据中应包括海南岛 16 县、广西合浦、钦县、防城、灵山 4 县，不包括怀集县。

应当指出的是，国民政府对人口伤亡和财产损失的调查虽然为我们留下许多宝贵的资料，但由于当时一些县市局、直属部门的迟报、漏报，调查范围仅限于国民党统治区和部分沦陷区，没有包括中国共产党领导的抗日根据地和游击区，调查时间短促等原因，所以，这些统计数字是不全面、不完整的，甚至是粗略的。

2. 此次调研情况说明

关于此次调研，我们作如下说明：

第一，严格按照现行政区划，以县、区（市）或街道、镇（东莞市、中山市仅下辖街道、镇）一级为单元开展调研工作。根据中央党史研究室的关于调研工作的要求，此次调研按照现行政区划开展，这对广东省的调研工作带来不小的困难。广东省现行政区划与民国时期及改革开放前的区划相去甚远。历史资料中存在大量很难按属地厘清的统计数据。各市县在历史资料的取舍上，采取的方法是能区分的就采用，不能区分的则不采用或加以说明，尽量避免重复统计。在互有交叉重叠的地区如中山和珠海，深圳与惠州等，统计数据时则格外谨慎。

第二，涵盖范围包括国民党统治区、沦陷区和中国共产党领导的抗日根据地和游击区。各地根据本地抗战史实线索广泛收集人口伤亡和财产损失相关档案、文献资料，并开展社会调查，收集口述资料，与历史资料互相印证。对一些可疑的报刊等文献资料，经过调查访问，确定不予采用。各地根据历史资料和口述资料编制人口伤亡和财产损失明细表，再以此为依据汇总人口伤亡和财产损失数据。

第三，关于灾民、难民、劳工情况。此次调研统计中，凡灾民、难民、劳工有伤亡和失踪的统计数都计入间接人口伤亡总数，凡灾民、难民、劳工死伤不明的则单独统计，不计入间接人口伤亡总数。

第四，军队伤亡情况。此次调研统计中，凡属国民党正规军队的伤亡人数

---

① 中央党史研究室第一研究部、中国第二历史档案馆编：《国民政府档案中有关抗日战争时期人口伤亡和财产损失资料选编》（1），中共党史出版社 2014 年版，第 380 页。

均单独统计，不计入人口伤亡总数。

3．直接人口伤亡情况

（1）汇总及分类情况

此次全省各地调研综合的直接人口伤亡共计343094人[1]，其中：死亡234356人，约占68.31%；受伤95163人，约占27.74%；失踪13575人，约占3.95%。

另外，统计为死伤不明的有7754人。

（2）伤亡分类

根据各市调研不完全统计：因空袭轰炸造成的伤亡共计35710人[2]，其中死亡16389人，受伤19321人；因枪击造成的伤亡共计21402人，其中死亡17258人，受伤4144人；被强奸妇女共计2901人。

（3）伤亡人员性别构成情况

男性伤亡共计33627人，其中死亡24240人，受伤8386人，失踪1001人；女性伤亡共计12695人，其中死亡5396人，受伤7170人，失踪129人；儿童伤亡共计1595人，其中死亡1015人，受伤555人，失踪25人；性别不明伤亡共计295177人，其中死亡203705人，受伤79052人，失踪12420人。

（4）年度伤亡构成情况

年　度	直接伤亡（人）	死伤不明（人）
1937 年	3987	155
1938 年	34532	1249
1939 年	22765	1070
1940 年	11507	576
1941 年	17292	358
1942 年	14939	117
1943 年	9796	95
1944 年	7528	1515
1945 年	11468	178
年代不清	209280	2441
合　计	343094	7754

[1] 此数据为此次全省抗损调研综合统计而来。

[2] 此数据为此次全省抗损调研综合统计而来。

从上表中可见，有些年份死伤人数多，有些年份死伤人数相对少一些。这与日军对各个区域的侵占时间长短和侵扰程度强弱有关，也与日军的侵占手段有关，例如，1937年至1938年是日军飞机轰炸造成人口伤亡最多的年份。1938年10月日军开始全面侵粤，直接杀害所造成的伤亡人数就比较大。以后日军的统治秩序稳定下来，直接杀害造成的伤亡相对少一些。

4. 间接人口伤亡分类情况

（1）分类情况

全国抗战期间，广东人民颠沛流离，物资匮乏，加上水灾、旱灾、粮荒等伴随着日军的入侵而发生，间接造成大量人口死伤。根据此次全省调研数据汇总，抗战期间广东间接人口伤亡共计1119292人，其中，已知死伤或失踪的被俘捕人员17778人，已知死伤或失踪的灾民、难民956167人，已知死伤或失踪的劳工145347人。需要说明的是，由于灾民、难民流动性大，在统计过程中各地区统计数据可能存在重复计算的情况。

间接人口伤亡统计中死伤不明人员共计1818304人，其中被俘捕人员7597人，灾民、难民1636357人，劳工174350人。

（2）年度伤亡构成情况

年度	被俘捕（人）			灾民、难民（人）			劳工（人）			年度合计
	死亡	受伤	失踪	死亡	受伤	失踪	死亡	受伤	失踪	
1937	0	0	0	9	0	0	0	0	0	9
1938	20	14	161	1064	184	2554	39	3	6421	10460
1939	36	12	5	1248	77	20756	3024	73	7	25238
1940	18	50	16	654	238	35	120	89	35	1255
1941	68	28	10146	957	624	33	20468	130	111	32565
1942	9	21	251	4891	13380	561	473	83	106	19775
1943	25	30	121	120549	1275	60849	234	2271	110	185464
1944	33	6	265	12420	400	490	4378	115	141	18248
1945	107	16	200	3093	701	32	106	272	90	4617
年代不清	0	0	6120	261497	3976	443620	5752	96	100600	821661
合计	316	177	17285	406382	20855	528930	34594	3132	107621	1119292

（3）死伤不明人员年度构成情况

类型 年度	被俘捕（人）	灾民、难民（人）	劳工（人）
1937 年	17	100	0
1938 年	23	23192	4609
1939 年	40	129509	4484
1940 年	382	12661	5926
1941 年	361	15084	1764
1942 年	14	407523	572
1943 年	105	407103	2549
1944 年	70	132293	3039
1945 年	601	155589	2872
年代不清	5984	353303	148535
合　计	7597	1636357	174350

5. 单独统计的人口伤亡情况

（1）难民情况

全国抗战期间广东形成了大量的难民。据 1939 年 2 月至 1943 年 10 月广东省赈济会各县市局输送站收容所收容难民的数量统计，共收容难民的人数总计 165326 人①，抢救 97 次，安置 9300 人，其中男 7632 人，女 668 人②，其余情况不明。善后救济总署广东分署总计协助难民返乡者共 79508 人③。1944 年，广东省政府统计室编制了名为《广东省抗战损失》的册子，其中提到了 1937 年至 1943 年救济费 11250290.29 法币元④。当然这些救济费并不全是救济灾民、难民的，但从中可见当时救济灾民、难民的部分情况。

（2）军队人员伤亡情况

据不完全的统计，此次全省各地调研综合数据，国民党正规军伤亡 26971 人，其中死亡 15862 人，受伤 7126 人，死伤不明 3983 人。

（3）难侨救济情况

---

① 中国第二历史档案馆馆藏档案，档案号二一 32338。
② 中国第二历史档案馆馆藏档案，档案号二一 32338。
③ 见《善后救济总署广东分署业务总报告》（节选），1947 年，原件存广东省档案馆。
④ 广东省档案馆编：《日军侵略广东档案史料选编》，中国档案出版社 2005 年版，第 509 页。

据 1942 年《广东省救济归国侨胞统计表》统计，全省收容难侨共计483669 人（此数据中含琼崖 2800 人、灵山 4 人、钦县 22 人，无怀集县数据）。该统计表注明："各县救济人数是依据报到的难侨人数累计，其中有路经两县以上而达到目的地者，未经减去。"① 因此，该数据可能存在部分重复统计的情况。

（4）日军掠童情况

在北京市档案馆，有一卷档案号为 J181—25 的档案，记录着日军在投降前企图从广东掠走数千名儿童的情况。在广州市档案馆，存有广东省社会局向社会部呈报被掠儿童事件的档案，档案记载了日本南支派遣队在广东捕捉数千名儿童的事情，还附了广州市警察局调查的被捕捉的部分儿童的姓名和住址。档案记录日军捕捉儿童行动自 1945 年 5 月到 7 月②。日军捕捉儿童的目的，以及这些儿童的去向和下落等情况均不明。

（五）财产损失情况

1. 以往调查的情况

抗战期间及抗战胜利后，国民政府及广东省政府都曾对广东省抗战时期财产损失进行了调查和统计。

全国抗战初期，日本派军舰骚扰广东沿海，日军飞机轰炸广东城乡，使广东经济遭受局部损失，广东省政府于 1937 年 10 月制定《广东省各县市抗敌战事损失调查表》分发各地、各机关，饬令依表填报。1939 年 3 月，省政府依行政院通令制颁《广东省抗战以来所受损失调查表》（分为建设、农林、教育等类），当时广东有 50 多个尚未沦陷的县市查报了 1938 年底以前的损失情况。同年 7 月，省政府开始按照行政院颁布的查报办法和 29 种查报表式办理。但由于战时因素，很多受日军入侵的地区未能及时进行查报。

1945 年 11 月，国民政府财政部对各省市抗战期间地方财政损失进行了估计。其中，广东省地方财政损失为：以 1937 年财政税收 33833477 元，平均递进增加 57%，损失时间 7 年，沦陷面积二分之一来计算，全省全时间应收款371829913 元，沦陷区应收数 185914956 元，除 1942 年度起 1945 年 8 月止田赋

① 《广东省统计季刊》1942 年第 1 期，广东省立中山图书馆藏档案，档案号 K1484。
② 《日军劫夺之儿童》，广州市档案馆馆藏档案，档案号档案号 7—5—183。

契税营业税等国税应剔除数 39114081 元外，应赔偿数为 146800875 元①（以上均为法币）。

1946 年，广东省政府对广东省各县市局及省直属机关战时财产损失进行了统计（见下表)②。

抗战期间广东省各县市局财产损失 （单位：国币元）

年别	直接损失	间接损失	医药及埋葬费用
二十六年	44365416441.00	1073373431.60	3900.00
二十七年	79103833516.90	16175558256.06	263011.00
二十八年	38611240060.39	1354918055.86	202657.95
二十九年	60791896074.58	1895046734.80	127172.00
三十年	71863051032.78	2966907473.98	178203.00
三十一年	115423664947.40	3752433977.80	470800.00
三十二年	57437529847.00	4396654090.00	988200.00
三十三年	45642910028.00	4942192284.00	1133400.00
三十四年	391773190149.14	7089428520.00	1790730.00
总计	905012732097.19	43646512853.78	5158073.95

（说明：1. 未报分年资料之县份计有徐闻及第九区各县均未列入表内。2. 表列数额系以损失时价值计算）

广东省政府直属各机关抗战期间公有财产损失 （单位：国币元）

机关名称	公有财产直接损失	公有财产间接损失	职员私有财产损失
民政厅	4421200.00	5573879.00	242941560
财政厅	3507745.00	2416649.00	25850260
建设厅	88592000.00	26063003.45	14394670
教育厅	1572028.00	8018233.37	13999208
秘书处	—	—	25691100
会计处	15445792.00	1933864.00	15435792
统计处	80142.50	332024.80	5194500

① 中央党史研究室第一研究部、中国第二历史档案馆编：《国民政府档案中有关抗日战争时期人口伤亡和财产损失资料选编》(2)，中共党史出版社 2014 年版，第 707 页。
② 中央党史研究室第一研究部、中国第二历史档案馆编：《国民政府档案中有关抗日战争时期人口伤亡和财产损失资料选编》(3)，中共党史出版社 2014 年版，第 1283—1289 页。

机关名称	公有财产直接损失	公有财产间接损失	职员私有财产损失
社会处	9015200.00	616952.20	5309300
卫生处	326006050.00	1659707.00	5706200
地政处	7163570.00	—	9481895
设考会	181781.00	406909.00	4978620
实业公司	41262043.00	54780835.56	3478400
省银行	48344411.27	272280820.15	183998765
总计	545591962.77	374082877.53	556460270

（说明：表列数额系以损失时价值计算）

据 1946 年 11 月国民政府教育部统计处编《全国各级学校及教育机关战时财产数量与价值损失》统计，1937 年至 1945 年，广东省市县公私立各级学校及教育机关损失合计为 250452497 元，折合 1945 年 8 月价值为 26939171984 元[①]。

广东省政府有关部门战后统计，1937 年至 1945 年公有财产直接损失，总计价值 782504602.76 法币元（当年币值）。列举的具体损失事项、损失价值如下[②]：

时　间	项　别	价　值（法币元）
1937 年—1945 年	建筑物	298737501.78
	器具	385910376.41
	现款	29799655.28
	图书	3053245.00
	仪器	42401886.15
	医药用品	608336.00
	其他	21993602.14
	总　计	782504602.76

2. 此次调研统计说明

（1）此次调研，对财产损失的统计分为社会财产直接损失、社会财产间接

---

① 中央党史研究室第一研究部、中国第二历史档案馆编：《国民政府档案中有关抗日战争时期人口伤亡和财产损失资料选编》（2），中共党史出版社 2014 年版，第 867 页。

② 广东省档案馆编：《日军侵略广东档案史料选编》，中国档案出版社 2005 年版，第 504 页。

损失和居民财产损失三个部分。

（2）由于调研所得材料中有关财产损失的货币计量单位不统一，有些档案资料的统计数据只注明了币种（一般是法币）而没有注明币值年份或是否进行过折算。因此，其中有些数据可能与实际有所偏差。由于抗战时期通货膨胀迅猛，由各年度相加的法币值本身已难以体现其价值涵义，而只是表明其——对应的数量关系。

（3）此次调研统计总数是依据广东省课题组制定的《抗战时期广东财产损失价值计算、折算办法》进行折算的。该《办法》系参照当年国民政府行政院下发的财产损失计算指数表等资料综合制定①，但由于当年许多统计数据可能已经折算过，有些档案难以分清是否已经折算，所以，此次调研统计时可能会出现重复折算，统计的损失数据会比实际损失数据小。

（4）此次调研中还存在大量无法折算的实物损失。这类损失未计入财产损失总数。

3. 社会财产直接损失（损失金额除另注明者外均按法币统计）

据抗战结束后广州市政府的调查统计，战时广州民营事业（工商业）直接损失 88729791764 元（1946 年币值）②。民营事业损失主要包括民营工业（含手工业）、商业，据广州人民政府生产委员会 1959 年编写的《广州工业十年》载，1936 年广州工业户 11523 家（不含公营工业），商业户 31970 家③，合共43493 家。以此计算出每家损失约 2040093.62 元，折合战前币值约为 478 元。

据广东省银行经济研究室 1937 年 9 月至 11 月对广州市工商业受敌机空袭损失的调查，广州工商业 13324 家，因空袭歇业 1765 家，歇业损失达 160 多万元（毫券），营业额比平时减少了 65%。据 1940 年《广东经济年鉴》第四章第75—76 页中对广州工商业在日机空袭时期损失调查估计表的说明，全国抗战初期广州市工商业间接损失当在 50% 以上，而直接损失则缺乏完整的统计。

（1）工业损失

抗战期间广东工业主要遭受了三次较大规模的损失，第一次是广州沦陷前后（战前广东的工业大部分集中在广州），大部分公营事业、企事业单位被日

---

① 《广东省政府教育厅训令》，1941 年 5 月，广东省档案馆馆藏档案，档案号 4—2—171；《广东省政府代电》，1948 年 6 月，汕头市档案馆馆藏档案，档案号 11—1—273；《抗日战争期间零售物价指数上涨倍数》，顺德市档案馆馆藏档案，档案号 36—2—64。

② 《广州抗战财产损失统计表》，《广州市政府公报》复刊第 1 卷第 1 期，1946 年。

③ 《广东工业十年》，广东省档案馆馆藏档案，档案号 219—2—242。

军飞机全部或部分炸毁。广州沦陷后，公司厂矿被敌占据利用，机器设备或被搬走，或被毁坏，直接损失甚大。第二次是在 1939 年底到 1940 年初，日军进攻粤北地区，省营工业因迁移、误工等造成不小的经济损失（间接损失）[①]。第三次是在 1945 年初豫湘桂战役期间日军进攻粤北，战时省会曲江及粤北地区大部沦陷，广东后方战时工厂，特别是各省营及省营工矿事业的大部分设备器材遭到日军的劫掠与破坏。

以下为 1947 年国民政府行政院善后救济总署广东分署对粤省工矿损失情形的调查[②]：

厂名	厂址	产品种类及产量	战时损失
1. 五仙门电力厂	广州	发电机容量 20000 千瓦	撤退时部分毁坏，现机件过旧，未经补充
2. 西村发电厂	广州西村	发电机容量 30000 千瓦	原有 15000 蒸汽发电机两套已被毁
3. 富国煤矿	曲江	日产 500 吨	原有直井四个、斜井两个俱被毁，铁路 30 公里被毁
4. 狗牙洞、八字领煤矿	乳源	日产 80 吨	原有直井一个、斜井四个俱被毁，铁路路基亦被毁
5. 自来水厂	西村	日给 2100 万加仑	原有 620 匹内燃机三架一被毁
6. 西村士敏土厂	西村	日产 3000 桶	球磨机一副、旋窑一座敌搬去，现只能出产 1/3
7. 硫酸厂	西村	日产 98% 硫酸 15 吨	大部分机器被敌毁坏
8. 肥田料厂	西村	日产磷肥 20 吨，硝酸 10 吨，液气 10 吨，氮肥 20 吨，硝酸 75 吨	全部机器被敌毁坏
9. 苛性钠厂	西村	日产 90% 苛性钠 6 吨，盐酸 3 吨，漂白粉 7 吨，液气 1 吨	全部及其被敌毁坏

---

① 《省府及经济部关于抗战期间财产被日本劫至外国境内者之处理通知、办法、文书材料》，广东省档案馆馆藏档案，档案号6—2—373。

② 《善后救济总署广东分署业务总报告》，1947 年，中国第二历史档案馆馆藏档案，档案号二一32338。

厂名	厂址	产品种类及产量	战时损失
10. 河南纺织厂	河南	日产棉纱 20 包、土布 950 匹、呢绒等不定	现仅剩棉纱机器，能出生战前 1/3 产量，其余机器完全损失
11. 省营纸厂	南石头	日产 50 吨	全部机器被敌搬去
12. 饮料厂	西村	日产汽水 2500 樽，啤酒 5000 樽	机器无大损失
13. 新造糖厂	新造	日产白糖 45 吨、酒精 5 吨	机器全部损失
14. 市头糖厂	市头	日产白糖 220 吨，酒精 20 吨	机器全部损失
15. 顺德糖厂	容奇	日产白糖 90 吨	机器无大损失
16. 揭阳糖厂	揭阳	日产白糖 45 顿	一部分机器迁衡阳已损失，一部分存于香港
17. 蔴包厂	信宜	日产蔴包 6000 个	一部分机器存信宜，其余损失
18. 广州制纸厂	南石头	日产 10 吨	全部损失
19. 石龙发电厂	东莞	发电机容量 175 千瓦	全部机器被敌机炸毁
20. 惠阳糖厂	惠阳	日产白糖 90 吨	申请制糖机器
21. 东莞糖厂	东莞	日产白糖 90 吨	申请制糖机器
22. 广州自动电话管理所	广州	每月运用电话机 8000 副	损失电线、电话机等
23. 佛山光华电厂	佛山	发动机容量 1304 千瓦	损失发电机 5 副，现只存 450 千瓦之发电机一副
24. 刘善之电话器材厂	广州	听筒线 6000 码、交换线 2000 码、电话总机 1000 号避雷器 1000 个电话零件	损失车床电动机及其他器材
25. 协同和机器厂	广州	抽水机、米磨、粉磨、柴油机、榨蔗机、矿业机等机	损失车床、刨床等大部分机械器材
26. 面粉厂	乐昌	日产五羊牌面粉 260 包	全部机器被敌破坏或搬去
27. 化工厂	坪石	日产白药 50 磅	同上
28. 酒精厂	曲江	日产酒精 15 吨	同上
29. 农具厂	坪石	日产型耙中耕器约 10 件	同上

厂名	厂址	产品种类及产量	战时损失
30. 茂名糖厂	茂名	日产白糖 26 吨	一部分机器搬信宜，其余留待工保管
31. 电池厂	曲江	日产二号电池九打	全部机器被敌破坏
32. 肥皂厂	曲江	各种肥皂 20 箱	同上情形
33. 药棉厂	连县	药棉 50 磅	无多大损失
34. 纺纱厂	坪石	二〇支棉纱 300 磅	全部器材俱损失
35. 织造厂	坪石	四〇码土白布 50 匹	同上情形
36. 炼油厂	坪石	出产电油、油渣	同上情形
37. 骨制肥料厂	乐昌等地	日产肥田料、脂肪各 100 公斤	不能开工
38. 粤北铁工厂	坪石	制造原动机及抽水机等	大部分机器被敌破坏
39. 衡阳蔴织厂	衡阳	日产蔴包 3000 个	机器全部损失

省营工业损失。省营工业遭受了两次重大损失，一次是 1938 年广州沦陷时遭受的损失，另一次是 1945 年初日军进攻粤北时所遭受的损失。关于第一次损失，广东省建设厅给广东省政府的一张统计表大致估算了损失价值，而且还折合成了战前币值。以下为省建设厅的统计表。

广东省省营各工厂抗战以来遭受直接损失统计表①（1937—1942 年）

时间	工厂损失	损失金额
1937 年至 1942 年	广州沦陷炸毁河南士敏土厂全部损失价值	500000 元
	广州沦陷炸毁西村士敏土厂全部损失价值	7700000 元
	广州沦陷炸毁市头糖厂全部损失价值	8046000 元
	广州沦陷炸毁新造糖厂全部损失价值	2229000 元
	广州沦陷炸毁顺德糖厂全部损失价值	3811000 元
	广州沦陷炸毁硫酸苏打厂全部损失价值	2200000 元
	广州沦陷炸毁饮料厂全部损失价值	1155000 元

---

① 《广东省省营各工厂抗战以来遭受直接损失汇报表》，1944 年 3 月，广东省档案馆藏档案，档案号 6—2—36。

时间	工厂损失	损失金额
1937 年至 1942 年	广州沦陷后揭阳糖厂将机器拆运香港后港九沦陷全部损失价值	2613000 元
	广州沦陷后纺织厂全部损失价值	5334000 元
	广州沦陷被敌机轰炸拆运广州湾并内地麻织厂局部损失价值	2000000 元
	广州沦陷广州制币厂全部损失	9150000 元
	广州沦陷肥田料厂全部损失	4804000 元
	广州沦陷工业试验所书籍仪器局部损失价值	550000 元
	广州沦陷河南各仓各厂所存成品原料并太古仓所存糖业估计约数全部损失	25000000 元
	广州沦陷惠州糖厂（由第一集团军主办）全部损失	2300000 元
	广州沦陷东莞糖厂（由第一集团军主办）全部损失	1200000 元
总计		78592000 元

战前全省市营工厂主要是广州市自来水厂和电力厂两家，两厂沦陷时被日军占据经营，战后据广州市政府的抗战损失调查统计，市营事业直接损失5201318481 元，折合成战前币值为 2727158 元①。从广东省建设厅给广东省政府的汇报表中各厂统计的损失数字已经达 7859.2 万元②。损失数额均系以抗战前币值计。

随着广东省政府迁入曲江，省建设厅也陆续在曲江、坪石、乐昌等地设立电池厂、肥皂厂、制纸厂、酒精厂、面粉厂、骨粉厂、农具厂、糖厂、化工材料厂、纺织厂、中区肥料厂、西区肥料厂及东区肥料厂 13 家工厂，资产共23496711 元③（大部分工厂资产是按 1942 年 12 月时值估计），这些工厂在 1945年初因日军的进攻而遭受重大损失。

---

① 《广州市政府公报》复刊第 1 卷第 1 期，1946 年，广东省档案馆藏档案，档案号政 632。
② 《广东省省营各工厂抗战以来遭受直接损失汇报表》，1944 年 3 月，广东省档案馆藏档案，档案号 6—2—36。
③ 《社会部劳动局广州区厂矿调查总报告》，广东省档案馆藏档案，档案号 6—2—753。

下表是战时广东省营工业直接损失（折合成战前币值）的不完全统计：

时间	广东省营工业直接损失	损失金额
1937—1942 年	省营工厂损失	217013920 元①
1938—1944 年	广州麻织厂损失	101538 元②
1942—1945 年	建设厅所属部分省营工厂损失	495957 元③
1941 年 6 月	韶关电灯公司等工矿企业损失	330414 元④
1938—1945 年	广东西村士敏土厂损失	1713252 元⑤
1938—1945 年	实业公司所属各厂损失	88658 元⑥
1938—1945 年	省银行所属工厂损失	65133 元⑦
1938—1945 年	粤北铁工厂损失	185471 元⑧
1938—1945 年	广州市营电力厂、自来水厂损失	2727158 元⑨
合计		222721501 元

上述损失数只是部分反映出战时广东省营工业直接损失的真实情况，未能展现所有的省营工业损失面貌。究其原因，一是资料欠缺，大多数工厂的损失价值被低估；二是没有将沦陷区经营损失包括在内。

民营工业损失。据战后调查，广东民营工厂"未经沦陷县份，工业无多大变动外，而经敌伪占据的地方，则所有各种工业，莫不被其破坏掠劫，除协和机器厂，大生铜厂，协安隆机器厂，中国火柴厂，广东火柴厂，三兴布厂等少数工厂，机器设备尚无大损失外，其余各厂，大多无法迅速复工"⑩。战后据省府统计，全省民营工厂经核准复业者有 215 家，连同登记中者有 400 家左右，

① 《广州市战时物质损失调查表》，广州市档案馆藏档案，档案号（广州市社会局档案）4—01—6—193。

② 《广东省省营各工厂抗战以来遭受直接损失汇报表》，1944 年 3 月，广东省档案馆藏档案，档案号 6—2—36。

③ 广东省档案馆藏档案，档案号 6—2—753。

④ 《各县市工矿企业呈报抗战期间财产设备损失情报（之一）》，广东省档案馆藏档案，档案号 6—2—375。

⑤ 《各县市工矿企业呈报抗战期间财产设备损失情报（之一）》，广东省档案馆藏档案，档案号 6—2—375。

⑥ 《抗战时期损失调查和索赔》，广东省档案馆藏档案，档案号 19—1—364。

⑦ 《中正场战时财产损失》《南华公司中兴皮革厂战时财产损失》《南华公司中伦纸厂战时财产损失》，广东省档案馆藏档案，档案号 41—3—4217、41—3—4195、41—3—4196。

⑧ 伍颖立主编：《广东工业》，广东实业公司印刷，1947 年版，第 17 页，广东省立中山图书馆藏。

⑨ 《广州市政府公报》复刊第 1 卷第 1 期，广东省档案馆藏档案，档案号政 632。

⑩ 伍颖立主编：《广东工业》，广东实业公司印刷，1947 年版，第 36 页，广东省立中山图书馆藏。

此数字约为战前的 1/5①。战前所建工厂在广州沦陷时，"十之八九未及迁移，损失惨重……"②

钢铁业损失。1941 年 1 月，日本军部将存放在汕头的潮汕线的铁轨及杂铁等约数万吨（至少应不低于 3 万吨），全部运往日本③。据 1941 年 3 月 25 日《工商日报》报道，1941 年 3 月 20 日，汕头日本军舰载运铜铁千余吨赴台湾，而囤积在汕头的钢铁还有 1.2 万吨，这些钢铁都是日军从潮汕、广州等沦陷地区搜刮而来，停放于汕头，候轮分批运台湾④。整个抗战期间，日军从广东搜刮、囤积在汕头的钢铁总量至少有 4.2 万吨，如果按照 1936 年的报关单价中的生铁价格每吨 62.18 元来估算，这批钢铁价值约为 261 万元（1936 年币值）⑤。

矿业损失。广东矿产中以煤、铁、钨等矿较为丰富，煤矿与钨矿主要集中在粤北、粤西地区，铁矿主要集中在海南岛地区。这些矿产是重要的战略能源与资源。

全国抗战爆发后，广东煤矿大多停办，战时仍然开采的大规模煤矿主要有富国煤矿，1945 年初粤北沦陷以及 1945 年 8 月日本投降前夕，富国煤矿被日军占据并破坏，损失惨重，其损失具体情况如下：

富国煤矿损失调查表⑥

损失项目	损失程度	损失价值（亿元）
竖井建立工程	100%	5
井下开拓工程	100%	20
地面机电设置	60%	12
铁路车辆	30%	9
厂房建筑	80%	8
其他设备	100%	5
库存材料	100%	10
合计价值		69

① 陈真等编：《中国近代工业史资料》第 1 辑，三联书店 1957 年版，第 194 页。

② 伍颛立主编：《广东工业》，广东实业公司印刷，1947 年版，第 35 页，广东省立中山图书馆藏。

③ 汕头市档案馆馆藏档案，档案号 12—6—279。

④《日商行纷结束，大批钢铁运台》，《香港工商日报》1941 年 3 月 25 日。

⑤ 韩启桐编著：《中国对日战事损失之估计》(1937—1943)，中华书局印行 1946 年版，第 68 页。

⑥《各县市工矿企业呈报抗战期间财产设备损失情况（之一）》，广东省档案馆馆藏档案，档案号 6—2—375（广东省建设厅档案）。

由于上表是 1946 年 12 月填报的，损失价值是填报时的价值。

矿产资源是日军为实行以战养战而重点抢掠的战略物资。钨矿是中国重要的出口物资，广东沿海地区钨矿藏量较丰。钨矿成为日军在广东重点掠夺的矿产之一。广州沦陷后，日军在市内原存放钨砂之处大肆搜查，搜获钨砂百余担，由日本军舰运载回国[①]。1939 年 6 月，日本海军沿岸警备舰在阳江南鹏岛发现钨矿，遂交由日本三菱公司负责，利用中国人力采矿[②]。从 1941 年至 1945 年 5 月，共生产钨砂 1021434 吨，输出 958000 吨[③]。据统计，日军占领南鹏岛期间，掠夺的钨矿金属量有 4000 多吨[④]。除直接开采钨矿外，日军还通过各种手段掠夺沦陷区的钨砂，据南满洲铁道株式会社东京支社调查室的统计，日军授权的三菱、三井、石原、杉原、台拓五家压低价格收购广东钨砂的会社，自 1939 年 6 月至 1940 年 11 月的一年半中，共收购钨砂 522.5 吨[⑤]。

（2）农业损失

农业损失主要包括日军对农产品和土地的掠夺，战争对农业生产的损毁和农作物的减收。

耕地破坏损失。据韩启桐在《中国对日战争损失之估计（1937—1943）》一书中的估计，至 1943 年 7 月止，广东被破坏的耕地面积达 165815000 公亩[⑥]。沦陷区耕地被破坏的面积可以以顺德县的损失程度为计算依据，战前顺德全县耕地 1087100 市亩[⑦]，沦陷后受破坏的耕地面积达 23723 市亩[⑧]，占全县耕地总面积的 2.18%，按这一比例来计算，受敌侵扰地区耕地受破坏的面积达 7229534 市亩。

农户财产损失。据韩启桐在《中国对日战争损失之估计（1937—1943）》一书中的估计，至 1943 年 7 月，广东受灾户数 366 万户[⑨]，广东农户占全省住

---

① 《广州×军搜×我钨砂》，载《香港工商日报》1939 年 3 月 7 日。

② 中国第二历史档案馆馆藏档案，档案号三（2）3202。

③ ［日］大藏省管理局：《有关日本人的海外活动的历史调查·通卷第 29 册：海南岛篇》，第 122、125—128 页，转引自宓汝成、王礼琦：《日本侵占海南岛和海南岛人民的抗日斗争》，载中国社会科学院近代史研究所、中国抗日战争史学会主办：《抗日战争研究》1992 年第 1 期。

④ 阳江市矿产资源管理委员会办公室编：《南鹏岛情况介绍》，1993 年 9 月印行。

⑤ 南满洲铁道株式会社东京支社调查室：《南支二於ケル密贸易》，广东省档案馆藏日本海南海军特务部档案，档案号 91—2—12，转引自黄菊艳：《抗战时期广东经济损失研究》，第 283 页。

⑥ 韩启桐著：《中国对日战事损失之估计（1937—1943）》，中华书局印行 1946 年版，第 13 页。

⑦ 广东省银行经济研究室编：《广东经济年鉴》，1941 年，第一章，第 2 页。

⑧ 佛山市顺德县档案馆编：《顺德县民国时期日寇侵华罪行档案材料选编》，第 25 页。

⑨ 韩启桐编著：《中国对日战事损失之估计（1937—1943）》，中华书局印行 1946 年版，第 8—12 页。

户的比例为70%，以此计算出受灾农户为256.2万户。每户农户的财产损失额可据第一次粤北战役农户损失的调查所得，清远全县户数94260户，农户占70%，即为65982户，第一次粤北战役中清远农业损失总值为5518847元①，由此计算出平均每户损失83.64元。珠江三角洲等沿海地区农户财产额固比清远高，惟第一次粤北战役中，日军对战区各县农村的破坏程度较侵略沿海地区时的破坏程度为甚，故以清远农户损失额为据，似与实际损失相差不远，以此计算出受侵略战争祸害区域2562000户农户的损失为214285680元（1937年7月币值）。

耕牛损失。据广东省建设厅农林局的战后调查统计，第一次粤北战役中战区9县耕牛损失10746头，平均每县损失1194头。至1943年7月止，沦陷区45县合计耕牛损失53730头。耕牛损失价值的计算可参照东莞县政府对耕牛损失的计算标准，每头以6万元（1945年币值）计②，折合战前币值约31元，全省耕牛损失共465万元③。

粮食损失。抗战期间遭日军蹂躏的地区，粮食多被掠一空，其数量难以估算。仅惠广战役，日军所掠稻米就达17550袋④。1941年粤北会战后，广东省建设厅统计股在对战区各县所受农业损失进行过统计，战区内新丰、增城、翁源、龙门、清远、英德、从化、花县、佛冈等县所受农业（包括房屋、粮食、种子、农具、耕牛、猪、家禽、肥料等项）损失，合计为35020916.6元⑤（当时币值）。其中粮食、种子损失共计3289914担。据国民政府行政院善后救济总署广东分署战后的调查，广东全省耕地因战争而荒弃失耕的面积达600万亩，其中水田、旱田各占300万亩，耕牛损失15万头⑥。据省建设厅1937年对全省50县稻作面积与稻米产量的估计，平均每亩产量为2.5担⑦。如以战前每担稻谷10元计⑧，并将旱田产量按70%折成稻谷计，全省农田粮食作物损失一项达12750万元⑨（当时币值）。

① 《二十八年十二月粤北会战战区各县所受农业损失统计》，《广东统计汇刊》第1期，1941年。

② 《东莞县政府工作报告》，东莞县档案馆藏。

③ 广东省建设厅农林局的战后调查统计数。

④ 中华民国史资料丛稿译稿《中国事变陆军作战史》（日本防卫厅防卫研究所战史室著），中华书局1979年印行，第33页。

⑤ 《广东统计季刊》1941年第1期，广东省档案馆馆藏档案，档案号政368。

⑥ 《行政院善后救济总署广东分署业务总报告》，1947年，中国第二历史档案馆馆藏档案，档案号廿一（2）252。

⑦ 《广东省二十六年度稻作面积及产量估计表》，广东省档案馆馆藏档案，档案号6—2—397。

⑧ 《广东省政府战区各县调查团报告书》，1940年油印本。

⑨ 据当时广东省建设厅估算。

林业损失。据统计，战前广东林业产值 129829520 元①（当时币值），抗战期间林木破坏程度为 40%②，由此计算出林产损失 51931808 元（当时币值）。粤北沦陷后，后方林业多遭损失，因资料缺乏，难有全面的估计，据调查，仅广东省银行所设中正林场损失 22419020.1 元（1945 年币值）③，折合战前币值约 11755 元。据战后行政院善后救济总署广东分署调查统计，全省柑桔、香蕉、荔枝、龙眼等水果损失 23 万亩。另据广东经济研究会编的《广东经济概况》所载，1935 年潮州、新会、番禺等县水果种植共 10 万亩，价值 1000 万元以上④（当时币值）。

省银行中正林场在沦陷期间被日军破坏焚烧，原有的 240 多万株油桐树中有 170 多万株被焚烧、砍伐，损失约 72%，加上房舍、农具、耕牛等损失共值 2000 多万元（1945 年币值）。乐昌农场油桐树也损失 35 万株，加上其他设备损失其值六七百万元（1945 年币值）⑤。

渔业损失。由于日本海军的封锁和侵扰，渔民不能出海捕采，渔场丧失，渔业停顿，广东渔业如省政府报告所言："虽未全部损失，而亦大部破产"⑥。粤海关外籍税务司的情报中也记述了广东渔业破产，渔民生计艰难的状况："由于中国渔船被日本潜艇和军舰击沉和烧毁，约有 50 万渔民失去谋生的出路"⑦。

据抗战胜利后国民政府行政院善后救济总署广东分署的调查估计，战前全省渔船 35000 艘，战时损失约 15000 艘⑧。另据战后工商部广州工商辅导处调查所得，战前，本省各式渔船艘数共 37496 艘，渔民总数共 449410 人，经八年全国抗战，渔船损失估计不下 15014 艘，如以每艘价值 1 亿元（1947 年币值）计，即渔船一项之损失，总值已有 15000 余亿⑨。

据行政院善后救济总署广东分署的调查估计，战前全省渔产平均每年约

① 《战时各种损失估计报告》，中国第二历史档案馆藏档案，档案号七六一 228。

② 《华南财经基本情况参考资料》，广东省档案馆藏档案，档案号 206—1—81。

③ 《广东省银行中正林场中正油厂乐昌农场战时损失合计表》，广东省档案馆藏档案，档案号 41—3—4217。

④ 广东经济研究会编：《广东经济概况》，1935 年。

⑤ 《广东省银行中正林场中正油厂乐昌农场战时损失合计表》，广东省档案馆藏档案，档案号 41—3—4217。

⑥ 广东省政府编译室编：《战时粤政》，1945 年，第 41 页。

⑦ 《各项事件传闻录》（英文），广东省档案馆藏档案，档案号 94—1—1591。

⑧ 《善后救济总署广东分署业务总报告》，1947 年，中国第二历史档案馆藏档案，档案号廿一 2 — 252。

⑨ 《广东省各区工商业经济调查》，1947 年 10 月，载工商部广州工商辅导处编撰委员会编：《两广工商经济特辑》，1948 年印行，广东省立中山图书馆藏。

250 万吨，价值 4500 万元（战前币值），战时渔产损失 3303700 市担①。根据上述资料可知战前每吨渔产价值为 18 元，以此再计算出战时所损失的 3303700 市担（合 165185 吨）渔产价值为 2973330 元②（战前币值）。

盐业损失。战前广东盐产量年均 400 多万担，占全国盐产量的 10% 以上，置 12 个盐场。广州沦陷时，广州的存盐未及运出或在抢运途中损失者约有 11 万余担，价值 20 多万元③。粤东、粤西各盐场在广州沦陷后，日军把食盐输入权授予日商平田末治，日商输入的食盐产自粤东、粤西各盐场，根据伪广东省财政厅的《广东省接收及整理财政述要》，1940 年日商拟月输入食盐 3000 吨，则日商一年攫夺的食盐为 720000 市担。据 1936 年粤东、粤西各盐场盐产价格平均每市担为法币 1.3 元④，以此计算出每年盐产损失为 936 万元（1936 年币值），以沦陷 7 年计，盐产损失总额为 655.2 万元（1936 年币值）。

蚝业损失。根据民国时期编印的《广东年鉴》记载，民国元年，宝安县生蚝、熟蚝输出香港等地，换回银元约 150 万元。1931 年，全县蚝田约 2 万井，蚝船 300 艘，收入白银 200 万元。1934 年前后，沿海赖以养蚝为生的蚝民有 1 万多人。1936 年，沙井约有蚝船 350 艘，年产熟蚝 1.6 万担。1938 年宝安沦陷后，蚝船多被日军劫掠，蚝民被打死 200 多人，3000 多人逃难香港及海外，蚝船仅剩几十艘，蚝产大大减少。沙井仅剩蚝户 300 户，约 600 人。宝安全县生蚝年产减至 1 万担左右，仅获 24 万元法币⑤。抗战胜利后，蚝业一直没有恢复起来⑥。

丝业损失。据估算广东蚕区战前年平均产丝 39700 公担，战时丝产损失总额约为 278000 公担。战后第一、第二年估计平均每年减产 26000 公担，第三、第四年平均每年减产 15000 公担，第五、第六年平均每年减产 9000 公担，6 年共计减产损失 10 万公担。两项合计损失 378000 公担，按战前丝价每公担 1400 元计算⑦，损失价值约为 52920 万元（1937 年 7 月币值）。

---

① 《广东善后救济调查报告》，中国第二历史档案馆藏档案，档案号廿一 2—211；《善后救济总署广东分署业务总报告》，1947 年，中国第二历史档案馆馆藏档案，档案号廿一 2—252。

② 《善后救济总署广东分署业务总报告》，1947 年，中国第二历史档案馆馆藏档案，档案号廿一 2—252。

③ 广东省银行经济研究室编：《广东经济年鉴》，1941 年，第九章，第 39 页。

④ 《广东省接收及整理财政述要》，广东省档案馆藏档案，档案号 2—2—212；《广东年鉴》，1941 年，第二十二编，第 20 页。

⑤ 杨耀林：《深圳近代简史》，文物出版社 1997 年版，第 222 页。

⑥ 宝安县地方志编纂委员会编：《宝安县志》，广东人民出版社 1997 年版，第 209 页。

⑦ 《战时蚕丝业损失赔偿办法》，广东省档案馆藏档案，档案号 19—1—364。

（3）交通损失

铁路损失。铁路在战时被敌机轰炸、日军占据或破坏，及广东当局自行破坏，损失严重。潮汕铁路、新宁铁路被日军拆毁。粤汉铁路广州至源潭段72.1公里被日军占据，源潭至曲江段由中方自行破坏，战时仍通车的曲江至坪石段也于豫湘桂战役时破坏。粤汉铁路支线广三铁路由石围塘至佛山原为双轨路线，由佛山至三水原为单轨路线，沦陷后佛山至三水段被日军拆毁，仅存石围塘至佛山单轨路线16.3公里。广九铁路在沦陷期间被日军占据。据战后的调查，全省铁路除粤汉路广州至源潭、石围塘至佛山及广九路（只计华段）共233.4公里勉强可通车外①，其余424.17公里均受损失。铁路每公里路段的损失价值以交通部对粤汉铁路破坏里程价值的统计为计算依据，交通部统计粤汉路中方自动破坏的385公里路段损失价值共52852944元②，平均每公里损失137280元，全省已破坏铁路424.7公里，共损失58230058元（战后币值）。

公路损失。全国抗战爆发前，广东已筑成省、县、乡道公路共14518.7公里，全国抗战爆发后又抢筑广韶路未通路段、松口至大埔、四会至广宁等路段，至广州沦陷前，全省公路共14860公里。为阻止日军机械化部队的进攻，1938年底至1939年6月，广东军政当局下令对全省公路进行彻底破坏，除保存粤北、粤东地区的路线外，其余各地的公路都加以破坏，破坏公路里程达12554.6公里。1945年1月，粤北地区沦陷，这一地区的公路全部遭破坏，全省通车的公路仅余粤东一隅的200余公里，一直维持到同年8月抗战胜利③。

抗战期间全省公路被侵占、战火毁坏及中国军民自行破坏的里程应由原有公路里程14860公里减去粤东仍通车的200公里，所得之14660公里即为全省公路里程之损失。公路的造价由于自然环境的差异，工程难度不一，造价不一，现按粤北山区南韶公路、丘陵和平原地带的恩南公路、以及沿海地区海丰至公平公路三地公路造价的平均值来计算。南韶公路平均每公里造价7571元、恩南公路平均每公里造价2000元，海丰至公平公路平均每公里造价3800元④，三地公路平均每公里造价为4457元。战时损失之公路里程14660公里，其价值为65339620元（战后币值）。自抗战起至1938年底，因军事破坏之公路计公有者共3021.5公里。私有者共9016.41公里，合共12037.91公里。每公里估计平

① 《交通部广东区接收总报告暨接收材料清册》，广东省档案馆馆藏档案，档案号29—4—2。
② 韩启桐编著：《中国对日战事损失之估计》（1937—1943），中华书局印行1946年版，第39—40页。
③ 邓健今主编：《广东公路交通史》第1册，人民交通出版社1989年版，第149—153页。
④ 邓健今主编：《广东公路交通史》第1册，人民交通出版社1989年版，第121页。

均值国币 5000 元（连桥梁在内），合计损失如下：公路直接损失：公有 15107500 国币元，私有损失 45082050 国币元，合计损失 60189550 国币元（战后币值）。

汽运损失。战前广东汽车运输较为发达，据 1936 年 4 月《中国各省市汽车辆数统计表》，全省共有大小客车、货车和其他车辆共 4094 辆①，至抗战胜利时，能行驶的仅 200 辆②，损失达 95%，如扣减自然损耗部分，将其损失程度估计为 80%，则损失汽车 3275 辆。按每辆汽车以 1500 元计算③，损失总值为 4912500 元（战后币值）。

水运损失。战前广东水上运输船只共 5 万艘，战后据省建设厅统计，仅余 20385 艘④，损失 29615 艘，假定每艘价值与渔船一样同为 1 亿元（1947 年币值），折合战前币值约 3413 元，则运输船只损失价值为 101075995 元（战前币值）。

（4）商业损失

战前广东沿海地区各市镇商业繁盛。据 1934 年统计，广东商户有 98000 家。由于战时没有全省商户的统计，只能选取后方粤东、粤西、粤北三地战前和战时的商户数，估算出战时全省商户增加率约为 187%，再乘以战前商户数，是为战时全省商户总数。以此计算，战时全省商户为 183260 户。这些地区沦陷过程中，由于日军的烧杀抢掠，商业遭到严重摧残。商业损失最为严重的当数广州，1939 年 1 月，开门营业之商铺不及二成。1947 年出版的《中国国民所得》一书将商铺损失估计为 80%⑤，战前广州商户为 31970 户，平均每店资本额 3176 元⑥，则广州商铺资本损失为 81229376 元（战前币值）。

（5）金融损失

银行损失。广东省银行曾于 1945 年 12 月对 1938 年 7 月至 1945 年 8 月历年财产直接损失进行汇报，直接损失为 48319511.27（各年度金额为当年币值）（单位：法币元），分年度统计如下表⑦：

① 邓健今主编：《广东公路交通史》第 1 册，人民交通出版社 1989 年版，第 143 页。

② 《广东省战后复员计划草案》，广东省档案馆馆藏档案，档案号 2—1—243。

③ 韩启桐编著：《中国对日战事损失之估计》（1937—1943），中华书局印行 1946 年版，第 46 页。

④ 《战时各种损失估计报告》，中国第二历史档案馆馆藏档案，档案号汽车业七六一 228；广东省政府建设厅印编：《广东建设统计提要》，1946 年。

⑤ 巫宝三主编：《中国国民所得》（上），中华书局 1947 年版，第 104 页。

⑥ 巫宝三主编：《中国国民所得》（上），中华书局 1947 年版，第 104 页。

⑦ 《广东省银行历年财产损失汇报表》，1945 年 12 月，广东省档案馆馆藏档案，档案号 41—3—4204。

年度	房屋	器具	现款	生金银	保管品	抵押品	有价证券	运输工具	其他	小计
27	603197.25	—	—	—	—	—	—	—	142140.50	745337.75
28	87596.00	—	265108.96	—	—	—	—	—	1595.83	354300.79
29	10904.95	—	—	—	—	—	—	45322.88	442273.79	498501.62
30	2064.20	744.27	3208.02	73.20	—	—	307794.92	—	254632.80	568517.41
31	143810.72	2137.21	—	—	—	—	—	—	3559324.70	3705272.63
32	97413.22	31049.00	—	—	—	—	—	—	118201.37	246663.59
33	298914.00	—	15740.00	—	115680.18	—	—	—	40.00	430374.18
34	1717295.69	136389.98	770000.00	—	270697.30	—	27557.21	20934134.89	17914468.23	41770543.30
总计	2961196.03	170320.46	1054056.98	73.20	386377.48	0	335352.13	20979457.77	22432677.22	48319511.27

以上所列各项损失数字仅是根据 1938 年 7 月至 1945 年 8 月止账面值填列，并以核准付账者为限，各分支行处有因邮递困难未列报或已列报而尚在查核中者均未列入。

侨汇损失。广东华侨众多。据国民政府侨务委员会统计室 1941 年统计，全国华侨 8546374 人，其中粤侨 5992066 人，占华侨人口总数的 70%①。广东华侨汇款一向居中国首位，对广东经济发展具有重要的意义。据统计，1937 年侨汇数额 38200 万元，1938 年侨汇数额 51000 万元，1939 年侨汇数额 102000 万元，1940 年侨汇数额 102000 万元，1941 年侨汇数额 85000 万元②。自广州沦陷后，日军即对侨汇竭力攫取。1941 年太平洋战争爆发后，日本更进一步加强了对侨汇的攫夺，在国内，日伪利用广州市总汇局为专营华侨汇款机构，总汇局下设 6 个分局，分布在汕头、遂溪、惠阳、台山、前山、琼州等地。在香港及南洋各地，则有华侨银行接驳汇款。日伪在广州设华侨银行，企图与香港及南洋各地的华侨银行相联络，作为侨款接驳的枢纽。日伪攫夺侨汇的数量，没有确切的统计资料，据伪广东省政府的估计，1940 年流入沦陷区的侨汇至少有二三亿元③。另据日人河合俊三所著的《南支经济论》载，1940 年，日军控制下的汕头邮政局吸收侨汇达一亿二三千万元。如加上流入广州、四邑地区的侨汇，与伪广东省政府的估计数不会相距太远。1941 年底太平洋战争爆发，南洋各地沦陷，这一地区的侨汇中断，粤省侨汇减少，年汇入不及 1 亿元。

（6）教育损失

抗日战争期间，日本帝国主义不但在广东各地烧杀抢奸，掠夺经济，还强制推行文化专制政策，实行奴化教育，大肆摧残教育设施，对广东的文化教育造成了极其严重的损失。

小学损失。1940 年 11 月后，广东沦陷区的小学都被迫停课，只有很少数迁址复课，大批学龄儿童失学。1938 年，与 1936 年相比，学校减少 9471 间，达 1936 年的 39%；学生减少 572968 人，达 37.1%；教职员减少了 26675 人，达 40.8%。此外，经费大大减少。1938 年比 1937 年减少了 7865732 元，少了 48.6%；1939 年比 1937 年减少了 8460778 元，占 1937 年的 52.3%。仅战后广州市政府统计，市属各机关学校直接损失 7167365629 元（应包括小学、中学）。

---

① 《广东经济年鉴》，1940 年，第十九章，第 130 页。
② 广东年鉴编纂委员会编：《广东年鉴》，1941 年，第十五编，第 60 页。
③ （伪）中山日报社编：《复兴的广东》，1941 年，第 107 页。

私立小学合计直接损失 107296730 元（以上均为 1945 年币值)[1]。

中学损失。据不完全统计，到 1939 年 6 月停办的学校有 83 所。至 1940 年，中等学校数量减少了 107 所，比 1936 年减少 33.1%；学生减少了 13334 人，比 1936 年减少了 18%；教职员减少了 2568 人，比 1936 年减少了 35.9%。其中职业教育遭到惨重的损失：与 1936 年相比，学校减少了 13 所，占 86.7%；学生减少了 2839 人，占 64.7%；教职员减少了 369 人，占 54%；经费减少了 356947 元，占 48.6%。根据国民政府教育部 1939 年 1 月统计的战区各省市中小学及社教机关财产损失的概况表，估计广东中小学及社教机关财产损失是 6362464 元（当时币值)[2]。

高等院校损失。根据国民政府教育部的统计，至 1939 年 4 月，仅 6 所高校（即中山大学、省立体育专科学校、岭南大学、广东国民大学、广州大学、广东光华医学院，广东法科未计）的校舍损失就达 10821300 元。至 1942 年 4 月统计，中山大学直接损失共 1497628305 元（当时币值）。

根据战后不完全统计，广东省文理学院的直接损失是 8932087 元（折成 1945 年币值为 19935000 元）；岭南大学抗战时期损失是 978197022 元（坪石、曲江、上海、香港、星洲校产损失未计）（1945 年币值）。与 1936 年相比，1939 年广东高等院校的学生减少了 1946 人，是 1936 年的 31.2%；教职员减少了 747 人，是 1936 年的 46.5%。与 1936 年相比，1939 年经费 2303632 元，减少了 2337931 元，减少幅度为 50.4%。

需要说明的是，抗战期间广东的教育损失是不能用钱简单折算出来的。日军入侵直接破坏了广东教育的正常秩序，损害了广东教育的发展势头，造成了无法弥补的损失。

（7）文化损失

日本发动侵华战争给广东文化事业带来毁灭性的灾难。日军抢劫、毁坏广东的历史文物遗产，大肆摧残文化设施，直接损害了广东文化的发展，对文化的发展造成严重摧残。

据不完全统计，中山大学丢失的图书、仪器、标本、模型等即达 604 箱，图书杂志 20 多万册。中山大学图书损失的数据在档案中说法不一，没有一个准确的数据。据在原中山大学图书馆工作的刘小雄的回忆，及参照 1937 年至 1946

---

① 广东省档案馆馆藏档案，档案号 6—2—367。

② 中国第二历史档案馆：《中华民国史档案资料汇编》第 5 辑，第 3 编·教育，江苏古籍出版社 2000 年版，第 369—370 页。

年中山大学图书馆年终总结，中山大学原藏图书杂志共计30万册，抗战期间损失为图书11万册，杂志9万册，合计20万册，占约2/3。

据战后统计，中山大学等单位损失书籍、字画、碑帖古物、仪器和地图等计641677件，损失价值为493365元①。据广东省政府统计，1937—1944年广东直接财产损失中图书损失为700899（法币元）②。据韩启桐《中国对日战争损失之估计（1937—1943）》一书统计，中国各类图书损失中广州约为15万册。据广东省政府在战时（1937—1945年）进行的抗战损失调查统计资料称：仅图书一项（以当时的价值算）直接损失为3053245元（法币）。

（8）邮政电讯损失

据1946年7月24日广东邮区邮务直接损失统计，广东省邮政直接损失为191619341元（当时币值），间接损失为15169039元（当时币值）③。此统计只有曲江、梅菉、翁源、普宁、连县等10个县损失数。另此次调研中，在中国第二历史档案和广东省档案馆的馆藏档案中又发现其他56个单位的邮政类损失，共计直接损失53236834.9元（当时币值），间接损失480718259.77元（当时币值）④。

（9）公共事业损失

抗战期间，因日军侵粤，还造成大量的医药及埋葬费用等公共事业损失。

1937年至1945年统计情况如下（各年度金额为当年币值）：

医药及埋葬费用⑤（民国二十六年至三十四年）　　单位：国币元

年　别	合　计	医　药	埋　葬
总　计	1101898.53	346136.53	755762.00
二十六年	170.00	20.00	150.00
二十七年	148807.00	41715.00	107092.00
二十八年	76502.53	23462.53	53040.00
二十九年	25604.00	11064.00	14540.00
三十年	277369.00	30869.00	246500.00

① 广州市档案馆馆藏档案，档案号5（24）11705。

② 广东省政府统计处编印：《广东省统计资料汇编》，第113页，1945年10月，广东省档案馆馆藏档案，档案号11—1—20。

③ 黄菊艳：《抗战时期广东经济损失研究》，广东人民出版社2005年版，第294页。

④ 中国第二历史档案馆馆藏档案，档案号一三七（5）2787，第97—98、101—102、203—204页。

⑤ 广东省档案馆编：《日军侵略广东档案史料选编》，中国档案出版社2005年版，第503页。

年　别	合　计	医　药	埋　葬
三十一年	46295.00	15486.00	30809.00
三十二年	18720.00	3720.00	15000.00
三十三年	326000.00	123000.00	203000.00
三十四年	182431.00	96800.00	85631.00

（10）此次调研统计的社会财产直接损失

抗战时期广东省社会财产直接损失是根据各市所报年度表和汇总表的数据综合汇总而成。所有数据都通过指数折算、货币换算等方法折算成 1937 年 7 月法币价值。

经综合统计，抗战时期广东省社会财产直接损失为 6288038681 法币元（已折算为 1937 年法币币值，下同），其中，工业直接损失为 727440665 元，农业（包括农、林、牧、渔、盐、蚝、丝等业）直接损失为 390801707 元，商业直接损失为 2930844482 元，金融业（包括银行、钱庄、银行现款等）的直接损失为 125562640 元，交通业（包括铁路、公路、汽运、水运）直接损失为 166359434 元，邮政电讯业直接损失为 649822806 元，教育直接损失为 105893254 元，文化（包括图书、文物、古迹等）直接损失为 12343847 元，公共事业直接损失为 126549419 元，财政税收直接损失为 935973 元，人力资源直接损失为 11420127 元，其他直接损失为 1040063951 元。

广东省社会财产直接损失年度汇总表

年度	社会财产直接损失（法币元，已折算为 1937 年法币币值）
1937	18985718
1938	33826405
1939	12743264
1940	53727831
1941	735873072
1942	13865289
1943	11903797
1944	100215958
1945	1006201281
年代不清	4300695689
总计	6288038681

4. 社会财产间接损失（损失金额均按法币统计）

抗战时期广东省社会财产间接损失除各行业间接损失外，还包括由于抗战造成的拆迁费、迁移费、防空费、疏散费、救济费、抚恤费、赈款、捐款、可能生产额减少、可获纯利额减少等项内容。

（1）当年有关调查统计

省银行间接损失。广东省银行于1945年12月对1938年7月至1945年8月历年财产间接损失进行汇报统计，统计的间接损失为89938845.37元（当时币值）（单位：法币元），按年度统计如下表①：

年度	拆迁费	防空费	救济费	抚恤费	小计
27	359595.40	40503.95	55.00	324.98	400479.33
28	177549.54	29679.36	114795.50	583.01	322607.41
29	204647.11	10003.30	191946.24	4033.00	410629.65
30	1204360.56	—	3055.29	—	1207415.85
31	1257151.95	836.20	—	—	1257988.15
32	2007486.52	350.00	10993.00	—	2018829.52
33	47300545.23	—	13849.00	—	47314394.23
34	36835086.23	—	25380.00	146035.00	37006501.23
总计	89346422.54	81372.81	360074.03	150975.99	89938845.37

以上所列各项损失数字系根据1938年7月至1945年8月止账面值填列，并以核准付账者为限，各分支行处有因邮递困难未列报或已列报而尚在查核中者均未列入②。

公有财产间接损失。1944年，广东省政府统计室曾经编制了名为《广东省抗战损失》的册子，其中提到了公有财产的直接与间接损失的情况，这里所谓的公有财产，实际上主要指国省市营工矿企业财产。在这份资料中，有一项1937年至1945年的公有财产间接损失统计如下：③

① 《广东省银行历年财产损失汇报表》，1945年12月，广东省档案馆藏档案，档案号41—3—4204。

② 广东省档案馆编：《日军侵略广东档案史料选编》，中国档案出版社2005年版，第523页。

③ 广东省档案馆编：《日军侵略广东档案史料选编》，中国档案出版社2005年版，第509页。

项别	数额（国币元）
总计	100619213.70
可能生产额减少	24956200.00
可获纯利额减少	39921476.00
迁移费	8838500.70
防空设备费	1832324.54
疏散费	11915796.50
救济费	11250290.29
抚恤费	1159625.65
其他	745000.00

广东省赈济会赈济款来源及支出。1939 年 2 月 1 日，广东省政府将 1937 年 10 月成立的非常时期难民救济委员会广东省分会改组为广东省赈济会（亦称振济会）。省政府按月酌拨经费，在各行政区设置赈济区。全省共有 322 个输送站、313 所收容所。同时，设立救济队（内附医疗队）、儿童教养院、技工养成所、妇女生产工作团以及工厂农场等组织或机构，以收容、抢救、安置和赈恤流离失所的难民、妇女和儿童。广东省赈济会赈济款来源主要是中央拨款、省府拨款、国内机关团体私人捐款、国外华侨捐款及其他收入等，1939 年至 1941 年，广东省赈济会赈济款总额为 12070503.49 元（当年币值）。赈济款支出项别主要有：拨发各区县散振费、收容及给养费、医药费、指捐救济伤兵难民费、平粜费、训练费、生产事业费、运费、电汇费及其他支出。1939 年至 1941 年，广东省赈济会赈济款总额为 9043607.41 元（当年币值）[1]。

另据广东省赈济委员会的统计，1939 年至 1943 年国外华侨的捐款数是 16390343.52 国币元[2]（当时币值）。

侨务委员会暨所属机关财产损失。截至 1943 年 11 月止，广东侨务处直接损失 4357890 元。间接损失 19800 元。总计损失 4377690 元[3]（原件没有注明币值年代——引者注）。

---

① 沙东迅：《抗战时期的广东振济》，载沙东迅：《粤海抗战史谭》，中国文史出版社 2005 年版。

② 《广东省统计资料汇编》，广东省档案馆藏档案，档案号 k/0.46/3911。

③ 根据国民政府侨务委员会所属机关损失之报告。系本会第一次所受损失（二十六年十月南京撤退时之损失）报告于二十九年四月侨 29 年字第二五四四号公函送达。台湾，中国国民党中央党史史料编纂委员会库藏档案，档案号 00 三类，二八一一号。

（2）此次调研统计的社会财产间接损失

广东省社会财产间接损失是根据各市所报年度表和汇总表的数据综合汇总而成。通过指数折算、货币换算等方法，将以上数据折算成 1937 年 7 月法币价值后，其价值总额为 1692728797 法币元。其中，工业间接损失 98082394.27元，农业间接损失 863169757.2 元，商业间接损失 121669793.7 元，金融间接损失 5867769.79 元，交通间接损失 76395994.55 元，邮政间接损失 154344 元，教育间接损失 5897154 元，文化间接损失 394526 元，公共事业间接损失20121887.06 元，财政间接损失 70034718.13 元，人力资源间接损失28456488.75 元，其他间接损失 402483969.1 元。

广东省抗战时期社会财产间接损失年度汇总表

年度	社会财产间接损失（法币元，已折算为 1937 年法币币值）
1937	4414849.58
1938	39656734.75
1939	104636440.57
1940	357431450.1
1941	37345923.59
1942	21011959.13
1943	19443741.15
1944	12414630.75
1945	225632224.77
年代不分	1096373068
合计	1692728797

5. 居民财产损失

（1）以前有关统计

抗战时期广东省居民财产损失包括土地、房屋、树木、禽畜、粮食、服饰、生产工具、生活用品等。国民政府行政院善后救济总署广东分署 1946 年 6 月编制《广东省战时房屋损失调查表》的调查中统计，原有屋数 4349225 间，损失屋数 252545 间，损失 5.3%[1]。

（2）此次调研统计的居民财产损失

---

[1] 广东省档案馆编：《日军侵略广东档案史料选编》，中国档案出版社 2005 年版，第 519 页。

本次调研通过指数折算、实物折算和货币换算等财产计算方法，除了难以折算的以外，其余全部折算为 1937 年 7 月法币价值，得出抗战时期广东省居民财产损失为 2221894091 法币元。其分类统计如下：

居民财产损失分类统计表

类　别	居民财产损失合计（法币元，已折算为 1937 年法币币值）
土地	12471755
房屋	398835579.1
树木	19117435
粮食	184850656.2
禽畜	286972468.5
服饰	251877518.2
生产工具	151987554.3
生活用品	277566256.1
其他	638214868.9
总计	2221894091

居民财产损失年度统计表

年度	居民财产损失合计（法币元，已折算为 1937 年法币币值）
1937	3279616.97
1938	31392614.7
1939	41284014.52
1940	70553589.6
1941	559125979
1942	55515286.71
1943	19768896.82
1944	40438504.42
1945	750809658.3
年代不分	649725930.2
合计	2221894091

（3）居民财产损失不可折算部分

土地：9827.9 亩；

房屋：建筑物 78340 间（其中，佛山市被毁坏房屋共计 78326 间），木棚屋 150 间，桥梁 1 道，米机 1 座，农仓 2 座，大排档、肠粉档各 1 间，棚寮 22 座，天香茶楼1间，果蔬批发市场1个，防空壕1道，岭南棉花厂教室1间，茶亭1座，乡公所2间，教学馆1座，科学馆1座，崛奇楼1座，课室6座，图书馆2座，礼堂1座，成绩室1座，校长室、校务室、庶务室、会计室、接待室、课室、劳作室、应接室、校舍、收发室、宿舍等各1间；

树木：树木492580棵，3874亩，300立方；

粮食：大米342645石，粟米20000斤，面粉120袋，种子57156000斤，花生100斤，蜜蜂535箱，咸鱼400斤；

禽畜：家禽74926只，羊80只；

服饰：衣服125718件，棉被1207床，布料448匹，洋纱160袋；

生产工具：各类生产工具39164件，牛车1291辆，犁耙1661把；

生活用品：生活用品198071件，大门门板12对，罐200只；

其他：黄金448两，白银2252个，首饰149件，铜币2300个，伪币2020010元，铜镭255斤，图书6200册，枪支403支，车辆10辆，货物20吨。

（六）结论

日本侵华战争使广东经历了一场空前的劫难，给广东造成了重大的人口伤亡和财产损失。

1. 本次调研结果

根据本次调研成果的不完全统计，广东省抗战时期人口伤亡和财产损失的基本情况为：

直接人口伤亡343094人，其中死亡234356人，受伤95163人，失踪13575人。另有死伤不明7754人。

间接人口伤亡1119292人，其中被俘捕人员伤亡或失踪17778人，灾民、难民伤亡或失踪956167人，劳工伤亡或失踪145347人。

另外，由于日本侵略造成死伤不明的灾民、难民共计1818304人。国民党正规军队伤亡26971人。因资料缺乏，共产党领导的人民军队伤亡情况不详。

财产损失按1937年7月法币价值计算总计为10202661569元，其中社会财产直接损失6288038681元，社会财产间接损失1692728797元，居民财产损失2221894091元。

以上数据是根据截至目前所掌握的资料及进行的相关研究而得出的。由于年代久远、社会变迁剧烈、行政区划变更较大、资料搜集困难等多方面的客观原因，这些数据还只是初步的、不完整的统计，也不是研究的最终结果。今后，我们将继续推进此课题的调研工作，以期在掌握更多资料和取得研究新成果的基础上对有关数据再做出修订和补充。

2. 日本侵华战争对广东造成的主要影响

日本侵华战争给广东社会造成了剧烈的动荡，给广东人民造成一场极其深重的灾难。

一是在人口方面，战争造成了全省大量的人口伤亡，以及相伴而来的大量难民。战争期间，由于自然灾害无法及时救济也会间接造成大量灾民死亡或逃荒。例如1943年广东大旱，顺德县仅桂洲乡集义善社就收殓该乡饿殍达5310人。据统计，战前顺德全县人口84万人，抗战期间逃亡约33万，到光复时，仅剩下37万人。由于人口大量逃亡，田地抛荒者占40%强①。

二是在经济方面，日本侵略广东除了使广东经济遭受了巨大的损失外，还对广东的经济结构产生重大影响。

广东社会经济遭到有史以来的严重摧残，正如广东省参议会在《日本赔偿应请中央作合理之分配拨助本省从事经济建设》的议案中所言："本省于抗战期间沦陷七载，地方元气备受摧残，所有战前生产事业惨遭破坏，工厂机器及生产器材被敌拆除劫运，为数不少。复员以还，疮痍满目，生产事业停滞不前，致影响全省经济于困顿，社会秩序之混乱，人民生活之困苦，此实为主因"②。

日本侵华战争彻底摧毁了广东地区在战前的经济建设成果，工业、农业、商业等各业全面倒退。

抗战期间，广东的近代工业，大部分受到破坏。根据广东实业总公司报告，抗战期间，该公司财产损失达10.34亿元（1936年法币币值，下同），其属下的工厂损失26.34亿元。广州的工厂企业，有的被炸毁或破坏（如广州最大，牌子最老的陈李济药厂被焚）；有的则机器被拆后将运回日本。有的被霸占经营，转为生产日军的军用物资；而更多的企业，因日军控制生产原料、统制进口物资、限制他国货运、实行产品征购和日本企业的不平等竞争而陷于减产、停工、倒闭的绝境。

---

① 参见广东省地方史志编纂委员会编：《广东省志·经济综述》第3章（民国时期的广东经济），广东人民出版社2004年版。

② 《省参议会关于设工厂，定南海县为工业示范县，健全合作事业机构等问题的提案》，广东省档案馆馆藏档案，档案号6—2—335。

日本侵略军所到之处，商号被毁十之八九。全省遭受日机空袭的 74 个市县，大批店铺民房被炸毁，商民死伤惨重，被焚商品不计其数。幸存的商户也多在 1945 年 8 月日军投降撤退时遭抢掠烧毁。城镇各处满目疮痍、瓦砾一片，商业精华尽毁。

广东外贸也受到很大破坏，据海关统计，广东省 1940 年上半年贸易额进口 6300 万元，比上年同期之 5400 万元增加 900 余万元；出口 4600 余万元，较上年同期之 6800 余万元，减少 220 余万元，入超 1600 余万元。同年下半年更为锐减。

由于广东农业经济遭受空前的破坏，战后，不仅粮食生产量下降，缺粮问题较战前更为严重，特别是珠江三角洲的蚕桑、甘蔗、水果、葵树等经济作物生产萎缩，使这一地区失去了以经济作物种植为特色的农业优势，制约了以这些经济作物为原料的轻工业的发展。日本侵略军疯狂掠夺沦陷区的粮食和农产品，抢占大量土地，为了防止抗日游击队的活动，还大肆砍伐新会县的葵村，摧毁顺德、南海等地的桑田。导致土地大量荒芜，耕地面积大量缩减，劳力减少无数，农民生活困难。

抗战之前，广东省已筑有粤汉、广三、广九、潮汕和新宁等铁路，抗战开始后，粤汉、潮汕铁路的车站、桥梁、涵洞、客货列车不断受到袭击，破坏严重。1940 年 6 月，新宁铁路被彻底破坏，除 23782 根铁轨运至广西修筑黔桂铁路外，财产被日军洗劫一空。铁路运输主要为军方使用、民用的客货运输基本停止。公路、桥梁是日机轰炸的主要目标，运输行业陷于瘫痪状况。

三是造成战后广东近代工业，尤其是重工业生产严重倒退，广东工业化进程被打断。广东抗战八年，广东商业相继受到日军轰炸、侵扰、抢掠、焚烧、封锁等破坏，损失惨重，尤其是作为华南商业中心的广州市长时间陷于日军的轰炸、抢掠、侵占及经济统制下，商业萧条。战争还破坏了战前形成的较为合理的经济结构和经济布局，制约了广东经济的发展。另外，由于日军入侵并长期封锁广东沿海，海陆交通遭受严重破坏，广东对外的经济社会文化交流受到严重摧毁。

总之，日本侵华战争对近代广东的经济、社会所造成的灾难性后果，非统计数字所能完全反映。其对广东经济社会发展的深远影响，远远超过人口伤亡和财产损失统计数字本身的含义。

（执笔：官丽珍；修订：林益；校对：刘敏　魏法谱；审稿：陈弘君　李森翔）

二、专题调研报告

（一）抗战时期广东工业损失调研报告

日本法西斯对中国发动的侵略战争对中国经济造成了巨大的损失，广东也未能幸免。战争对广东经济的破坏是空前的，人员、工业、农业、商业、通讯、交通等都承受了巨大的损失。

本调研报告主要依据部分档案资料并参照有关学者已有的研究成果，对战时广东各地的工业损失情况进行统计整理，力求展现广东工业损失的总体状况。

1. 全国抗战爆发前广东的工业状况

在统计战时广东工业损失之前，有必要先了解广东近代工业发展的简单历程。

广东的第一批近代工业肇始于 19 世纪 60 年代，1866 年广东机器局及蒸汽丝厂成立，前者是两广总督瑞麟令广州机器匠温炒园筹办，专制造枪弹，后者是暹罗（泰国）归侨陈启源在其故乡南海西樵设立的，是广东第一家新式民营工厂，也是中国第一家新式缫丝工厂。到了光绪年间，广东公营的造币厂、制纸厂、棉织厂、士敏土厂，官商合办的水电厂、皮革厂，民营的碾米厂、火柴厂、卷烟厂、罐头厂、皮革厂及小型机器修理厂等都相继设立，公营与民营都比较兴盛。但终清一代，只有公营的兵器工业规模较大，民营工业依然局限于手工工场阶段①。

第一次世界大战中，因外国经济侵略的压力减轻，广东的民营工业获得了较好的发展机会，广州的织布工业、火柴工业、橡胶工业等都得到了迅速发展。但好景不长，一战结束后，随着外国企业的卷土重来，广州的新兴工业又黯然萎缩。

---

① 伍颎立主编：《广东工业》，广东实业公司 1947 年印刷，第 4—5 页。

广东工业的第二次转机出现于1931年以后，当时粤政局较为安定，又适值世界经济恐慌，银价低跌，新工业获得转机。公营工业中，计省营工厂14家，军垦区经营的工厂2家。至于民营工业，全省共有大小工厂2000余家，新式工厂350余家，不过这些新式工厂资本额普遍较少，平均4万余元①。

全国抗战爆发后，一方面，广东的工业遭受了巨大的损失；另一方面，经过战时的整合，广东建立起比较完善的工业结构，从而形成了国营、省营、民营共存发展的局面。

广东在全国抗战前，尚无国营工业的系统。1941年春，时任资源委员会副主任委员的钱昌照到广东考察工矿事业，洽定了广东省工业合作大纲，这才有了国营炼铁、机器等厂的筹设。为恢复开发湘粤边境之八字岭煤矿，省政府与资委会按照资本额200万元，六与四的比例出资经营。后来为了节省费用增加生产起见，将炼铁、机器两部门合并为铁工厂，这是粤省国营工业系统的开端。粤北铁工厂厂址设于乐昌县水牛湾，预定每日出产铁7吨，以及各种车床、煤气、引擎、煤气炉等。乐昌沦陷后，该厂曾被敌伪占用，抗战胜利后被接收②。

战时粤北各县公营工厂共有19所，除了粤北铁工厂外，其他属省营工厂，其中属于建设厅主办的工厂有电池、肥皂、药棉、制纸、骨肥、织造、纺纱、面粉、酒精、化工、农具及制糖等③。

广东省政府为适应战时新环境，发展本省经济建设，充实抗战资源起见，于1941年10月10日筹设广东企业股份有限公司，1942年元旦正式成立于战时省会曲江。1943年秋依照业务计划，呈准省政府核定许可，自是年9月1日起改名为"广东实业股份有限公司"。1946年9月10日又改名称为广东实业有限公司。其业务主要有贸易、运输、工农业等方面。在工业方面，该公司战时先后在乐昌、曲江等地筹设粤华电讯器材厂、粤明化学工业厂、粤昌机器厂、粤德制药厂、粤新建筑材料厂、粤兴炼糖厂、粤利有机肥料厂七间工厂。1942年6月间，广东省政府将原省属之印刷所拨交本公司经营，更名为粤强印刷厂。随着资金的扩充，实业公司所属八厂业务不断推进④。

但好景不长，1945年1月间，粤北战事突发，曲江、乐昌、乳源等地先后被日军攻陷。因为事出仓促，且交通工具受政府控制，该公司所属各厂所有物

① 伍颛立主编：《广东工业》，广东实业公司1947年印刷，第9—11页。

② 伍颛立主编：《广东工业》，广东实业公司1947年印刷，第17页。

③ 伍颛立主编：《广东工业》，广东实业公司1947年印刷，第12页。

④ 广东实业公司经济研究室编：《广东实业公司概况》，经济建设出版社1948年版，第1—2页。

资，虽经各员工竭力抢救，但因机件笨重，物资过多，多数未来得及安全转移。除粤利有机肥料厂仍在连县，粤华交通器材一部分轻便机件及重要原料，经及时抢运，东迁至老隆筹备复工外，其余各厂几乎尽遭损失，统计该公司本身财产损失达时值法币 900 余万元①。现列表如下：

广东实业股份有限公司战时财产损失统计表②

类别	损失数字（单位：国币元）
建筑	904216.34
器具	180824.65
存货	2431904.09
运输工具	4534539.50
其他	980870.74
合计	9032355.23

省银行经营的有制纸、皮革、榨油机、农业加工四间。

赈济会主办的有缝纫、砖瓦、竹木器、制纸、牙刷、火柴、肥皂等共 24 间。

根据省建设厅 1942 年初民营工业登记统计，民营工厂数为 481 家，资本总额为法币 947866 元③。

2. 战时损失调查范围之划定

抗战后期，随着社会对抗战损失调查的呼声渐高以及国民政府对此问题的重视，广东省政府对这一问题也日益重视起来。早在 1940 年，就应国民政府行政院主计处④的要求，每隔半年向其汇报一次损失情况。

在全国抗战以前及抗战期间，由于省建设厅所属的公营企业在数量与资金

---

① 广东实业公司经济研究室编：《广东实业公司概况》，经济建设出版社 1948 年版，第 3 页。

② 广东实业公司经济研究室编：《广东实业公司概况》，经济建设出版社 1948 年版，第 3 页。

③ 伍颛立主编：《广东工业》，广东实业公司 1947 年印刷，第 12 页。

④ 1939 年 7 月，国民政府行政院制颁《抗战损失调查办法》及《抗战损失查报须知》，要求政府各机关和各省、市县政府分别调查汇报，并指定国民政府主计处审核、汇编所有材料。1944 年 2 月 5 日国民政府抗战损失调查委员会成立后，主计处将所经办的损失统计材料及有关案卷移交该会。参见孟国祥、喻德文：《中国抗战损失与战后索赔始末》，安徽人民出版社 1995 年版，第 58—59 页。

份额等方面占有绝对优势，所以在损失调查及上报方面受到省政府的重视。

1944年1月31日，行政院发布了义统字第2020号训令，认为抗战期间公司损失之查报至关重要，令各地依照以前所颁布的表单随时填报，除以后损失仍应随时查报外，凡以前未报部分均应从速补报，直接送主计处汇编。广东省政府于同年3月7日专门就此问题下达训令给省建设厅，认为本省省级机关遭受的抗战损失中，建设厅占重要部分，但建设厅以前所呈报的材料尚有很多缺略，因此要求建设厅在一星期内将其本身即所属机关过去直接间接损失补报齐全，并规定以后无论有无损失，应按照季度上报①。

一般而言，抗战损失调查包含两部分内容：一是直接损失，其次是间接损失。所谓的直接损失是指由于战争而直接导致的损失，主要包括：（1）中央直接机关及其所属机关之损失；（2）国立学校及私立专科以上学校之损失；（3）国营事业之损失；（4）省市政府及所属机关之损失；（5）省或市立学校及私立中等学校之损失；（6）省或市营事业之损失；（7）县市政府及所属机关之损失；（8）县或市立学校及区、坊、乡、镇立小学、私立小学之损失；（9）县或市营事业之损失；（10）民营事业之损失；（11）人民团体之损失；（12）住户之损失②。当然，还包括军事方面的损失。所谓的间接损失指的是由于战争间接导致的损失，主要包括：（1）税收之减少；（2）赈济费之支出；（3）各机关各学校费用之增加；（4）各种营业可能生产额暨可获纯利额之减少及其费用的增加；（5）伤亡人口之医药埋葬等费③。

具体到广东省工业损失调查而言，直接损失中主要的调查范围为省或市营事业之损失、县或市营事业之损失、民营事业之损失等，间接损失中主要的调查范围为可能生产额减少、可获纯利额减少、费用之增加（包括迁移费、防空费、疏散费、救济费、抚恤费等）等。

自抗战中各地开始调查抗战损失起，对于财产损失的计价单位均用法币（当时亦称国币）为主，但战后远东委员会提供抗战损失统计项目分类时，同时并规定以美元为计算单位。其实这倒不是问题，美元与法币只要经过换算即可，问题的关键在于财产损失价值的计算。从国民政府制颁的"财产损失报告表"来看，损失价值一栏分为两部分，一为购买时价值，一为损失时价值。但

① 《省府抄发抗战损失调查委员会"组织章程"及建设厅所属单位财产损失情形报告》，广东省档案馆馆藏档案，档案号6—2—36。

② 国民政府行政院：《抗战损失查报须知》，1939年7月，广东省档案馆馆藏档案，档案号2—1—448。

③ 国民政府行政院：《抗战损失查报须知》，1939年7月，广东省档案馆馆藏档案，档案号2—1—448。

财产在购置时是一个价格，在损失时又是一个价值，该如何进行统计？抗战损失调查委员会意识到这一问题，于是在 1946 年 8 月订定关于实报损失的折合方法：以抗战期间历年 9 月份重庆零售物价指数的平均数，除以抗战期间历年实报损失的价值，而得 1937 年 7 月法币价值，再以当时美元与法币的比价（3.39∶1）折合成美元①。

在以后颁发的损失调查表中，赔偿委员会对损失价值一项有更为具体的规定：损失价值一律用法币。损失价值应折合 1937 年 7 月的价值，为便于换算，赔偿委员会制定了如下两表：

抗战期间各年度零售物价指数增涨倍数表
（1937 年七七事变前购置者通用本表）
基期：1937 年上半年＝100

年度	1937	1938	1939	1940	1941	1942	1943	1944	1945
指数	103	130	213	503	1294	4027	14041	48781	190723
倍数	1.03	1.30	2.13	5.03	12.94	40.27	140.41	487.81	1907.23

抗战期间各年度零售物价增涨倍数表②
（1937 年七七事变后购置者通用本表）
基期：1937 年上半年＝1

购置日期 ＼ 损失日期	1937 7—12 月	1938	1939	1940	1941	1942	1943	1944	1945
1938	1.26								
1939	2.06	1.63							
1940	4.88	3.86	2.31						
1941	12.56	9.95	6.10	2.75					
1942	39.09	30.97	18.90	8.00	3.11				
1943	136.32	108.00	65.79	27.91	10.85	3.48			
1944	473.60	375.20	229.01	96.90	37.60	12.11	3.48		
1945	1851.68	1467.10	895.40	379.39	147.39	37.36	13.58	3.90	

① 迟景德：《中国对日抗战损失调查史述》，台北"国史馆"1987 年印行，第 224—228 页。
② 《1942 年实业公司所购器材在浙赣铁路被日机炸毁情形、各工厂要求日本赔偿劫去机器物资情形、省政府转发我国侨民财产在战争期间被劫至盟国境内及日本的要求退还》，广东省档案馆馆藏档案，档案号 19—1—360。

由于广东省政府的抗战损失查报工作是 1946 年 9 月基本结束的，因此其查报项目的分类仍是按国民政府的损失分类，而非按远东委员会的项目分类，损失价值的计算也大多没有折合成战前币值。

3. 战时广东工业损失之统计[①]

广东工业主要经历了三次较大规模的损失，第一次是广州（广东的工业大部分集中在广州）沦陷前后，大部分公营事业被日机全部或部分炸毁。沦陷后，公司厂矿被敌占据利用，机器设备或被搬走或被毁坏，直接损失甚大。第二次是在 1939 年底到 1940 年初（又被称作第一次粤北会战），日军进攻粤北地区，省营工业因迁移、误工等造成不小的经济损失（间接损失）[②]。第三次是在豫湘桂战役中日军于 1945 年初对粤北展开的进攻，战役导致省府所在地曲江沦陷，广东后方战时设立的工厂，特别是国省合营及省营工矿事业的大部分设备器材遭日军的劫掠与破坏。

为了反映广东工业的损失价值，这里拟以如下顺序进行阐述：总体上分两部分估算损失价值，即直接损失与间接损失，每一部分当中，分别估算工、矿两类损失[③]（间接损失除外），工业损失中再细分公营工业与民营工业的损失。

（1）直接损失

1）公营工业损失

省营工业遭受了两次重大损失，一次是 1938 年广州沦陷时遭受的损失，另一次是 1945 年初日军进攻粤北时所遭受的损失。

关于第一次损失，省建设厅给省政府的一张汇报表格大致估算了损失价值，而且还折合成了战前币值。

---

① 本节中工业损失数据均按法币统计。

② 《省府及经济部关于抗战期间财产被日本劫至外国境内者之处理通知、办法、文书材料》，广东省档案馆馆藏档案，档案号 6—2—373。

③ 这种分类方法参考了韩启桐的做法，韩氏在其著作《中国对日战事损失之估计》（沈云龙主编：《近代中国史料丛刊续编》第 9 辑，文海出版社 1974 年版）中统计工业损失时就将之分为工、矿两类分别统计。

前广东省省营各工厂抗战以来遭受直接损失汇报表①

资料时限：1937—1942 年

年度别	事件	日期	地点	损失项目	单位	价值（国币元）	备注
总计						78592000	
1938 年	广州沦陷炸毁	10 月	广州河南	全部损失	河南士敏土厂	500000	
1938 年	同上	同上	广州西村	同上	西村士敏土厂	7700000	
1938 年	同上	同上	广州市头	同上	市头糖厂	8046000	
1938 年	同上	同上	广州市	同上	新造糖厂	2229000	
1938 年	同上	同上	顺德	同上	顺德糖厂	3811000	
1938 年	广州沦陷	同上	广州	同上	硫酸苏打厂	2200000	
1938 年	同上	同上	同上		饮料厂	1155000	
1938 年	广州沦陷后将机器拆运香港后港九沦陷	同上	揭阳	同上	揭阳糖厂	2613000	
1938 年	广州沦陷	同上	广州河南	同上	纺织厂	5334000	
1938 年	广州沦陷被敌机轰炸拆运广州湾并内地	同上	梅菉	同上	麻织厂	2000000	
1938 年	广州沦陷	同上	同上	全部损失	广州制币厂	9150000	
1938 年	同上	同上	同上	同上	肥田料厂	4804000	
1938 年	同上	同上	同上	局部损失	工业试验所	550000	左列损失系工业试验所书籍仪器价值

---

① 《省府抄发抗战损失调查委员会"组织章程"及建设厅所属单位财产损失情形报告》，广东省档案馆馆藏档案，档案号6—2—36。

年度别	事件	日期	地点	损失项目	单位	价值（国币元）	备注
1938年	同上	同上	同上	全部损失		25000000	左列损失系河南各仓各厂所存成品原料并太古仓所存糖业估计约数
1938年	同上	同上	惠州	同上	惠州糖厂	2300000	由第一集团军主办
1938年	同上	同上	东莞	同上	东莞糖厂	1200000	由第一集团军主办

以上各厂损失数系创办资本，其全部资产因档案散失，一时尚无从查考，此外尚有第一制丝厂及不属本厅主管电灯厂、自来水厂、平潭糖厂等损失，其数目亦无案可稽，惟估计前省省营各厂损失最少亦达一万万元以上，数均系以抗战前币值计，合注明。

但上表中损失数为资本额而非资产额，国内各地工业资产常多超溢资本，故计算损失程度，应以资产为准。只是因为我国各地工厂素来缺少资产报告，因此在计算之前，应该先估计工业资产对资本的比例。据上海51家华商工厂1936年度资产负债表计算的资产与资本之间的比例是2.76∶1[1]。广州为当时的沿海大城市，可以参照上海的比例。因此，上表所列省营工业损失价值为216913920元。此外，尚有广州大利军衣厂在1938年4月10日因日军轰炸造成的13万元直接损失[2]，折合成战前币值为10万元。因此，省营各厂损失价值约为217013920元。

随着省会迁入曲江，省建设厅也陆续在曲江、坪石、乐昌等地设立电池厂、肥皂厂、制纸厂、酒精厂、面粉厂、骨粉厂、农具厂、糖厂、化工材料厂、纺

---

① 韩启桐：《中国对日战事损失之估计》，载沈云龙主编：《近代中国史料丛刊续编》第9辑，文海出版社1974年版，第32页。

② 《广州市战时物质损失调查表》，广州市档案馆馆藏档案，档案号4—01—6—193。

织厂、中区肥料厂、西区肥料厂及东区肥料厂13家工厂，资产共23496711元（大部分工厂资产是按1942年12月时值估计）[1]，这些工厂在1945年初因日军的进攻而遭受重大损失，据战后调查，13家工厂中只有2家机器无太大损失，如以85%的损失程度计算，则损失价值为19972204元。根据《抗战期间各年度零售物价指数增涨倍数表》，1942年物价指数为4027，折算成战前币值为495957元。

此外，省营广州麻织厂在1938年10月以后遭受过两次较大损失，具体情况列表如下[2]：

损失时间	事件	地点	损失项目	购置年月	单位	数量	损失时价值（国币元）
1938.11.14	日机轰炸湛江	广东梅菉	纺织工厂全部瓦面、钢窗、玻璃等均被毁	1935年3月	座	1	103000.00
同上	同上	同上	仓库全部瓦面被毁1/2	同上	座	2	20600.00
同上	同上	广东梅菉	发电机房全部瓦面、钢窗、玻璃等被毁	同上	座	1	5150.00
1944.9.15	湘桂战事	湖南衡阳	梳麻机	同上	座	2	88695.36
同上	同上	同上	拼条机	同上	座	2	58932.48
同上	同上	同上	80锭粗纺机	同上	座	1	70946.40
同上	同上	同上	200锭精纺机	同上	座	2	155736.00
同上	同上	同上	80罗拉绕经机	同上	座	1	49440.00
同上	同上	同上	缝包机	同上	架	3	4944.00

① 《社会部劳动局广州区厂矿调查总报告》，广东省档案馆馆藏档案，档案号6—2—753。
② 《1942年实业公司所购器材在浙赣铁路被日机炸毁情形、各工厂要求日本赔偿劫去机器物资情形、省政府转发我国侨民财产在战争期间被劫至盟国境内及日本的要求退还》，广东省档案馆馆藏档案，档案号19—1—360。

损失时间	事件	地点	损失项目	购置年月	单位	数量	损失时价值 （国币元）
同上	同上	同上	89匹马达	同上	个	8	6592.00
同上	同上	同上	织机	同上	台	30	10382.40
同上	同上	同上	600匹马力柴油发动机	同上	座	1	346080.00
同上	同上	同上	525K.V.A.三相交流发电机	同上	座	1	428480.00

由上表即可知该厂在日军飞机1938年轰炸湛江期间损失价值为128750元，折合战前币值99038元，在1944年湘桂战事中损失1220228.64元，合战前币值2501元，共计损失101538元。

根据战后调查，广东实业公司所属工厂战时损失情况为：粤华交通器材厂为9196524.47元，粤昌机器厂为12647353.53元，粤新建筑材料厂为2479750.75元，粤德制药厂为1817041.64元，粤明化学工业厂为803832.72元，粤强印刷厂为2397827.56元，粤兴炼糖厂为276万元（此为1942年资产值）。加上实业公司本身的损失9032355.32元[1]，除粤兴糖厂外，实业公司战时共损失38374685.99元，由于损失价值是以1945年时值统计，折算成战前币值为20121元，加上粤兴糖厂的损失68537元，合共损失88658元。

在此之前，位于曲江的韶关电灯公司等工矿企业在1941年6月日机的轰炸中被炸损毁，共损失415万元[2]，合战前币值330414元。

此外，据战后统计，广东西村士敏土厂战时损失合计总值为4221181500元，合战前币值2213252元，因广州沦陷时该厂已损失50万元，故自1938—1945年该厂又损失1713252元[3]。

省银行在战时设立了中正油厂、中兴皮革厂、中伦纸厂、农产品加工厂4家工厂，1945年初粤北沦陷时，各厂被日军占领并破坏，除农产品加工厂情况

---

[1] 《抗战时期损失调查和索赔》，广东省档案馆藏档案，档案号19—1—364，另可参见《广东实业公司概况》，第13—19页。

[2] 《各县市工矿企业呈报抗战期间财产设备损失情报（之一）》，广东省档案馆藏档案，档案号6—2—375。

[3] 《各县市工矿企业呈报抗战期间财产设备损失情报（之一）》，广东省档案馆藏档案，档案号6—2—375。

不明外，其余三厂的直接损失分别为中正油厂10329387.98元，中兴皮革厂为101624151.8元，中伦纸厂为86万元，合共120553539.78元①，折合成战前币值为65105元。此外，隶属于省银行的南华生产总公司在1945年初日机轰炸粤北时损失227662.27元②，合战前币值28元。因此，省银行系统事业共损失65133元。

广东国省合营的工厂是资源委员会与省政府创办的粤北铁工厂，投资额300万元③，折合战前币值约为231839元（按1941年创办时的指数折算），乐昌沦陷后，该厂曾被敌伪占用，机器损失大半，如其损失程度以80%计算，则粤北铁工厂至少损失185471元（这还不包括该厂装配使用的从广州抢运至后方的原省营工厂的机器损失价值）。

另外，省赈济会所属工厂多为手工操作的手工业，资金量很少，其损失在此暂不计入。

战后据广州市政府的抗战损失调查统计，市营事业直接损失5201318481元，折合成战前币值，为2727158元④。

综合上述各项，战时广东公营工业直接损失包括以下各项：

①1937—1942年省营工厂损失217013920元；

②1938—1944年广州麻织厂损失101538元；

③1942—1945年建设厅所属部分省营工厂损失495957元；

④1941年6月韶关电灯公司等工矿企业损失330414元；

⑤1938—1945年广东西村士敏土厂损失1713252元；

⑥实业公司所属各厂损失88658元；

⑦省银行所属工厂损失65133元；

⑧粤北铁工厂损失185471元；

⑨广州市营事业损失2727158元。

上述各项总共222721501元，其实这一数据远未能展现所有的公营工业损失面貌，其一是因资料欠缺大多数工厂的损失价值被低估了；其二是没有将沦陷区日军占据经营的损失包括在内。

---

① 《中正场战时财产损失》《南华公司中兴皮革厂战时财产损失》《南华公司中伦纸厂战时财产损失》，广东省档案馆馆藏档案，档案号41—3—4217、41—3—4195、41—3—4196。

② 《南华公司中伦纸厂战时财产损失》，广东省档案馆馆藏档案，档案号41—3—4196。

③ 伍颛立主编：《广东工业》，广东实业公司1947年印刷，第17页。

④ 《广州市政府公报》复刊第1卷第1期，广东省档案馆馆藏档案，政632。参见《各县市工矿企业呈报抗战期间财产设备损失情报（之一）》，广东省档案馆馆藏档案，档案号6—2—375。

2）民营工业损失

战前广东民营工业资本额约 1500 万元①，根据资产与资本 2.76：1 的比例关系，资产估计约 4140 万元。

至于战时后方所设立的民营工厂则没有确切的调查统计数，现仅能根据 1941 年至 1945 年的 60 家民营工厂数进行统计，并将每年所设立的工厂的资本额折算成战前币值。1941 年 4 家工厂登记资本额为 46.5 万元，平均为 11.63 万元，其他 3 家未登记的工厂资本额按平均值计算共 34.89 万元，7 家工厂资本额为 81.39 万元，资产额大约是 224.64 万元，折合成战前币值为 17.36 万元。1942 年 10 家工厂登记资本额为 190.7 万元，平均为 19.07 万元，其他 5 家未登记的工厂资本额按平均值计算共 95.35 万元，15 家工厂的资本额为 286.65 万元，资产额大约是 791.15 万元，折合成战前币值为 19.65 万元。1943 年度 15 家工厂登记资本额为 375.65 万元，平均为 25.04 万元，其他 11 家未登记的工厂资本额按平均值计算共 27544 万元，26 家工厂的资本额为 651.09 万元，资产额大约是 1797.01 万元，折合成战前币值为 12.81 万元。1944 年 3 家工厂登记资本额为 65 万元，平均为 21.67 万元，其他 7 家未登记的工厂资本额按平均值计算共 151.69 万元，10 家工厂的资本额为 216.69 万元，资产额大约是 598.06 万元，折合成战前币值为 1.23 万元。1945 年 3 家工厂登记资本额为 564 万元，资产额大约是 1556.6 万元，折合成战前币值为 0.82 万元。由此可以算出战时后方民营工厂资产总额为 51.87 万元②。

合计战前、战时所设广东民营工厂资产总额为 4191.87 万元。据战后调查，广东民营工厂"未经沦陷县份，工业无多大变动外，而经敌伪占据的地方，则所有各种工业，莫不被其破坏掠劫，除协和机器厂，大生铜厂，协安隆机器厂，中国火柴厂，广东火柴厂，三兴布厂等少数工厂，机器设备尚无大损失外，其余各厂，大多无法迅速复工。"③ 战后据省府统计，全省民营工厂经核准复业者有 215 家，连同登记中者约有 400 家左右，此数字约为战前的 1/5④。战前所建工厂在广州沦陷时，"十之八九未及迁移，损失惨重……"⑤ 若按 80% 作为民营工厂的损失程度，则全省民营工业资产损失约为 3353 万元，当然这些损失中没

① 伍顽立主编：《广东工业》，广东实业公司 1947 年印刷，第 11 页。

② 广东省建设厅编：《广东建设统计》（工商类），油本本，广东省建设厅 1946 年印刷。

③ 伍顽立主编：《广东工业》，广东实业公司 1947 年印刷，第 36 页。

④ 黄菊艳：《抗战时期广东经济损失研究》，广东人民出版社 2005 年版，第 280 页。

⑤ 伍顽立主编：《广东工业》，广东实业公司 1947 年印刷，第 35 页。

有包括未登记在册的小厂及手工作坊（另据汕头市战后的统计，该市战时民营工业间接损失为 1825100 元，直接损失为 16542500 元，合共损失 18367600 元，此系 1937 年币值①，因缺少其他地区民营工业损失的详细资料，所以未将此数据列入）。

总计战时公营、民营工业直接损失大约为 274619101 元②。

3）矿业损失

就广东而言，矿产当中以煤、铁、钨等最为发达，这些矿产又是重要的战略能源与资源，所以在战时遭到的损失也最重，煤矿与钨矿主要集中在粤北、粤西地区，铁矿主要集中在海南岛地区。③

煤矿

全国抗战爆发后，广东煤矿大多停办，战时仍然开采的大规模煤矿主要有富国煤矿，1945 年初粤北沦陷以及 1945 年 8 月日本投降前夕，煤矿被日军占据并破坏，损失惨重，其损失具体情况如下：

富国煤矿损失调查表④

损失项目	损失程度	价值（亿元）
竖井建立工程	100%	5
井下开拓工程	100%	20
地面机电设置	60%	12
铁路车辆	30%	9
厂房建筑	80%	8
其他设备	100%	5
库存材料	100%	10
合计		69

---

① 汕头市档案馆馆藏档案，档案号 11—1—273。

② 据韩启桐的估算，截至 1943 年，广东沦陷区工业资产直接损失折合成战前币值大约为 38807000 元，此数据未包括沦陷区受工业损失及后方工业损失。韩启桐所依据的资料主要是广东省银行经济研究室 1940 年度广东经济年鉴所载之资料，前文已述，广东省建设厅所属企业上报之损失资料欠缺很多，而且 1940—1943 年的损失数据，韩启桐大多只能靠估算，因此韩启桐所列之数据未能完全体现 1938—1943 年的广东工业的直接损失。参见韩启桐：《中国对日战事损失之估计》，载沈云龙主编：《近代中国史料丛刊续编》第 9 辑，文海出版社 1974 年版，第 33 页。

③ 因本次调研对象为广东本省，以前隶属广东，现已建省的海南省的抗战损失因此不在调研范围之内。

④《各县市工矿企业呈报抗战期间财产设备损失情况（之一）》，广东省档案馆馆藏档案，档案号 6—2—375。

由于上表是 1946 年 12 月填报的，损失价值是填报时的价值，折合成战前币值约为 1617706 元。

至于沦陷区日军掠夺煤矿资源的价值，由于资料缺乏，难以估算。

钢铁

日军除了从海南的石碌、田独两地攫夺铁矿外，还大量从沦陷区搜刮掠夺各种金属制品，运回日本，关于这方面的情况有一些零星的记载，如 1941 年 1 月，日本军部将存放在汕头的潮汕线的铁轨及杂铁等约数万吨（至少应不低于 3 万吨——引者），全部运往日本①。据 1941 年 3 月 25 日《工商日报》报道，1941 年 3 月 20 日，汕头日舰载运铜铁千余吨赴台湾，而囤积在汕头的钢铁还有 1.2 万吨，这些钢铁都是日军从潮汕、广州等沦陷地区搜刮而来，停放于汕头，候轮分批运台湾②。整个抗战期间，日军从沦陷区搜刮的钢铁数量及价值很难估计，仅上述提到的就至少有钢铁 4.2 万吨，这些钢铁质量良莠不齐，不便于按照钢铁的价值估算，但如果按照 1936 年的报关单价中的生铁价格来估算，基本可以得出一个较为保守的估计。当时生铁每吨 62.18 元③，那么所知的被掠夺的 4.2 万吨钢铁价值约为 261 万元。

钨矿

日军在沦陷区的钨矿厂主要在阳江的南鹏岛，他们在该地采掘钨矿共 102.1 万吨，运回日本的有 92.3 吨④，按粤海关贸易报告记载，1936 年每担钨砂为 30.5—32 先令，按 1936 年法币对英镑汇率 1:14.375 折算成法币约为 10.609—11.13 元。至 1937 年 6 月，钨砂价格几涨 1 倍⑤，现将全国抗战爆发前每担钨砂价值以法币 20 元计算，被日军所夺之钨砂总值为 37120 万元。

除直接开采钨矿外，日军还通过各种手段掠夺沦陷区的钨砂，据南满洲铁道株式会社东京支社调查室的统计，日军授权的三菱、三井、石原、杉原、台

---

① 汕头市档案馆馆藏档案，档案号 12—6—279。

②《日商行纷结束，大批钢铁运台》，（香港）《工商日报》1941 年 3 月 25 日。

③ 韩启桐：《中国对日战事损失之估计》，载沈云龙主编：《近代中国史料丛刊续编》第 9 辑，台湾文海出版社 1974 年版，第 68 页。

④ [日] 大藏省管理局：《有关日本人的海外活动的历史调查·通卷第 29 册：海南篇》，第 122、125—128 页。转引自宓汝成、王礼琦：《日本侵占海南岛和海南岛人民的抗日斗争》，《抗日战争研究》1992 年第 1 期，第 156—157 页。

⑤《民国二十五年海关中外贸易统计年刊》《民国二十六年海关中外贸易统计年刊》《二十三年中国对英、美、法、日每月汇率统计表》，广东省档案馆馆藏档案，档案号外资 122、外资 124、41—1—4237。

拓等五家收购广东钨砂的会社，自 1939 年 6 月至 1940 年 11 月的一年半中，共收购钨砂 522.5 吨①。据此，假定日本会社平均每年收购钨砂 348 吨，则 1939 年 6 月起至抗战胜利约 6 年内，共收购钨砂 2088 吨，仍以每担钨砂 20 元计算，共值约 835200 元②。

此外，省营八宝山钨矿在 1939 年底开始的粤北战事期间被炸毁，损失 6435.11 元，合战前币值 1279 元。

另外，1937 年因日机轰炸，造成矿务直接损失 2 万元，合战前币值 19417 元。

（2）间接损失

1944 年，广东省政府统计室曾经编制了名为《广东省抗战损失》的册子，1946 年 2 月，广东省政府统计处又编制了《广东省抗战损失》第二辑。其中提到了公有财产的直接与间接损失的情况，这里所谓的公有财产，实际上主要指国省市营工矿企业财产。在这份资料中，有一项 1937 年至 1945 年的公有财产间接损失统计，合计为 100619213.7 元，表如下：

公有财产间接损失③ 1937—1945 年

项　　别	数　　额（法币元）
总计	100619213.70
可能生产额减少	24956200.00
可获纯利额减少	39921476.00
迁移费	8838500.72
防空设备费	1832324.54
疏散费	11915796.50
救济费	11250290.29
抚恤费	1159625.65
其他	745000.00

---

① 南满洲铁道株式会社东京支社调查室：《南支ニ於ケル密贸易》，广东省档案馆藏档案，档案号 91—2—12。

② 黄菊艳：《抗战时期广东经济损失研究》，广东人民出版社 2005 年版，第 283 页。

③ 广东省政府统计处编制：《广东省抗战损失》，广东省档案馆藏档案，档案号 6—2—376。

至于私营工矿业的间接损失价值，由于资料的缺乏而无法确切统计，现仅根据民营事业最发达的广州市的统计，市民营事业间接损失为 88729791764 元，合战前币值 46522859 元①。

以上数据仅系根据并不完整的档案资料所进行的统计，未涵盖本次调研成果的全部内容，因此，这是一个非常保守的统计数据，它可能与真实的数据之间尚存在不小的差距。

（暨南大学历史系　张维缜）

---

① 《广州市政府公报》复刊第 1 卷第 1 期，广东省档案馆馆藏档案，档案号政 632。

（二）抗战时期广东教育损失调查报告

1. 日本发动全面侵华战争之前广东教育发展概况

全国抗日战争爆发前的一段时间，由于广东经济社会有一定的发展，广东的教育有比较大的发展，从下列各表可见：

表 1　1930—1936 年广东小学教育概况表①

年度	学校数	学生数	毕业生数	教职工数	经费 （法币元）
1930 年	18085	1035791	113930	45354	9925939
1931 年	19245	1110885	122736	65715	10631714
1932 年	24749	1273273	131222	59474	12057680
1933 年	22345	1274850	142209	59766	11568176
1934 年	22831	1637697	128363	69852	13809481
1935 年	22540	1353327	132608	66542	12826373
1936 年	24463	1536446	173644	65441	16170296

表 2　1930—1936 年广东中等学校（中学、中等师范和职业学校）概况表②

年度	学校数	学生数	毕业生数	教职员数	岁出经费 （法币元）
1930 年	250	46317	9791	6090	3865214
1931 年	293	60377	11715	7390	5102510
1932 年	311	68340	13136	8027	5917264
1933 年	321	74188	13605	8249	6409139
1934 年	342	73104	15516	7811	7346450
1935 年	331	73690	14026	7849	7502751
1936 年	323	73914	14317	7163	7656931

---

① 广东省政府统计处编：《广东省统计资料汇编》，民国三十四年十月，第 77、75、76 页，广东省档案馆馆藏档案，档案号 11—1—20；亦见《广东教育》民国三十五年（1946 年）第 3、4 期合刊第 61 页、第 1 期第 68 页，转引自何国华：《民国时期的教育》，广东人民出版社 1996 年版，第 93、95—96、117 页。
② 同上。

表3 1934—1936 年广东中学概况表①

年度	学校数	学生数	毕业生数	教职员数	经费（法币元）
1934 年	256	57750	10406	6055	5606463
1935 年	248	59193	9882	5912	5869383
1936 年	253	61033	10919	5668	6123861

表4 1934—1936 年广东省公私立师范学校统计表（广东省教育厅)②

类别	学校数	班级数	学生数	毕业生	教职员	经费（法币元）
1934 年	55	320	10560	3417	1006	951705
1935 年	51	295	9432	2536	1096	926630
1936 年	43	267	8491	1644	812	798182

表5 1930、1934 年—1936 年广东师范学校概况表③

年份	学校数	学生数	毕业生数	教职员数
1930 年	48	6556	—	952
1934 年	55	10560	3417	829
1935 年	51	9432	2536	937
1936 年	43	8491	1644	725

① 广东省政府统计处编：《广东省统计资料汇编》，民国三十四年十月，第 77、75、76 页，广东省档案馆馆藏档案，档案号 11—1—20；亦见《广东教育》民国三十五年（1946 年）第 3、4 期合刊第 61 页、第 1 期第 68 页，转引自何国华：《民国时期的教育》，广东人民出版社 1996 年版，第 93、95—96、117 页。
② 陈跃云：《一年来广东省实施国民教育概况》，《新建设》第 2 卷（1941 年）第 1 期，第 14 页；亦见广东省政府统计处编：《广东省统计资料汇编》，第 76 页，民国三十四年十月，广东省档案馆馆藏档案，档案号 11—1—20。
③ 何国华：《民国时期的教育》，广东人民出版社 1996 年版，第 168—170 页。因为国民政府不支持私立师范学校，所以 1936 年没有私立师范学校。公立师范学校增长不快，所以学校数和学生数变少。此表数字与上表有不同。

表6 1930、1934年—1936年广东中等职业学校概况表①

年份	学校数	学生数	毕业生数	教职员数	经费（法币元）
1930年	14	2248	643	412	360000
1934年	31	4794	750	750	788282
1935年	32	5065	841	841	906736
1936年	27	4390	1754	683	734888

表7 1935—1936年广东大专以上学校概况表②

年度	学校数	学生数	毕业数	教职员数	经费（法币元）
1935年	9	5991	—	1427	4754642
1936年	8	6236	—	1604	4641563

1936年，这8所大专院校是中山大学、广东法科学院、勷勤大学、岭南大学、国民大学、广州大学、光华医学院和省立体育专科学校。七七事变后，广东的大专院校有调整，广东法科学院并入中山大学；勷勤大学呈准改组，其工学院并入中山大学，其商学院改称省立勷勤商学院，其教育学院改为省立教育学院③。

从上可见，全国抗日战争爆发前，广东的教育有较大的发展。至1936年，广东的小学共有24463间，在校学生1536446人、教职工65441人，经费16170296元（法币）；当年毕业生有173644人。从1930年到1936年，学校、学生、教职工和毕业生的年平均增长率分别是：5.88%、8.06%、7.38%、9%和8.74%。

至1936年，广东的中等学校共有323所（其中中学253所、中等师范43所、中等职业学校27所）、在校学生73914人、教职工7163人、经费7656931元（法币）、毕业生14317人。从1930年到1936年，学校、学生、教职工和毕业生的年平均增长率分别是：4.87%、9.93%、2.93%、16.35%和7.7%。

① 广东省政府统计处编：《广东省统计资料汇编》，第76页，民国三十四年十月，广东省档案馆馆藏档案，档案号11—1—20；亦见何国华：《民国时期的教育》，广东人民出版社1996年版，第168—170页。

② 广东省政府统计处编：《广东省统计资料汇编》，第74页，民国三十四年十月，广东省档案馆馆藏档案，档案号11—1—20；亦见何国华：《民国时期的教育》，广东人民出版社1996年版，第206页。

③ 黄麟书：《广东政治新阶段的教育》，《广东政治》第1卷第1期（1941年9月），第34—42页。

到 1936 年，广东的高等院校有 8 所，在校学生 6236 人，教职工 1604 人，经费 4641563 元（法币）。在校学生和教职工分别比上一年增长 4.1% 和 12.4%。

广东小学经费 1936 年比 1930 年增加 6244357 元（法币），年平均增长率为 10.48%。

广东中等教育经费收入，1936 年比 1930 年增加 3791717 元（法币），年平均增长率为 16.35%。

2. 日军大规模入侵广东之前广东教育受到的影响[①]

在 1937 年 7 月—1938 年 10 月，日本帝国主义发动全面侵华战争之初，虽然没有大规模入侵广东，但是有小规模的骚扰和频繁的飞机轰炸。日军先后侵占蒲台、担杆、三灶、涠洲和南澳等岛屿，并利用这些基地的机场和舰载飞机轰炸广东。

表 8　根据不完全的统计，日机在 1937—1938 年对广东的轰炸情况表[②]

年份	空袭架次	投弹数	死亡人数	受伤人数	毁坏屋栋数
1937 年	1425 架次	2362 枚	327 人	578 人	851 栋
1938 年	7862 架次	1446 枚	2272 人	4530 人	3654 栋

这些骚扰和轰炸，使广东的教育事业受到很大的影响及损失：

在珠三角地区：广州先后被轰炸的学校有：中山大学、勷勤大学、岭南大学；省立女中、中大附中、仲元中学；远东、美华中学、协和女子中学、淑正女校；市立第 28、49、64 小学等[③]。广州首义纪念小学被炸，损失教学设备等 3608700 元（1945 年币值）[④]。

---

① 本节中涉及战时损失的货币数据，均按法币（当时亦称国币）统计。

② 《广东统计季刊》第 1 期，广东省政府统计室 1941 年 12 月，转引官丽珍：《对和平与人道的肆虐——1937—1945 日军侵粤述略》，中共党史出版社 2001 年版，第 25 页；亦见广东省政府统计处编：《广东省统计资料汇编》，第 110 页，民国三十四年十月，广东省档案馆馆藏档案，档案号 11—1—20。

③ 参见粤海关《各项事件传闻录》选录、中央社电讯选录，载广东省档案馆编：《日军侵略广东档案史料选编》，中国档案出版社 2005 年版，第 49—66 页。

④ 广州市档案馆馆藏档案，档案号 10—3—217。

中山大学及其附中被炸 10 多次，中弹 50 余枚，死 5 人，伤 10 多人。中山大学在 1937 年 9 月下旬，曾停课 2 周。该学期又提前一个月放假①。

因为日机频繁的轰炸，1937 年 8 月，广州市政府宣布初中以下学校（即小学——作者注）全部停课。9 月开办街坊小学 500 个班，招收未离市区的学龄儿童。教员则抽选一部分组织战时服务团，其余停薪留职②。有的中学被迫迁移到外地开办，如广雅中学迁移至顺德；仲元中学先迁至禺北的蚌湖。

郊区的黄埔中正小学于 1938 年 4 月 23 日 "被炸去教室和图书馆各一座"；原有学生 600 多人，减至 300 多人③。

这期间，花县县立初级中学被日机炸毁，停办④。从化县立初级中学也因为日机的轰炸而停办，两年后迁至民乐潭口复课⑤。

佛山的南海县第一初级中学在沦陷前被迫迁到西樵简村，后来校长梁灿文被日机炸死，学校 "便告解散"⑥。

1938 年 10 月，清远县太平圩第一次遭空袭，回岐四平小学校舍被日机炸毁⑦。

在粤东：1937 年秋，日机炸毁潮安县立初级中学校舍，该校被迫迁往意溪书院⑧。同年，汕头私立大中中学迁潮阳第六区铜盂乡。1937 年 10 月，揭阳县立中学遭日机轰炸，迁往棉湖⑨。

据统计，至日军侵入广州和潮汕前，该两地 "就近择安全地点复课的有私立大中中学二十余校，迁往港澳复课的有私立真光女中等十余校"⑩。

在粤北：1937 年 8 月 31 日，日机轰炸韶关。因为日机比较频繁轰炸，各中小学被迫停课。一些学校如励群初级中学、循道高级护士职业学校和曲江私立开明中学、私立德华女子中学也被迫停办。1938 年 10 月，韶州师范学校被迫从曲江马坝迁往仁化水南村。11 月，日机轰炸翁源、曲江、乐昌、南雄等县，

① 《国立中山大学日报》1937 年 10 月 15—18 日，1938 年 6 月 8 、9 月 5 日。

② 广州市志撰委员会编：《广州市志》卷 14，广州出版社 1999 年版，第 34 页。

③ 番禺市地方志编纂委员会编：《番禺县志》，广东人民出版社 1993 年版，第 782 页；《越华报》1938 年 4 月 24 日。

④ 花县志编纂委员会编：《花县志》，广东人民出版社 1995 年版，第 768 页。

⑤ 从化县地方志编纂委员会编：《从化县志》，广东人民出版社 1994 年版，第 882 页。

⑥ 佛山市地方志编撰委员会编：《佛山市志》，广东人民出版社 1994 年版，第 1833 页。

⑦ 清远县教育志编写组编：《清远县教育志》（1504—1987 年），1993 年版，第 49 页。

⑧ 潮州市地方志编撰委员会编：《潮州市志》，广东人民出版社 1995 年版，第 1542 页。

⑨ 广东省汕头市地方志编撰委员会编：《汕头市志》第 4 册，新华出版社 1999 年版，第 28 、42 页。

⑩ 黄麟书：《广东政治新阶段的教育》，《广东政治》第 1 卷第 1 期（1941 年 9 月），第 40 页。

共有 3 所小学和 2 所中学的校舍被炸毁。12 月省立广州农业职业学校被迫迁乐昌北乡①。1937 年秋，日机轰炸曲江县城，"部分学校停办"②。

结论：

这一阶段，日本侵略对广东教育的影响主要是：

一、直接影响：

（一）人员伤亡和学校被损毁。有 30 名以上的师生死伤；至少有 30 间以上的学校被炸，校舍和教学设施遭到不同程度的破坏。

（二）广州市小学校、韶关的中小学及其他部分地区学校停课。据保守统计，全省至少有 250 间以上学校，65000 以上学生被迫停课或停学。1936 年广州有公立小学 99 所、学生 44997 人、私立小学 87 所、学生 10428 人，私塾 221 间、学生 8455 人，共有学校 407 间、学生 63880 人；1933 年，有公私立中学 62 间、学生 22088 人。当时的中学大部分为初级中学，少数是完全中学③。1936 年，韶关所在地曲江有小学 45 所、学生 2750 人，有中学 4 间，有学生 300 多人④。另有统计说 1932 年曲江的小学有 53 所，学生有 3218 人。黄埔中正小学由 600 多人减至 300 多人⑤。

（三）被迫迁移的大中小学校在 30 间以上。

（四）教育经费减少。小学的经费 1936 年是 16170296 元，1937 年减为 13949653 元，减少了 2220643 元，占 1936 年经费的 13.7%；中等学校的经费 1936 年是 7656931 元，1937 年减为 5219417 元，减少了 2437514 元，占 1936 年经费的近 32%；大专学校的经费 1936 年是 4641563 元，1937 年是 2775828 元，减少了 1865735 元，占 1936 年经费的 40.2% 强。（见前后资料）

（五）停课和迁移之后的校舍、教学设备闲置、浪费。

二、间接影响：未停课的学校也不能进行正常的教学，教学质量和学生的学习受到影响。

---

① 韶关市教育志编写组编：《韶关市教育志》，广东人民出版社 1993 年版，第 19、122、160 页。

② 曲江县地方志撰委员会编：《曲江县志》，中华书局 1999 年版，第 915 页。

③ 广州市志编撰委员会编：《广州市志》卷 14，广州出版社 1999 年版，第 34、68 页，此数字与战后政府的说法有出入，见下文。

④ 曲江县地方志撰委员会编：《曲江县志》，中华书局 1999 年版，第 915 页。

⑤ 韶关市教育志编写组编：《韶关市教育志》，广东人民出版社 1993 年版，第 120—122、110 页。

3. 日军大规模入侵广东后广东教育受到的损失①

（1）日军入侵广东概况

1938 年 10 月，日军大规模入侵广东，先后占领了广州、番禺、佛山、南海、顺德；占领了东莞、增城、博罗、从化、三水、花县的大部分或部分地区。1939 年春，先后侵入宝安深圳，江门、新会；6 月，侵占了汕头、潮州及潮阳、潮安、澄海、揭阳的大部分地区或部分地区，同年冬占领钦州和防城部分地区。1940 年春，日军侵入中山，大部分地区沦陷。

其后，据不完全的统计，日军对广东的蹂躏有：1939 年 12 月下旬和 1940 年 5 月底，日军先后发动了两次粤北战役，花县、从化、增城、龙门、新丰、佛冈、清远、翁源等地受到蹂躏。1941 年 2 月，日伪军千余人分别袭击淡水惠阳和清远芦苞；3 月初，日军 6000 余人，分乘炮艇、汽艇从台山的广海迄电白一线沿海的主要口岸登陆，台山、开平、阳江、电白遭到劫掠；3 月下旬，日军 3000 余众入寇汕尾、海丰、陆丰；5 月，数千日军进犯惠阳、博罗；7 月初，汕头日军奔袭饶平；9 月，两路日军数千再犯台山、开平和清远；年底，发动太平洋战争，占领香港。1942 年 1 月，数千日军又进犯惠阳、博罗，进入惠州后，大肆烧杀抢掠，数千人惨遭残杀；2 月数千日军进犯雷州半岛；6 月，千余日军再犯清远芦苞、源潭，至 8 月才退去。7 月，进占广州湾（今湛江市）；1943 年 2 月，日军再袭击清远芦苞和鹤山沙坪；同时占领雷州半岛的海康。1944 年秋，日军占领遂溪；9 月，日军重兵沿西江进犯广西，四会、广宁、怀集、肇庆、高要、郁南、新兴、云浮、罗定、德庆、封川（今属封开县）惨遭破坏和劫掠。

1945 年初，日军为阻止盟军在华南的登陆，派遣第 40 师团和波雷、波潮部队南下广东，建立防线，驻广州的日军北上配合，沿途袭击了花县、清远、翁源、佛冈、英德、曲江和南雄等地；并占领了汕尾、惠阳、惠州、台山、开平和韶关等地。珠江三角洲和广东沿海要地及韶关在日军的控制之下。5 月下旬，北撤的日军又扫荡了南路的化县等地和粤东的河源、龙门、新丰和连平、和平等地。

---

① 本节中涉及战时损失的货币数据，除另注明者外，均按法币（当时亦称国币）统计。

（2）小学遭受损失概况

日军大举入侵广东后，沦陷区的小学不是外迁就是全部被迫停课。

此外，一方面，由于日军经常从占领区向外进袭，另一方面，日军不断扩大占领区，在沦陷区的边缘地带，不少学校处于停办和复办状态。非沦陷区的许多学校也因为日军的进犯而遭到破坏。

在珠三角：广州公立小学停办，私立小学"大多数停办或内迁"；番禺沦陷后，"县内公、私立中、小学校多已停办或外迁。"①

花县在1934年时有公私立小学96所，学生共8788人，沦陷后，教育惨遭摧残，至1941年，只有学校32间，学生985人。据1943年花县县长骆应钊写的《苦斗一年的花县》谓："全县51个乡，安全乡只有梯面一乡，敌扰乡有国泰乡11乡，敌后乡有白珠等39乡，虽然乡中心国民学校增至20所，保国民学校增至40所，但由于基层政权不稳定，各乡保国民学校时办时停，流动性大"②。

在从化，1934年全县有小学249所，学生7737人，因为日军入侵，至1941年，全县仅剩小学122所、学生4183人③。

1938年10月，日军入侵增城，"学校全部停办"。县立高等小学被毁，停办8年；增城十二区区立第一高等小学停办；二区区立第一小学也停办，1940年复办，数次迁徙，改名简同小学④。

"佛山沦陷期间，原有的小学多数停办。"⑤

1938年10月，日军侵占深圳、南头，"宝安沦陷，学校不是被毁就是停办，所剩无几。"⑥

1939年，日军入侵清远县城，学校遭到破坏，被迫停课。1941年，同和初级小学校舍被日机炸毁；1945年初，日军又侵入洲心，同和小学再被迫停学一学期。⑦

1941年，"斗门沦陷，学校停办"⑧。

---

① 广州市档案馆馆藏档案，档案号资政1983；番禺市地方志编撰委员会编：《番禺县志》，广东人民出版社1993年版，第758页。

② 花县地方志编撰委员会编：《花县志》，广东人民出版社1995年版，第764页。

③ 从化地方志编撰委员会编：《从化县志》，广东人民出版社1994年版，第881页。

④ 增城地方志编撰委员会编：《增城县志》，广东人民出版社1995年版，第717—718页。

⑤ 佛山市地方志编撰委员会编：《佛山市志》（下），广东人民出版社1994年版，第1825页。

⑥ 宝安县地方志编撰委员会编：《宝安县志》，广东人民出版1997年版，第638页。

⑦ 清远县教育志编写组编：《清远县教育志》（1504—1987年），1993年版，第49、93、96、118、135页。

⑧ 斗门县地方志编撰委员会编：《斗门县志》，中华书局2001年版，第629页。

在粤东：1939 年澄海县部分地区沦陷，大部分小学停办，全县小学锐减为 53 所、学生 8300 多人。1943 年全县除盐灶乡外全部沦陷，大部分小学停办①。

1939 年后，潮安县城及部分地区沦陷，半数以上小学停办，有些校舍被毁②。

1941 年 3 月，潮阳县城沦陷，县立小学全部停办③。

在粤北：1944 年，乐昌有国民学校（小学）80 所，学生 9824 人，教师 400 人。次年 1 月，日军入侵，"乐昌沦陷，学校大多停课"④。

在粤中："日军占领江门和新会后，曾三次侵犯开平、台山，靠近三镇的中小学多次迁到远离敌占区的小墟镇和农村"⑤。

德庆县早在 1934 年有县立、区立小学 59 所，私立小学 62 所，共有学生 8700 人。抗战时受到战事影响，至 1938 年下半年，仅存 83 所，学生 6110 人⑥。

在南路：1939 年 4 月，日机第一次轰炸遂溪县城，县城学校停课。1943 年 2 月，遂溪县城及城月、北坡、豆坡、洋青等地方沦陷，该地中小学均停办⑦。

从 1938 年开始，日机空袭廉江，该县的教育大受影响，廉江县附城镇中心小学迁城北岭脚村、后又迁城东那良村；在安铺的第四区立小学，先后迁鱼鳞塘村、林家祠、雾水港⑧。

全国抗日战争爆发后，海康"许多小学被迫停办"。1943 年，日军再度占领海康，教育更遭到破坏⑨。

1945 年夏，日军占化县县城，"县城各中小学遭破坏"⑩。

在西江：1944 年 8 月，驻广州的日军进犯西江，横扫四会、肇庆、高要、广宁、怀集、德庆、新兴、罗定和封川，当地的教育受到严重的。如 9 月，日军入侵封川，"许多学校被迫停课"⑪。

非战区的小学教育因为战乱和经费等原因，也受到很大的影响。许多小学

① 澄海县地方志编撰委员会编：《澄海县志》，广东人民出版社 1992 年版，第 675 页。

② 潮州市地方志编撰委员会编：《潮州市志》，广东人民出版社 1995 年版，第 1542、1544、1563 页。

③ 潮阳市地方志编撰委员会编：《潮阳县志》，广东人民出版社 1997 年版，第 808、819 页。

④ 乐昌县地方志编撰委员会编：《乐昌县志》，广东人民出版社 1994 年版，第 440、446—447 页。

⑤ 开平市地方志编撰委员会编：《开平县志》，中华书局 2002 年版，第 1485 页。

⑥ 德庆县地方志编撰委员会编：《德庆县志》，广东人民出版社 1996 年版，第 589 页。

⑦ 张志诚等著：《遂溪教育志》，广东人民出版社 1993 年版，第 17、40—41、48 页。

⑧ 廉江县地方志编撰委员会编：《廉江县志》，广东人民出版社 1995 年版，第 588、590、592—593、599 页。

⑨ 雷州地方志编撰委员会编：《海康县志》，中华书局 2005 年版，第 841、928 页。

⑩ 化州市教育志编撰委员会编：《化州市教育志》，中山大学出版社 2000 年版，第 17、19 页。

⑪ 封开县地方志编撰委员会编：《封开县志》，广东人民出版社 1998 年版，第 752 页。

被迫搬迁。如在台山，各县立中小学"陷于停顿状态"；在鹤山，原有的小学"都纷纷停办"，小学教育恢复到"旧时代的设帐授徒式的识字教育里去"，"没有什么科目，读书而已"①。

如在粤北的乳源，乳源云峰中心小学于1940年为避日机轰炸，校本部迁往城西观音堂②。

由于许多小学无法进行正常的教学，特别是缺乏经费和师资，纷纷停办，所以私塾则纷纷出现。根据当时省政府的统计，1940年，广东全省有新会等71县，设私塾7135所，塾师7136人，学生1389900人。其中信宜最多，有920所，澄海最少2所；学生最多者为廉江，有10700人，最少者为南海，仅42人③。

表9　1937—1944年广东小学教育统计表④

年度	学校数	学生数	毕业生数	教职员数	经费（元）
1937年	24031	1544478	248252	62376	13949653
1938年	15820	971510	218581	38766	8304564
1939年	14992	985912	232595	39963	7709518
1940年	16246	1055994	218915	37466	13682021
1941年	16712	1237136	245168	44722	31616935
1942年	18509	1374335	238501	56130	——
1943年	21481	1412757	268218	53655	103376397
1944年	22408	1529613	274677	59359	——

在广州沦陷期间，广州市的小学校舍遭到严重的破坏。根据战后负责小学校舍维修费用发放的社会局的报告，广州市政府在1945年底核定"市立小学及幼稚园教育复员修缮费"1000万元。但是远远不够校舍修缮应需的费用。如第13小学等5间小学核定的修缮费用就需要1234200元。其中第34小学核准的修缮费是453000元。报告称"各校在沦陷期间，经敌伪破坏不堪，现奉核定

① 《香港工商日报》1939年1月25日；《民锋》半月刊（1939年）第2卷第8期。

② 乳源瑶族自治县教育志编写组：《乳源瑶族自治县教育志》，乳新出准字第13号，2003年编印，第60—61页。

③ 广东省地方志编撰委员会编：《广东省志·教育志》，广东人民出版社1995年版，第92页。

④ 广东省政府统计处：《广东省统计资料汇编》，第74页，民国三十四年十月，广东省档案馆馆藏档案，档案号11—1—20；亦见《广东教育》，民国三十五年（1946年）第3、4期合刊，第61页，转引自何国华：《民国时期的教育》，广东人民出版社1996年版，第93、95—96页。

修缮费数额有限，实感不敷"①。

另根据战后广州市教育局的《恢复本市市立小学经过》的报告称，战前有市立小学 100 间，幼儿园 1 间；私立小学有 40 多间。战后，要求于 1945 年 11 月规复市立小学 42 间，并努力计划在短时间再增设市立小学 22 间，但是"唯因校舍关系，故暂增 19 间"。还说"多数校舍因陋就简，勉为施教，岌岌开可危，此均足影响学生课业，危及学生安全"。到 1946 年上半年才恢复市立小学 62 间，核准开办私立小学 58 间②。战后广州市政府致函善后救济总署广东分署拨款 5 万万元建设"市小校舍五所"。测算新建每所校舍需要 1 亿元国币③。私立小学受到的破坏也很严重，如兴华学校"小学被焚，只残余前座一部分"④。私立长城小学"原有资产多已荡然"⑤。私立群苏小学"校具均被窃去校舍被敌人拆毁"⑥。

结论：

一、直接损失

（一）到 1940 年 11 月，广东有 36 县市沦陷或半沦陷（包括海南岛 15 个县区）（《广东省奸伪动态调查专报》1940 年 11 月，粤统字第 20 号，载广东省档案馆编：《日军侵略广东档案史料选编》，中国档案出版社 2005 年版，第 241—280 页），沦陷区的小学都被迫停课，只有很少数迁址复课，大批学龄儿童失学。1938 年，与 1936 年相比，学校了减少 9471 间，达 1936 年的 39%；学生减少 572968 人，达 37.1%；教职员减少了 26675 人，达 40.8%。

（二）经费大大减少。1938 年比 1937 年减少了 7865732 元，少了 48.6%；1939 年比 1937 年减少了 8460778 元，占 1937 年的 52.3%。

（三）1940 年后，日军仍不断劫掠和袭击广东各地，1944 年冬和 1945 年春，广东又有大片土地沦陷，这些地方小学停课，师生逃难。损失难以估计。

（四）校舍、仪器、设备的损失。仅战后广州市政府统计，市属各机关学校直接损失 7167365629 元（应包括小学、中学）。私立小学合计直接损失

---

① 广州市档案馆馆藏档案，档案号 4—2—5871。

② 广州市档案馆馆藏档案，档案号资政 1983。

③ 广州市档案馆馆藏档案，档案号 4—2—5275。

④《兴华校刊》复版第 1 期（1947 年），广州市档案馆馆藏档案，档案号 10—4—1435。

⑤ 广州市档案馆馆藏档案，档案号 4—3—5。

⑥ 广州市档案馆馆藏档案，档案号 4—3—5。

107296730 元（均 1945 年币值）①。

二、间接损失

（一）直到 1944 年，无论是学校的数量、学生数、教职员数，还是经费，尚未恢复到战前的水平。这几项按照战前 6 年平均增长比例分别是 5.88%、8.06%、7.38%、9% 和 10.48%，则到 1945 年学校应有 37419 间、学生 2642687 人、教职员 108907 人、经费 31370374 元（这是原币值）。

（二）仅战后广州市政府统计，市属各机关学校间接损失为 7732484149 元。私立小学合计间接损失 1026 万元（均为 1945 年币值）②。

根据上述广州市政府战后提出拨款 5 亿元建设"市小校舍 5 所"的测算，全省因为需要重建小学而造成的间接损失是巨大的。

（三）被迫恢复旧时的教育——私塾。1940 年，全省有私塾 7135 所，塾师 7136 人，学生 1399000 人。这些学生得不到比较完整的教育，是广东教育的又一大损失。

（3）中学遭受损失概况

日军大举入侵广东后，沦陷区的中等学校不是停办，就是外迁。非沦陷区的中等学校也有不少因为日军的骚扰和进犯而停课或迁徙。

据当时广东省政府的统计，至 1939 年 6 月休课公私立学校有 83 校；至年 1941 年 3 月（民国三十年 3 月）广东公私立中等学校"因战事休课之学校"还有 40 所以上③。它们是：

省立：广雅中学、广州女中、惠州中学。

县立：广州市立高中、南海县中、中山县中、汕头市立女中。

私立：中德中学、南武中学、南关中学、明德中学、广法中学、誉（？）光中学。

县市立初级中学：广州市立初级中学、南海县立初中、顺德县立初中、新会县立冈州中学、新会县立女中、宝安县立第一初中。

---

① 广东省档案馆馆藏档案，档案号 6—2—367。

② 广东省档案馆馆藏档案，档案号 6—2—367。

③ 黄麟书《广东政治新阶段的教育》谓"至二十七（1938）年时局日形严重，省政府决意北迁，乃密令三角洲，东江，南属和西江下游各校，暂行休课或迁址复课，自这时起，遵令迁址复课又有六十九校，暂行休课的，有省立广雅中学等四十校。"《广东政治》第 1 卷第 1 期（1941 年 9 月）第 40 页。以上资料见广东省教育厅编印《民国三十年三月广东省公私立中等以上学校一览表》，广东省档案馆馆藏档案，档案号 5—1—49。

区乡立初级中学：中山县第二区立初中、中山县第五区立初中、中山凤山初中、潮安第八区立初中。

私立初级中学：广州坤维女子中学、南海西樵初中、从化明远中学、中山仙逸初中、新会国民初中、惠阳崇雅初中、高要海量初中、汕头同济初中。

省立师范学院：江村师范。

县立师范：南海县立师范、番禺县立师范、新会县立师范。

县立简易师范：顺德县立简易乡师、中山县立简师、惠阳县立女子简师、清远县立简师。

省立职业学校：顺德农职校。

市立职业学校：广州市立第一职业学校、广州市立第二职业学校、广州市立美术学校、汕头市立高级助产职业学校。

私立职业学校：广州私立广商统计学校、广州私立国华职业学校、广州私立高级助产科职业学校、广州私立新华初级职业学校、广州私立中华女子职业学校、广州私立南滨女子商业家事学校、南海私立循道护士职业学校①。

到1941年3月（民国三十年3月）"受战事影响迁址"的学校有69所以上：

省立：金山中学迁饶平；省立南雄中学迁南雄龙华寺；省文理学院附属中学迁连县东坡；省立肇庆中学迁德庆；省立庚戌中学迁郁南；省立两阳中学迁阳春；省立茂名中学迁茂名黄塘。

县市立：南海县立联合中学迁澳门；东莞县立中学迁东平常平；中山县立联合中学迁澳门；揭阳县立第一中学迁揭阳棉湖；汕头市立第一中学迁普宁三都书院。

私立：广州私立执信女子中学迁澳门、广州私立洁芳女子中学迁澳门；广州私立培英中学迁香港；广州私立知用中学迁澳门；广州私立敖忠中学迁澳门；广州私立金陵中学迁罗定；广州私立大中中学迁香港；广州大学附设中学迁香港。

广州国民大学附中迁开平；岭南大学附设中学迁香港；广州私立长城中学迁罗定；广州私立兴华中学迁香港；广州私立真光女子中学迁香港；广州私立培道女子中学迁香港；广州私立远东中学迁香港；广州私立复旦中学迁香港广州私立思思中学迁香港；广州私立越山中学迁澳门；广州私立协和女子中学迁澳门；广州私立实（？）践中学迁电白；广州私立广中中学迁澳门；广州私立

---

① 以上资料见广东省教育厅编印《民国三十年三月广东省公私立中等以上学校一览表》，广东省档案馆馆藏档案，档案号5—1—49；广州市档案馆馆藏档案，档案号资政146。

文化中学迁澳门；南雄私立华英中学迁香港；南海私立华英女子中学迁香港；东莞私立明旌中学迁香港；张山私立总理纪念中学迁澳门；汕头私立怀中中学迁揭阳五经富；汕头私立大中中学迁潮阳；汕头私立海滨中学迁揭阳。

广州私立千顷中学迁茂名；广州私立美华中学迁香港；广州志锐中学迁始兴；广州岭分中学迁澳门；广州私立圣三一初中迁香港、合浦北海；南海私立石门初中迁香港；南海私立九江初中迁香港。

东莞县立石龙中学迁清溪；增城县立初中迁东洞；三水县立初中迁芦苞；从化县立中学潭口民生市；花县县立初中迁国泰乡；潮阳县立初中迁六区华英乡；潮安县立初中迁迁三区中荣乡；揭阳县立第二初中迁揭阳进贡门；新会县立第一初中迁第七区上凌冲乡；新会县立第二初中迁第九区古月乡①。

1941 年，斗门沦陷，学校均停办②。

1939 年 4 月，因遭轰炸，潮阳县立第一中学迁贵屿华美乡；1941 年 3 月，潮阳县城沦陷③。

澄海中学先后迁往樟林和饶平浮山东官乡。1939 年澄海县部分地区沦陷，1943 年全县除盐灶乡外，全部沦陷，大部分学校停办④。

1939 年后，潮安县城及部分地区沦陷，半数以上学校停办，有些校舍被毁，其中，八区区立初级中学因为校舍被洗劫一空，停办五年⑤。

1939 年，为避日机空袭，普宁县立中学先后迁雨堂村、千金湖村和枫安村上课⑥。

1939 年 6 月，汕头省立金山中学迁潮安淇园，不久停课，1941 年 1 月在凤凰山复课，学生减少 65.3% 。同时汕头市立一中也被迫迁潮安淇园、普宁流沙、南溪开课⑦。

1944 年，揭阳初级商业职业学校创办，不久榕城沦陷，该校停办⑧。

1939 年，日军入侵清远县城，因日机轰炸和入侵，县立初级中学迁至滨江

---

① 以上资料见广东省教育厅编印《民国三十年三月广东省公私立中等以上学校一览表》，广东省档案馆馆藏档案，档案号 5—1—49。
② 斗门县地方志编撰委员会编：《斗门县志》，中华书局 2001 年版，第 629 页。
③ 潮阳市地方志编撰委员会编：《潮阳县志》，广东人民出版社 1997 年版，第 808、819 页。
④ 澄海县地方志编撰委员会编：《澄海县志》，广东人民出版社 1992 年版，第 675、689 页。
⑤ 潮州市地方志编撰委员会编：《潮州市志》，广东人民出版社 1995 年版，第 1542、1558、1563 页。
⑥ 普宁市地方志编撰委员会编：《普宁县志》，广东人民出版社 1995 年版，第 517 页。
⑦ 汕头市地方志编撰委员会编：《汕头市志》第 4 册，新华出版社 1999 年版，第 27、40—41 页。
⑧ 揭阳地方志编撰委员会编：《揭阳县志》，广东人民出版社 1993 年版，第 644 页。

石潭乡，学生人数由 300 多人锐减至不足 90 人。1944 年秋，与滨江中学合办。1944 年 6 月，日军入侵滨江，滨江中学被迫提前放暑假①。

1944 年秋，日军占领四会马房一带，当地和附近学校停课或迁移；1945 年春，日军占领县城，四会简易师范学校被迫迁往地豆田东，与四会中学、四会二中合并②。

1939 年，日军入侵，鹤山县立中学停课，并迁址龙口那白③。

1938 年秋，高要湖山乡村师范学校被迫停课，1940 年冬，迁校禄步文社；1944 年 9 月日军进犯西江，学校再迁三民乡隔岸村④。

1944 年，日军犯西江时，德庆县立中学和私立樵云中学被迫停课；省立肇庆中学再迁广宁木格墟和德庆古有村等地，斌山中学则辗转于高良镇罗阳村、龙村等地⑤。

为避日军飞机轰炸，怀集县立中学于 1939 年 8 月迁址泰来乡⑥。

1944 年 9 月，日军侵入封川，许多学校被迫停课⑦。

因受日军轰炸和骚扰，开平县立中学和开侨中学被迫迁往百合沙朗、蚬冈、锦湖等地。广东省立长沙师范数次迁校⑧。

1938 年 10 月 26 日，日军飞机两次轰炸两阳中学，学校被迫迁搬，次年搬回后又遭轰炸，炸毁校舍和教学仪器一批。学校先后再迁塘口阳春城和松柏寨⑨。

1939 年 1 月以后，日军飞机狂炸电白县县城，电白县立初级中学迁往霞洞大村⑩。

1939 年 5 月，化县县立一中东楼被炸毁，9 月，被迫迁往那务经堂；县立工业职业学校迁那务增村。1943 年再分别迁林尘莲塘边和江湖圩。1944 年 10 月，化新中学遭炸，死学生和校工各一人。1945 年夏，日军占化县县城，县城

① 清远县教育志编写组编：《清远县教育志》(1504—1987 年)，1993 年版，第 49、93、96、118、135 页。
② 四会县地方志编撰委员会编：《四会县志》，广东人民出版社 1996 年版，第 726、735 页。
③ 鹤山县志编撰委员会编：《鹤山县志》，广东人民出版社 2001 年版，第 532 页。
④ 高要县地方志编撰委员会编：《高要县志》，广东人民出版社 1996 年版，第 633 页。
⑤ 德庆县地方志编撰委员会编：《德庆县志》，广东人民出版社 1996 年版，第 595 页。
⑥ 怀集县地方志编撰委员会编：《怀集县志》，广东人民出版社 1993 年版，第 577 页。
⑦ 封开县地方志编撰委员会编：《封开县志》，广东人民出版社 1998 年版，第 752 页。
⑧ 开平市地方制编撰委员会编：《开平县志》，中华书局 2002 年版，第 1497、1501、1507 页。
⑨ 阳江市地方志编撰委员会编：《阳江县志》，广东人民出版社 2000 年版，第 782—843 页；战时南路编撰委员会：《战时南路》1940 年第 5 期，第 462—463 页。
⑩ 广东电白县地方志编撰委员会编：《电白县志》，中华书局 2000 年版，第 811 页。

各学校遭破坏①。

受到战事的影响，广东省立第九中学（高州中学）迁镇头岭、黄塘圩。1939 年茂名县立师范学校迁址云炉；1943 年，刚创建一年的茂名女师也为避日机轰炸，迁址海珊乡②。

1939 年 4 月，日军飞机第一次轰炸遂溪县城，县城学校停课。1943 年 2 月，遂溪县城及城月、北坡、豆坡、洋青等地方沦陷，该地中小学都停办。遂溪县立中学与杨柑中学、四维中学合并，成立遂溪县联合中学，迁往廉江陀村。遂溪师范学校也迁往黄略村，1942 年与雷州师范合并，迁往化州县林尘圩③。

1943 年，遂溪县南强中学校本部迁往电白正村④。

1939 年，由于日军飞机轰炸频繁，海康县立中学迁往沈塘北周村，1941 年再迁往邦塘北村上课。1943 年，日军入侵海康，学校被迫停办。1937 年，雷州县立职业学校、雷州县立农科职业补习学校停办。1939 年 3 月，省立雷州师范学校校舍遭日机轰炸，迁往遂溪古芦山村⑤。

1939 年下半年，日军飞机空袭廉江，该县的教育大受影响，廉江中学和廉江师范迁往吉水圩缸瓦窑，1941 年春迁返廉城，1943 年，校舍又遭日机炸毁，再次迁移吉水圩和塘蓬村等地。良垌中学和安铺中学也多次搬迁⑥。

1939 年 11 月，日军入侵钦州，全县中小学被迫停课一年之久，省立钦州师范迁移连县，损失惨重，只剩下教师 6 人，学生 80 多人⑦。

1939 年，省立教育学院附属中学从广西融县迁乳源、钦州师范迁连县东陂；1940 年春，省立仲恺农业职业学校从澳门迁乐昌桂花村；1941 年 12 月后，私立岭南大学附中迁曲江仙人庙；私立广州大学附属中学迁韶关西北郊；私立培正中学、培道女子中学、私立知用中学、省立执信女子中学从澳门迁乐昌、韶关和湘南等地；私立南武中学从香港迁韶关；私立励群中学从韶关迁连县；省立女子师范从韶关迁连县。1944 年，私立志锐中学从韶关迁始兴；省立执信中学从乐昌迁仁化恩村；国立第二侨民师范学校从乐昌迁江西安远。同年冬，

① 化州市教育志编撰委员会编：《化州市教育志》，中山大学出版社 2000 年版，第 17—19 页。
② 茂名市地方志编撰委员会编：《茂名市志》，三联书店 1997 年版，第 1372—1384 页。
③ 张志诚等：《遂溪教育志》，广东人民出版社 1993 年版，第 17、40—41、48 页。
④ 广东电白县地方志编撰委员会编：《电白县志》，中华书局 2000 年版，第 811 页。
⑤ 雷州市地方志编撰委员会编：《海康县志》，中华书局 2005 年版，第 931—932、934 页。
⑥ 廉江县地方志编撰委员会编：《廉江县志》，广东人民出版社 1995 年版，第 588、590、592—593、599 页。
⑦ 钦州市教育志编撰委员会编：《钦州教育志》，广西人民出版社 2000 年版，第 11、273 页。

韶关形势紧张，学校均停课。1945年初，韶关沦陷，私立广育中学迁江西龙南①。

1940年初，日军发动粤北战役，窜扰翁源，县立第一初级中学等学校被迫撤离②。

1945年1月，日军入侵，乐昌沦陷，学校大多停课；乐昌县立中学迁五山乡中洞和湖南汝城县太白乡复课；连胜中学迁仁化县莲塘和湖南临武县③。

1945年2月，日军入侵始兴，县立第一初级中学随县政府疏散，学校图书、仪器、卷宗及其公共财物失散大半；志锐中学也被迫迁清化月武④。

广州市沦陷区期间，广州中学的校舍、设施也遭到严重的破坏。以广州市培英中学为例：广州私立培英中学是广州市一间完全中学，在沦陷期间其校舍、设备、仪器和图书资料遭到破坏和损毁。具体情况如下：

1. 校舍损失

（甲）花地（注：旧校）

（1）膳堂——全毁

（2）教务主任住宅——全毁

（3）教员住宅（8间）——几全毁

（4）办公楼——几全毁

（5）夏礼楼——几全毁

（6）小礼堂——半毁

（7）课室——半毁

（8）些华伦士堂——尚完整只是所有窗户门被拆

（9）礼智楼——尚完整惟所有窗户门被拆

（10）图书馆——尚完整只窗户被拆

（11）招待室——窗户被拆

（12）医务所——半毁

（13）校役住宅——半毁

（乙）白鹤洞（注：新校）

（1）宿舍两座瓦面被毁一半，门房及大门被毁（钢窗完整）

---

① 韶关市教育志编写组编：《韶关市教育志》，广东人民出版社1993年版，第19—23页。

② 翁源县地方志编撰委员会编：《翁源县志》，广东人民出版社1997年版，第726页。

③ 乐昌县地方志编撰委员会编：《乐昌县志》，广东人民出版社1994年版，第440、446—447页。

④ 始兴县地方志编撰委员会编：《始兴县志》，广东人民出版社1997年版，第740—741页。

（2）科学馆——一楼被拆门窗俱被拆

（3）校友门——尚完整惟门被拆

以上四座楼房门窗被拆去 106 个

2. 仪器损失

培英中学仪器尚称充实，自敌机轰炸广州后即将轻便易携者运至香港保存，只有生物标本 700 余件，矿物标本 1600 余件，未有移出损失殆尽，迨存香港之仪器又因香港沦陷时藏于地窟潮湿生锈，有一成仪器损坏不复能利用，损失颇大，最上乘之教员参考书初因地窟潮湿滋腐损失极大。

3. 校具损失

（甲）花地

（1）学生抬椅 780 套

（2）教职员办公桌椅 52 套

（3）公文框 23 个

（4）教职员宿舍桌椅 110 套

（5）衣柜 52 个

（6）实验室大 24 张

（7）书架 2 张

（乙）白鹤洞

（1）学生桌椅 420 套

（2）学生衣柜 162 个

（3）实验室大桌 24 张

4. 图书损失

私立培英中学藏书原有 28000 余册，在抗日战争期间损失 21000 余册。在战前估价共值国币 37838 元①。

另根据广州私立兴华学校（有小学、中学）统计，战后为复课用于修缮、建筑和购置的费用"三项合计共用国币 73389130 元"②。

关于师范学校方面：被迫迁址的师范学校有 10 余间，如省立韩汕师范由潮安迁往揭阳古沟，韶州师范由曲江县城迁往仁化水南，雷州师范由海康迁至遂溪古庐山村，长沙师范由开平迁至台山荻海，老隆师范由龙川铁场迁至鹤市，

---

① 《校史中创钜痛深之一页——本校在抗战期中损失调查》，《培英校刊》（1946 年），广州市档案馆藏档案，档案号 4—3—3—425。

② 《兴华校刊》复版第 1 期（1947 年），广州市档案馆藏档案，档案号 10—4—1435。

梅州女师由梅城迁往西厢保，肇庆师范由高要县城迁至云浮白马堡，再迁德庆播植墟，钦州师范初由县城迁往大寺，后钦县失陷再迁连县东坡[1]。

职业学校的损失更惨重，由于职业学校主要设在广州、汕头两市，该两市共有 19 校，沦陷时，图书、仪器、教具抢运不及均遭丢失，因而恢复缓慢，至1941 年秋，才有 16 校复课[2]。

表 10　1937—1944 年广东中等学校统计表[3]

年度	学校数	学生数	毕业生数	教职员数	经费（元）
1937 年	307	67515	13435	7080	5219417
1938 年	266	66158	11790	6502	4849022
1939 年	259	63417	10272	5129	5599736
1940 年	216	60580	10386	4595	4879697
1941 年	228	69941	14795	4711	7768691
1942 年	273	86317	17611	5717	29494232
1943 年	362	102575	18484	7519	40351693
1944 年	420	115911	23439	8284	

表 11　1937—1945 年广东中等师范教育统计表[4]

时间	学校数	学生数	毕业生数	教职员数	经费（元）
1937 年	42	7367	1478	789	549492
1938 年	27	6160	1194	597	463272
1939 年	25	3701	677	465	410486
1940 年	27	4526	946	551	475427
1941 年	27	5714	1841	651	848827
1942 年	36	7664	2777	839	3038500
1943 年	48	11102	2168	1147	3088799
1944 年	52	10435		1206	
1945 年	63	12100		1500	

① 黄麟书：《广东政治新阶段的教育》，《广东政治》第 1 卷第 1 期（1941 年 9 月），第 38—40 页。

② 黄麟书：《广东政治新阶段的教育》，《广东政治》第 1 卷第 1 期（1941 年 9 月），第 38—40 页。

③ 广东省政府统计处编：《广东省统计资料汇编》，民国三十四年十月，第 77、75、76 页，广东省档案馆藏档案，档案号 11—1—20；亦见《广东教育》民国三十五年（1946 年）第 3、4 期合刊第 61 页、第 1 期第 68 页，转引自何国华：《民国时期的教育》，广东人民出版社 1996 年版，第 93、95—96、117 页。

④ 广东省政府统计处编：《广东省统计资料汇编》，第 75 页，民国三十四年十月，广东省档案馆藏档案，档案号 11—1—20；亦见陈跃云：《一年来广东省实施国民教育概况》，《新建设》第 2 卷（1941 年）第 1 期，第 14 页；何国华：《民国时期的教育》，广东人民出版社 1996 年版，第 170 页。

表 12　1937—1939 年广东职业学校统计表①

时间	学校数	班数	学生数	经费
1937 年	24	151	4409	519946
1938 年	16	123	2903	405200
1939 年	14	66	1551	377941

表 13　1937—1945 年广东职业学校统计表②

时间	学校数	学生数	毕业生数	教职员数	经费（元）
1937 年	24	4409	1624	727	519946
1938 年	16	2903	1230	553	405200
1939 年	15	1551	255	314	377941
1940 年	14	2054	342	300	435251
1941 年	14	2330	497	295	435251
1942 年	18	2829	579	330	613381
1943 年	25	4127	863	504	1415530
1944 年	36	3930		584	2956960
1945 年	41	4820		845	

结论：

一、直接损失

（一）学校数和学生数锐减。沦陷区的中等教育学校（中学、中等师范、职业学校）全部停办或外迁。据不完全统计，到 1939 年 6 月停办的学校有 83 所；至 1940 年 3 月，因为沦陷停课的有广雅中学等 40 所以上，外迁复课的有庚戌中学等 69 校以上。

至 1940 年，中等学校数量减少了 107 所，比 1936 年减少 33.1%；学生减少了 13334 人，比 1936 年减少了 18%；教职员减少了 2568 人，比 1936 年减少了 35.9%。其中职业教育遭到惨重的损失：与 1936 年相比，学校减少了 13 所，占 86.7%；学生减少了 2839 人，占 64.7%；教职员减少了 369 人，占 54%；

---

① 黄麟书：《广东政治新阶段的教育》，《广东政治》第 1 卷第 1 期（1941 年 9 月），第 34—42 页。

② 广东省政府统计处编：《广东省统计资料汇编》，民国三十四年十月，第 76 页，广东省档案馆藏档案，档案号 11—1—20。此表有些数字与上表不完全相同；亦见何国华：《民国时期的教育》，广东人民出版社 1996 年版，第 193—194 页。

经费减少了 356947 元，占 48.6%。

（二）经费大量减少。1940 年与 1936 年相比，减少了 2777234 元，占 1936 年的 36.27%。

（三）1940 年后，日军仍不断劫掠和袭击广东各地，1944 年冬和 1945 年春，广东又有大片土地沦陷，这些遭洗劫之地，中学、师范学校和职业学校都被迫停课，师生逃难。损失难以估计。

（四）校舍、仪器和设施的损失是：从上述广州私立培英中学的损失可见其一斑。

二、间接损失

（一）即使按照 1930—1936 年广东中等学校发展的平均比例，在学校、学生数、教职员数和经费分别是：4.87%、9.93%、2.93%、16.35%，到 1945 年，中等教育方面分别应该是：465 校、139971 人、9052 人和 18912619 元（这是原有的币值）。

按照职业学校 1930—1936 年发展的平均比例，在学校、学生数、教职员数和经费的分别是：13.1%、13.6%、9.4% 和 14.9%，到 1945 年则应分别为 55 校、9166 人、1197 人和 1600847 元（这是原有币值）。

（二）69 所学校的迁移费和包括疏散费难以统计。

（三）战后公私立中等学校的因为校舍的维修和重建，设备和仪器的购置的而造成的间接损失也是相当巨大的。

（4）高等院校遭受损失的概况

广州沦陷时，中山大学被迫迁迁移，先计划迁罗定及广西龙州，后决定迁云南澄江；1940 年下半年，中山大学迁回粤北乐昌坪石。

勷勤商学院初迁遂溪麻章，继迁信宜水口；教育学院迁广西融县；体育专科学校迁云浮；1939 年秋，教育学院由广西融县迁回粤北乳源，易名文理学院，省立体育专科学校并入，不久再迁连县东坡。1940 年，勷勤商学院由信宜水口迁曲江桂头；1942 年，省文理学院由连县东坡再迁曲江桂头；1944 年，勷勤商学院再从曲江桂头迁连县；1945 年省文理学院迁罗定。

岭南大学农学院迁开平楼冈；岭南大学其余部分迁香港。香港沦陷时，岭南大学迁回粤北曲江仙人庙，农学院迁乐昌水牛湾，医学院迁韶关河西；

国民大学、广州大学和光华医学院等先迁香港。香港沦陷时国民大学大学部迁曲江；广州大学和附属中学迁韶关西北郊的上窑村。1942 年国民大学大学部从曲江迁罗定；广州大学部分师生迁罗定。

广州沦陷时光华医学院则停办，后迁澳门。

1942 年 10 月，成立不久的省立艺术专科学校迁韶关西北上窑村；私立中华文化学院国文专科学校设于乐昌坪石。省立艺术专科学校由韶关迁连县后再迁罗定。

1945 年初，日军进犯粤北，中山大学校本部、研究院、文学院、理学院、医学院、先修班、师范学院附中部分师生迁梅县，法学院迁蕉岭路亭，农学院迁五华歧岭，工学院迁兴宁东坝朱屋，师范学院迁龙川龙母；文学院、理学院法学院、工学院、师范学院部分师生迁连县东坡、西岸，医学院迁连县县城；部分师生迁仁化。岭南大学农学院部分师生迁梅县。私立中华文化学院从坪石迁梅县。广州大学的部分师生疏散到连平和兴宁等地。私立南方商学院也迁往梅县。

根据国民政府教育部编报的抗战以来公私立专科以上学校财产损失统计，至 1939 年 4 月，广东高校的财产损失如下：

表 14①

校别	死伤人数	财产损失数（元）	备注
中山大学	12	6217828	校舍价值及呈报损失价值
广东法科学院			不详
省立体育专科学校		58022	校舍价值
岭南大学		3800000	校舍价值
广东国民大学		383080	校舍价值
广州大学		192444	校舍价值
广东光华医学院		169926	校舍价值

1943 年 11 月 6 日，中山大学代理校长金曾澄报告该校财产损失情形："1938 年 10 月底广州沦陷损失校产及器材经于 1940 年 2 月 20 日天字第 765 号呈送各院部财产直接损失汇报表，其由港运回一部分器材在 1939 年 12 月底在海防沦陷敌手，亦以列具详细清单，在九龙沦陷器材并经造据清册，附同统计表于 1942 年 4 月 22 日汇集呈送。计本校在抗战期间直接损失共 1497628305 元，惟所列损失系照当时国币价值"②。

---

① 中国第二历史档案馆编：《中华民国史档案资料汇编》第 5 辑第 3 编（教育），江苏古籍出版社 2000 年版，第 370、371—377 页。

② 中国第二历史档案馆馆藏档案，档案号 5—2—584；广东省档案馆馆藏档案，档案号 6—2—367。

战后统计，广东国民大学在抗战期间因为迁移、疏散费造成的间接损失是268347800 元（1945 年币值）①。

表 15　广东省立文理学院财产损失报告表　1946 年（民国 35 年）②

时间	原因	地点	物品	单位	数量	时值国币（元）	1946 年价值
1938.10.21	日军进攻	广州	建筑物	座	9	1055615	2500000
1938.10.21	同上	广州	器具	件	1500	75895	200000
1938.10.21	同上	广州	图书	册	1500	190000	200000
1938.10.21	同上	广州	仪器	件	1003	400000	800000
1938.10.21	同上	广州	医药	箱	280	45000	80000
1944.09	同上	云浮	器具	件	137	412462	1500000
1944.09	同上	云浮	图书	册	50	43900	60000
1944.09	同上	云浮	仪器	件	24	21200	50000
1944.09	同上	云浮	医药用品	件	63	2100	10000
1945.02	同上	曲江桂头	建筑物	座	48	5000000	10000000
1945.02	同上	曲江桂头	器具	件	1000	1000000	4000000
1945.02	同上	曲江桂头	图书	册	62	2000	22000
1945.02	同上	曲江桂头	仪器	件	92	813	513000
合计						8932087	19935000

表 16　广东省立文理学院财产间接损失报告表　1946 年（民国 35 年）③

迁移费（元）	防空设备费	疏散费（元）	救济费（元）	合计
7200000	100000	550000	800000	8650000

根据岭南大学战后（1946 年）统计，抗战时期损失 978197022 国币（坪石、曲江、上海、香港、星洲校产损失未计）④。

---

① 广州市档案馆馆藏档案，档案号 8—6—299。
② 广东省档案馆馆藏档案，档案号 21—2—21—2。
③ 广东省档案馆馆藏档案，档案号 21—2—21—2。
④ 岭南大学《抗战期间的岭南》（1946 年），第 65 页。

表 17 岭南大学抗战时期损失明细表

名　　称	价值（美元）	价值（国币元）	备注
化学、物理、生物仪器设备损失	51760	62112000	1∶1200
工学院仪器设备损失			
农学院仪器设备损失	183704.56		
医学院仪器设备损失	125490		
附设博济医院损失	115360		
图书馆图书损失三万册	45000		
房屋修理		（数字模糊）	
体育场所修理		（数字模糊）	
家私损失		18979750	
水电厂损失		37500000	
交通器具损失		13800000	
电灯电线水喉损失		3878100	
附中设备仪器损失		170455000	
西关分校损失		42185160	
共计		978197022	

表 18　1937—1945 年广东高等教育统计表①

时间	学校数	学生数	教职员数	经费（元）
1937 年	7	5178	1137	2775828
1938 年	8	4425	936	2586950
1939 年	5	1957	416	903632
1940 年	7	4839	1040	2513549

① 广东省政府统计处编：《广东省统计资料汇编》，民国三十四年十月，第 76 页，广东省档案馆馆藏档案，档案号 11—1—20。1939 年中山大学的数字未计入，1944 年中山大学和文化大学的学生册籍失散。亦见何国华：《民国时期的教育》，广东人民出版社 1996 年版，第 206 页。1939 年中山大学学生有 2433 人，1944 年有 2900 人。《本校二十二周年概况》，载《国立中山大学二十二周年校庆特刊》，中山大学图书馆校史室藏。转引吴定宇：《中山大学校史》（1924—2004），中山大学出版社 2005 年版，第 197—198 页。

时间	学校数	学生数	教职员数	经费（元）
1941 年	7	5887	1076	2513541
1942 年	9	6734	1282	2541358
1943 年	9	6873	1443	3778624
1944 年	11	3982	543	
1945 年	13	10990	1462	

结论：

一、直接损失

（一）根据国民政府教育部的统计，至 1939 年 4 月，仅 6 所高校（广东法科未计）的校舍损失就达 10821300 元。

至 1942 年 4 月统计，中山大学在抗战期间直接损失共 1497628305 元（当时国币价值）。

（二）根据战后的不完全统计，广东省文理学院的直接损失是 8932087 元。（1945 年的币值则是 19935000 元）；岭南大学抗战时期损失是 978197022 元（坪石、曲江、上海、香港、星洲校产损失未计）（1945 年的国币价值）。

（三）与 1936 年相比，1939 年广东高等院校的学生（1957 人＋2433 人，中山大学数）减少了 1946 人，是 1936 年的 31.2%；教职员减少了 747 人，是 1936 年的 46.5%。

（四）与 1936 年相比，1939 年经费（903632＋1400000 元，中山大学数＝2303632 元）减少了 2337931 元，达 50.4%。

（五）各高校教学仪器及其他损失的费用。

（六）光华医学院 1939 年被迫停办，1940 年复课，香港沦陷时又停办，后再迁澳门。

二、间接损失

（一）与比 1935 年相比，1936 年学生增长比例是 4.1%，仅据此，到 1944 年学生人数最少应该有 8026 人（实际才 6882 人）。

1930（1900 人）—1937 年（3607 人），中山大学学生的年平均增长率是 11.23%，据此，1944 年中山大学学生最少应该是 6443 人（实际是 2900 人）。

（二）经费增长的损失。如中山大学 1927 年，每月经费毫券 12 万元，到 1937 年上半年增加到每月 20 余万元，年平均增长率是 6.7%。

（三）抗战期间，各大专院校的教职员数徘徊在 1100 人左右，无增长。

（四）广东省文理学院战后的统计，该校因为迁移、防空和疏散造成的间接损失是 8650000 元。

广州国民大学在战后统计抗战期间因为迁移、疏散费造成的间接损失是 268347800 元（1945 年国币价值）。

（五）1944—1945 年，遭日军袭击，各校四处迁移，教学仪器丢失，师生逃难，难以进行正常教学，广东高等教育不仅在数量上下降，而且在质量也受到严重的影响。

4. 国民政府教育部关于广东中小学损失的统计

根据国民政府教育部 1939 年 1 月统计的战区各省市中小学及社教机关财产损失的概况表，估计广东中小学及社教机关财产损失是 6362464 元（当时的法币价值)[1]。

5. 图书馆及藏书的损失

据战后统计，中山大学等单位损失书籍、字画、碑帖古物、仪器和地图等计 641677 件，损失价值为法币 493365 元[2]。

根据 1937 年 4 月出版的《图书年鉴二编》和 1935 年 10 月许晚成编的《全国图书馆调查录》以及 1937 年广东省教育厅和广州市教育局的资料，到 1936 年，广东的图书馆有 461 间，其中专门图书馆有 3 间，公开图书馆有 252 间，学校图书馆有 194 间，机关团体图书馆有 12 间。日军侵略广东期间，许多图书馆遭到破坏，图书资料遭到浩劫。

（1）大学图书馆

1）中山大学图书馆，1934 年藏书 271362 册，1938 年 35 万册。其中有总

---

[1] 中国第二历史档案馆编：《中华民国史档案资料汇编》第 5 辑第 3 编（教育），江苏古籍出版社 2000 年版，第 369—370 页。

[2] 广州市档案馆馆藏档案，档案号 5—24—11705。

善本 82639 册，碑帖 3 万余幅。日军入侵时，根据不完全统计，仅理、工、农、研各院，两广地质所，广东通志馆未能迁移而丢失的图书、仪器、标本、模型等达 604 箱，图书馆图书杂志 20 多万册①。

2）岭南大学图书馆，战前藏书 162693 册，有期刊 4050 册，报纸 182 种。战后清点，损失达十分之三。寄存在香港的总善本损失无遗。

3）广州大学图书馆，1935 年时藏书有 40054 册，在迁校途中失散殆尽，残册数千，亦在 1945 年被日军追至仁化焚毁。

（2）地方图书馆

1）如仲元图书馆藏书 4 万册，地图 1000 幅。广州沦陷，图书馆遭到破坏，书物荡然无存②。

2）景堂图书馆，至 1934 年，有图书 42143 册。日军入侵时，该馆古籍运往香港。后来香港陷落，经费中断，于 1943 年停馆，图书星散③。

3）惠阳丰湖图书馆，战前藏书 3 万余册。开始遭日机轰炸，惠州沦陷时藏书损失惨重④。

4）中山图书馆在战前约有 15 万册图书。全国抗战之初先将珍善本及重要资料 5 万余册疏散市郊龙归镇，后又运往广西象县保存。日军入侵，未来得及运走的近 10 万册图书资料为日军夺去。1944 年省图书馆图书在迁移中，船被炸沉，损失图书 2 万册。

5）省教育会图书馆藏书 8905 册及杂志 92 种，战时全部被日军劫去。

6）阳江孝则图书馆，在 1941 年 3 月日军入侵阳江时遭到破坏。

7）1938 年 7 月，日机轰炸汕头时，公立图书馆东座被炸毁，损失图书近

① 梁山等：《中山大学校史》，上海教育出版社 1983 年版，第 98 页。另有一说是：在广州沦陷时，无法抢运留在校内落入敌手的图书约有 13.7 万余册，期刊 9 万余册，合计达 22.7 万册。在坪石、乐昌两地损失的图书 2 万余册。遗存香港九龙货仓的 2.5 万余册善本书、志书和 3 万张碑帖也落入敌手。抗战胜利后，通过各种渠道，在广州本地收回 23300 册，从坪石收回 9000 余册，移存香港的 199 箱文献收回 173 箱。国民政府从日本追回 11180。据不完全的统计，中山大学在抗日战争事情损失图书 11.4 万册，损失期刊 9 万余册，合计损失 20.4 万册，损失三分之二。黎洁华：《抗日战争时期中山大学图书馆遭劫记》，载《广东党史》2006 年第 6 期。

② 《图书年鉴》《第二次广东教育年鉴》，载广东省地方志办公室编：《广东省志·图书出版志》，转引自官丽珍：《对和平与人道的肆虐——1937—1945 日军侵粤述略》，中共党史出版社 2001 年版，第 219 页。

③ 《景堂图书馆概况》《景堂图书馆指南》，载广东省地方志办公室编：《广东省志·志》，转引自官丽珍：《对和平与人道的肆虐——1937—1945 日军侵粤述略》，中共党史出版社 2001 年版，第 219 页。

④ 谭力浠：《丰湖图书馆》，载《广东图书馆》1981 年第 1 期，转引自官丽珍：《对和平与人道的肆虐——1937—1945 日军侵粤述略》，中共党史出版社 2001 年版，第 219 页。

万册，市立图书馆和其他4间图书馆都被炸毁①。

8）根据广东省政府统计，民国二十六年至三十三年（1937—1944年）广东财产直接损失中的图书损失是700899（法币元）②。

战后，中山大学和省市图书馆组成"图书联合办事处"，负责接收被日本劫掠的图书（日本南支派遣军图书馆、粤兴公司化学工艺研究所和东亚研究所三个图书馆）。原寄存香港澳门及日军拟偷运回国的大批珍贵图书亦大部找回③。

（中山大学政治与公共事务管理学院　王付昌）

---

① 《广东教育月刊》3卷1期、《中华图书馆协会会报》13卷3期，载广东省方志办公室编：《广东省志·图书出版志》，转引自官丽珍：《对和平与人道的肆虐——1937—1945日军侵粤述略》，中共党史出版社2001年版，第218—221页。

② 广东省政府统计处编：《广东省统计资料汇编》，民国三十四年十月，第113页，广东省档案馆馆藏档案，档案号11—1—20。

③ 转引自官丽珍：《对和平与人道的肆虐——1937—1945日军侵粤述略》，中共党史出版社2001年版，第218—221页。

三、资　料

（一）档案资料①

1. 广州市市区被敌机轰炸损失调查统计表

（1938年4月24日）

由二十七年三月起至四月

项目 被炸时间	冲入市区敌机数目	受炸区域		落弹调查				灾区伤亡人数		物质		损毁情形	受损概况
		区别	地址	地点	数目	重量	种类	伤者	死者	倒塌间数		损失估计	
										全塌者	半塌者		
二十七年三月二十七日下午一时十分	2架	东山区	杨箕村	自来水厂	厂内及附件空地	7（枚）	200磅	爆炸弹					15000元	三弹落于厂外空地，三弹则落于厂内草地，毁一茅亭，及震毁全厂玻璃窗门与氯气机一副，抽水机水管7条，另一弹则落于沈澱池内，炸毁三合土地格尺余，员工方面因躲避迅速，故皆幸免。
				龙潭古庙	水厂之弹波及							1	150元	该庙因受水厂附近所落之弹震动被毁，但只毁门前右边及震毁瓦面而已。

---

① 以下档案资料中，涉及财产损失的货币统计数据，凡未标明币种者均为法币（亦称为国币），凡未标明货币单位者均以"元"为单位。特此说明。

项目\被炸时间	冲入市区敌机数目	受炸区域 区别	受炸区域 地址	落弹调查 地点	落弹调查 数目	落弹调查 重量	落弹调查 种类	灾区伤亡人数 伤者	灾区伤亡人数 死者	倒塌间数 全塌者	倒塌间数 半塌者	损毁情形 损失估计	受损概况
二十七年四月十日下午一时十五分	4架	陈塘区	大利军衣制造厂（10号之1，11号）	厂内中座之天井	1	50磅	燃烧弹	115	102	2		120000元	查该厂男女工人共500余人，职员42名，是日又适为星期日，员工之亲及到访者有百余人，总计全厂人数达600余而敌机所投者为燃烧弹。当时立即起火，故灾情极惨重，计毁已制成之军衣19000套，未制成者19000套，布900匹，纱带四大包，衬衣870套，衣车417架，钮门机5架。
			执信分校（6号）	受大利厂之弹波及								3000元	校之右边墙震毁，全座玻璃窗瓦面均震烂。
			5号	同上								1000元	全座瓦面玻璃窗门均震毁。
二十七年四月十七日正午十二时五十六分	17架	小北区	小北路 市立二十八小学180、185、184、98、96、94、92、90、89号	182号及92号万安米店	2	100、50磅各1枚	爆炸弹	105（内8人因伤势过重入医院后即毙命）	32	8	2	23500元	市立二十八小塌课室2间，因是日为星期日，校内并未伤亡人口，福成庵之左墙一部被震毁，其余各号皆倒塌，是路灾情颇重。
			局前街 3号及药师庵	3号（公厕）	1	50磅	同上			1	1	300元	药师庵祇震毁左方之墙壁，公厕则炸毁。
			高阳里 3、5、7、9号	5号与7号间	1	100磅	同上			4		10000元	该四屋为炸毁及震毁者。
			林秀里 5、6、7、8、9、10号	着弹点为瓦砾遮盖	1	100磅	同上			6		12000元	该落弹点虽不明，但弹重只百磅而毁屋至6间之多，故大部分为震毁。
			同仁里 4、5、7、9、10、11、12、13、14、15、16、17、18号	13号	1	100磅	同上			13		12000元	除13号为炸毁者外，余皆受震倒塌。

项目 被炸时间	冲入市区敌机数目	受炸区域 区别	地址	地点	落弹调查 数目	重量	种类	灾区伤亡人数 伤者	死者	物质倒塌间数 全塌者	半塌者	损毁情形 损失估计	受损概况
二十七年四月十七日正午十二时五十六分	17架	小北区 同仁菜地	茅屋及木屋	园地之北及其南	2	200磅（每枚）	同上	105（内8人因伤势过重入医院后即毙命）	32		16	1500元	共毁茅屋7间,木屋9间,但皆属受震倒塌者。
		登瀛路	1、8、10、11号	一号围墙脚及11号之侧	2	100、50磅各一枚	同上			1	3	25000元	一号李公馆左边墙壁及围墙、玻璃窗被毁,远东中学之一部分瓦面亦震烂,8号及10号全间之玻璃窗亦被毁。
		越秀北路	崇义里道旁	4号门前	1	100磅	同上					1500元	该屋之玻璃窗及间格俱震烂。
		登峰路口	道旁	红棉酒家前	1	100磅	同上					500元	该路之大中中学距弹位不远,故瓦面亦震毁不少。
		北教场	场内	空地及茅屋	4	100磅	同上				7	700元	炸毁及受震全部倒塌。
		崇仁里	1、3、5、11、13号	着弹点为瓦砾遮盖	1	100磅	同上				5	15000元	只毁一坟墓。
		荒山	白云庵后山	山地	1	100磅	同上						
同上	同上	德宣区 南越大道	广中中学（又名广东中学）及其附近	校内教务处及操场与校门对面	3	200磅（2枚）、50磅（1枚）	同上	6	1	3		5000元	该校共炸毁校务处,厨房、膳堂各一所,其余课室之瓦面窗门亦已震毁,又查该校早已迁往澳门,现由高射机关枪第五连连部驻扎,幸是日适为星期日,员兵多外出,故只伤连长1人,兵夫5人,及炸毙伙夫一人而已。
		越秀山上	水塔脚	距水塔三十公尺之山地	3	200磅（每枚）	同上						

项目 被炸时间	冲入市区敌机数目	受炸区域		落弹调查				灾区伤亡人数		物质倒塌间数		损毁情形	受损概况
		区别	地址	地点	数目	重量	种类	伤者	死者	全塌者	半塌者	损失估计	
二十七年四月十七日正午十二时五十六分	17架	西山区	大北外直街 6、7、8、9、10、12、13、14、40、45、50、51、53号	10号与12号之间43号右边空地 53号两广人寿祠	4	200磅1枚	爆炸弹	38（重伤六人）	10	3		11100元	该区之两广人寿祠，因中燃烧弹，故立刻着火焚毁，此外11、12两号屋宇亦因爆炸弹命中，是以完全倒塌，其余附近之屋宇，则只受震而半塌，计受灾面积约为一百五十八方尺，并毙小猪5只伤大猪2只。
						100磅2枚	燃烧弹						
						20磅1枚	爆炸弹						
		象岗山山顶	荒山	山上坟墓	1								炸毁棺木，尸骸飞出土外。
合计					37（枚）	50磅4枚	爆炸弹	264	145	69		257250元	
						100磅16枚							
						200磅15枚							
						20、50磅各一枚	燃烧弹						
备考	关于小北区之死伤人数，表中所列伤者105人，死者32人，系根据小北分局调查结果而填报，盖日敌机所投之弹，系采梯形式，居民之奔避者，每至中途复为别一炸弹所炸毙，一时死伤枕藉，且纷纷送入各医院，故难以查悉死伤者为某路某街之居民而仅列数耳。又查各居民之死伤原因，被炸毙者属少数，而以塌屋压毙者居多云。 又于4月10日敌机轰炸大利工厂时，该区附近之市立五十小学，因该校后座本已日久失修，故经此次亦有一部分墙壁震裂。												

广州社会局制　二十七年四月二十四日

（广州市档案馆馆藏档案，档案号4—01—6—194—2）

2. 呈省府请给发韶州市被炸灾民恤费

（1938年8月10日）

（一）

韶关行政专员公署黄秘书：

速用松名义签呈寄来处面递主席，请比照汕市拨给韶市被炸灾民恤费一万元，由署领发。

友松鱼

（二）

报呈：

查韶州市去年八月迄今，遭受敌机轰炸计共二十四次，死民众三百七十余人，伤二百余人，毁房铺户六百六十间。灾民之无家可归者逾千人，尤以去月廿三日西门关帝庙被炸一役，灾情最惨。是役死者一百零四人，伤者一百零五人。闻者伤心，见之坠泪，哀我民众，罹此无辜，救济抚恤，刻不容缓。在八二三以前，曲江县难民救济会拨到救济被炸难民恤款贰千元，唯杯水车薪，所济既属无几，加以此较前惨重，满地方因经迭次已伤，筹济实感困难，再回商讨，迄无他法可设。用敢将情呈报察核，敬恳特别抚恤，准予比照汕头灾先例，由省给发韶州市被炸灾民恤费壹万元，由本署具领转发，使伤者得以治疗、流离者得安居，遗孤孽子获复生活，不独救济一时之惨痛，即于对于增进人民长期抗战情感者属不无影响。迫切陈词，伏惟。

鉴折谨呈

广东省政府主席吴

（全衔）林友

中华民国二十七年八月

（韶关市档案馆馆藏档案，档案号1—16—63）

3. 抗战以来公私立专科以上学校财产损失统计表（节录）
（1939年4月）

（四）战时教育文化事业损失

……

教育部编报的抗战以来公私立专科以上学校财产损失统计表（1939年4月）

……

一、国立各校损失

校别	死伤人数	财产损失数 （单位：元）	备注
……			
武汉大学		2875937	校舍价值数
中山大学	12	6217828	校舍价值数及呈报损失价值数
……			

二、省市立各校损失

校别	死伤人数	财产损失数 （单位：元）	备注
……			
山东乡村建设专科学校			不详
广东省立体育专科学校		58022	校舍价值数

三、私立各校损失

校别	死伤人数	财产损失数 （单位：元）	备注
……			
武昌中华大学		431910	校舍价值数

校别	死伤人数	财产损失数 （单位：元）	备注
岭南大学		3800000	校舍价值数
广东国民大学		383080	校舍价值数
广州大学		192444	校舍价值数
……			
广东光华医学院		169926	校舍价值数
……			

［转录自中国第二历史档案馆编：《中华民国史档案资料汇编》第 5 辑第 3 编（教育），江苏古籍出版社 2000 年版，第 370、371—377 页］

4. 抗战时期揭阳糖厂遭受敌人损毁情形报告表

(1939年5月22日)

厂名	广东省政府建设厅工业管理处揭阳糖厂
厂址	广东省揭阳县曲溪市圭头乡
公司或商号	省营工厂（廿七年蔗季承批利华公司六月余官办）
资本	广东省毛券三百六十一万三千（根据廿七年工管处与承利华公司订约数额）
工厂登记号数	
遭受损毁年月日及遭受何种损毁	第一次系廿七年六月廿四日上午八时，敌机三架投一百六十公斤以上炸弹九枚。第二次系廿八年五月一日上午十一时，敌机先后投八弹。
损毁概况	第一次落弹九枚，三弹落货仓，全座被毁。二弹落机房，蒸发部、结晶部、硫磺澄清部以及有关各喉管、制等机件损毁不堪。至机房、化验室、材料仓、职工宿舍等建筑物亦受相当损失（损失约二十八万元）。 第二次落弹八枚，尚不中要害，损失油渣机、离心机、储水池等项机件大小总在二十三种以上损失尚轻。至化验室仪器、材料仓、化验室、机房等建筑物亦受震坏（损失约一万五千元）。
损坏前每日平均生产能力	每日榨蔗七百五十吨，产糖量七十五吨。
损坏后厂内制造情形	本厂距海不远，随时有受登陆及敌机威迫可能，去年停榨后迄未修复开工。
预定复工时日	本厂现在搬迁中何时复工尚未奉令
附注	

廿八年五月廿二日填表人（　　　　）　保管专员杨乙香

5. 广东省东海区渔盐视察报告书（节录）

（1939年8月23日）

（上略）

（四）现在似应紧急救济与处置事项。

（甲）关于受敌焚掠与影响致生活无着亟待救济者：

1. 饶平方面：该县被敌人焚毁渔船，计东界舱帆二只，鸿门贩艚五只，拖艇二艘，死数人。洪洲被焚十五只，死四人，统计被焚大小渔船二十四艘，渔民死者数人。其余大部分渔民虽幸免被难，但因敌人封锁海口，不能捞鱼，虽有船只，等同废物，生活艰苦，自不待言。渔会代表林镜明曾提议由政府拨款国币七万元，组织渔业合作社，建筑盐町八十□，每□建筑费五百元，计四万元，筑堤费二万元，此八十□町，最少限度可救济一百六十户，每户平均以六人计算，可救济九百六十人。养蠔町一万元，筑蠔坪一千处，每坪均需十元，每户平均养蠔拾坪，每户六人计算，可救济六百人，以国币七万元，得长期救济一千六百渔民。如时局好转，渔船得自由出海，则所建盐町、蠔町，可改为救济其他人民，或将其收入拨充其他公共机关，一举数得等语。

2. 澄海方面：该县渔船被敌焚掠较少，计蝦米罾等三只，船二只，渔民死十一人。去年适渔业丰收，似无需救济。惟自敌人封锁后，南北港渔民出渔较前锐减，复因当地粮食极端缺乏，南北港渔民协会代表王俊曾提议：政府拨国币一万，建造渔船及贮蓄粮食——以八千元建渔船，二千元为贮藏粮食及救济米荒。但现在澄海已一部沦陷，办理困难，似可从缓。

3. 潮阳方面：县属海门被焚舱帆四十五只，死十五人，建濠被焚舱帆十只，牵缯贰拾只，钓艚十二艘，死三人，合计被害渔船大小凡八十七只，渔民死十八人，伤者数人。此等被害渔民，一部分虽有副业或改充其他职业，然大多数尚未能找得相当职业。至幸免被害者，则因去年海汛丰收，鱼价高昂，故此处所需救济者，只在被害之少数渔民。

4. 惠来方面：惠来县渔业中心区域为靖海、资深乡及神泉、澳角、金东洲等处。澳角浮莲船被焚四只，死三人。神泉舱帆被焚二十只，死五人。金东洲浮莲船被焚十三只，扫莲船四只，死三人，牵索船被焚四十只，死四十五人，压莲被焚二只，死十四人。总计惠来全县，被毁渔船大小计共八三只，每船平均千元计算，共牺牲十余万元，死者七〇人。据渔民所称，当时损失去年经呈报上峰，并经由第五区行政专员拨款救济，惟杯水车薪，且系消极办法，而地方当局，对此种损失，匪特不能给以精神安慰，或妥善救济方策，捐税仍继续增收。区镇乡长任意勒索，使渔民苦痛万分。去年若非渔汛丰收，则为状更惨。现彼等要求救济两点：一、凡受害惨重区域，对渔民捐税负担，暂时酌予减免，以示体恤。二、拨给专款十万元，组织合作社，为失业渔民建造渔船，从事生产。其收入以一半奉还政府，一半归渔民自得。

5. 陆丰方面：陆丰县重要渔区为甲子、金厢、碣石、湖东四区。湖东鸟□被焚四只，死二十五人。碣石虾米罾一只，死二人。鸟□被焚七只，死三十一人。甲子舱帆被焚七只，纲十五张，钓艚被焚二只，死十四人，伤二人。合计被焚渔船大小凡二十一只，死七十二名，伤者二人。陆丰渔船损失，较之惠来为少，一般被害船员家属据称过去曾经地方政府消极救济，现失业人数亦较少，似无须拨专款救济。至地方渔盐民请求部分陈述于紧急处置第四项，兹不赘述。

6. 海丰方面：海丰渔业重要港口为汕尾、遮浪、妈宫、鲘门四处。汕尾鸟□被焚者二十五只，死十四人，虾米罾二十四只，死者十五人。遮浪浮莲船被毁者二十只，死者八人。妈宫鸟□被焚四只，死者四人。鲘门虾米罾被焚十五只，死者九人。总计全县被焚大小渔船计八十八只，死者五十人。去年省救振会曾拨款四千元救济，但县政府毫无计划，将救济款项名为建筑渔民宿舍，实则为自卫团队建筑兵营，渔民对政府救济口惠而实不至，殊为可惜。据渔民代表郑志和等称：在去年上半年受害最深，当时汕尾失业者数百人。地方虽有捐款施粥，但杯水车薪，无济于事。渔民大都自行疏散，迳投其他渔区亲戚或友好处请求收容，现此地似无须拨给专款救济，只于捐税方面略予减轻，以示体恤可耳。

7. 惠阳方面：惠阳曾一度沦陷敌手，渔船损失较任何县份为多。计澳头大渔船五十只，小渔船一百只，死者十八人。平海被害渔船四十只，死者二十人。金门塘渔船被焚五十只，死十人。总计被焚大小渔船二百四十只，死四十八人。上述死者人数，仅就海上捞鱼渔夫而言，至敌人登陆后，渔夫家族被杀者，达百二十余人。自我军克复后，渔民已逐渐复业，惟满目疮痍，亟应救济。渔民请求在澳头设立渔业合作社，建造渔船，其资金由政府拨付，容由领船渔民，徐图偿还。

第四战区司令长官司令部　广东省东海区渔盐视察团

（广东省档案馆馆藏档案，档案号2—2—212）

6. 广东省政府战区各县调查团报告书

(1940年2月)

窃本团奉令调查粤北战区各县灾情及各种设施，遵于一月二十四日召集各有关机关团体代表会议组织，立呈报在案。二十五日即由曲江启程出发，首赴英德，次而清远，而花县，而佛冈，而从化，而增城，而龙门，而新丰，而翁源，逐县实地调查。计费时二十有九日，所经水程五百余里，陆程一千八百余里，足迹所历虽未遍及退□，而敌骑经过之路线及受敌蹂躏之乡村业已踏查过半。沿途所见无不庐舍为墟，灾黎遍野，粮食空、种子绝、耕牛失、农具缺，尝屡日不闻鸡犬之声，极目难睹炊烟之起。奸淫残杀惨绝人寰，□目伤心，悲愤无极，哀哀灾黎痛定思复，敌忾同仇，亦固其所。本团奉承政府眷念灾民之德意，广为宣达，尽予抚慰，男女老幼莫不感奋至若。灾情之实况、救济之实施、人民团队抗战之实情、党政机关领导之实效，与夫教育、治安、财政、金融、物价等项均分门别类，随时随地人手一册。调查记录嗣于二月二十三日调查完毕。谨将调查所得编造。

英德县

第一，人民伤亡及流离颠沛状况

（甲）县属民众伤亡及被焚毁屋宇状况：英德全县面积为五千五百五十五方公里，分四区四十乡镇，男女共二十七万一千七百零四人。敌人侵进一、三、四等三区一十八乡镇，约占全县面积之半数。被敌焚烧房屋三仟零五十四间。而被拆毁梁桷、门户之房屋更难以数计。死伤民众三百四十九人，此三百余人当中有八十余岁之老翁、老妇，有三数岁之小孩。凡我同胞不幸遇敌，无不死于其刺刀之下。且敌人之屠杀备极凶残，受害同胞必先使其饱受痛苦，然后使之气绝。故有一经被获，虽求死而不得者。其次，沿途落伍、伤病、失却战斗能力之兵士苟被敌人追及，亦无一幸免。其殉难数目尚待计算。兹谨将此次粤北战役本县民众伤亡人数及被焚屋宇数目列表如次：

英德县民众抗敌伤亡及被焚屋宇统计表

（28 年 12 月—29 年 1 月）

乡镇名称	焚屋间数	死亡人数	受伤人数	失踪人数	备　考
合　计	3054	295	54		
县　城	22	8			县长一员，□□□□，自卫中队长一员，□□□□二人，□□□□□□。
附　城		1	1		
洋　高		6	3		
□　廊	10	1	1		
小　江	45	13	7		
侧　黄	32	2	3		
上　下□	20	6	1		
连　樟	300	2	1		
赤　硃	10	6			
英　荫　桥	200	9			
青　塘	623	34	4		
黄　塘	7	5	3		
钳　埔	5	2	3		
门　围　太	810	100	5		
洪　象	552	13	5		
溪　板	44	10	3		
黎　溪	304	65	7		
怀　厚	70	12	7		

（乙）流离颠沛状况

子、一区——英德以一、三、四区灾情最惨。一区之望埠被焚商店百余间，屋宇四十余所。洋高乡全属屋舍遭焚者仅三数间。望埠之商人平日营业皆有余利且大半为清远属人，有家可归，故所有被焚之店铺重修复业当无困难。惟当地乡民之屋宇被焚者，则多乏资重建，露宿风餐情状甚惨。至粮食、种籽、耕牛、牲畜因该区情报联络不确，致未能全数疏散，遭敌焚劫抢掠一空。目前，民食尚可勉强支持，但春耕瞬至，耕牛、种籽亟待接济，至将来青黄不接之际即粮食一项亦恐极度困难。县城方面，商店前被敌机炸毁者有百余间。此次被焚二十二所。商民能重建复业固多资本短绌者，亟须待政府贷款者亦属不少。附属县设有义民收容所一间，有名无实。又德法两教堂所办之国际难民收容所共收容义民二百八十余人，其中以妇孺为至。伤病兵民未尽被收容，流离道左者仍在在皆是。

丑、三区——三区灾情在太平、青塘、白沙三乡中以太平一乡最重。青塘被烧铺户九十八间，屋舍五百五十户。白沙被焚店铺一百五十余间，屋宇烧毁者二百五十余户。太平铺户损失甚少，屋宇遭毁数多。有飞鹅围、佛子前、连水口等三村全数屋宇，下游池塘、蕉子桃坑、塔子坑等村亦烧过半。除以上各乡外，其他钤铺一乡灾情尚轻。至难民流离失所无依者为数甚众，此为英德县属灾情最惨之区也。灾民目前或寄食于亲友或盖茅篷居住。至政府发下之赈恤各款，难民多藉此以购备粥水杂粮支持现状。

寅、四区——四区灾情以怀厚、连樟、下柘、黎溪四乡为最著。该四乡比较中以黎溪最重，连樟次之，怀厚又次之，下柘较轻。其黎溪之黎洞墟及附近各乡村皆被蹂躏焚毁，损失奇重，无依难民除一部分进入难民收容所外，其他靠杂粮以维持。至被焚商店大半在废，历元旦后可复业。民房大部无法重修，仅在烧余之一隅简陋遮盖，作为住宿之所。连樟乡以涟江口墟灾情最重，商店前被炸者六十余间，此次被焚者十余户，沿途民房多为茅舍易于惹火，被焚者有数十间。民船被敌拆破、焚毁十余艘，一片荒凉。以前千数百人口之涟江墟今所余者仅十分之一。市面萧条，民居无力重建，流离无依者皆赖收容所以安置。怀厚一乡南北田村最惨，全村屋宇三十余间皆被焚毁。粮食、耕牛、种籽洗劫一空。灾民奄奄待毙，既无收容所以救济，而赈恤之款又未领得。目前，虽杂粮粥水亦无力支持。本团见此，乃在旅费项下拨款六十五元暂救该乡民燃眉之急。灾民咸深感政府德意，涕泪交流，誓与敌不共戴天也。

第二，乡村、屋宇、耕牛及其他财物损失状况

查该县分四区四十乡镇，经本团到查及据报受灾者共有十七乡一镇圩，计共损失屋宇三千零五十四间，耕牛四百六十头，其他财物一百三十万一千七百元。该十八乡镇中以门园太乡、洪象乡、青塘乡之青塘墟、怀厚乡之南北田村、黎溪乡之黎洞墟等地灾情严重。门园太乡计损失屋宇八百一十间，耕牛十头，其他财物三十五万元；洪象乡计损失屋宇五百五十二间，耕牛四十头，其他财物一十万零四千元；青塘墟原有铺户一百五十余间，被炸及被焚后仅残存数间；南北田村原有屋宇三十余间，尽被焚毁，粮食、农具、家俬、衣物等均化为灰烬，该村村民颠连困苦，饥寒交迫，厥状甚惨。黎洞原有店户一百一十间，被

焚后仅残存三间。兹谨将该县屋宇、耕牛、各忠勇壮烈事迹编为读物以垂久远。

第八，财政状况

甲、税收

英德县于二十八年十一月份经税务局所收之省税计国币一二，二一六，八四元。十二月份战事发生减至国币九，二一○，九一元元。迨至二十九年一月份复降至国币二，○五○，一二元。一月上旬且全无收入，该月份受战事影响其巨。

据该县税务局称，现时入境货物由龙门经北江靠岸而来，理应在龙门先完捐税，运进英德时再来局施行手续，上之检验收税办法始为完善。今运进货物概只英德始行纳税，对于缉私网似未完密。

本年一月十三日，财政厅曾用代电通令各税务局着总动员调查营业税务，于一月底查竣。惟该县望埠河头、连江口、黎洞各重要墟市大部分被毁，各商店多未复业，调查恐无成绩。现据该县税务局呈，须延至本年二月底方能办竣，影响收入亦为不少。

附英德税务局税收比较表：

英德税务局廿八年十一、二月份与廿九年一月份征收税款比较表

（二十九年一月二十七日制）

征起数 科目 \ 年度 月份 旬别	二十八年				二十九年			备考
	十一月份		十二月份		一 月 份（由廿一日至廿七日）			
	上中下旬		上中下旬		中旬	下旬	合计	
营业税收入	2877	70	423	50				二十九
普通营业税	2389	40	423	50				
烟类牌照税	184	00						
酒类牌照税	104	00						

清远县

第一，人民伤亡及流离颠沛状况

甲、县属伤亡损失数目：清远全县总面积为四千零九十三方公里，划分四区，共五十乡一镇，计九万四千二百六十户。男为二十八万零四百零一人，女为二十四万五千八百五十二人。受灾区域为一、二、四等三区共二十五乡镇。被焚房屋在四千八百七十间以上。逃避不及而被刺毙者八百五十四人，受伤者一百一十九人，失踪三十人，死伤民众多属老弱，而其中先被强迫带路然后杀戮者亦属不少。敌人此种暴行可谓极尽其摧毁残杀之能事。然因此益增我民众之同仇敌忾。潖江一带民众，敌虽百计威迫利诱，始终不能丝毫动摇其抗敌保卫家乡之心。兹将各乡死伤人数及被焚烧房屋数，详列表入下：

清远县属各地民众抗敌伤亡及被焚毁屋宇统计表

（二十八年十二月——二十九年一月）

区乡名称	焚毁房屋单位：间	死亡人数				受伤人数				失踪人数				备考
		合计	男	女	童	合计	男	女	童	合计	男	女	童	
合　计	4871	854	619	203	32	119	70	30	19	30	26	4		
一区清远镇	165	130	97	32	1	3	3			13	10	3		
咸泰乡	720	41	28	12	1	1		1						
永义康乡	822	54	36	18		3	3							
镇平乡	762	119	89	26	4	13	9	4		15	14	1		
大莲乡	145	49	37	6	6									
远和乡	8	26	21	5										
合兴乡	3	3	3											
二区保石卫乡	40	15	12	3		6	4	2						
仁益乡	250	24	22	2		2	1	1						
连平祥乡	260	96	76	20										
共和乡	200	10	7	3										
四区联卫乡	118	8	4	4		3	3							泰安乡敌未侵入所列数自系被轰炸
泰安乡	25	3	2	1										
联升乡	76	23	14	9										
信安乡	23	4	3	1		2	2							
义永乡	282	8	5	3		2	2							
忠安乡	56	8	6	2		1		1						
兴礼乡	469	6	5	1										

区乡名称	焚毁房屋单位：间	死亡人数				受伤人数				失踪人数				备　　考
		合计	男	女	童	合计	男	女	童	合计	男	女	童	
定靖乡	41	—												
仁安乡	4	—												
联泰乡	300	25	20	5										
四区自卫队		22	22			8	8			2	2			
其他乡镇	100	180	110	50	20	75	25	31	19					根据该县府所报数目估计

　　乙、流离颠沛状况：

　　子、一区——清远受灾者为一、二、四区，此三区中以一区伤亡人数最多，财物损失最重。县城及咸泰、永义康、镇平三乡、横石、高田、高望埧、潖江口及源潭等地铺户、屋宇焚毁者在千数百间以上。粮食、耕牛、种籽、牲畜等因情报缺乏，未及空舍清野，致被洗劫。流离失所、颠沛无依之难民，除清远县城设有收容所二间外，其他皆由县府施粥暂为救济。惟该收容所一收容难民十余人，一副徒有其名，间无一人，且十余难民有时亦无粥施发，颇有怨声。施粥只分五区，期间仅三日，杯水车薪，人民有僧多粥少之感。似应增加施粥期限以暂维难民之饥馑。

　　丑、二区——二区以连平祥之银盏、上冠带村、迎咀等地灾情最惨，无衣无食之妇孺老弱更为惨痛。该乡屋宇被焚较少，而损失粮食、耕牛、种籽、牲畜为多，灾民家无余粒。查敌人于上列三地蹂躏有二月之久，纵横十余里皆为敌蹄踏遍，乡民对生存根据地找得甚难，多逃匿山中。其所携带之粮食甚少，因避匿过久，粮食告罄，常饥饿数天。当时晚稻尚未收割，乡民于黑夜潜入稻田中，摸取稻谷，日间用石击去谷壳，取而煮粥充饥。更有惨者，孩子因饥饿啼哭，为父母者恐被敌人所闻而害及逃难之同乡，乃用手封其儿女之口，扼其儿女之喉，因而窒息致死者几十余人。今敌既退，银盏一带灾民仅赖政府施粥以维生活，或拾敌人退后所弃地下之谷穗、麦芽，取而煮食。其颠沛之情由此概见。于迎咀施粥所妇、孺老弱凡三百余人面黄肌瘦，瑟缩待食，倘政府不能将施粥时间延长或用其他方法以安置收容，则将成严重之粮食问题。

寅、四区——四区灾情以联升、联卫、义永、联泰、兴礼五乡为最著。联升乡之上四九墟被焚铺户七十六间，联卫乡损失房屋一百一十八户，义永乡被焚屋宇二百八十二所，兴礼乡烧毁房屋四百六十九间。屋宇损失虽重，粮食、耕牛、种籽损失尚微，简陋遮盖暂可住宿。该区民众抗敌情绪甚为紧张，敌来无不迎头痛击，故敌所经该区各地不敢稍留。伤亡人数除大部分因抗敌阵亡外，其他之无辜被杀者甚少。

第二，各地乡村屋宇、耕牛及其他财物损失状况

查该县分四区五十乡一镇，经本团到查及据报，受灾者共有二十一乡一镇，计共损失屋宇五千零五十七间，耕牛七百三十五头，谷物二万三千三百六十二担半。其他财物共一百一十万三千七百五十三元。该二十二乡镇中以附城镇，咸泰乡之高田与高塱埧二墟，永义康乡之澌江口墟，连平祥乡之银盏坳与上下冠带村，兴礼乡之定安墟，联卫、兴礼二乡所属之官田村，义永乡之澌涌与社冈二村，联泰乡之黄口与沙迳二村，灾情严重。附城镇之店户历次被炸者一百八十五间及电灯公司一座，此次被焚者一百六十五间。查被焚炸者均为昔日旺盛之商店，损失之大不可胜计。高田墟原为一繁盛之地，被焚商店七十一间，货仓四十一所，现已成为荒丘。高塱埧墟原日亦为一繁盛之地，被焚商店二十二间，货仓五十九间，现已成为死市。澌江口墟原有店户、住户共二百余间，被焚店户、住户共一百六十二间，所存约一百间。银盏坳屋宇计历次被炸及此次被焚毁者共七八十间，所存者亦已破陋不堪，不能居人。敌军于去岁十一月间进占此地，计驻扎一月有余，该地及附近乡村之牛、猪、鸡、鸭被宰殆尽。农具、家俬、衣物、粮食被劫一空。该地居民当敌军进占时，皆扶老携幼避匿于大山之中，餐风露宿为时一月有余，其所受之痛苦诚非笔墨所能形容。当本团到达该地调查时（本年二月四日上午八时十分），该地居民尚有匿居山中不敢回者。据该地居民言，本年春耕缺乏耕牛九十余头，缺乏谷种一百余担，如不得政府救济，春耕势必停顿。上下冠带村原有屋宇四十余间，被焚后仅残存四五间。该村耕牛被宰十余头，鸡数百只，谷物被焚掠者约六千担。农具、家俬、衣物等焚劫净尽。该村村民冻馁之状至为可悯。定安墟原有店户二十六间，全被焚毁，所有货物亦被焚一空。官田村屋宇约有七十间，被焚六十二间，所存七八间亦已破陋不能居人。该村村民因事前未得情报，敌军突如其来，物资不及疏散，损失奇重。澌涌村被焚屋宇八十三间，社冈村被焚屋宇一百三十七间，黄口村被焚屋宇五十四间，沙迳村被焚三十五间，该四村被焚后满目萧条。

兹谨将该县屋宇、耕牛、谷物及其他财物损失数目列表如左：

清远县粤北战役各地乡村屋宇、耕牛、谷物及其他财物损失调查报告表

乡镇圩市名称	屋宇损失（单位：间）	耕牛损失（单位：头）	谷物损失（单位：担）	其他财物损失（单位：元）	耕牛缺乏（单位：头）	谷种缺乏（单位：担）	备　考
附城镇	351						该镇屋宇□□□165间，□□□186间，共351间。
咸泰乡	720	70	5940	223680			
永义康乡	822	300	10000	136000			
镇平乡	726	200		152400			
大莲乡	145			29000			
连平乡	8			1600			
合兴乡	3	2	370	560		20	
保石卫乡	40			1200			
仁益乡	250			50000			
连平祥乡	260	150	4000	170000	27	117	
共和乡	200			40000			
联卫乡	118	16	1000	23600			
泰安乡	25			5000			
联升乡	76		1625	124500			
信安乡	25	5		5000			
义永乡	282	23	64	75800	14	64	
忠×乡	56	3		11200			
兴礼乡	469			270933			财物损失数只有清塘一圩之数
定清乡	41	5	70	12860			
仁安乡	4			800			

第八，财政概况

甲、税收：清远县于战事未发生时省税一项民国二十八年十一月份即达国币八五，三八四，五四元。十二月份因战事影响减至；六三，五一九，一五元。

一月份县城一度沦陷，突降至八，六四七，四三元（连地税合计），低落之数对十一月份几为一与十之比。

该县税务局前经奉令严厉防止敌货输入。但据该局长张志安称，输入货品经向该局纳税者百分之五为敌货（漏税者不在内），只如火柴一项，据报广州敌人设有火柴会社，各种华商牌号无所不有，是则输入任何牌号均属仇货无疑。

又手巾、线袜等棉织物亦因鉴别不易，以致仇货今仍充斥市面，我方棉织物殆有尽为压倒趋势。近李主席面谕应即绝对禁止输入，该局经即布告禁止。

该县当水陆运输冲要，走私之风甚盛，出口以长江土纸、南雄烟叶为多，入口以盐、棉纱、火柴为多，鸦片、烟土运入亦属不少，亟应咨请国税机关注意查缉。该县龙山市、高桥等处肩挑运输仇货者每日来往均千人，缉私封锁线之加强实属刻不容缓。

附清远税务局税收比较表

清远税务局二十八年十一月份至二十九年一月份征收税款比较表

年度 月份 科目	二十八年度				二十九年度				合计		备考
	十一月份		十二月份		一月份		月份				
营业税收入	24	00	543	00	4088	97			8765	77	
什项罚金	484	17	1037	07	30	82			1552	06	
没收物价	301	59	121	90					423	49	
合计	85344	54	63519	15	8147	43			159551	12	

乙、地方财政：

该县地方收入以留县地税为多，计国币十六万四千余元，其他税捐收入甚少。本年经一度沦陷后，重要圩市如高田、横石、滨江口、兴仁市等大部分被毁。银盏坳一带，灾情惨重，人民负担租税能力极感缺乏。依目前观察，地方税捐实无收足之可能，而支出又无从紧缩，财政收支实甚困难。

该县税捐征收处已于一月份遵令移交清远税务局统一征收。机构业经完成，现已开征廿九年度地税，办理尚称迅速。

县政府支付下级机关经费甚为迟缓，如自治经费一项，各乡乡公所补助费给领甚迟。又据镇平乡副乡长潘献杰称，县府收支处发给第一区署所属各乡八、九两月经费时，并扣去所谓区署补助费四元，每月实得四十元。如果属实，殊有不合。

改进意见

（一）应严令该县政府对经费发放应迅速、确实，不得积压、克扣。

（二）于各冲要地点，如龙头、石角等处分别设置查缉站，严密查缉以加强经济反封锁，并防止莠民之资敌利用。

第九、治安情状

甲、战前后治安：该县在未战前，第二区保卫石乡距石角圩北约五里山径，于去年十二月三日发生散匪三名劫行客二人财物三十余元。十二月七日石溪村前山坡有猪商三人被匪五名劫去猪二头及其他财物计值一百余元。十二月十九日第四区同泰乡仙和村兹有行客二人被匪三名劫去财物十余元。

花县

第一，人民伤亡及流离颠沛状况

甲、县属伤亡民众及被敌焚毁房屋状况：

花县全县面积八百六十四方公里，划分二区，共四十八乡镇五百五十六保，全县二十七万余人。自广州失守后，该县土地三分之二沦为游击战区，其余乡村亦曾迭被侵扰，间有得失五六次之村庄。此次敌人进犯该县首被蹂躏，且被敌人盘踞时间较久，虽前线民众对于物资早经疏散，损失匪巨，惟一再遭劫，灾情惨重，自不待言。据该县长报告，十五月来被焚房屋不下三万间，殉难民众在二千人以上。此次被焚房屋二千四百七十七间，死亡民众三百人等语。各乡多属缓冲地带，但因时间所限，未能一一亲往调查，致各乡伤亡及损失数目未能详细列举。

乙、流离颠沛状况：花县为敌我之最前线，前被沦陷之区域已占该县面积大半，此次粤北大捷，该县收复地区已有四分之三。现在成游击区只十一乡，占该县面积四分之一，间有前后沦陷数次之乡村，所受灾情比其他县份为惨酷。灾情严重之区域皆在铁道以东及县城附近，各乡遭敌蹂躏洗劫最重且皆为缓冲地带，敌骑瞬息可达。本团因时间、环境关系未及亲临调查、视察。据该灾区各乡镇长报称，遭敌蹂躏数次之乡村，屋宇一无所存，军田、王子山、狮岭、赤白泥、龙翔、石角、象山、平山、县城等地灾情惨痛，被焚屋宇之难民皆临时盖搭茅舍或寄居亲友家，粮食以杂粮粥水度活。耕牛、种籽欠缺万分，屋宇亦无力重建，亟须待政府贷款救济，不然民食饥馑将成严重矣。

第二，各地乡村屋宇、耕牛及其他财物损失状况

查该县分为二区四十八乡镇，全县均被敌蹂躏。经本团到查及据报之十五

乡一镇，历次共计损失屋宇三万二千六十二间，耕牛八百七十五头，谷物一千二百担，其他财物六十万零一千元。该十六乡镇中以陵钟、环塘、华书三乡灾情严重，陵钟乡计损失屋宇四百五十五间，其他财物九万一千元。环塘乡计损失屋宇四百二十间，其他财物八万四千元。华书乡计损失屋宇五百间，耕牛六十头，其他财物一万元。此外，本团到达国泰镇白泥、军田调查时，目击国泰镇有店户、住户数百间，历次被炸及此次被焚者占七成以上。白泥原有店户、住户三百余间，历次被炸及此次被焚者占九成。军田原有一车站及有多少民房被焚炸后成为平地，灾情亦甚惨重。兹谨将该县屋宇、耕牛、谷物及其他财物损失数目列表如左：

花县粤北战役及历次被敌蹂躏屋宇、耕牛、谷物及其他财物损失调查报告表

乡镇圩市名称	屋宇损失（单位：间）	耕牛损失（单位：头）	谷物损失（单位：担）	其他财物损失（单位：元）	耕牛缺乏（单位：头）	谷种缺乏（单位：担）	难民人数	备考
国泰镇	202			60200				
白珠乡	262			78600				该乡屋宇及其他财物损失数只系白坭一圩之数
冯村乡	308	300		92400	380	700		
陵钟乡	455	7		91000	7			
珠塘乡	420			84000				
华书乡	500	60		10000	60			
×朱溪乡	275	10		××800				
黎官义乡	13	17	250	×600	17			
和平乡	30			6000				
三华乡	300			60000				
新坳头乡	32	8	50	6400	8			
毕村乡	85			17000				
长岗乡	247	340		49400	340			
牛岭乡	52	33	400	10400	33			

乡镇圩市 名称	屋宇 损失 （单位： 间）	耕牛 损失 （单位： 头）	谷物 损失 （单位： 担）	其他财 物损失 （单位： 元）	耕牛 缺乏 （单位： 头）	谷种 缺乏 （单位： 担）	难民 人数	备考
盘古乡	55		500	11000				
杨陂乡	26	100		5200	100			
合计	3262	875	1200	601000	875	700		该表所留空格 系属未详者

佛冈县

第一，人民死亡及流离颠沛状况

甲、伤亡损失数目：佛冈县全面积为六百三十方公里，分二区，共十一乡，男女共六万零五百六十三人。敌兵于溃逃时由青塘、白沙侵入县属之二区白石、陂头、观石、水头及一区天西、南冈、卫冈、龙冈等八乡，约占全县面积三分之二。该县房屋除选被敌机炸毁不计其数外，此次被焚八百一十二间。殉难民众共一百一十人，受伤者五十七人，其中水头、南冈等乡抗敌阵亡者二十四人，受伤者一十五名。间有败类，妄存苟生观念，悬挂白旗表示欢迎，反致乡民被杀戮者尤多（如佛冈围曾姓）。兹谨将伤亡人数及被焚屋宇数目列表如次：

佛冈县抗敌伤亡民众及焚毁屋宇统计表
（28 年 12 月—29 年 1 月）

乡别	被焚毁 房屋间 数	死亡人数				受伤人数				失踪人数				备考
		合计	男	女	童	合计	男	女	童	合计	男	女	童	
合计	812	110	82	28		47	34	13		1	1			
龙冈、龙山乡	38	2	2											
卫冈乡	78	25	18	7		11	9	2						
南冈乡	217	12	9	3										
天西乡	40	11	10	1		11	7	4		1	1			
水头乡	118	31	20	11		14	10	4						
白石、陂头、 观石三乡	321	29	23	6		11	8	3						

乙、流离颠沛状况

子、一区——佛冈全县面积仅六百二十九方公里，人口六万一千余人，共分二区，一区以南冈、水头、卫冈三乡灾情为著。南冈被焚屋宇二百一十七间，水头烧毁者一百一十八户，卫冈七十八间。粮食、耕牛、种籽等，因情报联络不确，敌人惨败时由翁从新公路北窜长江墟而入，惟该县自卫团、集结队等只顾清远、从化正面之敌，北路敌人突然而来，仓卒抵抗。县长黄祥光将县府搬迁时，事前又未通知各区乡民众，空舍清野准备不及，粮食、耕牛、种籽损失甚巨，尤以粮食为最。水头乡忠勇民众抗战阵亡凡十余人，佛冈围少数无智份子企图苟安，妇孺未及逃避致被兽兵奸污者数十人。目下难民多寄于亲友家。赈恤之款因未收到，该县随将前存国币及毫券各一千元，先行散赈灾情较惨之乡村及举办施粥。龙潭、石角及水头乡三地设难民输送站，以便输送难民，使其回籍。

丑、二区——二区共分四乡，此次灾情以烟岭与白石二乡为最著。四乡共遭焚屋宇三百二十一间，粮食、耕牛、种籽等疏散不及，损失不菲。被焚屋宇一部暂用茅草盖搭，其他寄居亲友家中。贫苦无依者，县府举办施粥外，并在石龙村设收容所一间。大部分难民目前什粮、粥水暂可维持，春耕种籽须待救济。其他严重困难，该县所属二区尚未见若何发生也。

第二，各地乡村屋宇、耕牛及其他财物损失状况

查该县分为二区十一乡，经本团到查及据报受灾者共有九乡，计共损失屋宇八百一十二间，耕牛十二头，谷物三百四十八担半，其他财物九万八千二百元。该县各乡所受损失不甚惨重，惟该县城经历次被炸已成平地。其次附城之石角墟，店户、住户历次被炸百余间，此次被炸三十余间，所存留者，亦多已残陋。至财物之损失，亦属不少，情颇为惨重。兹谨将该县屋宇、耕牛、谷物及其他财物损失数目列表如左：

佛冈县粤北战役各地乡村屋宇、耕牛、谷物及其他财物损失调查报告表

乡镇墟市名称	屋宇损失（单位：间）	耕牛损失（单位：头）	谷物损失（单位：担）	其他财物损失（单位：元）	耕牛缺乏（单位：头）	谷物缺乏（单位：担）	难民人数	备考
龙冈、龙山乡	38		295	7600				此表所填其他财物损失之数系包括家具、牲畜等物价值

乡镇墟市名称	屋宇损失（单位：间）	耕牛损失（单位：头）	谷物损失（单位：担）	其他财物损失（单位：元）	耕牛缺乏（单位：头）	谷物缺乏（单位：担）	难民人数	备考
卫冈乡	78			15600				此表所留空格系属未详者
南岗乡	216		52	43400				
天西乡	40			8000				
水头乡	126		1.5	23600				
白石、陂头、观石三乡	321							
合计	812	12	348.5	98200				查该县耕牛损失为数甚微，全县合计仅12头

改进意见：

一、敌扰该县时，各乡被焚之屋宇，多无能力恢复重建，亟应贷款救济，尤以县城、石角墟及水头、南冈二乡灾情较重，应尽先予以贷款。

二、该县耕牛损失甚微，对于春耕不生影响。

三、该县被灾各乡村所损失种籽，由未受灾各乡村□□□□□□□□□。

龙门县

第一，死亡民众及流离颠沛状况

甲、伤亡损失数目：龙门全县面积二千二百方公里，分四区共二十三乡六镇，男女共一十一万三千九百二十一人。敌兵右翼由增城北犯，该县首当其冲，被焚乡镇为二区之西明、左潭、东明三乡，三区之北沙、东沙、西溪三乡，四区之永汉、永仁、永义、永礼、永智、永信六乡，共一十二乡，以西明乡（地派）灾情较重。查十二乡共被焚房屋六千一百零五间，西明乡占二千四百九十三间，灾情之重可谓空前未有。殉难民众共一百七十六人，受伤一百二十人，失踪一十一人。至其他动产及山林之损失，更难以数计。兹谨将伤亡人数及被

焚屋宇列表如次：（附表）

龙门县抗敌伤亡民众及被焚毁房屋统计表

（28年12月—29年1月）

区乡名称	焚毁房屋 单位：间	死亡人数				受伤人数				失踪人数				备考
		合计	男	女	童	合计	男	女	童	合计	男	女	童	
总　计	6105	176	145	31		120	112	8		11	11			
二区 西明乡	2493	38	32	6		17	17			2	2			
东明乡	363	1	1			1	1							
左潭乡	1084	9	9			26	26							
三区 北沙乡	805	8	8			5	5			1	1			
东沙乡	66	2	2			2	2							
西溪乡	139	14	14			8	8							
四区 永汉乡	388	23	14	9		11	9	2		6	6			
永仁乡	214	23	17	6		21	18	3						
永义乡	101	3	1	2		2		2						
永礼乡	11	7	7			6	6							
永智乡	250	16	16			10	10							
永信乡	191	32	24	8		11	10	1		2	2			

（乙）流离颠沛状况

子、二区——龙门全县分为四区，此次遭敌蹂躏者为二、三、四区。一区在二十七年十月间在广州未沦陷前，曾一度之失陷被烧。二区所辖各乡虽少，惟地瘠民贫，为此次该县受灾最惨之地。西明、东明、左潭三乡，被焚屋宇有三千余间之多，每村烧余之屋最多者不及十分之二。粮食、耕牛、种籽大半洗劫一空，颠沛无依者凡二千二百余人。县府曾拨款一千二百余元，先行救济全县灾情惨重之乡村。二区数目较多，分拨七百余元举办施粥抚恤等事，杂粮粥水目前尚可勉强维持，无屋居住者，则暂盖茅蓬栖息，其他多藉亲友或公共祠堂、庙宇以居住。

丑、三区——三区所属受灾各乡以北沙、西溪、东沙三乡为最著，此三乡被焚屋宇共一千间，北沙一乡较重，惟该区损失粮食、耕牛、种籽较少，流离颠沛待赈者有一千六百九十四人，县府在沙迳一地，曾作一度施粥。遭毁屋宇大半皆作简陋遮盖。粮食目前尚无困难，惟间有逃避不及之老妇，被敌侮辱鞭挞。大湖居一村，有年约六十余岁之老妇，被敌剥去衣服捆绑，处此严寒黑夜，率被冷毙。沙迳、牛井迳两地，县长率自卫团、政警队协助抵抗，敌人□迂回小道，不敢正视，两地民众均得安宁。

寅、四区——四区永汉、永智、永仁及永信四乡灾情最著，被焚屋宇全区在千间以上，敌来该区时民众疏散太迟，且在永汉附近各村乡盘踞多日，致该区之生存根据地被敌发觉。故狗朴营下之生存根据地损失财物甚多。妇女皆被奸污，间有奸污致死者凡数十人，或奸后羞耻而投河自缢者不知凡几。六十余岁之患病丐妇被兽兵七名轮奸致死。其余暴行，不胜枚举。灾后该区难民虽有一千六百余人之众，惟粮食尚无困难，系事前有相当积贮之粮食，未被敌人发觉。但耕牛损失颇多，屋宇仍可暂住，如政府速以贷款，尚可迅速恢复元气。

第二，乡村屋宇、耕牛及其他财物损失状况

查该县分为四区，二十三乡六镇，经本团到查及据受灾者共有十一乡，计共损失屋宇六千一百零五间，耕牛一千七百一十六头，谷物六万零五百六十六担，其他财物九十六万八千六百一十二元。该十一乡中以西明、左潭、北沙、永仁、永汉等乡灾情最重。西明乡有二千户，受灾者占全乡户数十分之九，计共损失屋宇二千四百九十三间，耕牛三百八十七头，谷物一万七千六百八十五担，财物一十三万六千九百一十二元，难民有三千二百五十一人。左潭乡计共损失屋宇一千零八十四间，耕牛一百八十九头，谷物六千零九十三担，其他财物五万四千二百三十二元，难民则有七百五十人之多。北沙乡计共损失屋宇九百四十四间，耕牛二百八十八头，谷物六千八百零四担，其他财物六万三千九百二十元，难民有三千四百四十四人。永仁乡计共损失屋宇二百一十四间，耕牛一百一十四头，谷物五千二百九十一担，其他财物七万一千七百三十六元，难民有三千一百二十五人。永汉乡计共损失屋宇三百八十八间，耕牛一百一十头，谷物五千零四十一担，其他财物四十万零六千五百四十四元，难民有一千五百人。

其次，县城灾情亦重，查县城原有店铺五六百间，商业向称旺盛。历次被炸后，全城只存完整铺户数十间，商业凋零，大有今昔之感。兹谨将该县屋宇、

耕牛、谷物及其他财物损失数目列表如左：（附表）

龙门县粤北战役屋宇、耕牛、谷物及其他财物损失调查报告表

乡镇墟市名称	屋宇损失（单位：间）	耕牛损失（单位：头）	谷物损失（单位：担）	其他财物损失（单位：元）	耕牛缺乏（单位：头）	谷种缺乏（单位：担）	难民人数	备考
东明乡	363	77	2860	43124	69		342	此表其他财物损失数只系□□及什粮之数
西明乡	2493	387	17685	136912	348		3251	
左潭乡	1084	189	6093	54232	170		750	
北沙乡	944	288	6804	63920	259		3444	
东沙乡	66	95	4837	71512	85		1843	该乡财物损失内有现金24840元
永汉乡	388	110	5041	406544	99		1500	该乡财物损失内有现金357180元
永仁乡	214	114	5291	71736	101		3125	
永义乡	101	189	6431	24724	170		545	
永礼乡	11	22	518	5772	19		600	
永智乡	250	127	2418	39672	113		3055	
永信乡	191	118	2588	50464	77		3247	
合计	6105	1716	60566	968612	1500	318	20702	□□□□318担系被灾各乡缺乏之数

改进意见

一、该县西明、左潭、北沙、永汉四乡屋宇被焚最多，灾情惨重，民不聊

生。亟应贷与资金，重建屋宇以安民居。

二、该县耕牛产量颇丰，足供自用，经此次敌寇宰劫后，□□□□□

新丰县

甲、县属伤亡民众及被焚毁房屋状况

新丰全县面积二千五百一十九方公里，分五区，共十九乡，一万四千六百六十七户，男女共七万二千零八十七人。被焚区域为一区之诸梅、聚奎、太平、文明乡，三区之沙坪、新南、新长乡，五区之秀溪乡，共八乡。以诸梅（梅坑）、沙坪、新南、秀溪（廻龙莆菖）四乡灾情最重。全县被焚屋宇九千四百八十六间，诸梅乡占三千八百四十一间，沙坪二千七百八十七间，新南一千五百四十三间，新长乡九十五间，秀溪一千二百二十。死亡民众三百二十人，受伤三十五人。谨将伤亡人数及被焚屋宇列表如次：（附表）

新丰县抗敌伤亡民众及被焚毁房屋统计表

（28 年 12 月—29 年 1 月）

区乡名称	焚毁房屋（单位：间）	死亡人数				受伤人数				失踪人数				备考
		合计	男	女	童	合计	男	女	童	合计	男	女	童	
合计	9486	320	252	65	3	38	26	11	1					
一区 诸梅乡	3841	116	74	39	3	22	12	9	1					
聚奎乡	—	8	8											
大平乡	—	7	7											
文明乡		4	4											
三区 沙坪乡	2787	97	84	13		9	9							
新南乡	1543	39	33	6		2	1	1						
新长乡	95	24	20	4		5	4	1						
五区 秀溪乡	1220	25	22	3										

乙、流离颠沛状况

子、一区——新丰全县分为五区，此次受灾区域为一、三、五区。一区四乡中以诸梅乡之梅坑灾情最惨，焚烧屋宇三千余间，当敌来之前一夕，龙门之地派已失，该县府尚出布告安民，不准民众疏散。及梅坑失守，始限令民众空舍清野。此时迫不及办，大半粮食、耕牛、种籽等未能疏散，损失甚巨。现在梅坑商店，皆未重修复业，难民除该县施粥救济外，绥靖公署之抚慰团亦在梅坑施粥。惟县府施粥时，难民到者寥寥，因县府办理疏散失当，人民怨恨之故。至流离失所、无屋舍住者，皆借烧余之住户邻居暂住。目下民食尚无困难，惟春耕之耕牛当成亏重。

丑、三区——新丰灾区以三区之灾情最重，三区则以沙坪及新南为著。全区被焚屋宇四千余间。敌人所经该区各乡村、翁从新公路附近沿途村落一片瓦砾。民贫地脊益见惨痛。其小镇、沙田、下埔三地，难民大半皆粥水什粮度日。县府施粥因设备未周，难民多未沾其惠。妇孺老弱流离无依者数千人。现政府已派员办理救济。无屋居住者藉亲友、邻居、祠堂、寺庙外，暂盖搭茅草居住者甚多。耕牛大半皆被敌人杀掠，春耕亟待政府贷款方能恢复。

寅、五区——五区受灾者仅秀溪一乡之廻龙圩附近各乡村，被焚屋宇一千余间。该乡因敌惨败退出后始经过此地，当时人民抗敌与惧敌之心理颇不一致，故敌来时全乡民众始逃入生存根据地，未及抵抗，致遭敌焚烧屋宇、山林，损失惨重。事后该区民众始对敌有深刻之认识。粮食、耕牛等损失较微，县府及绥靖公署之抚慰团一度施粥救济，惟该区皆山地，人民可藉找柴等以维持，尚无若何困难。

第二，各地乡村屋宇、耕牛及其他财物损失状况

查该县五区十九乡，经本团到查及据报受灾者，计有沙坪、新南、新长、秀溪、诸梅等乡，共计损失屋宇九千四百八十六间，耕牛二千头，谷物一万八千零六十六担，其他财物八百八十七万四千四百六十元。各该乡中以沙坪、新南、秀溪、诸梅四乡灾情最惨，沙坪乡损失屋宇二千七百八十七间，其他财物五十二万零三百四十元。新南乡损失屋宇一千五百四十三间，其他财物二十九万八千九百一十元。秀溪乡损失屋宇一千二百二十间，其他财物四十万元。诸梅乡损失屋宇三千八百四十一间，耕牛二百三十五头，谷物一万八千零六十六担，其他财物值二十三万元。

本团到达调查梅坑圩（属诸梅乡）、鸡母潭（属沙坪乡）、白楼（属沙坪乡）、沙田圩（属沙坪乡）、新岭下（属新南乡）时，目击梅坑圩店户被焚毁一

空，只残存三二间。梅坑圩附近乡村屋宇亦多被焚毁。鸡母潭约有屋宇三十余栋，被焚毁者过半数。白楼约有屋宇二十余栋，被焚毁者亦过半数。沙田圩有店户五十六间，被焚毁者三十四间。新岭下约有六七十座大屋，被焚者占十分之七，灾情极为惨重。兹谨将该县屋宇、耕牛、谷物及其他财物损失数目列表如左：

新丰县粤北战役各地乡村屋宇、耕牛、谷物及其他财物损失调查报告表

乡镇圩市名称	屋宇损失（单位：间）	耕牛损失（单位：头）	谷物损失（单位：担）	其他财物损失（单位：元）	耕牛缺乏（单位：担）	谷种缺乏（单位：担）	难民人数	备考
沙坪乡	2787			520340				
新南乡	1543			298610				
新长乡	95			54840				该表所留空格系属未详者
秀溪乡	1220	50		400000	50	400		
诸梅乡	3841	235	18066	230000	235			
其他乡镇		1715			715			
合计	9486	2000		1483790	1000			

改进意见

一、该县沙坪、新南、秀溪、诸梅四乡，屋宇被焚最多，灾情惨重，亟应贷款、重建屋宇，以安民居。

二、该县耕牛出产颇丰，足供自用，经此次敌寇宰劫后，亦不致发生恐慌。惟被灾各乡损失耕牛，亟应贷款购返。

三、该县粮食、种籽出产丰富，除自给外，尚可□给他县，经此次敌寇焚劫后，亦不成问题。惟被灾各乡损失种籽颇巨，亦亟应贷款救济。

第三，各地粮食及各种物价状况

甲、粮食：查该县有耕地一十三万四千九百亩，稻田占十万零七千六百亩。全县人口共七万二千人，平均每人约占耕地一亩七分。该县粮食年产量本足供一年又□个月。惟县内运输困难，又以此次灾区粮食多被敌焚劫，故战后粮食亦渐高涨，现每担较前增加小洋二元。惟县内粮食，仍足供给，不成问题。

乙、物价：该县战后物价变动之指数有如下表所列：

新丰县粮食及各种物价调查表

物品名称	单位	战前价格			战后价格			价格比较		备考
		最高	最低	平均	最高	最低	平均	增	减	
谷	担	11 元	9 元	10 元	15 元	11 元	13 元	2 元		以小洋计算
米	担	15 元	13 元 4	14 元 2	18 元	15 元	16 元 5	2 元 3		同上
豆	担		9 角		49 元	39 元	45 元			同上
薯	担	8 元	6 元	7 元	12 元	9 元	10 元 5	3 元 5		同上

翁源县

第一，死亡及流离颠沛状况

甲、伤亡损失数目：全县面积二千二百三十九方公里，计分四区，共三十三乡镇，共二万七千八百三十户。男女一十二万四千一百九十四人。被灾区域：为附城、城东、城西、城南、新塘、九龙、利龙、利陂、三华、河阳、河南、陈礤等十二乡镇。被焚房屋七千六百二十六间，殉难民众一百五十五人，受伤七十一人，失踪一十人。兹谨将伤亡人数及被焚屋宇列表如次：

翁源县抗敌伤亡民众及被焚毁房屋统计表

（廿八年十二月廿七日—廿九年一月二日）

乡镇名称	焚毁房屋单位：间	死亡人数	受伤人数	失踪人数	备考
合计	7626	155	71	10	
附城镇	1192	21	6		
城东乡	783	35	10	1	
城南乡	803	24	16		
城西乡	688	17	22	6	
新塘乡	333	2	7		
九龙乡	340	14	2		
利龙乡	43	2	1		
利陂乡	214	4			
三华乡	1458	17	3	1	
河阳乡	559	5		1	
河南乡	961	6		1	
陈礤乡	252	8	4		

乙、流离颠沛状况：翁源受灾有十二乡之多，以城西、城南、河南、附城、三华五乡镇最惨，官渡、县城、三华、新江四地遭敌蹂躏最深。全县被焚房屋三千五百余户，其中以墟市之商店为多，民居较少。商人于今年来皆获余利，重修复业，当有余款。故战后难民之住居未发生若何严重。惟粮食、耕牛、种籽，当时与防军缺乏联络，遂至敌来时，空舍清野未及准备，所有物资大半皆被敌洗劫。河南及三华两乡损失粮食谷米最多，耕牛以城西乡为巨。县府设难民输送站及举办施粥救济。目前民食仅赖杂粮粥水度日，耕牛则藉政府告贷，否则春耕当成问题。

第二，乡村屋宇、耕牛及其他财物损失状况

该县分四区三十二乡镇，经本团到查及据报，受灾者共有十一乡一镇，计共损失屋宇七千六百二十六间，耕牛八百一十头，谷物二万五千七百九十二担，其他财物一百五十八万四千七百九十元。该三十二乡镇以附城镇及城东、城南、城西、三华、河南五乡灾情最重。附城镇历次损失屋宇一千一百九十二间，耕牛五十四头，谷物四千四百五十七担，其他财物二十六万一千三百八十八元，难民有三百余人。城东乡历次损失屋宇七百八十二间，耕牛一百零七头，谷物三千零三十三担，其他财物一十七万七千八百九十二元。城南乡历次损失屋宇八百零三间，耕牛一十七头，其他财物一十六万零六百元。城西乡历次损失屋宇六百八十八间，耕牛二百零八头，谷物二千四百五十担，其他财物损失一十四万七千二百元。三华乡历次损失屋宇一千五百四十八间，耕牛三十八头，谷物四千七百一十二担，其他财物三十万零九千六百元。河南乡历次损失屋宇九百六十一间，耕牛五十六头，谷物四千七百六十五担，其他财物一十九万六千五百六十元。

本团到达翁源县城及新江调查时，目击翁源县城屋宇全被焚炸净尽，无完整者存留。各县县城受灾最惨者，厥为翁源县城。又新江原有店户、住户七十余间，被焚炸后，仅残存十余间，灾情亦颇惨重。兹谨将该县屋宇、耕牛、谷物及其他财物损失数目，列表如左：

翁源县粤北战役各地乡村屋宇、耕牛、谷物及其他财物损失调查报告表

乡镇圩市名称	屋宇损失（单位：间）	耕牛损失（单位：头）	谷物损失（单位：担）	其他财物损失（单位：元）	耕牛缺乏（单位：头）	谷种缺乏（单位：担）	难民人数	备考
附城镇	1192	54	4457	261388				

乡镇圩市名称	屋宇损失（单位：间）	耕牛损失（单位：头）	谷物损失（单位：担）	其他财物损失（单位：元）	耕牛缺乏（单位：头）	谷种缺乏（单位：担）	难民人数	备考
城东乡	783	107	3033	177892				
城南乡	803	17		160600				
城西乡	688	208	2450	147200				
新塘乡	333	8	2097	49950				
九龙乡	340	114		68000				
利龙乡	43	2		8600				本表所留空格系属未详者
利陂乡	214	6	656	42800				
三华乡	1548	38	4712	309600				
河南乡	961	56	4765	196560				
陈磜乡	252	200		50400				
河阳乡	559	14	3622	111800				
合计	7626	810	25992	1584790				

（广东省档案馆馆藏档案，档案号 3605—000950）

7. 粤北战区各县民众伤亡被灾屋宇及耕牛谷物其他财物损失统计表

（1940年2月）

县别	全县乡镇数	受灾乡镇数	死亡人数	受伤人数	失踪人数	被灾房屋间数	耕牛损失头数	谷物损失担数	其他财物损失元数	备考
合计	346	217	2944	472	67	40150	12806	392961	11457666	
英德	40	18	295	54		3054	460	1920	1301700	
清远	51	25	854	119	30	4871	735	233625	1363753	
佛冈	11	9	110	47	1	812	810	25792	1584790	
从化	24	19	734	23	15	5669	5400	26000	2569231	受灾乡镇数包括未克复之四乡镇
龙门	29	12	176	120	11	6105	1716	60566	968612	
新丰	19	8	320	38		9486	2000	18066	1483790	
翁源	33	12	155	71	10	7626	810	25792	1584790	
花县	54	54	300			2477	875	1200	601000	尚有11乡镇未克复
增城	85	60				50				尚有48乡镇未克复□□□伤亡数目无从查报

1940年2月省府查报

（广东省档案馆馆藏档案，档案号6—6—293）

8. 广东省建设厅公路处财产损失报告单

（1940年7月）

事件：敌寇进犯粤北

日期：二十八年十二月十四日至三十日

地点：广东省翁源县及韶连公路线（韶州至乳源）、韶大公路线（韶州至大坑口）、韶曲公路线（韶州至连平曲塘）、翁新公路线（官渡至新丰）

填报日期：民国二十九年七月　日

损失项目	单位	数量	价值（国币元）
公路之破坏	公里	178.6	578600.00
房屋	间	1	258.32
床板凳	副	10	40.00
椅	张	29	87.00
办公台	张	10	42.00
送文箱	个	3	9.00
台布门帘	块	15	68.00
电话机	副	2	170.00
笔架	个	16	18.00
布告牌	块	4	8.00
□人钟	个	7	14.00
米突皮尺	把	1	30.00
铁票箱	个	2	16.00
印色盒	个	6	3.00
机油	罐	1	40.00
洋锁	把	14	9.00
鸡毛扫	枝	2	2.00
较剪	把	2	1.00
墨盒	个	17	16.00
夹纸板	块	1	1.00
火油灯	枝	18	18.00

损失项目	单位	数量	价值（国币元）
瓦罉	个	10	5.00
菜刀	把	7	14.00
电灯头	个	11	22.00
面盆	个	6	78.00
茶杯	个	30	6.00
算盘	个	4	9.00
电池	个	2	24.00
铁镬	个	8	70.00
碟	个	40	36.00
电灯线	尺	124	
电灯胆	个	11	40.00
茶壶	个	7	11.00
站牌	块	4	20.00
痰盂	个	5	5.00
时钟	个	2	3.00
水缸	个	3	6.00
木壳	个	4	2.00
铁钳	把	1	
□汽□佛兰□口	个	2	12.00
油泵铜牙	个	1	15.00
福特白金	套	1	18.00
雪佛兰干的	个	1	6.00
火咀线	尺	36	43.20
弹弓第一页	条	2	36.00
油咀	个	3	15.00
十字头杯士	个	4	16.00
平介予	个	40	24.00
螺丝钩	个	□	25.00
洋钉	斤	1	2.00
呔巴	条	2	4.00
拆辘士巴拿	条	2	8.00

损失项目	单位	数量	价值（国币元）
传力片	套	2	150.00
胶布	卷	3	13.50
钻咀	排	1	16.00
补呔胶	筒	12	84.00
二磅手鎚	个	3	11.50
万国干管砂	个	1	4.00
万国士域治	个	1	5.00
万国横汁	条	1	15.00
着火线卷	条	1	10.00
锉刀	张	2	8.00
万国尾弹弓	页	2	76.00
迫力泵拍	个	2	30.00
铅线	斤	47	94.00
幼牙螺丝连母	枝	12	12.00
幼牙螺丝	枝	18	14.40
轻锑油箱盖	个	1	15.00
无此油	罐	1	80.00
万国灯胆	个	2	140.00
受损失者：广东省政府建设厅公路处 代表者：处长陈正元			

[广东省档案馆馆藏档案，档案号6—2—367（2）]

9. 1939年12月粤北会战战区各县所受农业损失统计（1941年）

种类\县别	房屋（间）	人口 死	人口 伤	人口 失踪	粮食 米谷（担）	粮食 杂粮（担）	种子（担）	农具（件）	耕牛（头）	猪（头）	家禽（头）	肥料（担）	其他（元）	总值估计（元）
总计	45279	3171	1092	59	2790740	383595	115579	87682	10746	47386	200895	8220	2634412.00	35020916.60
新丰	11266	218	—	—	11518	4355	699	1929	94	1699	8955	—	—	264138.00
增城	9688	669	800	12	21924	7599	—	—	1508	4338	16328	—	—	9996018.00
翁源	7626	155	71	10	28257	—	—	—	808	1257	—	—	517792.00	3073435.00
龙门	5355	185	88	—	43375	14300	2469	3583	1250	28029	25249	3592	519792.00	3592320.00
清远	5000	1250	79	37	51224	39134	5622	30256	1301	—	59448	2474	988200.00	5518847.00
英德	3834	270	54	—	2568123	288546	103226	35932	1014	1263	42393	2000	234750.00	6801903.00
从化	2500	400	—	—	37570	18349	3485	—	2695	4684	17281	—	523000.00	1284074.00
花县	—	14	—	—	20846	7073	—	14308	1998	5862	31332	138	362715.60	1501450.60
佛冈	—	—	—	—	6900	4239	78	1674	78	254	3909	16	3755.00	108731.00

附注：1. 材料来源建设厅统计股
2. 据调查各县呈报数字据各县调查员所报数出入，惟各县详列各项保损失细故本表仍以县所报者为根据合注明
3. 家禽栏有米符号者系连猪数并入
4. 其他栏内所有数字包括家具、衣服、竹木、山林等
5. 英德县被焚毁民船共七十艘未列入

（《广东统计季刊》1941年第1期，广东省档案馆馆藏档案，档案号政368）

（广东省政府查报）

10. 广东空袭损失统计①

1. 全省综合统计

本省既为华南军事、政治、经济、文化、交通之重心，故自七七事变全国抗战展开以后，日寇觊觎益急。惟在抗战初期，敌因隔于国际形势，未能进犯，乃藉其优势之空军，以轰炸本省各重要城市，破坏我交通运输，并试探国际态度，嗣复愈演愈凶，不顾国际道义，遂于二十七年十月十二日以陆海空军联合兵力乘虚进击广州。我军精锐部队，时适抽调东战场作战，所余守备部队不多，众寡悬殊，苦战不久，广州遂告沦陷。敌寇为加强其空军活动力，以遂其滥炸屠杀之阴谋计，乃修复我前经破坏之广州天河及白云两机场，为其进袭粤境各地之主要空军据地。复于海南、围洲、三灶诸岛开辟次要机场，于汕头崎碌及潮安等地，则设立前进着陆场，以供敌空军起航及停放之用。此外更不时派遣航空母舰停泊于粤境海面，增强其空军进袭之实力。抗战四年余来，本省各重要城市，横被敌机滥炸肆虐，满目疮痍，偏僻村壤，亦遭荼毒，血迹斑斑，弹痕处处，莫不表现敌寇残酷暴行。而敌寇凶残成性，年来对我轰炸屠杀，更变本加厉，冀以恐怖之手段，动摇我国民抗战意志。然我全国同胞，在敌机凶残蹂躏之下，不但抗战精神未受影响，且因敌机之愈加轰炸，抗战到底之决心越见坚定，同仇敌忾之情绪益见提高。总裁（蒋介石）有言："敌机之力量，只能驰突我二千州县之城市，断不能毁灭我九千万户之乡村，只能杀伤我猝不及避之生命，断不能摇撼我四万万五千万同胞同仇敌忾之精神。"证之以往事实，尤为明显。

关于本省遭受敌机空袭及损失统计，自二十六年九月份起至三十年底止，为期四载有奇，总计敌空军进袭机数为 19281 架，投弹 33857 枚，民众被炸死有 7153 人，伤者 11838 人，毁屋 18021 栋。再以各年度互相比较，进袭机数最多者为二十七年度，计 7862 架。投弹数量最多者亦为二十七年度，计 14461 枚。民众被炸死最多者亦为二十七年度，计 2272 人，受伤最多者亦为二十七年度，计 4530 人。惟房屋被毁最多者则为二十八年度，计 6929 栋。兹将各年度空袭情形及损失统计列表如次：

---

① 原文无具体成文日期。

敌机袭粤损失统计总表

种类 年别	进袭机数	投弹数	死亡数	受伤数	毁屋数
二十六年	1425	2362	327	578	851
二十七年	7862	14461	2272	4530	3654
二十八年	7338	8065	2089	3089	6939
二十九年	1461	4953	1328	2082	5681
三十年	1195	4016	1137	1559	2906
合计	19281 架	33857 枚	7153 名	11838 名	18021 栋①

民国三十年度各月份敌机袭粤次数统计表

月份 类别	一月份	二月份	三月份	四月份	五月份	六月份	七月份	八月份	九月份	十月份	十一月份	十二月份	合计
进袭次数	75	26	26	20	33	34	29	14	36	30	33	15	371
进袭机数	239	99	62	15	79	102	65	26	171	96	181	40	1195

民国三十年度本省空袭损失统计表

种类 月份	进袭机数	投弹数	死亡数	受伤数	毁屋数
一月份	239	1003	419	407	1181
二月份	99	295	24	36	44
三月份	62	353	46	84	128
四月份	35	122	23	42	22
五月份	79	354	20	82	144
六月份	102	223	196	175	253
七月份	65	159	36	85	86
八月份	26	93	28	25	53
九月份	171	406	44	112	328
十月份	96	233	47	56	166
十一月份	181	632	201	267	340
十二月份	40	143	53	188	191
合　计	1195 架	4016 枚	1137 名	1559 名	2906 栋

---

① 原文如此，合计应为 20031 栋。

民国三十年度敌机袭粤各县损失比较表

县别	死亡人数	受伤人数	毁屋数	县别	死亡人数	受伤人数	毁屋数
崖县			12	新会	6	2	7
阳春			3	五华	3	12	
澄海		2		紫金	5	24	28
赤溪	1	6		鹤山	1	2	33
徐闻	4	2	11	潮阳	15	37	13
花县	10	32	33	潮安	7	8	8
海康	2	2	8	新丰	5	6	6
高明	3	15	9	龙门		3	2
钦县	40	158	41	防城	43	67	82
佛冈	5	7		英德	10	22	84
封川	5	22	40	开平	8	19	9
东昌	8	4	3	南雄	33	25	26
四会	10	13	6	三水	50	83	125
高要	39	99	107	恩平	4	15	20
清远	99	133	713	从化	33	47	154
东莞	42	28	29	中山			3
台山	11	20	11	博罗	9	9	9
增城			14	澄迈	1	1	1
翁源			5	宝安	5	10	
惠阳	252	126	141	连平			8
饶平	36	71	244	陆丰		3	7
海丰	18	14	16	河源	4	5	
阳江	45	75	34	合浦	4	30	8
曲江	88	173	62	惠来	23	10	24
廉江	26	39	48	茂名	124	74	84

民国二十九年度各月份敌机袭粤次数机数统计表

类别＼月份	一月份	二月份	三月份	四月份	五月份	六月份	七月份	八月份	九月份	十月份	十一月份	十二月份	合计
进袭次数	4	9	21	18	40	47	21	137	38	29	32	126	429① (522)
进袭次数	17	29	38	37	111	156	74	206	145	161	149	338	1461

---

① 原文如此，应为522。

民国二十九年度本省空袭损失统计表

月份＼种类	进袭机数	投弹数	死亡数	受伤数	毁屋数
一月份	17	41	3	17	9
二月份	29	34	30	31	116
三月份	38	155	89	100	133
四月份	37	250	45	120	38
五月份	111	480	90	136	30
六月份	156	335	91	126	76
七月份	74	147	47	53	325
八月份	206	739	371	599	811
九月份	145	246	34	55	279
十月份	161	399	102	215	446
十一月份	149	521	81	54	230
十二月份	338	1303	345	576	1144
合　计	1461 架	4656 枚	1328 名	2082 名	3681 栋

民国二十九年度敌机袭粤各县损失比较表

县别	死亡人数	受伤人数	毁屋数	县别	死亡人数	受伤人数	毁屋数
乐昌	2	22	5	河源	15	15	
灵山	134	161	204	潮阳	41	62	79
清远	37	56	91	开建	17	22	56
揭阳	42	97	161	陆丰	4	9	7
丰顺	79	117	108	龙川	15	45	61
曲江	145	300	708	宝安	7	9	
佛冈	31	23	20	从化	2	12	24
惠阳	166	288	187	三水	2	4	
高要	15	10		吴川	3	1	
中山	14	7	59	饶平	33	64	50
遂溪	19	18	5	徐闻	34	35	172
电白	47	52	220	潮安	2	3	
阳江	22	30	50	兴宁	19	31	172
翁源	7	6	11	花县	3	4	15

县别	死亡人数	受伤人数	毁屋数	县别	死亡人数	受伤人数	毁屋数
英德	18	36	142	鹤山		9	12
四会	16	24	34	博罗	52	11	68
阳春	7	7	1	海丰	70	60	333
台山	65	149	319	惠来	29	104	12
海康	6	7	159	增城		5	8
廉江	21	34	17	防城	40	65	
茂名	31	36	9	龙门	14	26	112
钦县	1	2		花县	1	1	
连平	1	2		德庆	2	4	

民国二十六、二十七、二十八各年度敌机袭粤机数统计表

年别＼月份	一月份	二月份	三月份	四月份	五月份	六月份	七月份	八月份	九月份	十月份	十一月份	十二月份	合计
二十六年度									264	448	180	533	1425架
二十七年度	583	849	657	654	643	779	582	794	693	1067	246	315	7862架
二十八年度	378	358	284	580	561	563	472	725	1076	563	795	983	7338架

民国二十八年本省空袭损失统计表

月份＼种类	进袭机数	投弹数	死亡数	受伤数	毁屋数
一月份	378	322	67	93	224
二月份	358	618	219	274	550
三月份	284	657	124	226	942
四月份	580	816	88	152	806
五月份	561	1294	365	500	1178
六月份	563	628	124	131	474
七月份	472	408	54	78	278
八月份	725	515	142	202	574
九月份	1076	704	283	362	576
十月份	563	390	268	490	523
十一月份	795	990	220	390	685
十二月份	983	703	133	182	164
合计	7338架	8065枚	2089名	3089名	6929栋

民国二十八年度本省各地空袭损失比较表

县市别	死亡人数	受伤人数	毁屋数	县市别	死亡人数	受伤人数	毁屋数
宝安	100	150		开平	11	6	
中山	25	95	114	顺德	10	18	4
高明	22	39	94	开建		2	12
罗定	102	138	88	高要	80	121	724
四会	59	133	94	德庆	1	9	3
封川	20	35	33	海丰	18	48	
花县	5	11	10	惠阳	33	56	16
龙门	52	65	78	新丰	29	58	53
从化	18	29	27	紫金	7	5	
陆丰	2	5	5	博罗	38	60	157
东莞	10	7	11	河源	13	29	25
龙川	96	21	123	兴宁	27	34	487
梅县	9	13	76	五华	28	20	45
惠来	45	85	13	丰顺	18	30	132
蕉岭		2	2	澄海	12	9	27
饶平	143	293	146	连平	19	19	109
潮安	22	55	102	汕头	75	23	343
揭阳	195	314	635	普宁	22	62	156
潮阳	36	62	37	英德	115	117	145
翁源	93	94	153	曲江	114	75	263
清远	119	207	432	乐昌	1	3	3
连县	2	6	84	南雄	19	17	29
阳山	1	1	8	佛冈	17	15	55
合浦	218	90	265	钦县	14	24	147
阳江	7	23	40	北海	15	19	15
徐闻	7	1	27	电白	28	42	141
海康	20	23	430	灵山	29	24	389
防城	6	5	40	遂溪	3	7	75
廉江	3	3	35	茂名	3	3	12
梅箓	21	22	27	化县	11	8	5

民国二十七年度本省空袭损失统计表

月份＼种类	进袭机数	投弹数	死亡数	受伤数	毁屋数
一月份	583	1048	53	109	118
二月份	849	1305	62	78	113
三月份	657	1158	89	114	189
四月份	654	1042	124	340	101
九月份	643	1070	246	411	285
六月份	779	1462	846	1532	975
七月份	582	1226	228	510	415
八月份	794	1217	102	299	353
九月份	693	1374	217	461	228
十月份	1067	2516	138	362	434
十一月份	246	344	77	120	115
十二月份	315	699	90	194	328
合　计	7862 架	14461 枚	2272 名	4530 名	3654 栋

民国二十七年度本省各地空袭损失比较表

县市别	死亡人数	受伤人数	毁屋数	县市别	死亡人数	受伤人数	毁屋数
南海	4	5	11	乐昌	24	89	229
宝安	3	5	4	清远	32	81	72
顺德	20	16	36	翁源	23	24	73
花县	48	37	54	灵山	9	22	7
新丰		4	24	阳江	13	4	16
增城	27	30	128	合浦	16	36	25
三水	24	30	22	番禺	94	223	46
新会	8			中山	14	36	12
高明		4		广宁	3	4	
四会		2	12	从化	18	24	105
海丰		6		鹤山	3	13	9
博罗			7	台山	6	4	
东莞	80	164	225	广州	1332	2725	1737
汕头	75	176	212	河源	61	161	22
普宁	4	5	4	高要	37	62	36

县市别	死亡人数	受伤人数	毁屋数	县市别	死亡人数	受伤人数	毁屋数
德庆	3	9		连县	218	120	82
陆丰			1	曲江	87	336	203
惠阳	5	6	8	英德	85	69	92
梅县	3	8	6	阳春	37		8
潮安	8	15	7	钦县	27	64	70
南雄	9	18	13	琼山	6	15	40

民国二十六年度本省空袭损失统计表

月份　　　种类	进袭机数	投弹数	死亡数	受伤数	毁屋数
九月份	264	364	132	263	329
十月份	448	700	78	135	212
十一月份	180	300	92	123	115
十二月份	533	998	25	57	195
合　计	1425 架	2362 枚	327 名	578 名	856 栋

民国二十六年度本省各地空袭损失比较表

(八月三十一日至十二月底止)①

县市别	死亡人数	受伤人数	毁屋数	县市别	死亡人数	受伤人数	毁屋数
广州	121	226	267	南海			2
番禺	5	16	8	顺德	20	38	19
增城	12	18	29	从化	16	22	8
三水		12	3	台山	19	28	6
宝安	2			惠阳		5	4
东莞	14	18	29	花县	1		17
新会	2	4		潮安	12	27	25
揭阳	10	18	71	汕头	4	12	24
南澳			17	清远	14	9	3
英德	49	51	35	曲江	26	74	266

① 此件选摘自《广东年鉴》(6)，1941 年。

2. 各地损失情形

粤汉铁路抗战四年来被敌机空袭统计表①

项目 / 年度		民国26年	民国27年	民国28年	民国29年	民国30年
全线被空袭次数		119	721	113	75	118
死亡人数	员司		4	2	2	
	工役	18	47	3	5	3
	兵警	5	101	3	6	4
	旅客	30	27			1
	平民	10	276	10	35	3
	共计	63	455	18	48	11
受伤人数	员司		9		1	
	工役	19	132	9	8	5
	兵警	13	189	1	9	5
	旅客	38	29			
	平民	12	358	7	18	2
	共计	82	717	17	36	12
工务损害	钢轨（条）	209	4312	361	209	207
	道枕（根）	138	16279	794	236	653
	路基（公尺）	430	14222	471		5
	桥梁（座）	损伤8	损伤114	损伤1		
	房屋（所）	伤8，毁5	伤89，毁284	伤2，毁23	伤17，毁23	伤19，毁26
	其他	毁岔尖共2套，电杆26根，月台40余尺，伤水塔2座及水塔皮管少许	伤水塔8，月台14，煤台5，防空壕2，毁月台1，栅栏400余尺，道岔抽水机、摇车各2，煤坑1，涵洞墙1	伤翻砂厂1，毁涵洞翼墙1，月台3，站牌2，水塔2，鱼尾板4，道岔4，围墙50公尺，水管12公尺，总辙尘车房三角尖各1	毁水柜3，转辙器2，道岔2，闸亭2，月台2，围墙数公尺，水管少许	伤水塔3，转车盘2，水泵1，毁水泵房、转车盘、闸楼各1，道岔2，付煤坑2，雨棚2，水管10余公尺

① 此表选自《广东年鉴》（3），1941年。

项目＼年度＼全线被空袭次数	民国 26 年	民国 27 年	民国 28 年	民国 29 年	民国 30 年
	119	721	113	75	118
运务损害 — 机车（辆）	伤 10，毁 1	出轨 3，伤 83，毁 15	出轨 2，伤 11	伤 5，毁废机车	伤 3
客车（辆）	毁 12	出轨 2，伤 18，毁 51	出轨 4，伤 13，毁 16	伤 7，毁 5	
货车（辆）	伤 5，毁 10	出轨`15，伤 168，毁 225	出轨 8，伤 6，毁 10	毁 1	出轨 4，震翻 2，毁 17
公务车（辆）	伤 1	伤 20，毁 11	出轨 1，毁 1	毁 1	
船只（只）		毁 1			
机厂车房	毁株洲机厂一部分，伤车房 1，毁翻砂厂 1，及棚厂 2	伤办公室、翻砂厂、修车厂、修车处、机器房、锅炉房、材料库、充电房、动力机各 1，车房 2，毁修车厂、修车棚各一部分，打更房、充电房、打磨房、木匠房、模样房、修车厂、修车房、修车鹏、电灯房、木厂、锅炉机器房、动力房各 1，坦克车 2，车房、打铁房各 3，废车 18，转盘一部分，煤厂墙 10 公尺		毁衡阳机务材料库、机车房、车房、办公室、修车房及曲江车房	震坏车房 1，毁修车房 1

项目 \ 年度	民国 26 年	民国 27 年	民国 28 年	民国 29 年	民国 30 年
全线被空袭次数	119	721	113	75	118
运务损害　其他		炸断电线 740 余档，电杆 40 余根，麦皮一堆，机油 18 桶，苎麻及军用品 1900 吨，备用轨 53 条，桥梁 3 座，机务材料库 4，材料厂 1，木厂 2，材料库 2，车油 20 桶，汽油车 1，商货车 6，军服子弹军用品车 6，汽车 6，伤吊车 1	毁轴油 5 桶，方木 18 根，曲江电话总线及调度电话	毁电线 380 余档，电杆 9 根	毁电线 90 余档
材料及其他损害		毁株洲材料库及衡阳材料库各一部分，又银盏坳存货微受损害		毁杉杆 70 根，道钉 200 枚，鱼尾板 30 块，螺丝 70 个，转辙器 2 座，道岔及岔枕 1 付，岔心夹 1 根，岔皮 1 付，围墙数公尺及油料	毁围墙 10 余公尺，月台 50 公尺，水管数公尺
附注	（1）本年度系自八月份起记 （2）所载空袭次数以确曾侵入本路上空者计之，下同				

（转录自广东省档案馆编：《日军侵略广东档案史料选编》，中国档案出版社 2005 年版，第 67—85 页）

11. 广东省赈济会1939年至1941年赈恤概况①

(1942年1月10日)

（一）发放赈品　省赈济会在廿八、廿九、三十各年发放赈品，有如下表所列：

发放年月	二十八年二月	二十八年十二月	二十九年一月	二十九年十二月	三十年一月
赈品名称	棉衣	棉衣	卫生衣	旧棉胎	棉背心
数量	33000件	13320件	210件	1219张	500件
受赈者	惠阳、博罗、乳源、龙门、南澳、东莞、清远、花县、从化、番禺、翁源、龙川、连平、宝安、乐昌、佛冈、增城、英德、始兴、连县、中山等县收容难民	琼崖各地逃居广州湾难民	暹罗等地被迫返至广州湾侨胞	妇女生产工作团、韶市义民招待所、龙坪义民移垦示范区、曲江收容所等机关收容难民	龙坪义民移垦示范区、韶市义民招待所、曲江县收容所等机关收容难民及韶关市区贫民

（二）医治伤病　省赈济会于廿八、廿九两年，共购置中西药品价值十二万六千元，除将一部分药品交医疗队带赴各战地医治伤病民兵外，其余则按实际需要，陆续酌发各赈济区、各县市局赈济会及与赈济有关之机关团体，以资医治伤病难民、贫民、灾民。计医疗队在三十年度共医治伤病民兵达一十一万三千四百十九人。

（三）举办平粜　省赈济会在廿八、廿九两年，拨发各地办理平粜款，有如下列：

---

① 题目为编者所加。

拨发年月	金　额	办理区域
二十八年五月	40000.00	第三赈济区所属各县
二十八年九月	20000.00	第七赈济区所属各县
二十八年九月	20000.00	第八赈济区所属各县
二十八年九月	3000.00	新丰县
二十九年四月	10000.00	顺德县
二十九年十月	60000.00	第五赈济区所属各县
二十九年十月	40000.00	第六赈济区所属各县

（四）灾害急赈　廿九、三十两年，省赈济会拨发各县风雨灾急赈款，有如下列：

拨发年月	金额	急赈区域
二十九年五月	4000.00	佛冈县
二十九年五月	4000.00	龙门县
二十九年五月	3000.00	南海县
二十九年五月	1500.00	翁源县
二十九年五月	1000.00	高明县
二十九年五月	10000.00	第五赈济区
二十九年七月	5000.00	惠阳县
二十九年七月	4000.00	博罗县
二十九年七月	3000.00	东莞县
二十九年七月	15000.00	宝安县
二十九年七月	7000.00	陆丰县
二十九年七月	6000.00	海丰县
二十九年七月	3000.00	惠来县
三十年七月	20000.00	第四赈济区
三十年七月	10000.00	饶平县
三十年七月	10000.00	澄海县
三十年七月	8000.00	揭阳县
三十年七月	8000.00	潮阳县
三十年七月	5000.00	丰顺县
三十年七月	3000.00	惠来县

拨发年月	金额	急赈区域
三十年七月	3000.00	潮安县
三十年七月	3000.00	普宁县
三十年七月	1000.00	南山管理局
三十年七月	2000.00	茂名县
三十年七月	2000.00	化县
三十年七月	1000.00	吴川县

（五）空袭赈恤　自三十年度起，各地遭受空袭者，均由省赈济会饬依照修正空袭急救办法，分别死者六十元、重伤者四十元、轻伤者三十元、二十元、一十元五种赈恤，至其损失情形，如下表所列：

三十年度敌机空袭粤省各县死伤损失统计

县别	空袭次数	死亡人数	受伤人数	毁屋间数
台山	4	11	31	5
恩平	4	4	13	18
曲江	22	136	427	601
清远	6	45	24	60
南雄	2	40	37	26
英德	4	9	7	31
从化	2	16	27	41
花县	12	14	28	7
高要	6	34	128	86
封川	1	5	29	40
高明	1	6	10	1
鹤山	5	5	11	61
四会	4	15	27	20
三水	33	59	122	154
惠阳	5	88	142	51
河源	1	3	1	100
宝安	1	3		20
东莞	3	18	24	163

县别	空袭次数	死亡人数	受伤人数	毁屋间数
增城	1	10	5	55
新丰	6	8	11	164
紫金	1	5	29	33
海丰	1	35	31	26
陆丰	1		2	3
澄海	1	2	2	
惠来	1	22	7	111
丰顺	2		6	
饶平	1	3	3	46
五华	1	5	9	
廉江	1	4		
徐闻	1	2		10
总计	134	605	1193	1933

1. 编制机关：广东省赈济会。

2. 材料来源：根据本省各县赈济会呈报（曲江县根据韶关空袭紧急救济联合办事处）

3. 制表日期：三十一年一月十日。

（六）战役抚济　省赈济会三年来办理较大战役之抚济，有如下所列：

抚济年月	战役名称	抚济经过
二十九年二月	粤北战役	由省赈济会拨发翁源、英德、清远三县临时抚济费各33000元，佛冈、新丰两县各23000元，花县、从化两县各21000元，龙门县18000元，增城县5000元，另由粤北战地各县赈济工作队共抚恤翁源、英德、清远、佛冈、新丰、花县、从化、龙门、增城等九县伤亡人民1857人，补助修建被焚炸房屋8995栋，补助购买耕牛4144头，入其他施赈案128宗，合计发放赈款547344.8元。

抚济年月	战役名称	抚济经过
二十九年五月	良口战役	由省赈济会拨发从化县临时施粥费 8000 元，另抚恤伤亡民众 374 人，共发赈款 6511 元。
三十年二月	芦苞战役	由省赈济会拨款 10000 元，饬由第三赈济区督同三水县赈济会办理抚济。
三十年三月	四邑、南路、东江战役	由省赈济会拨发第一赈济区赈款 45000 元，第三赈济区 5000 元，南路赈济区 60000 元，海丰、陆丰两县各 3000 元，惠阳县 5000 元，宝安县 2000 元，饬即分别督同各县办理抚济，另由中央拨款 1000000 元，派员南来分区施赈。
三十年五月	惠博战役	由省赈济会拨发第四赈济区 30000 元，饬即督同惠阳、博罗两县办理抚济。另由中央拨款 20000 元办理。
三十年十月	四邑、清远、芦苞战役	由省赈济会拨款 8000 元及由中央拨款 20000 元，派员办理清远县抚济，同时由省赈济会拨款 6000 元派员办理芦苞抚济，又由省赈济会拨款共 460000 元派员即赴台山、开平、新会等县办理抚济。

除上表所列之荦荦大者外，尚有由赈济会拨款办理小战役之抚济者，其汇计数目如下：

年度	拨发各区县抚济费汇计数
二十八年	600883 元
二十九年	799168 元
三十年	447724 元

（《广东年鉴》1942 年第 25 编，广东省档案馆馆藏档案，档案号 172 之三）

12. 顺德县均安市为方便所及育婴处呈请备案

（1942年10月17日）^①

呈为呈请备案事

窃属区自沦陷，满目荒凉，饥民饿殍遍地皆是。永南、圣初等目击心伤，不自度德，于本年七月在区内均安市纠合商人，筹建方便所兼育婴处。幸赖商会主任委员欧阳启初、欧阳锡馨两君出任领导，鼎力协助，故办事劝捐咸皆便利，略计筹办期内收埋路上大小遗骸共一千三百余具。现建所业已完竣，于九月十五日起收容路旁贫病无家可归者入所歇宿，或有死者则葬之于慈善家赠送本所之义墓。又试办育婴处，收容路旁弃孩并在附近各乡收容贫童，暂定六十名，限四岁至七岁无父母亲属者入所抚养。如将来图得荒地开垦时，再收七岁至十四岁者，教以种植以工代赈。至于建所之资、经常之费，全仗义捐月捐，以维现状。此办理仅具雏形之实情也。永南、圣初等方谓筹办工作已完，正宜善与人同让贤接续，讵市商又复推举永南为方便所兼育婴处正主任董事，圣初为副主任董事，再辞不获，迫得继续负责。为此理合备文，呈请察核，请予备案，更乞此后关于救济事项时加训令，俾有遵循，实叨德便。谨呈顺德县县长高。

第三区均安市方便所兼育婴处正主任董事　欧阳永南

副主任董事　欧阳圣初

（佛山市顺德区档案馆馆藏档案，档案号 1—4—2115）

---

① 此日期为顺德县政府收文日期。

13. 粤省各地遭受空袭死伤损失及抚慰情形统计表
(1943年)

二十八年至三十二年

县名	空袭次数	投弹总数	死伤人数			毁屋间数	抚慰情形	备注
			死亡	重伤	轻伤			
总计	662	9434	4196	2403	2535	7846	本会对于空袭紧急救济，经饬由各县市局邀集当地有关机关，依章组设空袭紧急救济联合办事处，凡遇空袭即依照空袭紧急办法分别办理救护、医疗、掩埋、抚恤各项救济事宜，计由廿八年二月至廿九年二月，死亡者每名给恤三十元，重伤者每名给恤廿元，轻伤者每名给恤十元。由廿九年三月至三十二年六月，死亡者每名给恤六十元，重伤者每名给恤四十元，轻伤者每名给恤十五元。由卅二年七月起死亡者每名给恤一百廿元，重伤者每名给恤八十元，轻伤者每名给恤卅元。又伤者除给恤外，另由联办处送交自行设置或特别给定之医院免费医疗，其因住所被炸，无地存身之人民，并立予收容给养，妥为安置。	本表所列数字系以据有报告者为限度，未据报者概未列入，合注明。
南海	3	119	4	1	2	33		
台山	23	326	186	172	181	78		
开平	8	160	9	2	8	67		
恩平	4	72	41	5	8	21		
曲江	32	678	353	419	263	2044		
南雄	8	154	49	21	37	101		
乐昌	8	171	71	21	39	73		
始兴	4	52	10	2	10	32		
仁化	3	27	12	4	8	14		
翁源	17	208	49	31	28	128		
英德	15	378	27	8	12	237		
乳源	2	19	9	5	8	35		
阳山	2	12	2	0	0	15		
佛冈	11	172	51	76	50	15		
清远	42	502	214	98	120	69		
花县	37	268	60	51	47	389		
从化	19	186	67	42	46	73		
高要	27	475	229	251	246	613		
广宁	1	2	3	1	1	1		
四会	48	605	119	72	49	442		
开建	1	15	25	17	12	47		
郁南	8	120	26	19	29	26		
新兴	12	75	97	52	89	24		

县名	空袭次数	投弹总数	死伤人数			毁屋间数	抚慰情形	备注
			死亡	重伤	轻伤			
罗定	11	150	79	41	108	94		
德庆	2	32	4	2	3	0		
云浮	3	45	3	2	6	1		
鹤山	8	120	37	27	30	51		
高明	5	75	25	21	18	21		
三水	18	429	67	34	41	424		
惠阳	13	251	223	342	252	347		
博罗	4	63	8	10	21	33		
海丰	8	124	109	72	49	188		
陆丰	3	45	0	3	1	66		
河源	5	65	57	12	17	344		
紫金	14	214	39	21	19	381		
新丰	12	180	28	31	19	472		
龙门	15	126	42	29	15	714		
东莞	7	115	50	21	47	225		
宝安	23	245	72	23	38	448		
增城	6	54	30	10	16	37		
潮安	6	105	95	22	47	137		
揭阳	3	34	24	19	23	84		
澄海	5	75	19	15	25	45		
饶平	3	45	5	1	2	46		
惠来	1	27	22	2	5	111		
丰顺	5	75	391	32	44	87		
兴宁	3	53	28	14	12	171		
梅县	2	37	4	1	1	30		
五华	4	72	21	15	19	178		
蕉岭	1	7	2	0	0	2		
龙川	15	224	39	12	33	79		
连平	6	90	37	16	28	261		

县名	空袭次数	投弹总数	死伤人数			毁屋间数	抚慰情形	备注
			死亡	重伤	轻伤			
和平	4	62	19	10	13	150		
茂名	3	49	16	2	6	177		
化县	2	118	0	2	3	56		
廉江	1	15	4	0	0	0		
阳春	3	44	10	6	8	16		
合浦	9	182	135	32	68	667		
灵山	18	216	38	12	8	115		
钦县	6	130	156	59	49	39		
防城	5	172	23	9	15	46		
海康	2	44	7	2	5	10		
徐闻	16	194	97	34	54	650		
梅菉	7	117	37	15	24	43		

1. 编制机关：广东省赈济会

2. 材料来源：根据本省各县赈济会呈报（曲江县根据韶关空袭紧急救济联合办事处）

3. 制表日期：卅二年　月

（中国第二历史档案馆馆藏档案，档案号二一 32338）

14. 广东省战区及收复灾害损失救济（节录）

（1944年）

（1）战役

1. 粤北战役：民二十九年元旦粤北战役告捷敌人退出之后，翁源、英德、清远、新丰、花县、从化、佛岗、龙门、增城等九县民众，伤亡离散，庐舍为墟。据省振济会统计，是役伤亡人民 1857 名，焚炸房屋 8995 栋，杀夺耕牛 4144 头。

2. 良口战役：二十九年五月敌寇再犯粤北，我军复于良口奏捷。据省振济会统计，是役死伤人民 374 人，房屋损失 1239 户，耕牛 798 头，学校被毁 1 所。

3. 惠阳、博罗等县战役：三十一年二月间，敌犯惠阳、博罗。据省振济会统计，博罗被焚房屋 241 间，死 1 人，伤 3 人，物资损失约 482400 余元。惠阳县被焚房屋 990 间，死者 300 人，受伤 75 人，物资损失约 28000000 余万元。

4. 从化战役：盘踞从化及附近之敌，经我军反攻，于二十一年八月间先后溃退。敌骑所至，庐舍成墟，人畜、物资损失浩大。据省振济会调查统计，从化民众被杀达 400 余人，房屋被焚千余间，耕牛被抢杀百余头，田禾失收二万余亩。

（2）空袭

据广东全省防空司令部及各县政府调查，广东省各县市局空袭损失统计：民二十六年，来袭敌机 1425 架，投弹 2362 枚，死亡 327 人，受伤 578 人，毁屋 851 间。二十七年，来袭敌机 7862 架，投弹 14461 枚，死亡 2272 人，受伤 4530 人，毁屋 3654 间。民二十八年，来袭敌机 7338 架，投弹 8065 枚，死亡 2089 人，受伤 3089 人，毁屋 6929 间。民二十九年空袭 429 次，来袭敌机 1461 架，投弹 4953 枚，死亡 1584 人，受伤 2079 人，毁屋 3681 间。三十年空袭 371 次，来袭敌机 1195 架，投弹 4016 枚，死亡 1127 人，受伤 1559 人，毁屋 2906 间。三十一年空袭 322 次，来袭敌机 701 架，投弹 2703 枚，死亡 684 人，受伤 1159 人，毁屋 1656 间。惟查广东省振济会所列《广东省各地自民二十八年至三十二年遭受空袭死伤损失及抚慰情形统计表》，空袭 662 次，投弹 9434 枚，死亡 4196 人，重伤 2403 人，轻伤 2535 人，毁屋 7846 间，而历次空袭灾案中，灾情为最惨重，盖该市精华损失泰半也。

（3）水灾

粤省近数年来几无岁不发生风雨巨灾。二十九年入夏，龙门、佛岗、翁源、高明以及韩江流域各县，雨水特多，惠阳、东莞、宝安、博罗、海丰、陆丰等县风雨大作，均致山洪暴发，冲毁基围，伤害人畜，灾情颇重。三十年秋，东江之惠阳、博罗、河源、海丰、陆丰、惠来、潮安、揭阳、潮阳、普宁、饶平、澄海、南山以及南路之茂名、化县、吴川等地，相继遭受水灾，人畜、物资损失惨重。三十一年，曲江、始兴、连县、佛冈、阳山、连山、英德、清远、花县、从化、乳源、仁化、番禺、恩平、三水、广宁、南海、四会、德庆、博罗、龙门、惠阳、增城、新丰、海丰、潮阳、惠来、南山、龙州、兴宁、海康、韶关等县市局均遭风雨灾害。七月间又复淫雨绵绵，山洪涨大，相继成灾，堤岸崩溃，屋宇、田园、人畜、禾稼损失难以数计。总上所述，可知广东省各县市局于二十九、三十及三十一年，三年以来频遭风水灾害，损失惨重。但程度如何，数字若干？无论政府机关暨中外救济团体，均未切实调查，详确统计。

（4）旱灾

查三十二年春夏之间，广东省各县亢旱不雨，田园龟裂，稻禾枯焦，什粮不长，人民不甘坐以待毙，卖尽家中物品相率逃外求生，筐挑儿女，沿途叫卖，颠沛流离，惨情实难言状。

（5）粮荒

广东原属缺粮省份，平时胥赖洋米内运，以资维持。但自广州沦陷，沿海各地均遭敌人封锁，洋米来源顿告断绝，益以连年水旱为灾，农产歉收，各地难民、侨胞内移络绎，且交通梗塞，运输不便，以致三十二年春夏之间青黄不接之际，米价飞涨，酿成空前粮荒，而以东江之海陆丰、惠来、惠阳、西江之四邑为甚。一、四、五、六区之其他各县次之。闽粤赣边区总司令部以东区因旱成灾，流亡载途死伤枕藉，鬻子拆骸之事迭次发生，灾情过后，痛定思痛，是不能不追咎于人事之未周。为亡羊补牢、惩前毖后起见，该部特制表件，调查各地被灾实况，计饿毙人数：惠来102426人，陆丰仅第三区即51273人，海丰40221人，潮安约30000人，饶平约50000人，丰顺第一、二两区约二千人。饥民人数：惠来241564人，海丰约160000人，潮安约200000人，饶平约120000人，丰顺159600人。迁移他省难民：海丰12244人，陆丰仅第三区即9802人，丰顺3821人，惠来500人。至于米价飞涨之惊人，民众以米皮糠、蔬菜、番薯叶、蕨薇、土茯苓、蕉树等物充饥，甚且烹婴食孩之特别惨痛情形，更非笔墨所能形容也。

（6）其他

查粤省抗战以来，除上列各项灾害外，尚有民三十一年秋之蝗灾，以及三十二年夏之霍乱症，为害田禾，损失人口。

（中国第二历史档案馆馆藏档案，档案号二一32338）

15. 广东各县抗战以来财产遭受直接损失统计表

（1944年）

县别	共计	建筑物	器具	现款	财物	运输工具	古玩书籍	医药用品	其他
从化	288125	264301	2082	19142	2600	—	—	—	
连平	48942	32000	1500	7242	8200	—	—	—	
乐昌	49586	43200	120	5000	1266	—	—	—	
阳春									
南雄	18520	16700	320	1300	200	—	—	—	
郁南	7600	2500	100	—	—	5000			
龙川	40950	3200	750	35000	2000				
广宁									
连山									
新丰									
连县									
仁化									
清远	81960	81960	—	—	—	—	—	—	
阳山	4557	4337	—	—	120				100
海丰	18318	4500	—	—	78	13500	—	—	240

广东省各县抗战以来财产遭受直接损失统计表

县别	共计	建筑物	器具	现款	财物	运输工具	古玩书籍	医药用品	其他
从化	168200	98040	12800	15360	42000	—	—	—	
连平	23500	13000	1340	6060	2500	—	—	600	
乐昌	83200	73200	—	2000	8000	—	—	—	
阳春	99190	87600	2100	3200	6290	—	—	—	

县别	共计	建筑物	器具	现款	财物	运输工具	古玩书籍	医药用品	其他
南雄	9770	4320	170	2880	1900	—	—	—	
仁化	28720	28400	320	—	—	—	—	—	
郁南	2000	—	—	—	—	2000			
龙川	84400①	1200	120	1320	5800	—			
广宁	21300	8000	2400	900	10000	—			
连山									
新丰									
博罗	12869900	5046043	19217	300840	7503800	—			
饶平									
连县	274093	274093	—	—	—	—			
清远	42600	—	42600	—	—	—			
龙门	2670000	2320000	—	—	—	—	—	—	350000
和平	17664	12321	1668	—	961	—	25	—	2639
阳山	277	277							
海丰	485665	56700	—	—	344360	54605			

广东省各县抗战以来财产遭受直接损失统计表

民廿八年

县别	共计	建筑物	器具	现款	财物	运输工具	古玩书籍	医药用品	其他
从化	49547	26000	1347	15500	6700	—	—	—	
连平	58350	43300	130	9890	5030	—	—	—	
乐昌									
阳春	5600	2400	—	—	3200	—	—	—	
南雄	61400	50000	200	6880	4320	—	—	—	
仁化									
郁南	6200	2000	3200	1000	—	—	—	—	

① 按表格所列数字计算，龙川共计数字应为8440，和平共计数字应为17614，海丰共计数字应为455655。

县别	共计	建筑物	器具	现款	财物	运输工具	古玩书籍	医药用品	其他
龙川	8320	1300	100	5600	1320	—	—	—	
广宁	102826	44536	42430	13360	2500	—	—	—	
连山									
新丰	131135	83200	435	17500	30000	—	—	—	
博罗									
饶平	126875	124385	380	—	—	1590	120	—	400
连县	137042	137042	—	—	—				
新兴	14987	14595	392						
清远	3614500	3614500							
封川	9863	8125	240	—	—	—	420	—	1078
龙门	4360924	1276074	—	—	—	—	—	—	3084850
梅菉	221606	206000	6010	2790	3970	—	1000	—	1836
阳山	4420	4060	—	—	360	—	—	—	
海丰	983300	126010	26000	30150	17160	776480	—		7500
廉江	97500	54000	11000	—	15500	—	1000	1000	15000

广东省各县抗战以来财产遭受直接损失统计表

民廿九年

县别	共计	建筑物	器具	现款	财物	运输工具	古玩书籍	医药用品	其他
从化	90550	78430	2800	3320	6000	—	—	—	
连平	100620	3120	1400	10000	86100	—	—	—	
乐昌	6750	—	—	6750		—	—	—	
阳春	6586	2190	—	2396	2000	—	—	—	
南雄	181770	35000	—	21700	125070	—	—	—	
仁化									
郁南	50000	50000	—	—	—	—	—	—	
龙川	23790	1320	870	19600	2000	—	—	—	
广宁	14290	8500	120	4350	1320				

县别	共计	建筑物	器具	现款	财物	运输工具	古玩书籍	医药用品	其他
连山	2220	—	—	—	2220	—	—	—	
新丰	263600	48000	7800	17000	190800	—	—	—	
博罗									
饶平	45705	45705	—	—	—	—	—	—	
连县									
清远	6938231	6938231	—	—	—	—	—	—	
龙门	50000	50000							
梅菉	23031	15600	565	160	2426	2700	—	—	1580
海丰	1412239	718280	16892	—	13902	657500	—	—	5665
廉江	336500	80000	29000	3500	190000	6000	2000	—	26000

广东省各县抗战以来财产遭受直接损失统计表

民卅年

县别	共计	建筑物	器具	现款	财物	运输工具	古玩书籍	医药用品	其他
从化	62300	33600	3000	14800	3200	7000	—	700	
连平	7750	5600	1400	500	250	—	—	—	
乐昌	45500	32500	—	8000	5000	—	—	—	
阳春	15690	3200	120	11140	1230	—	—	—	
南雄	75750	10000	750	42000	2000	21000	—	—	
仁化									
郁南	6000	—	—	—	—	6000	—	—	
龙川	12600	3200	75	8000	1325	—	—	—	
广宁	26980	4300	2300	17800	2580	—	—	—	
连山	4000	—	—	—	4000	—	—	—	
新丰	47500	43200	500	2500	1300	—	—	—	
博罗	5168612①	4089641	190	960846	117940	—	—	—	

---

① 按表格所列数字计算，博罗共计数字应为5168617。

县别	共计	建筑物	器具	现款	财物	运输工具	古玩书籍	医药用品	其他
饶平	19600①	19660	—	—	—	—	—	—	—
连县									
清远	2853000	2853000	—	—	—	—	—	—	—
封川	37254	24290	4571	200				2795	5398
龙门	207160	188570					—	—	18590
紫金	494000	360000	90000	2000	—	—	1500	—	40500
阳江	31054600	16161600	—	—	14634000	259000			
赤溪	581587	392101	61322	18213	102296	—	4022	825	2808
海丰	3724659	1015645	499332	2975	2114814	63280	—	3000	25613
廉江	1094300	351300	163000	50000	387000	1000	16000	—	126000

广东省各县抗战以来财产遭受直接损失统计表

民卅一年

县别	共计	建筑物	器具	现款	财物	运输工具	古玩书籍	医药用品	其他
从化	1284620	1259600	2320	15600	1500	4800	—	800	
连平	60500	55400	1300	1000	2800	—	—	—	
乐昌	866000	832000	—	9000	25000	—	—	—	
阳春									
仁化									
南雄	1264225	1255000	1725	—	—	7500	—	—	
郁南	3500	—				3500	—	—	
龙川	8830	3200	130	4200	1300	—	—	—	
广宁	26120	4300	120	19200	2500	—	—	—	
连山									
新丰	68220②	56000	2300	5600	4300	—	—	—	

① 表内饶平两个数字不一致，档案原文如此。

② 按表格所列数字计算，新丰共计数字应为68200，博罗共计数字应为1654887。

县别	共计	建筑物	器具	现款	财物	运输工具	古玩书籍	医药用品	其他
博罗	1654895	1205430	12410	76207	360840	—	—		
饶平	81815	81815	—	—	—	—	—	—	
连县									
清远	4316621	4316621	—	—	—	—	—	—	
龙门	204400	204400							
赤溪	1202737	428066	197067	37506	270314	—	9560	—	260224
海丰	47850	47850							

资料来源：广东省社会处

（中国第二历史档案馆馆藏档案，档案号二一32338）

16. 广东省各县抗战以来财产遭受间接损失统计表

(1944年)

县别	共计	迁移费	防空设备费	疏散费	救济费	抚恤费	可能生产额减少	可获纯利额减少	其他
从化	3200	2000	1200	—	—	—	—	—	
连平	524840①	3200	4800	1100	5080	3110	507600		
乐昌									
阳春	888320	350000	1200	4320	—	—	230000	302800	
南雄									
仁化	100	—	—	—	—	100	—	—	
郁南	343472	95400	3200		1800	3820	1817000	1513500	
龙川	117330	3200	1130	4300	3000	5700	17000	83000	
广宁	900	700	200						
连山	5500	—					5500		
新丰	32000	2800	43200	7000	—		187000	80000	
博罗	944643	943	5000	3850	4300	6550	640000	284000	
饶平	—	—	—	—	—	—	—	—	
连县	9710	—	—	—	4030	5680	—	—	
龙门	232698	15681	16977	200000	—	40			

广东省各县抗战以来财产遭受间接损失统计表

县别	共计	迁移费	防空设备费	疏散费	救济费	抚恤费	可能生产额减少	可获纯利额减少	其他
从化									
连平	106160	3200	3680	1950	2300	3600	48230	43200	—
乐昌									
阳春	178760	4040	1500	2300	—	—	72000	98920	

① 按表格所列数字计算，连平共计数字应为524890，郁南共计数字应为3434720。

县别	共计	迁移费	防空设备费	疏散费	救济费	抚恤费	可能生产额减少	可获纯利额减少	其他
南雄	5772	5772	—	—	—	—			
郁南	1585680	3280	1000	3600	7000	6800	1132000	432000	
仁化									
龙川	151900	7000	300	—	—	—	111800	32800	
广宁	950	300	650	—	—	—	—	—	
连山	5580①	—	—	—	—	—	1800	3700	
新丰	36400	36400	—	—	—	—			
博罗	97040	—	3400	—	840	1400	74000	17400	
饶平	5886	—	983	—	—	5003			
连县	9394	—	—	—	5068	4326			
新兴	1007	435	192	200	146	33	—	—	
封川	2215	—	—	—	1840	375			
龙门	628300	30000	7000	300000	19000	2300			
廉江	18000	6000	2000	—	—	—	—	—	10000

广东省各县抗战以来财产遭受间接损失统计表

民廿九年

县别	共计	迁移费	防空设备费	疏散费	救济费	抚恤费	可能生产额减少	可获纯利额减少	其他
从化	11200	10000	1200	—	—	—			
连平	362950	6590	1600	560	3200	2800	113200	235000	
乐昌									
阳春	33840	2280	1500	—	—	—	18920	11140	
南雄									
仁化									
郁南	2584800	—	32000	—			123800	2429000	
龙川	136400②	4320	300	700	—		13200	70000	

---

① 按照表内数字计算，连山共计数字应为5500，饶平共计数字应为5986，新兴共计数字应为1006，龙门共计数字应为358300。

② 按表格所列数字计算，龙川共计数字应为88520，新兴共计数字应为1791，龙门共计数字应为90250。

县别	共计	迁移费	防空设备费	疏散费	救济费	抚恤费	可能生产额减少	可获纯利额减少	其他
广宁	44700	7800	3000	1000	700	2000	18200	12000	
连山	299180	—	—	—	—	—	299180	—	
新丰	10439	—	—	10439	—	—			
博罗	122610	—	4000	—	1340	2170	94300	20800	
饶平	1416	—	1296	—	—	120	—	—	
连县									
新兴	1793	372	267	145	831	176			
龙门	27250	—	70000	20，000	—	250			
廉江	577000	24000	1000	—	—	2000			550000

广东省各县抗战以来财产遭受间接损失统计表

民卅年

县别	共计	迁移费	防空设备费	疏散费	救济费	抚恤费	可能生产额减少	可获纯利额减少	其他
从化									
连平	207630	—	38200	3210	7820	2000	113200	43200	
乐昌									
阳春	1468386①	380586	—	8000	—	—	380000	700000	
南雄									
仁化									
郁南									
龙川	147490	1200	4320	770	—	—	63200	78000	
广宁	169000	6800	900	200	100	—	50000	111000	
连山	22230	—	—	—	—	—	22230		
新丰	1434	—	—	1434	—	—			
博罗	577613	1944	2000	8104	15762	8403	354000	187400	
饶平	26730	11363	216	—	15151	—			
连县									
新兴	2752	136	124	154	2220	117			

① 按表格所列数字计算，阳春共计数字应为1468586，新兴共计数字应为2751，龙门共计数字应为24160。

县别	共计	迁移费	防空设备费	疏散费	救济费	抚恤费	可能生产额减少	可获纯利额减少	其他
封川	5688	—	—	—	2838	2850			
龙门	24760	10000	3000	10000	—	1160	—	—	
赤溪	180	180							
廉江	534950	20000	—		—	14950			500000

广东省各县抗战以来财产遭受间接损失统计表

民卅一年

县别	共计	迁移费	防空设备费	疏散费	救济费	抚恤费	可能生产额减少	可获纯利额减少	其他
从化	12180	8000	—	4180	—	—	—	—	
连平	7328	—	—	6328	1000	—	—	—	
乐昌									
阳春	142150	4320	830	7000				130000	
南雄									
仁化									
郁南									
龙川	47300	300	700	500	—	—	17800	28000	
广宁	72200	—	2000	1000	—	—	13200	56000	
连山	58000	—	—	—	—	—	10580	47420	
新丰	4480	—	—	4480					
博罗	779433	2898	1800	1810	2400	10885	448700	310940	
饶平	3400	1400	—	—	2000	—	—	—	
连县									
新兴	8221①	588	213	87	6337	995	—	—	
龙门	84190	3000	80000	—	1190	—	—	—	
赤溪	750	750	—	—					

资料来源：广东省社会处

（中国第二历史档案馆馆藏档案，档案号二一 32338）

---

① 按表格所列数字计算，新兴共计数字应为8220。

17. 广东省省营各工厂抗战以来遭受直接损失汇报表

（1944年3月）

资料时限：26—31 年

年度别	事件	日期	地点	损失项目	单位	数量	价值	备注
总计							78592000	
二十七年	广州沦陷炸毁	十月	广州河南	全部损失			500000	左列损失系河南土敏土厂
二十七年	同上	同上	广州西村	同上			7700000	左列损失系西村土敏土厂
二十七年	同上	同上	广州市头	同上			8046000	左列损失系市头糖厂
二十七年	同上	同上	广州市	同上			2229000	左列损失系新造糖厂
二十七年	同上	同上	顺德	同上			3811000	左列损失系顺德糖厂
二十七年	广州沦陷	同上	广州	同上			2200000	左列损失系硫酸苏打厂
二十七年	同上	同上	同上	同上			1155000	左列损失系饮料厂
二十七年	广州沦陷后将机器拆运香港后港九沦陷	同上	揭阳	同上			2613000	左列损失系揭阳糖厂
二十七年	广州沦陷	同上	广州河南	同上			5334000	左列损失系纺织厂
二十七年	广州沦陷被敌机轰炸拆运广州湾并内地	同上	梅菉	局部损失			200000	左列损失系麻织厂
二十七年	□□沦陷	同上	同上	全部损失			1150000	左列损失系广东制币厂

年度别	事件	日期	地点	损失项目	单位	数量	价值	备注
二十七年	同上	同上	同上	同上			4804000	左列损失系肥料厂
二十七年	同上	同上		局部损失			550000	左列损失系工业试验所书籍、仪器价值
二十七年	同上	同上		全部损失			25000000	左列损失系河南各仓各厂所存成品、原料并太古仓所存原料等估计约数
二十七年	同上	同上	惠州	同上			2300000	左列损失系惠州糖厂，由第一集团军主办
二十七年	同上		东莞	同上			1200000	左列损失系东莞糖厂，由第一集团军主办
								以上各厂损失数系创办资本，其全部□产因档案散失，一时尚待查考，此外尚有□□□□□及不属本厅主管电灯厂、自来水厂、平潭糖厂等损失其数目亦无案可稽，惟估计前者，省营各厂损失最少亦达一万万元以上，□数均系以抗战前币值计，合注明

填报日期：民国三十三年三月　日　填报员　（签名盖章）　主管长官　（盖章）

（广东省档案馆馆藏档案，档案号6—2—36）

18. 普宁县商会致广东省政府电

(1945年1月)

普宁县商会快邮代电

急分送第七战区司令长官余、广东省政府主席李、广东财政厅长张、广东税务局长吴、广东第五行政督察专员陈钧鉴：

矮寇陷揭后玄月珊晨又以步骑各兵由揭属三洲进犯，普城团队单薄致遭沦陷。至巧晨因我军攻揭及团队准备反攻始行撤退，住城三昼夜奸房枪杀无毒不施，除住民损失未记外，商场物资被其洗劫者七百余万元。伏念普城僻处偏隅，著名瘠苦，所积计资置购货物因敌突来以致未能完全疏散，今被洗劫十室十空，号寒啼饥惨不忍睹。况去年米荒残黎正在设法救济，本年早造又遭水患，晚造又受风灾，节经乡镇保长先后报请勘呈有案。今又遭斯荼毒，言之宁不悲□□□既难挽回，补救急宜施措，否则残余灾民不尽死于寇手当必□□□特哀叩钧座准将普城商号应完三十一三十二三十三等之三年所应得税及三十三年十一月份至三十四年十月份之营业税准予豁免征收，以便各商民徐图恢复。倘不允为救济，则灾余残黎离散无归灾害益重，非特民所难堪，亦为宪所不忍望。钧座怜之再本件先于十二月巧日电报战区长座、省府主座、五区专座各在案合并陈明。

普宁县城商会主席方俊于江叩

附商号损失统计表乙份

普宁县城商店遭敌损失统计表

中华民国三十四年一月　　　　　　普宁商会主席方俊　报

种类	衣服	棉被	布匹	粮食	牲畜	金银	油类	货物	用具	其他
价值	370150.00	748700.00	220350.00	450520.00	37800.00	206136.00	940565.00	2776425.00	283340.00	202200.00
备考	商号店间及用具被毁坏者计一百余万元在外再此项统计表系照实在情形查报合并陈明。									
合计	国币六百三十三万六千一百八十六元零角零分									

19. 广州市抗战财产损失统计表

(1945年9月25日)

类别	损失时价值（国币元）		
	合计	直接损失	间接损失
总计	192651727955	86670854067	105980873888
府属各机关学校	14899849778	7167365629	7732484149
市营事业	14709656456	5201318481	9508337975
私立小学校	117556730	107296730	10260000
民营事业	90662860764	1933069000	88729791764
各社团	1504722359	1504722359	
市民财产	70757081868	70757801868	
资料来源：根据卅四年九月起至卅五年九月止府属各机关学校社团及市民之报告汇编			

绘制年月：三十五年九月廿五日　　绘制机关：广州市政府统计室

20. 惠来县自1937年至1945年6月遭受日寇轰炸蹂躏
人口物资损失调查表①

（1945年10月）

类别	数目	地区	第一区	第二区	第三区	第四区	合　计
人口	伤	男	100	641	14	9	764
		女	38	454	3	1	496
	亡	男	189	2158	46	5	2398
		女	119	668	21	2	810
住宅	数额（座）		338	449	290	257	1374
	价值（元）		30033000	31600475	29225000	7049000	97907675
庙宇	数额（座）		46	40	32		118
	价值（元）		9321000	1710000	12320000		23351000
公共建筑物	数额（座）		21	1445	6	1	1473
	价值（元）		4872200	2944700	3050000	2000000	57726200
交通工具	数额（件）		16	1769	99	637	2521
	价值（元）		1388000	5554595	3750000	30100	10993595
田亩	数额（亩）		23	157	890	321	1391
	价值（元）		203000	1395000	7620000	3165300	12383300
园地	数额（亩）		44	153	688	198	1083
	价值（元）		267000	1515000	2688000	1101800	5572800
出产品	数额（担）		190190	195889	2014	25549	413647
	价值（元）		196481048	31310355	31687500	64157400	323636303
物资	数额（件）		35961	671250	2659	9087	718957
	价值（元）		213628542	80187187	61270000	77638750	432724479
矿产	数额（升）			6000		5000	11000
	价值（元）			30000		1000000	1300000

填查机关：惠来县政府　县长：陈宏溁

（汕头市档案馆馆藏档案，档案号1—1—275）

---

① 为便于辑录原档案，编者对表格结构稍作了调整。

21. 救济与抗战损失①

(1945年10月)

表77：振济费收入（民国二十八年至三十二年）　　　　　　　　单位：国币元

年度别	共　　计	中央拨款	省府拨款	国内机关团体私人捐款	国外华侨捐款	其他(1)
总　计	41043427.35	16226853.35	6085359.25	2103784.85	16390343.52	237086.38
二十八年	1403029.21	492486.09	72.24	381.05	910089.83	——
二十九年	4432442.41	1279249.60	166971.01	41545.43	2944676.37	——
三十年	6235036.87	233463.87	360000.00	56150.05	5494919.42	90503.53
三十一年	4917996.80	1351653.79	2758316.00	370068.99	436628.02	1330.00
三十二年	24054922.06	12870000.00	2800000.00	1635639.33	6604029.88	145252.85

说明：(1)「其他」栏系租金等项收入。

表78：振济费支出（民国二十八年至三十二年）　　　　　　　　单位：国币元

年度别	共计	急振费	拨助费	收容所给养费	医药费	指捐救济伤兵难民费
总　计	31513653.03	9762134.65	3353849.43	191041.26	162813.87	3338137.17
廿八年	1286390.21	15019.50	893778.53	53339.47	3103.99	29063.55
廿九年	3557258.39	11781.00	1209920.25	35282.14	106314.89	40581.50
三十年	4955978.81	163978.25	495595.40	96088.31	44103.64	203111.30
卅一年	4939761.97	25195.90	181504.90	6331.34	5586.85	528581.36
卅二年	16774263.65	9573160.00	573050.35	——	3705.00	2576799.46

年度别	平杂费	训练费	生产事业费	运费	电汇及宣达费	其他(1)
总　计	240812.14	7706557.31	1375159.15	211069.87	14028.16	5113050.02
廿八年	80072.24	46754.35	10335.00	9701.24	12965.01	132257.33
廿九年	110739.90	905133.16	287435.93	9523.13	469.60	840077.39
三十年	——	1111244.96	896699.53	61444.23	289.60	1905428.44
卅一年	50000.00	2599647.64	148303.95	6905.67	284.75	1387395.56
卅二年	——	3043777.20	32384.74	123495.60	308.80	847891.30

材料来源：根据广东省振济委员会所送资料编制。

说明：(1)「其他」栏系包括振济事业费，印刷费，修理费等。

---

① 题目为编者所加。

表 79：各县收容所收容难民人数及救济费（民国三十二年度）

区县别	上年内收容人数	本年收容人数(1)	本年出所人数				现有人数	全年支出救济费(2)（国币元）
			死亡	自动出所	资遣	介绍职业		
总　计	409	4729	288	1187	2439	53	1181	904950.60
第三赈济区	213	226	28	181	68	—	162	167301.40(3)
南　海	8	22	—	—	17	—	13	64738.00
新　会	45	92	18	101	—	—	18	14385.50
赤　溪	—	4	—	2	—	—	2	101.60
仁　化	—	94	—	—	94	—	—	496.00
连　县	3	15	—	9	1	8	—	601.70
高　要	17	6	—	10	7	—	6	378.00
四　会	45	9	11	24	1	—	28	18928.00
开　建	—	15	—	—	15	—	—	101.60
封　川	—	19	—	16	3	—	—	73.00
罗　定	—	25	—	—	21	—	5	3336.00
云　浮	—	13	11	—	2	—	—	442.00
鹤　山	51	109	16	26	17	—	101	36362.79
高　明	27	364	18	98	46	39	190	7236.84
海　丰	—	759	113	12	489	4	141	203491.80
新　丰	—	57	—	—	57	—	—	232.00
龙　门	—	28	—	—	28	—	—	74.00
东　莞	—	184	—	—	—	—	184	—
潮　安	—	38	14	—	4	1	19	3217.10
兴　宁	—	1557	25	283	1043	—	206	373334.37
连　平	—	116	1	—	41	—	74	962.00
茂　名	—	111	—	—	111	—	—	812.00
化　县	—	201	—	196	5	—	—	1031.50
阳　江	—	39	28	—	—	—	11	—
阳　春	—	40	—	4	36	—	—	329.30
钦　县	—	395	5	35	333	1	21	3985.30
灵　山	—	190	—	190	—	—	—	2998.80

材料来源：根据广东省振济会所送资料编制。

说明：（1）各区县收养难童难婴人数未列入内。

（2）支出救济费一栏，系包括难民资遣、膳食、医药、掩埋费等。

（3）第三赈济区另米 1092.7 司斤未列入内。

表80：各县难民免费用膳（民国三十二年度）

县别	免费用膳人数			全年支出膳费（国币元）
	共 计	男	女	
总　计	2041952	1223360	818592	3976427.55
南　海	5705	2496	3209	31153.00
新　会	2725	1520	1205	90349.92[1]
赤　溪	7120	4031	3089	33995.77
乐　昌	3800	2170	1630	16600.00
翁　源	166	104	62	3000.00
始　兴	9414	1607	7807	6733.90
花　县	100500	30200	70300	55000.00
高　要	42000	20000	22000	12000.00
广　宁	233880	123049	110831	60400.00[2]
四　会	2150	1023	1127	232000.00
开　建	……	……	……	10400.00
封　川	446	233	213	840.00
罗　定	12135	6888	5247	49390.50
云　浮	1728	1052	676	1000.00[3]
鹤　山	15905	8380	7525	37800.00
三　水	5809	2343	3466	12232.50
陆　丰	1566789	1006089	560700	2395824.76
龙　门	400	259	141	7785.20
东　莞	184	102	82	368.00
茂　名	30368	11326	19042	904050.00
阳　春	728	488	240	15504.00[4]

材料来源：根据广东省振济会所送资料编制。

说　明：（1）新会县另米2704.5司斤未列入内。

（2）广宁县另谷300市石未列入内。

（3）云浮县另谷1000司斤，米1115司斤未列入内。

（4）阳春县另米6360.4市斤未列入内。

表 81：战地难民难童安置（民国二十八年至三十二年）

安 置 方 法	人 数
总　计	9300
送妇女生产团	372
送儿童教养院	6936
送儿童保育院	923
送少年教养院	92
送曲江收容所	147
送托儿所	16
送各垦殖区	338
介绍职业	185
家属领回	174
其他[1]	117

材料来源：根据广东省振济会所送资料编制

说明：（1）【其他】栏系中途领回、私逃与死亡等项。

表 82：各县人民战时死伤振恤（民国三十二年度）

县别	振恤人数			恤金数（国币元）	临时急振	
	死亡	重伤	轻伤		人数	款数（国币元）
总　计	79	111	74	23646	568	16000
南　海	20	50	36	3100	448	14500
新　会	—	—	—	—	120	1500
从　化	10	6	6	480	—	—
四　会	1	4	—	5000	—	—
鹤　山	9	16	23	13000	—	—
东　莞	22	18	9	680	—	—
饶　平	12	17	—	850	—	—
灵　山	5	—	—	536	—	—

材料来源：根据广东省振济会送资料编制。

表83：敌机空袭伤亡振恤（民国三十二年度）

县别	振恤人数			恤金数（国币元）
	死亡	重伤	轻伤	
总　计	164	104	97	17520
乐　昌	5	2	4	735
英　德	1	—	3	60
佛　岗	10	2	4	1435
清　远	16	5	4	620
从　化	3	7	10	930
高　要	22	27	10	2400
四　会	9	8	5	955
鹤　山	9	4	2	795
三　水	5	2	1	325
博　罗	—	—	4	40
龙　门	26	5	17	1820
潮　安	13	3	24	2310
茂　名	29	30	9	3300

材料来源：根据广东省振济会所送资料编制。

表98：人口伤亡（民国二十六年至三十三年）　　　　单位：人

年　别	合　计	重　伤	轻　伤	死　亡
总　计	18740	6949	1855	9936
二十六年	424	38	57	329
二十七年	2523	656	241	1626
二十八年	4970	1654	579	2737
二十九年	4655	2361	285	2009
三　十　年	3217	1552	406	1259
三十一年	1963	360	205	1398
三十二年	556	272	66	218
三十三年	432	56	16	360

表99：财产直接损失（民国二十六年至三十三年）

项　别	价　值　（国币元）
总　　　计	500929401.76
建　筑　物	283218704.78
器　具	17940187.41
现　款	27151523.48
图　书	700899.00
仪　器	9538727.29
医　药　用　品	867176.00
其　他	161512183.80

表100：财产间接损失（民国二十六年至三十三年）

项　别	数　额（国币元）
总　　　计	53091855.00
迁　移　费	2022942.00
防　空　设　备　费	643450.00
疏　散　费	850265.00
救　济　费	456789.00
抚　恤　费	80235.00
可能生产额减少	28648546.00
可获纯利额减少	19435268.00
其　他	954360.00

表101：医药及埋葬费用（民国二十六年至三十三年）单位：国币元

年　别	合　计	医　药	埋　葬
总　　计	919467.53	249336.53	670131.00
二十六年	170.00	20.00	150.00
二十七年	148807.00	41715.00	107092.00
二十八年	76502.53	23462.53	53040.00
二十九年	25604.00	11064.00	14540.00
三十年	277369.00	30869.00	246500.00
三十一年	46295.00	15486.00	30809.00
三十二年	18720.00	3720.00	15000.00
三十三年	326000.00	123000.00	203000.00

材料来源：根据各县局填报抗战损失调查资料编制。

说明：

（一）本类各年数字系下列各县局资料，其有遭受损失而未据报或无从查报者概未列入。

（1）二十六年根据清远、乐昌、阳山、海丰、蕉岭五县。

（2）二十七年根据从化、龙门、清远、德庆、云浮、始兴、乐昌、连县、乳源、仁化、阳山、博罗、海丰、河源、和平、广宁、开平、电白、连平、郁南、丰顺、四会、五华、阳春等二十四县。

（3）二十八年根据番禺、龙门、清远、广宁、封川、罗定、新兴、乐昌、新丰、海丰、河源、潮阳、潮安、饶平、蕉岭、电白、廉江、阳山、佛岗、梅菉局、连平、郁南、普宁、丰顺、四会、化县、开建、高要、兴宁等二十九县（局）。

（4）二十九及三十年根据清远、番禺、从化、龙门、佛岗、开建、乐昌、潮安、海丰、饶平、廉江、灵山、阳春、梅菉局、普宁、丰顺、四会、化县、河源、高要、兴宁、阳江、电白、赤溪、博罗、新丰、紫金、开平等二十八县（局）。

（5）三十一年根据从化、龙门、清远、赤溪、乐昌、博罗、海丰、潮安、饶平、兴宁、四会、河源等十二县。

（6）三十二年根据从化、增城、佛岗、潮安、新兴、乐昌、廉江、电白、合浦、信宜、丰顺、四会、高明、化县、龙门、河源、高要、兴宁等十八县。

（7）三十三年根据清远、南雄、阳山、罗定、潮安、开建、化县、恩平、高要等九县。

（二）尚未汇报资料之县市，计有中山、顺德、新会、曲江、花县、翁源、连山、南海、三水、东莞、惠阳、宝安、澄海、惠来、茂名、吴川、海康、遂溪、徐闻、鹤山、广州市、汕头市及海南岛各县。

（三）直接损失之价值，系以损失时价值计算。

表 102　敌机空袭各县死伤人数及毁屋数（民国三十二年度）

类　别	突袭次数	投弹总数	死 伤 人 数			毁屋间数
			死　亡	重　伤	轻　伤	
总　计	101	2442	677	525	488	3744
曲　江	11	587	169	114	147	1909
南　雄	1	34	23	13	6	43
乐　昌	2	75	46	28	53	83

类 别	突袭次数	投弹总数	死 伤 人 数			毁屋间数
			死 亡	重 伤	轻 伤	
翁 源	1	18	20	14	20	15
英 德	1	4	1	—	3	11
佛 冈	2	50	12	25	4	110
清 远	21	302	25	36	9	233
从 化	5	162	5	7	10	78
高 要	6	69	27	30	20	122
广 宁	1	2	3	—	—	
四 会	7	157	43	40	32	76
新 兴	4	34	30	29	31	86
鹤 山	2	36	9	3	5	31
高 明	5	122	22	53	—	99
三 水	9	165	38	6	6	32
惠 阳	1	70	12	12	—	120
博 罗	1	11	—	1	1	2
河 源	1	15	37	11	—	112
紫 金	1	5	2	3	—	5
龙 门	2	83	13	5	62	43
增 城	2	110	9	9	12	—
潮 安	2	15	34	34	26	92
揭 阳	1	4	14	9	13	4
澄 海	1	17	2	5	7	16
茂 名	1	41	16	9	9	172
电 白	4	56	10	17	5	38
化 县	2	118	1	5	—	149
合 浦	2	77	44	7	7	60
钦 县	2	3	10	—	—	3

材料来源：根据广东省振济会所送资料编制。

说明：本表伤亡人数较，表98同年人口伤亡数字为低，其原因系本表根据各县空袭损失报告表编制，填制县份较多，表98系根据抗战损失查报表编制，该项报表各县多未编报，刻正追办中。

（广东省政府统计处编印：《广东省统计资料汇编》，民国三十四年十月，广东省档案馆馆藏档案，档案号11—1—20）

22. 广东省银行历年财产损失汇报表
（1945年12月）

民国 27 年 7 月至 34 年 8 月

单位：国币元

年度别	直接损失										间接损失					合计
	房屋	器具	现款	生金银	保管品	抵押品	有价证券	运输工具	其他	小计	拆迁费	防空费	救济费	抚恤费	小计	
27	603197.25								142140.50	745337.75	359595.40	40503.95	55.00	324.98	400479.33	1145817.08
28	87596.00		265108.96						1595.83	354300.79	177549.54	29679.36	114795.50	583.01	322607.41	676908.20
29	10904.95		3208.02					45322.88	442273.79	498501.62	204647.11	10003.30	191946.24	4033.00	410629.65	909131.27
30	2064.20	744.27		73.20			307794.92		254632.80	568517.41	1204360.56		3055.29		1207415.85	1775933.26
31	143810.72	2137.21							3559324.70	3705272.63	1257151.95	836.20			1257988.15	4963260.78
32	97413.22	31049.00							118201.37	246663.59	2007486.52	350.00	10993.00		2018829.52	2265493.11
33	298914.00		15740.00		115680.18				40.00	430374.18	47300545.23		13849.00		47314394.23	47744768.41
34	1717295.69	136389.98	770000.00		270697.30			20934134.89	17914468.23	41770543.30	36835086.23		25380.00	146035.00	37006501.23	78777044.53
总计	2961196.03	170320.46	1054056.98	73.20	386377.48	0	335352.13	20979457.77	22432677.22	48319511.27	89346422.54	81372.81	360074.03	150975.99	89938845.37	138258356.64

附注：本表所列各项损失数字系根据民国廿七年七月至卅四年八月止账面值填列，并以核准付账者为限，各分支行处有因邮递困难仍未列报或已列报而尚在查核中者均未列入。

（广东省档案馆馆藏档案，档案号 41—3—4204）

23. 工商航业公司船舶损失及捞装建估计清册（1945年12月7日）

船名	种类	损失沉没原因	沉没地点及日期	损坏状况	建造年月日及厂名	绞捞费	修理费	备考
模范	轮船（铁质）	呈献政府抗战用编为第一号江防义勇指挥舰於民国33年6月3日敌陷陷四邑弹药均尽无路撤退迫得自动放沉	於民国36年6月6日沉没在开平县单水口月山墟	沉没后船身及机器配件多已损坏所有一切航行器具船上家私均已损失	民廿四年十月广州太平洋厂	贰百伍拾万元	七百七拾七万八千三百三拾元	该轮船经由本公司自行筹款项绞捞费用因物价尚未十分增涨当航复航故修理费费未有超过估计预算附呈绞捞费及修理费实支工料价单共五张
自由	轮船（木质）	呈献政府抗战用编为第四号江防义勇敌舰敌陷中山退落香港敌犯港时自动破坏沉没被敌敌用返省河又被人冒名占用现已取回人冒均已修理	於民国30年12月8日沉没任香港深水埗	机器盆头及火胆爆裂船身及甲板破烂船上家私航行器具均已损失	民廿三年十月广州南兴厂		肆百伍拾陆万零陆百元	该轮船自本年准发还管业后即自行筹款修理费用因物价尚未十分增涨当航复航故修理费只超过预算伍拾余万元附呈修理费实支工料价单共四张

船名	种类	损失沉没原因	沉没地点及日期	损坏状况	建造年月日及厂名	纹捞费	修理费	备考
平等	轮船（木质）	呈献政府抗战用编为第三号江防义勇舰於民国33年3月3日敌犯四邑弹药告罄无路撤退迫得自动放沉	於民国33年3月3日沉没在台山县莪洲海河	沉下海底四十尺深船身机器及锅炉烟通均已毁烂	民十二年一月广州合利隆厂	陆百万元	贰千七百万零叁万捌千元	前呈报军委会及行政院请求贷借纹捞费三百万元修理费一千万元，现因物价飞涨超出原估计数倍故捞费须增修理费及修理费如上数附呈附价单共五张
博爱	轮船（木质）	呈献政府抗战用编为第二号江防义勇舰於民国33年3月3日敌犯四邑弹药告罄无路撤退迫得与平等轮同时自行放沉	民国33年3月3日沉于台山县新昌河	潮水下可见甲板全船上架及烟通均被匪盗拆去机器配件航行器具船上家私完全损失	民国廿六月广州协兴厂	叁百万元	七千九百七拾伍叁千元	前呈报军委会及行政院请求贷借纹捞费口百万元修理费一千万元，现查该轮船壳损坏珠钜机器损失殆尽目因物价飞涨须增数倍故捞费及修理费须增加上数估价估计单共五张
新台山	轮船（木质）	敌犯西江时担任军运被敌截断西江不能退上上游致被敌水雷炸沉	民国33年8月13日沉於郁南县都城附近之圆头沙	船身机器锅炉均炸烂不堪基多机器配件航行器具船上家私完全损失				前呈报军委会及行政院原请求贷借纹捞费二百万元修理费一千万元惟因无力捞修故经该轮变卖

船名	种类	损毁原因	损毁地点及日期	损坏状况	建造年月日及厂名	新从装建费	备考
民族	拖驳船（木质）	自敌伪在澳强劫西安轮船后被敌强抢夺恶劣恐吓被敌行拆毁破坏全即自行拆毁破坏殆尽部牺牲殆尽	民国31年2月5日泊于澳门沙梨头海面至33年7月17日被迫自行拆毁破坏	停泊日久失修船底废烂	民廿二年四月八日广州合利隆厂	玖千万元	前呈报军委会及行政院请求贷借从新建造费8千万元，现因物价飞涨超出原估计数倍故装建费须增如上数附呈装建费估价单壹张
民权	拖驳船（木质）	自敌伪在澳强劫西安轮船后被敌强抢夺恶劣恐吓被敌行拆毁破坏全即自行拆毁破坏殆尽部牺牲殆尽	民国31年10月22日泊于澳门沙梨头海面至33年7月19日被迫自行拆毁破坏	停泊日久失修船底废烂	民廿一年七月廿五日广州合利隆厂	捌千伍百万元	前呈报军委会及行政院请求贷借从新建造费口千万元，现因物价飞涨超出原估计数倍故装建费须增如上数附呈装建费估价单壹张
民生	拖驳船（木质）	自敌伪在澳强劫西安轮船后被敌强抢夺恶劣恐吓被敌行拆毁破坏全即自行拆毁破坏殆尽部牺牲殆尽	民国31年5月27日泊于澳门沙梨头海面至33年7月22日被迫自行拆毁破坏	停泊日久失修船底废烂	民十九年十月二十日广州合利隆厂	柒千伍百万元	前呈报军委会及行政院请求贷借从新建造费口千万元，现因物价飞涨超出原估计数倍故装建费须增如上数附呈装建费估价单壹张

船名	种类	损毁原因	损毁地点及日期	损坏状况	建造年月日及厂名	新从装建费	备考
民众	拖驳船（木质）	自敌伪在澳强劫西安轮船后环境益见恶劣恐被敌强抢夺即自行拆毁破坏全部牺牲殆尽	民国31年6月11日泊于澳门沙梨头海面至33年7月25日被迫自行拆毁破坏	停泊日久失修船底废烂	民十九年十二月十日广州朱林记厂	陆千伍百万元	前呈报军委会及行政院请求贷借从新建造费三千万元，现因物价飞涨超出原估计数倍故装建费须增如上数附呈装建费估价单壹张
五权	拖驳船（木质）	敌犯西江时担任军运因敌截断西江不能退上上游致被敌焚烧沉没	民国33年8月21日于郁南江口被焚	被敌焚毁沉没全支牺牲殆尽	民卅二年二月肇庆肇发厂	陆千万元	前呈报军委会及行政院请求贷借从新建造费口千万元，现因物价飞涨超出原估计数倍故装建费须增如上数附呈装建费估价单壹张

[中国第二历史档案馆馆藏档案，档案号原廿（2）1136]

24. 《南海九江乡灾报告》（节录）

（1945年12月15日）

本局派员调查乡灾惨重实情　人口散亡共逾六万
西北方基塘荒废过半　墟内铺户毁五百余间　失学儿童共达数千名

倭寇投降后，旅外乡侨，关心桑梓，纷纷致电本局查询，于是为明瞭故乡真相起见，召集同乡会议，公推关礼质君、黄以根君返乡，调查实情，历时旬日。关黄两代表回港后，缮具调查报告书，各情甚详。兹将原文录后，以告关怀乡事者。

我乡于民廿七年十二月三日沦陷时历七载，惨遭蹂躏，今故土重光，旅外乡侨，关心桑梓，旅港南海九江镇商务局，迭接电问，当经召集同乡会议，推派弟等代表返乡，慰问乡人，并作实地调查，计自十一月二十八日由港首途，翌日在广州拜会九江旅省公会诸先生，备悉该会对桑梓救济工作，积极进行，十二月一日抵达九江，即日出席九江复员救济委员会会议，善后救济，千绪万端，工作艰巨。乡人于地方破碎之余，对海外乡侨之协力，期望甚殷，调查工作，历时旬日，赖各乡镇长及各团体协力，得以顺利进行，所以被灾区域，特摄成影片，以明真相。谨将调查所得报告如次：

我九江居西江要冲，扼江佛中站，民殷物阜，夙称繁庶，乃自沦陷以来，灾情惨重，为全省冠，按九江原属南海县第一区，计分四乡一镇，现决推行新县制，将凝缩为一乡，巡隶县府。

人口

以言人口：现计东方乡六五二六人，南方乡二七五三人，西方乡四八一八人，北方乡三零五九人，阖商镇六六四零人，合计二万三千七百九十六人，其散处各方者二万四千五百八十九人，（东方六三五一，南方二七九四，西方五二四一，北方一零二零三），比事变前十二万人，死亡过半。就居乡论，其中赤贫者，二六四七，人老弱残废者（此后缺字）。

农业

以言农业：各地环境不同，情形各异，西北方基塘半多废弃，东南方余地尚少，现基地多改种什粮，豆类，甘蔗，且有植禾者，收成颇佳，鱼业尚有可为，但农民多属贫困，垦荒增产，有待资助，如何复兴农村，关系民生至大。

商业

以言商业：九江墟上，铺户被毁者五三零间，现存者四六零间，电灯电话，停顿多年，商业凋零，殊堪浩叹！九江商会最近奉命整理，政府以本乡外侨多众，广东省银行特设九江办事处于儒林西路，十二月十日开幕，代表等被邀参加，得观盛典，将来侨汇沟通，对工商事业之发展，至堪期待。

教育

以言教育：现有学校，凡十二所，（除墟永锡小学外，东方三，南方四，西北方各二），较战前学校林立，大有逊色，奇山之九江中学，校舍荡然，朱九江先生纪念堂亦遭破坏，学务公所侧之九江图书馆，大部分图籍，尚幸保存，失学儿童，东方三百二十二，南方一百四十八，西方八百三十六，北方九百八十五，阖商镇三百五十，合计二千六百四十一人，现九江复员救济委员会为收容失学儿童起见，决议先筹设中心小学一所，准备明春开课，树人为百年大计，如何以复儒林之盛，文化事业，未容忽视。

建设

以言建设：屋宇完整者，仅八三三八间，（东方四三三四，南方九八九，西方九二五，北方一三八〇，阖商镇七一零），半毁者一五九二间，（东方五七六，□方三八五三，南方一三七三，西方四零二，北方一零零八二，阖商镇五三零），寺庙现存八二，（东方三九，南方一四，西方八，北方一九，阖商镇二）半毁一零，（东方七，南方一，北方二）全毁七三，（东方二七，南方一四，西方一九，北方一三），祠堂现存一六五间，（东方七三，南方三六，西方一八，北方四二，阖商镇六），半毁一零零间，（东方三七，南方一，西方六，北方五六），全毁四三三间，（东方一二八，南方八二，西方二二貳，北方无，阖商镇一），他如儒林书院，方便医院，九江救济院，庆云下院，正觉寺等，有名建筑物，均已荡然独九江万善堂硕果仅存，惜经费告罄，陷于停顿，现仅为乡事集议之所，桑园围日久失修，险象环生。

治安

至于地方治安，各方武装，切实负责，国军百余，暂□墟□，警察廿名，维持商场秩序。交通尚称便利，江佛公路，局部通车，省梧省肇等轮渡，均经沙口接驳，九江渡在筹议复业中。

上述我乡现况，略而不详，观察未周，尚祈见谅，九江复员救济委员会对善后工作多所计划，但兹事体大，治标治本，孰急孰缓，亟盼旅外同乡，共谋策进，务求人力物力之集中，意志之统一，使复员工作，藉收宏效。我乡被祸惨烈，待救之殷，关心桑梓者，当仁不让，众擎易举，复兴何难，此固乡事所利赖，抑亦建国前途之福音也。

旅港南海九江镇商务局代表黄以根、关礼质

中华民国三十四年十二月十五日

(旅港南海九江镇商务局编：《南海九江乡灾报告》第 1 期，佛山市南海区档案馆馆藏档案)

25. 广东省战时主要工矿及工厂损失统计

(1946年)

本省战前主要工矿一览及其损失统计

厂名	厂址	安装及开工日期	产品种类及数量	战时损失
五仙门电力厂	广州市	民国九年	发电量 20000KW	各机件过旧战时未有修理
西村发电厂	广州西村	廿二年	30000KW	原有 15000KW 蒸汽发动机两套，乙被毁。
富国煤矿	曲江	十九年八月	年产 100000 吨	原有井四个，井两个，铁路 30 公里，俱被毁。
狗牙洞八字岭煤矿	乳源	廿三年筹办卅年开采	30000 吨	原有井一个，井四个，俱被毁，铁路路基亦被毁。
自来水厂	西村	民国七年	日给 2100 万加仑	原有 620 匹内燃机三架一被毁
西村士敏土厂	西村	廿一年六月	3000 桶	球磨机一副，旋窑一座，被敌搬去，现只能出产 1/3。
硫酸厂	西村	廿二年七月	日产 98% 硫酸 15 吨	全部机器被敌搬去。
肥田料厂	西村	廿四年八月	日产燐肥 20 吨，硝酸 10 吨，氮肥 20 吨，硝酸 7.5 吨	全部机器被敌搬去。
苛性钠厂	西村	廿二年	日产苛性钠 6 吨，盐酸 1.5 吨，漂白粉 7 吨	全部机器被敌搬去。
河南纺织厂	河南	廿二年十月	日产棉纱 20 包土布 950 疋，呢绒等不定	现仅剩棉纱机器，能出产战前 1/3 产量，其余机器完全损失。
省营纸厂	南石头	廿六年九月	50 吨	全部机器被敌搬去。

厂名	厂址	安装及开工日期	产品种类及数量	战时损失
饮料厂	西村	廿四年十二月	汽水 2500 樽，啤酒 5000 樽	机器无大损失。
新造糖厂	新造	廿二年十二月	白糖 240 吨，酒精 25 吨	机器全部损失。
市头糖厂	市头	廿三年十二月	白糖 240 吨，酒精 25 吨	机器全部损失。
顺德糖厂	容奇	廿四年十二月	白糖 92 吨	机器无大损失。
揭阳糖厂	揭阳	廿四年十二月	白糖 70 吨	一部分机器迁衡阳已损失，一部分存于香港。
麻织厂	信宜	廿四年筹备	麻包 6000 个	一部分机器存信宜，其余损失。
广州造纸厂	南石头	廿二年	纸 22 吨	全部损失。
石龙发电厂	东莞	十六年八月	发电量不详	全部机器被敌机炸毁。

本省战时工厂一览及其损失统计

厂名	厂址	创办年月	产品种类及数量	损失情形
面粉厂	乐昌	卅一年七月	日产五羊牌面粉 260 包	全部机器被敌破或搬走
化工厂	坪石	卅三年一月	白药 50 磅	同上情形
酒精厂	曲江	卅一年四月	酒精 1.5 吨	同上情形
农具厂	坪石	卅二年七月	日产犁耙，中耕器等约 10 件	同上情形
茂名糖厂	茂名	卅二年七月	产白糖 6 吨	一部分机器搬信宜其余留茂名停工保管
电池厂	曲江	廿九年	日产二号手电池 70 打	全部机器被敌破坏
肥皂厂	曲江	廿九年	各种肥皂 20 箱	同上情形
药棉厂	连县	三十年	药棉 50 磅	无多大损失

厂名	厂址	创办年月	产品种类及数量	损失情形
纺纱厂	坪石	卅一年四月	20 支棉纱 300 磅	全部器材俱损失
织造厂	坪石	卅一年一月	40 码土白布 50 疋	同上情形
炼油厂	坪石		出产电油油渣	全部器材俱损失
骨制肥田料厂	乐昌等地		日产肥田料脂肪各 1000 公斤	不能开工
粤北铁工厂	坪石		制造原动机及抽水机等	大部分机器为敌破坏
衡阳麻织厂	衡阳		日产麻包 3000 个	机器全部损失

除上表列者外，尚有：

（1）广东省银行所办——中伦纸厂、中兴制革厂、中正榨油厂、连县农产加工厂。

（2）广东实业公司所办——粤利肥料厂、粤新建筑材料厂、粤兴糖厂、粤明化工厂、粤强印刷厂、粤德制药厂、粤华电器厂、粤昌机器厂。

（3）振济委员会所办——民生火柴厂、民生牙刷厂、纺织厂等。

（《广东工矿业之今昔及今后复原计划》，《善尽救济总署分器周报》1946 年第 1 卷第 2 期，广东省档案馆馆藏档案，档案号政 18 之一）

26. 广东省建设厅长途电话管理所线路破坏损失调查表（1946年）

线路名称	起讫地点	里程（公里）		杉（枝）杆		铁（公斤）线		大号湾脚磁碗		扎（公斤）线		运输费	工程费	合计	备考
		单程	双程	数量	价值	数量	价值	数（副）	量价值	数量①	价值				
总计		179	822	11997	23994	200530	2806200	36460	29168	45575	63805	50000000	20000	78201167	
												50000000	20000	50020000	
广惠新线	广州—惠州		180	865	1730	39600	5544000	7200	5760	90	12600			5564090	
广石新线	广州—石龙		84	28	56	18480	2587200	3360	2688	42	5880			2595824	
广石线	广州—石龙		180	2615	5230	39600	5544000	7200	5760	90	12600			5567590	
石莞线	石龙—东莞		21	385	770	4620	646800	840	672	105	1470			649712	
莞太线	东莞—太平		45	720	1440	9900	1386000	1800	1440	225	3150			1392030	
广塘线	广州—新塘		46			10120	1416800	1840	1472	23	3220			1421492	
塘岗线	新塘—南岗		13			2860	390400	520	416	65	910			391726	
广增线	石龙—增城	120		2040	4080	13200	1848000	2400	1920	30	4200			1858200	
花清线	花县—清远	59		844	1688	6490	908600	1180	944	1475	2065			913297	
广韶线	广州—韶关		253	4500	9000	55660	7792400	10120	8096	1265	17710			7827206	

附注：1. 每公里需要铁线110公斤铁线140元每枝杆2元，计算磁碗每副2元，计算磁碗每公里40副每副8元。

2. 每日完成工程35公里需用25小工，每小工每日2元工资，工程员每日3元完成1001公里需要286日约需工程费两万元。

3. 以上各项数系以估计当时价值。

4. 各条线路陷时为敌人破坏。

[《各县市工矿企业呈报抗战期间财产损失情况（之一）》，广东省档案馆馆藏档案，档案号6—2—375]

---

① 此表格内的数据统计不准确，原文如此。

27. 广州电厂战时损失报告表

（1946年）

种类	名称	单位	数量	价值	备考
发电设备	（一）15000K.W. 汽轮发电机（13200V. 50 ~ ）	套	1	881350 美元	
	（二）2500KW2300V60 ~ 汽轮发电机	套	2	236250 美元	
	（三）5000.K.W. 2300V. 60 ~ 汽轮发电机	套	1	303200 美元	
	（四）1000.K.W. 2300V. 60 ~ 柴油发电机	套	1	168350 美元	
	（五）蒸汽锅炉（每座受热面积7500 平方英尺）	座	4	282500 美元	
线路设备	（一）2300V/200/100V50/60 ~ 油冷式配电变压器				
	（1）三相变压器	具	190	222500 美元	每 KVA 估 10 元，共 22250KVA
	（2）单相变压器	具	1500	162750 美元	每 KVA 估 5 元，共 32550KVA
	合计	具	1690		54800KVA 战前 24 路，战后只存 21 路共损失 3 路
	（二）配电线路				
	（1）60m/²m（19/2.0 m/m）风雨线	公里	15	4040 美元	
	（2）50m/²m（19/1.8 m/m）风雨线	公里	15	2560 美元	
	（3）38m/²m（7/2.6 m/m）风雨线	公里	100	13400 美元	
	（4）22m/²m（7/2.0 m/m）风雨线	公里	100	8400 美元	

种类	名称	单位	数量	价值	备考
线路设备	（5）三相电缆				
	（a）325 m/²m	公里	15	58800 美元	
	（b）150 m/²m	公里	15	27060 美元	
	（6）电杆（木杆及钢筋混凝土杆）	根	2000	20000 美元	每根估 10 元
	（7）变压器高压"吉区"	具	500	10200 美元	
	（8）25000V 挂式绝缘瓷瓶	个	1000	4040 美元	
	（9）4000V 针式绝缘瓷瓶	个	1000	160 美元	
	（10）13200V 及 4000V 架空避雷器	个	100	2200 美元	
	（11）4000V 架空输电线用截路开关	具	200	11700 美元	
电度表	（一）三相，220V，50 周波				
	（1）15 安培	具	500	3750 美元	
	（2）20 安培	具	500	12500 美元	
	（3）30 安培	具	500	15000 美元	
	（4）50 安培	具	500	17500 美元	
	（二）单相，110V，50 周波				
	（1）3 安培	具	500	2500 美元	
	（2）5 安培	具	5000	25000 美元	
	（3）10 安培	具	1000	5000 美元	
	（4）15 安培	具	500	2500 美元	
	（5）50 安培	具	200	5000 美元	
	（三）单相，220V，50 周波				
	（1）25 安培	具	200	3600 美元	
	（2）50 安培	具	100	2500 美元	

资源委员会

广州市政府

（广东省档案馆馆藏档案，档案号 6—2—375）

28. 广州市自来水管理处战时破坏水厂器材损失情形（1946年）

种类	名称	单位	数量	价值	备考
水塔	水塔	座	一	一五，〇〇〇，〇〇〇	（高29阔22）高一百四十八尺
器材	水管	尺	一，五〇〇	二三，八〇〇，〇〇〇	重五一，七五〇斤
器材	水管	尺	一，五〇〇	一二，四二〇，〇〇〇	重二七，〇〇〇斤
机器	风油发动机	架	贰	二八，〇〇〇，〇〇〇	HP7
机器	风油发动机	架	贰	六，〇〇〇，〇〇〇	HP15
机器	风泵	座	一	一〇〇，〇〇〇	
机器	风油机	架	一	二，〇〇〇，〇〇〇	
机器	水泵	架	一	二，〇〇〇，〇〇〇	
机器	氯汽杀菌机	架	一	五〇，〇〇〇	
房屋	平面石屎机房	座	一	二三，二五〇，〇〇〇	高度二层
机器	三桐摩打	座	贰	七，〇〇〇，〇〇〇	HP70
机器	三桐摩打	座	一	五〇〇，〇〇〇	HP15
器材	胶带	尺	三〇〇	七，五〇〇，〇〇〇	8″
器材	胶带	尺	八〇	四〇〇，〇〇〇	4″
器材	胶带	尺	一〇〇	四〇〇，〇〇〇	3″
水池	三合土水羁	座	一	一二，四五〇，〇〇〇	约合八、三#
水池	沉淀池	座	一	一二，九〇〇，〇〇〇	约合八、六#
水池	滤过池	座	一	二〇，一〇〇，〇〇〇	约合一三四#
水池	净水池	座	一	二四，〇〇〇，〇〇〇	约合一六#
机器	低压泵	座	二	三，〇〇〇，〇〇〇	4″
机器	离心式水泵	架	二	一〇，〇〇〇，〇〇〇	8″
房屋	三人宿舍	座	一	一七，〇〇〇，〇〇〇	约合八、五#
机器	内燃机	副	二	二四〇，〇〇〇，〇〇〇	HP600
机器	汽焊机	副	一	四〇〇，〇〇〇	
机器	电焊机	副	一	四〇〇，〇〇〇	

种类	名称	单位	数量	价值	备考
机器	试马力机	副	一	二五〇,〇〇〇	
机器	五匹摩打风扇机	架	一	三〇〇,〇〇〇	
机器	起重机	个	二	一〇,〇〇〇,〇〇〇	重十吨
机器	手摇钻床	架	二	二〇〇,〇〇〇	
机器	六匹马力六缸重油内燃机发电	副	一	三四〇,〇〇〇,〇〇〇	
机器	压汽箱两个连表	个	二	六〇〇,〇〇〇	
机器	配电盆 KWVA 表	座	一	一,五〇〇,〇〇〇	
机器	综合盆	座	一	二,〇〇〇,〇〇〇	附有 50/60 回波表 有三部发电□□综合表及灯塔
机器	配电盆	座	一	一,五〇〇,〇〇〇	附有安塔表、伏脱表、跳掣机关
机器	配电盆	座	一	一五,〇〇〇,〇〇〇	附有同上
机器	内燃机马力曲线描写仪器	副	一	五〇〇,〇〇〇	
机器	自制车床	架	贰	二,四〇〇,〇〇〇	八尺
机器	美制车床	架	一	一,五〇〇,〇〇〇	六尺
机器	自制车床仔	架	贰	八〇〇,〇〇〇	贰尺
机器	卧式蒸汽马力机	副	一	五,〇〇〇,〇〇〇	廿匹
机器	啰床分机盆	座	一	三〇〇,〇〇〇	
器材	风钢车刀	条	六	五六〇,〇〇〇	车床工具由四分至二分
器材	绘图仪器	套	一	二五〇,〇〇〇	
机器	自制洗沙机	座	一	四〇〇,〇〇〇	
机器	自制磨矾机	座	一	四〇〇,〇〇〇	
机器	煤汽炉	座	三	三,〇〇〇,〇〇〇	
器材	焦炭箱	座	三	一,二〇〇,〇〇〇	
器材	储汽箱	座	三	一,五〇〇,〇〇〇	

种类	名称	单位	数量	价值	备考
车	煤车	架	贰	八〇〇,〇〇〇	长一〇六尺阔四尺厚二寸
车	铁轨	尺	五五〇	一,六五〇,〇〇〇	
车	枕木	条	六〇〇	二,四〇〇,〇〇〇	
艇	艇仔	只	一	二五〇,〇〇〇	
机器	西村发电机	架	一	一五〇,〇〇〇	全部
机器	煤汽炉	座	三	三,〇〇〇,〇〇〇	
器材	焦炭箱	座	三	一,八〇〇,〇〇〇	
机器	5匹摩打	个	一	二五〇,〇〇〇	拖炉把用
机器	10匹摩打	个	一	五〇〇,〇〇〇	拖风泵用
机器	10匹摩打	个	一	五〇〇,〇〇〇	拖炭斗机用
机器	引水机	套	一	六〇〇,〇〇〇	全套吹水用,附属水掣五个
机器	蒸汽隔油机	座	一	四〇〇,〇〇〇	化二油用附属品油半气喉气压镜运水喉及□全套
机器	大占薄洛	副	一	五〇〇,〇〇〇	七吨起重用
机器	化油箱摩打	个	一	一〇〇,〇〇〇	$1\frac{1}{2}$匹带化油箱用
水闸	生铁水闸	只	贰	一,四〇〇,〇〇〇	100P
船	电船	只	一	五,〇〇〇,〇〇〇	
机器	脚踏风泵	副	一	二五〇,〇〇〇	
合计				八六二,〇八〇,〇〇〇	

（广东省档案馆馆藏档案，档案号6—2—375）

29. 三水县政府统计室编制《各区乡镇财产损失数量表》

(1946年)

乡别 单位	损失项目													购置时价值	损失时价值
	不动产	动产													
	铺屋 间	衣料 件	粮食 司码担	牲畜 只	什物 件	枪械 枝	图书 本	仪器 件	国币 元	机器 件	金属 件	船只 只	果木 司码担		
总计															9031368593
小计	7977	175457	3584818	8179	116087	157	181055	6060	13754737	2	360	11	11840000	106171816	9031368593
安善乡	150	14080	1714	20	875		1300	25	30000					210705	35117500
四和乡	357	1585	600	16	980		5400	5	12331550					670570	47948000
东鲁乡	831	18969	174236	1774	1794		850	105					11840000	4264540	710824680
独树岗乡	118	8925	28450	162	1367	1	1200	702						135425	26863990
永纯乡	59	4500	6000	100	1000		1750	15	295000					516475	87000000
平田乡	114	1703	183	128	1250	43	1450	140						732310	4393900
瑞凤乡	214	1855	11100	38	1450		8500	18	144200					660050	11001200
星洽乡	336	1519	1533	125	1865	37	9580	125						3064420	310536700
永康乡	260	4557	1858	680	1750		2500	2000						860000	59414900
均安乡	249	500	20000	100	1485		1350	15						5114910	511491000
念东乡	358	1864	15400	240	1540	4	1420	52	260037					520533	86755540

续表

乡别 单位	不动产 铺屋 间	动产 衣料 件	粮食 司码担	牲畜 只	什物 件	枪械 枝	图书 本	仪器 件	国币 元	机器 件	金属 件	船只 只	果木 司码担	购置时价值	损失时价值
永宁乡	123	5797	75714	703	944	7	300000	55			67	3		148750	24137978
崇本乡	272	2704	1968	119	2010	13	800	80		2	242			122830	20473075
永治乡	5	4330	22800	528	1875		1540	55						758850	12922500
镇南乡	813	5400	17780	660	10402	31	4500	420						1626500	271087300
望西乡	228	490	11464	222	3485	9	58900	355						345805	57634150
马溪乡	32	14767	1895	154	18091		8250	15						539889	107960350
同善乡	2	1455	2458	168	1605	3	11150	45						21875000	3560180000
西南镇	45	34100	3410000	175	682		7500	185						2008870	1472997000
芦苞镇	1018	4375	29200	164	28000		6400	70				8		20224474	1005095960
灶岗乡	944	145	1540	55	525		1400	30						1486840	74779800
乐平乡	248	21095	337	1056	15100	9	5400	25	613750					337090	56181840
三江乡	527	9259	3328	240	5258		5800	1455						1143090	190516250
河口镇	14	154	124	85	640		1400	10						123000	9606000
永清乡	481	9300	1689	240	1450		7500	18						38022490	276448980
保平乡	162	450	125	55	4550		185	12						475650	73515200
鹿洞乡	26	1539	133	172	106		30	28	80200		51			182750	3005310

附注：资料来源：根据县属各机关呈具报编制而成。

（佛山市三水区档案馆馆藏档案，档案号 1—14—476）

30. 广东省顺德县1939年各种损失情形汇报表

（1946年）

时间 年	月	日	地点	死亡人数 共计	男	女	受伤人数 共计	男	女	毁屋 间数	损失 价值	物质损失 数量	价值	敌害经过	说明
廿八	一	五	淋山乡石洲保	壹	一							毁损物质 掠劫财物	300万元	民廿八年，再次来侵之日犯系驻佛山敌警备司令敌首，是早率队沿界海南县属平刺我邑边界淋山乡，首侵石洲镇，在太平街口用枪头刺刀刺毙邻坊阮阜乡民阮荣一名，并在村内劫掠毁损各铺户财物油类牲畜，共如左数。	1. 填报事实应具有确数字应填报切之事。2. 本表填报时限应自民国廿六年起至国廿卅四年止分年列。3. 填报各项损失数目应以现值国币评价填入。
同上	同上	同上	乡内大涌保	壹	一									敌既石洲保复分犯贴邻之大涌保，无辜掳去乡民冯巨一名，带返敌警备司令部，惨刑迫死，时际粮荒，全家饿毙。	

时间			地点	死亡人数			受伤人数			毁屋间数	损失价值	物质损失		被害经过	说明
年	月	日		共计	男	女	共计	男	女			数量	价值		
同上	同上	十八	乡内 石洲保									大猪15头、鸡2000只、鸭千余只、寄口4000头、盐4000担	180万元，310万元，280万元，2千万元	综计自此日起，日犯频来扰，均自省城、佛山两方开到均来类包围之势，约十二三天必来犯一次，各该匪均纵兵肆虐，口口搜劫。时村民感世难年荒，各家均预购盐斤备用，加以省当沦陷盐仓播迁、江面盐船疏散不及，乃寄口千石洲保河面，前后被逐次派兵兽兵搜刮去食盐四十万余斤、掠去村内盐斤猪鸡牲畜等符如左数。	

填报机关：淋山乡公所　填报时间：中华民国三十五年　月　日　填报人：乡长 冯敬修

（佛山市顺德区档案馆馆藏档案，档案号136—FZ.3—78）

31. 东莞县政府战地损失调查

(1946年)

本县奉省府颁发善后总署战地损失调查表五种饬查。

填具报以便分别办理救济，当经转饬各乡镇公所及各机关分别调查，现经查明损失计有：

（1）县城被毁房屋约一千一百一十六间，每间以八十万元计算合共损失国币八亿九千二百八十万元。

（2）全部房屋被毁之乡镇被毁房屋共约九千一百二十间，每间以五十万元计算合共损失国币四十五亿六千万元。

（3）一半以上之房屋被毁之乡镇被毁房屋共约一千五百二十间，每间以五十万元计算合共损失国币七亿六千万元。

（4）三分之一以上房屋被毁之乡镇被毁房屋约共二千二百八十间，每间以五十万元计算合共损失国币一十一亿四千万元。

（5）被掠粮食共约二百四十四万三千二百市石，每石以六千五百元计算合共损失国币一百五十八亿八千〇八十万元。

（6）因兵灾损害粮食共约四百五十三万二千四百市石，每石以六千五百元计算合共损失国币二百九十四亿六千〇六十万元。

（7）被掠耕牛共约二万七千二百头，每头以六万元计算合共损失国币一十六亿三千二百万元。

以上七项总共损失国币五百四十三亿二千六百二十万元，其他财物损失尚未列入。业经将调查所得情形及所有被毁建筑物已摄有影片者一并汇呈省府核转。

（《东莞县政府工作报告书》，东莞市档案馆馆藏档案，档案号1—1—65—164）

32. 广东省汕头市抗战期间土地物毁损及土地生产减少总表

（1946年）

单位：面积市亩 价值国币元

类别	合计			1—50%			50—99%			100%		
	起数	面积	损失价值	起数	面积	损失价值	起数	面积	损失价值	起数	面积	损失价值
总计	2611	1398	4338217200.00	1754	233	3345299200.00	637	1128	105920000.00	220	32	877000000.00
房屋毁损	2070	285	4279097200.00	1730	73	3337097200.00	120	180	65000000.00	220	32	877000000.00
基地毁损	500	820	34000000.00	—	—	—	500	820	34000000.00	—	—	—
耕地生产减少	21	140	3200000.00	21	140	3200000.00	—	—	—	—	—	—
池塘生产减少	5	8	5000000.00	—	—	—	5	8	5000000.00	—	—	—
园林生产减少	15	140	16920000.00	3	20	15000000.00	12	120	1920000.00	—	—	—

填报机关：汕头市警察局　填报员：行政科长吴伟英　主管官：局长钟〇〇

33. 汕头市抗战以来受灾损失及特济人民调查表
(1946年)

（单位：国币元）

区别	受灾损失					蒙难人民					
	房屋		工厂		物资	难民		难童		流落义民	
	受灾间数	损失估值	受灾间数	损失估值	损失估值	男	女	男	女	男	女
第一分局	220	877000000			345000000	56	84	103	118		505
第二分局	1660	1717241200	18	1569850000	1758598800	725	1031	155	199	357	16000
第三分局	120	65000000	3	120000000	35000000	3725	6700	5320	6900	15000	5
礐石警察所	25	2180000			2220000	40	60	30	40	3	
合　计	2025	2661421200	21	1689850000	2140818800	4546	7875	1608	7257	15357	16505
受灾略况	被敌机毁及失陷后，被敌伪浪人拆毁与风灾损坏倒塌后不堪使用		被敌伪占夺或敌机炸毁		被敌伪抢夺或搬掠运走	此类难民多因敌寇窜扰，流离失所及连年来荒生活无着		受敌寇蹂躏地方，父母死亡离散及因米荒风灾影响失掌所致		敌寇侵扰交通阻挠生活无着流离无从返籍	

中华民国三十五年　月　日填报　汕头市警察局局长　钟○○

（汕头市档案馆馆藏档案，档案号 11—3—193）

34. 汕头市历年遭受敌人暴行死伤人口调查表

(1946年1月)

区别 \ 项目	轻伤				重伤				死亡			
	男	女	幼童	不明	男	女	幼童	不明	男	女	幼童	不明
第一分局	352	171	32	35	410	180	52	80	1020	501	213	320
第二分局	157	96	67	52	60	39	35	48	55	30	29	53
第三分局	247	172	123	69	120	116	121	98	208	101	95	217
礐石警察所	1	2	/	/	2	/	/	/	7	/	/	/
合计	757	441	222	156	192①	335	208	226	1290	632	337	590
备考	以上受敌人暴行死伤人口数目是以沦陷期间计算											

中华民国三十五年一月　日填报　　　汕头市警察局局长　钟○○

（汕头市档案馆馆藏档案，档案号 11—3—193）

---

① 此处合计应为"592"，原档案计算错误。

35. 广东省抗战损失

（1946年2月）

说　明

（一）各刊资料系根据各县局填报抗战损失调查资料编制。

（二）各年数字系下列各县局资料，其有遭受损失而未据报，或无从查报者概未列入。

1. 二十六年根据清远、乐昌、阳山、海丰、蕉岭五县。

2. 二十七年根据从化、龙门、清远、德庆、云浮、始兴、乐昌、连县、乳源、仁化、阳山、博罗、海丰、河源、和平、广宁、开平、电白、连平、郁南、丰顺、四会、五华、阳春等二十四县。

3. 二十八年根据番禺、龙门、清远、广宁、封川、罗定、新兴、乐昌、新丰、海丰、河源、潮阳、潮安、饶平、蕉岭、电白、廉江、阳山、佛冈、梅菉（局）、连平、郁南、普宁、丰顺、四会、化县、开建、高要、兴宁等二十九县（局）。

4. 二十九及三十年根据清远、番禺、龙门、佛冈、开建、乐昌、潮安、海丰、口口、廉江、灵山、阳春、梅菉（局）、普宁、丰顺、四会、化县、河源、高要、兴宁、阳江、口口、电白、赤溪、博罗、新丰、紫金、开平等二十八县（局）。

5. 三十一年根据从化、龙门、清远、赤溪、乐昌、博罗、海丰、潮安、饶平、兴宁、四会、河源等十二县。

6. 三十二年根据从化、增城、佛冈、潮安、新兴、乐昌、廉江、电白、合浦、信宜、丰顺、四会、高明、化县、龙门、河源、高要、兴宁等十八县。

7. 三十三年根据清远、南雄、阳山、罗定、潮安、开建、化县、恩平、高要等九县。

8. 三十四年根据恩平、英德、阳山、封川、鹤山、连平、龙川、和平、揭阳、河源、高要、廉江、丰顺等十三县。

（三）尚未据报资料之县市，计有中山、顺德、新会、曲江、化县、翁源、连山、南海、三水、东莞、惠阳、宝安、澄海、惠东、茂名、吴川、海康、遂溪、徐闻、广州市、汕头市及海南岛各县。

（四）直接损失之价值，系以损失时之价值计算。

人口伤亡
民国二十六年至三十四年

年　别	合　计	重　伤	轻　伤	死　亡
总　计	29266	12151	2368	14747
二十六年	424	38	57	329
二十七年	2523	656	241	1626
二十八年	4970	1654	579	2737
二十九年	4655	2361	285	2009
三 十 年	3217	1552	406	1259
三十一年	1963	360	205	1398
三十二年	556	272	66	218
三十三年	432	56	16	360
三十四年	10526	5202	513	4811

医药及埋葬费用
民国二十六年至三十四年　　　　　　　单位：国币元

年　别	合　计	医　药	埋　葬
总　计	1101898.53	346136.53	755762.00
二十六年	170.00	20.00	150.00
二十七年	148807.00	41715.00	107092.00
二十八年	76502.53	23462.53	53040.00
二十九年	25604.00	11064.00	14540.00
三 十 年	277369.00	30869.00	246500.00
三十一年	46295.00	15486.00	30809.00
三十二年	18720.00	3720.00	15000.00
三十三年	326000.00	123000.00	203000.00
三十四年	182431.00	96800.00	85631.00

公有财产直接损失

民国二十六年至三十四年

项　别	价　值　（国币元）
总　计	782504602.76
建　筑　物	298737501.78
器　具	385910376.41
现　款	29799655.28
图　书	3053245.00
仪　器	42401886.15
医药用品	608336.00
其　他	21993602.14

公有财产直接损失

民国二十六年

项　别	价　值　（国币元）
总　计	106101.00
建　筑　物	92063.00
器　具	198.00
现　款	
图　书	
仪　器	
医药用品	
其　他	13840.00

公有财产直接损失

民国二十七年

项　别	价　值　（国币元）
总　计	28759396.90
建　筑　物	15553427.40
器　具	11043439.00
现　款	80950.00
图　书	129334.00
仪　器	867177.80
医药用品	4320.00
其　他	1080748.70

公有财产直接损失
民国二十八年

项　别	价　值　（国币元）
总　计	19502728.10
建筑物	11357335.00
器　具	1763554.00
现　款	507880.00
图　书	135400.00
仪　器	1113852.10
医药用品	15600.00
其　他	4609107.00

公有财产直接损失
民国二十九年

项　别	价　值　（国币元）
总　计	27607316.58
建筑物	16332798.38
器　具	3012330.63
现　款	1885584.28
图　书	127149.00
仪　器	2013829.85
医药用品	94180.00
其　他	4141444.44

公有财产直接损失
民国三十年

项　别	价　值　（国币元）
总　计	61659110.78
建筑物	33149593.00
器　具	23592015.78
现　款	418518.00
图　书	94802.00
仪　器	3454389.00
医药用品	23396.00
其　他	926397.00

公有财产直接损失
民国三十一年

项　别	价　值　（国币元）
总　计	55535888.40
建　筑　物	25170435.00
器　具	1968701.00
现　款	191016.00
图　书	49560.00
仪　器	27341852.40
医药用品	
其　他	814324.00

公有财产直接损失
民国三十二年

项　别	价　值　（国币元）
总　计	53479379.00
建　筑　物	44515500.00
器　具	2446437.00
现　款	1683150.00
图　书	477000.00
仪　器	3055085.00
医药用品	
其　他	1302207.00

公有财产直接损失
民国三十三年

项　别	价　值　（国币元）
总　计	162833958.00
建　筑　物	1223500.00
器　具	136922901.00
现　款	24682557.00
图　书	
仪　器	
医药用品	
其　他	5000.00

公有财产直接损失
民国三十四年

项　别	价　值　（国币元）
总　计	373020724.00
建　筑　物	151342850.00
器　具	205160800.00
现　款	350000.00
图　书	2040000.00
仪　器	4542200.00
医药用品	470840.00
其　他	9114034.00

公有财产间接损失
民国二十六年至三十四年

项　别	数　额　（国币元）
总　计	100619213.70
可能生产额减少	24956200.00
可获纯利额减少	39921476.00
迁　移　费	8838500.72
防空设备费	1832324.54
疏　散　费	11915796.50
救　济　费	11250290.29
抚　恤　费	1159625.65
其　他	745000.00

公有财产间接损失
民国二十六年

项　别	数　额　（国币元）
总　计	726272.00
可能生产额减少	400000.00
可获纯利额减少	300000.00
迁　移　费	5200.00
防空设备费	15300.00
疏　散　费	
救　济　费	5000.00
抚　恤　费	772.00
其　他	

公有财产间接损失
民国二十七年

项　别	数　额　（国币元）
总　计	6018102.00
可能生产额减少	2058800.00
可获纯利额减少	3342098.00
迁　移　费	153926.00
防　空　设　备　费	47049.00
疏　散　费	210238.00
救　济　费	64035.00
抚　恤　费	11956.00
其　他	130000.00

公有财产间接损失
民国二十八年

项　别	数　额（国币元）
总　计	7044211.82
可能生产额减少	1460000.00
可获纯利额减少	4499364.00
迁　移　费	419267.06
防　空　设　备　费	96225.51
疏　散　费	367910.00
救　济　费	136095.50
抚　恤　费	65349.75
其　他	

公有财产间接损失
民国二十九年

项　别	数　额　（国币元）
总　计	11133359.10
可能生产额减少	3170300.00
可获纯利额减少	6458800.00
迁　移　费	625738.46
防　空　设　备　费	508534.01
疏　散　费	45925.00
救　济　费	273337.23
抚　恤　费	10724.40
其　他	40000.00

公有财产间接损失
民国三十年

项　别	数　额　（国币元）
总　计	11503917.98
可能生产额减少	5778000.00
可获纯利额减少	4802600.00
迁　移　费	221044.50
防空设备费	48683.72
疏　散　费	163748.00
救　济　费	283716.76
抚　恤　费	46725.00
其　他	160000.00

公有财产间接损失
民国三十一年

项　别	数　额　（国币元）
总　计	25349269.80
可能生产额减少	10842100.00
可获纯利额减少	13528940.00
迁　移　费	76666.70
防空设备费	43513.30
疏　散　费	236377.50
救　济　费	238563.80
抚　恤　费	8108.50
其　他	375000.00

公有财产间接损失
民国三十二年

项　别	数　额　（国币元）
总　计	8541748.00
可能生产额减少	947000.00
可获纯利额减少	6758000.00
迁　移　费	20340.00
防空设备费	79231.00
疏　散　费	200580.00
救　济　费	472627.00
抚　恤　费	23970.00
其　他	40000.00

公有财产间接损失

民国三十三年

项 别	数 额 （国币元）
总 计	1119086.00
可能生产额减少	300000.00
可获纯利额减少	231674.00
迁 移 费	21318.00
防 空 设 备 费	43788.00
疏 散 费	516696.00
救 济 费	4090.00
抚 恤 费	1520.00
其 他	

公有财产间接损失

民国三十四年

项 别	数 额 （国币元）
总 计	29183247.00
可能生产额减少	
可获纯利额减少	
迁 移 费	7295000.00
防 空 设 备 费	950000.00
疏 散 费	10174922.00
救 济 费	9772825.00
抚 恤 费	990500.00
其 他	

（广东省政府统计处编制：《广东省抗战损失》，广东省档案馆馆藏档案，档案号6—2—376）

36. 广东省汕头市敌机空袭损失情形汇报表①

（1946年2月27日）

民国二十六年度

月别	轰炸敌机		投弹枚数	死亡人数			受伤人数			毁屋间数	损失价值（国币元）	击落敌方人物		
	次数	架数		共计	男	女	共计	男	女			机数	人数	物资价值
总计	31	50	30	12	7	5	18	9	9	17	1540000	无	无	无
一月														
二月														
三月														
四月														
五月														
六月														
七月														
八月														
九月	4	8												
十月	8	10	8				8	5	3	4	340000			
十一月	11	18	13	6	3	3	6	2	4	9	900000			
十二月	8	14	9	6	4	2	4	2	2	4	300000			

填报日期：中华民国三十五年　　月　　日

填 报 人：汕头市警察局行政科长 古〇〇

主 管 官：汕头市警察局长 钟〇〇

---

① 此表由汕头市警察局行政科长古世珠于1946年2月27日填报。

民国二十七年度

月别	轰炸敌机		投弹枚数	死亡人数			受伤人数			毁屋间数	损失价值（国币元）	击落敌方人物		
	次数	架数		共计	男	女	共计	男	女			机数	人数	物资价值
总计	83	209	490	246	132	114	384	178	206	330	157978000	无	无	无
一月	3	7	14	4	3	1	10	3	7	12	1480000			
二月	4	6	10	3		3	16	11	5	11	470000			
三月	6	9	22	7	4	3	10	4	6	19	560000			
四月	10	14	31	13	7	6	16	8	8	22	1236000			
五月	8	12	24	9	5	4	4		4	14	570000			
六月	8	32	66	34	28	6	23	8	15	35	2240000			
七月	6	64	190	135	70	65	229	105	124	104	136460000			
八月	8	20	40	10	2	8	38	17	21	32	2700000			
九月	7	13	26	8	6	2	16	12	4	14	2032000			
十月	11	12	18	5	2	3	10	4	6	19	2400000			
十一月	4	5	14	3		3	3	2	1	20	3210000			
十二月	8	15	35	15	5	10	9	4	5	28	4620000			

填报日期：中华民国三十五年　月　日

填　报　人：汕头市警察局行政科长　古○○

主　管　官：汕头市警察局长　钟○○

民国二十八年度

月别	轰炸敌机		投弹枚数	死亡人数			受伤人数			毁屋间数	损失价值（国币元）	击落敌方人物		
	次数	架数		共计	男	女	共计	男	女			机数	人数	物资价值
总计	283	544	278	57	30	27	172	100	72	137	31480000	无	无	无
一月	31	72	27	18	10	8	45	27	18	25	4810000			
二月	27	55	44	5	3	2	20	9	11	9	1470000			
三月	30	62	38	9	6	3	35	25	10	11	1880000			
四月	76	82	29	7	2	5	30	15	15	21	4050000			
五月	63	109	55	13	7	6	25	16	9	24	4300000			
六月	56	164	85	5	2	3	17	8	9	47	14970000			
七月														
八月														

月别	轰炸敌机		投弹枚数	死亡人数			受伤人数			毁屋间数	损失价值（国币元）	击落敌方人物		
	次数	架数		共计	男	女	共计	男	女			机数	人数	物资价值
九月														
十月														
十一月														
十二月														

填报日期：中华民国三十五年　月　日

填报人：汕头市警察局行政科长 古〇〇

主管官：汕头市警察局长 钟〇〇

民国三十四年度

月别	轰炸敌机		投弹枚数	死亡人数			受伤人数			毁屋间数	损失价值（国币元）	击落敌方人物			备考
	次数	架数		共计	男	女	共计	男	女			机数	人数	物资价值	
总计				647	310	337	290	153	137	155	155000000	无	无	无	
一月															此项损失应列入抗战损失调查表汇报
二月															
三月				630	305	325	286	150	136	106	106000000				
四月				17	5	12				28	28000000				
五月							4	3	1	21	21000000				
六月															
七月															
八月															
九月															
十月															
十一月															
十二月															

填报日期：中华民国三十五年　月　日

填 报 人：汕头市警察局行政科长 古〇〇

主 管 官：汕头市警察局长 钟〇〇

（汕头市档案馆馆藏档案，档案号 11—3—193）

37. 潮汕铁路公司董事长张福英致汕头市市长翁桂清电

（1946年5月22日）

汕头市政府市长翁勋鉴：

案奉钧府本年五月十四日统字号第二四号代电附发抗战损失调查表三份敬悉。窃本公司于民国纪元前由华侨集资兴办自汕头至潮州之意溪铁路行驶火车，艰难缔造垂三十年。不几抗战军兴，于民国二十六年八月起至二十八年六月潮汕沦陷之日止，历时两载，本路被敌机轰炸至五十余次，而受弹达六七百粒之多。公司董事局、车站、宿舍、机厂、车厂及其他建筑物先后悉遭炸毁，客货车辆及机车、轨枕之被毁更难计数。迨去年八月日寇投降，国土重光，本公司派员到汕接收。而本路路轨、车辆以及建筑器材全部遭敌毁灭，仅存瓦砾一片，损失之巨无与伦比。当将敌寇罪行列表函送汕头地方法院依法追偿，并将资产损失列表呈请交通部暨广东省政府转咨内政部抗战损失调查委员会办理各在案。奉电前因，理合查填财产损失报告单四份电缴查核汇转。再本公司在抗战期内人口并无伤亡，至财产间接损失如防空设备费、疏散费以及沦陷后业务之损失为数至多，只以案档散置各地，一时无以查填，合并声明。

商办潮汕铁路公司董事长张福英养叩

财产损失报告单（表式2）
1946 年 5 月 23 日

损失年月日	事件	地点	损失项目	购置年月	单位	数量	价值（国币元）		证件
							购置时价值	损失时价值	
二十八年七月	铁路被敌占毁	汕头至潮安	建筑物	纪元前年			716160.00	无从统计	本公司有沿路全国及各种建筑物照片
〃	〃	〃	道路及车辆	〃			1465500.00	〃	
〃	〃	〃	机器工厂及设备费	〃			398100.00	〃	

损失年月日	事件	地点	损失项目	购置年月	单位	数量	价值（国币元）		证件
							购置时价值	损失时价值	
二十八年七月	铁路被敌占毁	汕头至潮安	警务设备费	纪元前年			7200.00	无从统计	本公司有沿路全国及各种建筑物照片
"	"	"	交通及业务工器	"			383300.00	"	
"	"	"	家私器材	"			35600.00	"	
"	"	"	职工福利事业	"			13500.00	"	
合计							3019360.00		
说明	本公司因抗战损失资产项目繁多，除经逐项列表迳呈法院暨广东省政府转呈内政部抗战损失调查委员会办理外，此表限于篇幅不能尽录，合并注明。								

（汕头市档案馆馆藏档案，档案号二七·2—11－1—271）

38. 广东省战时房屋损失调查表

（1946年6月）

县市局别	原有屋数	损失屋数	损失%
广州市	118340	23663	20%
曲 江	42046	6306	15%
惠 阳	128365	19255	15%
汕头市	15802	2370	15%
翁 源	18015	1801	10%
从 化	19395	1939	10%
花 县	34162	3416	10%
高 要	83106	8311	10%
南 海	182162	18216	10%
三 水	44656	4465	10%
吴 川	22184	2218	10%
梅菉管理局	1482	148	10%
遂 溪	26583	2658	10%
东 莞	121766	12177	10%
博 罗	31580	3158	10%
增 城	40305	4030	10%
海 丰	58104	5810	10%
陆 丰	73309	7331	10%
宝 安	32356	3236	10%
澄 海	23691	2369	10%
番 禺	166496	8325	5%
中 山	161728	8064	5%
顺 德	173367	8668	5%
新 会	146918	7346	5%
台 山	126529	6326	5%
清 远	56955	1847	5%

县市局别	原有屋数	损失屋数	损失%
南　雄	38580	1929	5%
英　德	41920	2096	5%
始　兴	13545	677	5%
阳　山	22133	1107	5%
乐　昌	13238	662	5%
乳　源	11427	571	5%
四　会	26872	1344	5%
茂　名	74394	3720	5%
阳　江	50259	2513	5%
电　白	55023	2753	5%
化　县	43480	2174	5%
廉　江	45645	2282	5%
合　浦	59346	2967	5%
钦　县	27821	1391	5%
防　城	24271	1214	5%
灵　山	48011	2401	5%
海　康	26937	1347	5%
徐　闻	16953	843	5%
琼　山	42705	2135	5%
文　昌	45483	2274	5%
德　庆	24233	1214	5%
鹤　山	39490	1975	5%
高　明	14317	716	5%
新　丰	10573	529	5%
龙　门	16559	828	5%
潮　安	98916	4946	5%
潮　阳	92809	4640	5%
揭　阳	131529	6596	5%
普　宁	68629	3431	5%

县市局别	原有屋数	损失屋数	损失%
惠　来	54592	2730	5%
开　平	66817	1336	2%
恩　平	32362	647	2%
佛　冈	9304	186	2%
仁　化	7433	149	2%
罗　定	50233	1005	2%
云　浮	41001	820	2%
连　平	17913	352	2%
和　平	23136	463	2%
阳　春	39557	791	2%
安　定	23437	470	2%
澄　迈	23247	465	2%
儋　县	28143	563	2%
临　高	27443	549	2%
崖　县	9646	193	2%
陵　水	10955	219	2%
万　宁	14981	300	2%
乐　会	12255	245	2%
琼　东	9150	183	2%
感　恩	4831	98	2%
昌　江	6075	122	2%
乐　东	6881	138	2%
封　川	15575	312	2%
郁　南	29162	583	2%
新　兴	32180	644	2%
开　建	8930	179	2%
河　源	18774	375	2%
饶　平	57945	1159	2%
丰　顺	29763	595	2%

县市局别	原有屋数	损失屋数	损失%
南　澳	4630	93	2%
南山管理局	9486	190	2%
保　亭	9018	180	2%
白　沙	21193	424	2%
赤　溪	2477	6	0.25%
连　县	29323	73	0.25%
连　山	5959	15	0.25%
安化管理局	13396	33	0.25%
广　宁	29035	93	0.25%
龙　川	38591	96	0.25%
大　埔	35220	83	0.25%
信　宜	55393	138	0.25%
紫　金	29443	74	0.25%
兴　宁	42882	107	0.25%
梅　县	60783	152	0.25%
五　华	39025	98	0.25%
平　远	15667	39	0.25%
蕉　岭	11753	24	0.25%
合　计：（原有屋数）4349225（损失屋数）252545（损失%）5.3%			

（《行政院善后救济总署广东分署统计半年刊》1946年，广东省档案馆馆藏档案，档案号2—2—449）

39. 汕头市财产损失汇报表

（1946年6月11日）

人民团体机关公司行号合作社及私人适用
财产直接损失汇报表

事件：日机轰炸毁损及日军登陆抢夺损失

日期：廿六年七月七日起至卅四年八月十五日止

地点：汕头市

填报者：汕头市警察局　　　　　　　填报日期：卅五年六月十一日

分　类	损失时价值 （国币元）	重要物品项目及其数量
共计	1229700000.00	
建 筑 物	883000000.00	一分局辖内五大洲酒店高仁利行利展麟等铺屋计220间三分局辖内商民房铺屋计120间其估值损失如左
器 具	200500000.00	一分局辖内商店住户家私用具暨三分局辖内工厂三间机件之损失估值
现 款	无	
图 书	350000.00	市立图书馆图书损失之估值
仪 器	140000.00	市立图书馆仪器损失之估值
文 卷	无	
医药用品	60000.00	汕头医院药品损失估值
衣 物	145150000.00	一分局及三分局辖内商店住户被服衣物货件等之损失估值
粮 食	500000.00	三分局辖内粮食商粮食之损失估值
其 他	无	

财产间接损失汇报表

（廿六年七月七日至卅四年八月十五日）

填报者：汕头市警察局　　　　　　　　　　填报日期：卅五年六月十一日

分　类	实际价值共计	摘　要　说　明
共计	729860000.00	
迁　移　费	2500000.00	各人民机关团体搬迁移徙之费用估计
防空建设费	1020000.00	电灯自来水两公司暨本市崎碌等处建设防空设备之费用估计如左
疏　散　费	56600000.00	五大洲酒店高仁利利展麟市商会等三次疏散暨电灯自来水两公司员役物资供水机关人员之疏散费用估计如左
救　济　费	无	
抚　恤　费	950000.00	电灯及自来水两公司员役伤亡暨各善堂抚恤伤亡贫民之抚恤费估计如左
生产减少	668600000.00	本市水电农业工厂渔业果蔬等项受战争影响而减少生产之损失
盈利减少	190000.00	商业营业影响及渔业影响以盈利减少损失

（汕头市档案馆馆藏档案，档案号11—3—193）

40. 顺德县日军罪行调查报告表

(1946年6月15日)

<table>
<tr><td rowspan="6">日军罪行调查报告表　中华民国卅五年六月十五日　顺德</td><td>地点</td><td>顺德县
陈村旧墟</td><td>顺德县
陈村旧墟</td><td>容奇桂洲</td><td>容奇桂洲</td><td>容奇桂洲</td></tr>
<tr><td>日期</td><td>二十七年农历十一月十四日晚</td><td>三十年七月七日起一连数天</td><td>二十八年至二十九年间</td><td>二十八年至二十九年间</td><td>三十年</td></tr>
<tr><td>日军部队番号</td><td>多田二门及元拱田等部队</td><td>日军野后部队</td><td>警备队长吉田</td><td>警备队长西野成</td><td>队长小谷</td></tr>
<tr><td>罪行事实</td><td>焚杀</td><td>焚杀、毒打及拘禁民众、施放毒气</td><td>动辄以游击或土匪名义杀戮无辜民众卅余人</td><td>民众数人误入驻地边缘亦被惨杀</td><td>以间谍嫌疑将无辜民众四人惨杀</td></tr>
<tr><td>被害人姓名及其受损害情形</td><td>志公平谷米店店伴何澄、何裕来、刘伟、逢娣仔等四名被日军入店用刺刀刺毙。店中所存米糠数百包及华南米业公司寄存白米均全部被焚，并将该店焚毁。</td><td>查三十年七月间因敌商船海刚丸在本乡附近河面为我游击队设计骑劫，并当场击毙船上敌军官兵多名。敌老羞成怒，遂于七月七日派出敌酉野后等率领扫荡队，以搜查我方游击队为名到乡恣意焚烧、惨杀，计共焚烧碉楼十二座、店户十余间，杀毙民众约四百余人。复将男女老幼五百余人拘禁于市内桥南街李忠简祠等地断绝饮食三天，并任意毒打，滥施酷刑，事后放出。因而死者亦数十人，但被害人姓名当时以在沦陷区中未有登记，至今已无案可稽。</td><td>姓名未详</td><td>姓名未详</td><td>姓名未详</td></tr>
</table>

（佛山市顺德区档案馆馆藏档案，档案号 136—FZ.3—78）

41. 汕头市收复地区损失情形报告表

(1946年7月)

报 告 期 间：民国廿八年六月至卅四年九月

收复地区名称：广东省汕头市

收复地区面积：19.162 方里

收 复 日 期：民国三十四年九月二十五日

收复情形略述：本局奉令收复本市遵即率同所属职员警队随同谭前兼市长暨军政党各机关部队到达本市后，旋于九月廿五日全部开始接收工作所有军事行政党务税务各方面除由各该主管会同接收组分别接收外，本局接收伪警局及三个伪分局暨水上礐石两个伪分驻所并伪保警队一中队（接收情形另有专案呈报），同时开始执行有关警察业务各项工作并协助本市接收组办理各种接收事项尚属顺利。

（查报项目）

1. 人口伤亡约数：约共伤亡9806名。

2. 损坏企业名称与各该资产约值：损坏人民铺屋财产物资船舶等共约5467941200.00。

3. 攫取企业名称与各该资产约值：攫取电灯及自来水器材约值350950000.00，汕头医院药品仪器及工厂三家暨粮食等约值710000000.00，德记洋行抽纱货物17包约值35000000.00。

4. 开采资源名称数量与其约值：林木被採砍约值30000000.00。

5. 征发物资名称数量与其约值：敌陷本市后被征发粮食铁器物品等为数颇多，但无从调查统计。

6. 征收税捐名称与其约数：计有屠宰捐、家畜市场捐、水产捐、娱乐场捐、鸦片烟捐、生药捐、蟛□捐、花捐、盐税、货物税、船舶捐、粪溺捐、房洁捐等计期六年又三个月除一部数目不明外共约值1613000000.00。

7. 套购物资名称数量与其约值及所付代价：敌利用三菱三井等洋行以纱布什货肥料等嘱使汉奸创设组合套换我方奸商偷运钨矿粮食木材等物资约值及代价不明。

8. 盗营工矿交通等事业情形：不明。

9. 破坏金融情形情形：敌禁止民众使用国币强迫行使敌人军用票及伪储备银行伪币故在沦陷期间施行钱庄登记管理以为破坏金融之工具。

10. 实施毒化情形：沦陷期间敌人开放烟赌公卖鸦片广设赌场设立伪校施行毒化教育企图改变人民思想计全市共设鸦片售吸所44家赌场大小计五十场伪校计市立中学一所省立中学一所市立小学九所私立无从查计。

11. 调查与估计方法：1. 直接调查所得情况；2. 间接向有关方面查询，估价方法除有案可稽者照录外并以现时价值计算。

报告者：汕头市警察局局长钟〇〇

填报日期：卅五年七月　日

（汕头市档案馆馆藏档案，档案号11—3—193）

42. 汕头市医药及埋葬费用

(1946年9月)

（二十六年至三十四年）　　　　　单位：国币元

类别	合计	医药费	埋葬费
总计			
二十六年	3000	1000	2000
二十七年	19000	5000	14000
二十八年	115000	52000	63000
二十九年			
三 十 年			
三十一年	50000	20000	30000
三十二年			
三十三年			
三十四年	952000	842000	110000

（汕头市档案馆馆藏档案，档案号 11—1—272）

43. 汕头市警察局第一分局调查敌伪毒化罪行搜集证据详细报告表

(1946年9月24日)

1. 敌伪毒化罪行政策及实施毒化情形	1. 汕头自民国廿八年沦陷后敌伪即创设股广东省禁烟局潮汕分局负责运售潮汕沦陷区烟毒事。局长一人下设专卖所三处，每处设主任一人，后改为内政部广州区禁烟局潮汕分局
2. 敌伪胁迫人民种烟方法种植亩数及产量	无
3. 敌伪制造烟毒机构各种数目原料来源出口种数名称及其数量	1. 潮汕敌伪烟毒总机构名称最初系广东省禁烟局潮汕分局，后改称内政部广州区禁烟局潮汕分局，下设专卖所三处 2. 原料来源每月由上海兴亚院运烟土至广州禁烟局，后转运来汕交潮汕分局再交专卖所制成烟膏售给各烟馆，每月约二万余两
4. 敌伪贩运烟毒往来路线倾销方法及其数量	由上海运广州转汕头分售专卖所制成烟膏转售各陷区烟馆，每月约二万余两
5. 敌伪诱迫人民吸食烟毒方法及现有烟民人数	设烟膏公卖处售给各烟馆，当时辖内男女烟民约600人，全市约二千余人
6. 敌伪所设及胁迫人民设立之烟毒场所数目	一分局约十二间，全市约三十余间
7. 境内收复区种制运售吸烟毒情形与战前之比较	战前辖内种制运售及吸烟均已绝迹，沦陷后敌伪公开售卖致烟民日增，收复后现已绝迹
8. 敌伪敛收烟毒税款方法及税收数字	不明

9. 敌伪各级主持烟毒化罪犯姓名略历现居地点及其罪行事实	1. 敌伪潮汕禁烟分局长初由广州局派雷宋熙后改派梁绍后均广州人历充广东各禁烟分局科长局长职现居地点不明复员前闻已潜逃。2. 专卖所向由许士达简积玉等包办，蔡恒三陈亦林简士元郑光正等分任主任。3. 许士达简积玉被押汕头高一分院（积玉系台人）余均潜匿。4. 汕专卖所主任林泽（即林汉川）
10. 我方所受损害情形及各项损失数字	计自廿八年沦陷至卅四年九月收复烟民因吸鸦片对经济直接损失约值 4050000000 元
11. 敌伪实施毒化之各项证据如敌伪布告法令规章函电讲词报告决议案图表传单凭照等毒化机构场地等照片图样等罪犯之诉状供词判决书等以及被害人见证人或□□□□人员报告□□等	无从调查
12. 查封敌伪机构之办理情形及查封烟毒之种类数量	复员后并无发现敌伪毒化机关存在

中华民国三十五年九月二十四日　汕头市警察局第一分局长梁荫柏

（汕头市档案馆馆藏档案，档案号 11—3—193）

44. 东亚银行广州分行民营事业财产直接损失汇报表

(1946年12月18日)

事件：敌伪军人掠劫仓库

日期：民国三十年二月三日

地点：广州市兴隆路 133 号

分　类	价　值　（美元）
共　计	293338.00
房　屋	30000.00
器　具	7000.00
现　款	
生　金　银	
保　管　品	256338.00
抵　押　品	
有　价　证　券	
运　输　工　具	
其　他	

报告者：东亚银行广州分行

（广东省档案馆馆藏档案，档案号 6—2—375）

45. 善后救济总署广东分署业务总报告（节录）

（1947年）

第二章　经费及物资

甲、经费

第一节　收入

本分署经费来源，以总署拨款为主，占全部收入百分之九十五以上，间有公私捐捐款，利息收益，杂项收益等，但为数无多。查本分署自三十四年十月十六日开办以至三十六年一月份所收总署拨款，除指定用于某项业务之专款外，初无储运费与业务费之别，概称业务费。三十六年二月，始奉饬知由该月份起另拨储运专款，指定为物质运储之用，并在中央银行开立专户存储办理。三十六年三月以后，各月总署拨款列有除各项专款外，余则划分为行政费与工作队经费两项。除四月份总署拨款列有特种业务费二亿元外，再无业务费奉拨。自是本署业务费中之难民救济，医药卫生，工程工振及农渔工业之救济与善后费用，则由工作队经费内分配应用。兹将自开办起至三十六年八月三十一日结束业务时止逐月总署拨款列举如后：

三十四年

　　十月至十二月底　业务费　　　　　　　　210000000 元

三十五年

　　一月份　　　　业务费　　　　　　　　　5000000 元

　　二月份　　　　业务费　　　　　　　　150000000 元

　　三月份　　　　业务费　　　　　　　　200000000 元

　　四月份　　　　业务费　　　　　　　　200000000 元

　　五月份　　　　业务费　　　　　　　　250000000 元

　　六月份　　　　业务费　　　　　　　　300000000 元

　　　　　　　　　防疫专款　　　　　　　　3000000 元

　　七月份　　　　业务费　　　　　　　　350000000 元

　　八月份　　　　业务费　　　　　　　　400000000 元

　　九月份　　　　业务费　　　　　　　　400000000 元

　　十月份　　　　业务费　　　　　　　　600000000 元

	遣送华侨专款	100000000 元
十一月份	业务费	600000000 元
	遣送台胞专款	100000000 元
	珠江水利工粮专款	200000000 元
十二月份	业务费	600000000 元
	遣送华侨专款	100000000 元

三十六年

一月份	业务费	600000000 元
二月份	业务费	500000000 元
	储运专款	200000000 元
	珠江水利工粮专款	200000000 元
	遣送华侨专款	200000000 元
三月份	行政费	120000000 元
	工作队经费	140000000 元
	储运专款	900000000 元
	遣散费	77679000 元
四月份	行政费	180000000 元
	工作队经费	300000000 元
	储运专款	500000000 元
	特种业务费	200000000 元
	珠江水利工粮专款	200000000 元
	遣散费	138000000 元
五月份	行政费	380000000 元
	工作队经费	550000000 元
	储运专款	500000000 元
	遣送华侨专款	100000000 元
	遣散费	530000000 元
六月份	行政费	320000000 元
	工作队经费	580000000 元
	储运专款	500000000 元
七月份	行政费	300000000 元
	工作队经费	450000000 元

	储运专款	500000000 元
	水灾急赈专款	500000000 元
	遣送缅侨专款	100000000 元
八月份	行政费	370000000 元
	工作队经费	480000000 元
	储运专款	1000000000 元
	遣散费	550000000 元
	防疫专款	75000000 元
	变卖汽车收益（作总署拨款）	160200000 元

以上由三十四年十月十六日开办时起至三十六年八月三十一日结束时止，计共收到总署拨款 17196802410 元。内侨遣专款 600000000 元，遣送台胞专款 100000000 元，珠江水利工粮储运专款 600000000 元，各专款截为 1300000000 元。

第二节 支出

本分署支出大别为二类：一为业务费，一为管理费。计自开办至结束（八月三十一日），业务费支出共 7608936643.79 元，管理费用支出共 2511518027.78 元。其他支出要项，尚有开办费 7362536.42 元，遣散费 58781052 元等（详见附表三）。

此外则有办理侨遣，支出 588484728 元，遣送台胞支出 340137500 元，及珠江水利工粮储运支出 518380023.73 元。各专款支出共计 1447002251.73 元。查收入仅 1300000000 元，其透支数系暂在业务费内垫付。

业务费支出，及各项业务费用在全部业务费用中所占百分比，有如下述：（详见附表四）

1. 难民救济费	3926145000.24 元	51.60%
2. 医药卫生费	583896374.48 元	7.68%
3. 工程工振费	35405790.80 元	0.46%
4. 农业救济费	187229516.47 元	2.46%
5. 工业救济费	10322065.25 元	0.13%
6. 渔业救济费	28632046.48 元	0.38%
7. 其他善后救济费	2380000.00 元	0.03%
8. 储运物资费	2831821478.07 元	37.22%
9. 结束费	3104372.00 元	0.04%
合计	7608936643.79 元	100%

略察各项业务费用及其比率，则可见二项事实：一为难民救济费占全部业务费用之半且强，一为储运费用占 37.22％ 而仅次于难民救济费。二者实显示广东以至中国善后救济工作所遭遇之困难，即需要救济人数之众，及运输条件之落后与费用之高昂。本分署虽奉令于三十六年三月起停止直接救济，而因其他社会因素之存在，过去年余之救济工作，未必已能使难民获重理生计之立足点。至储运之所费，上述数字尚不过就三十六年三月至八月已立储运费科目后之数字计算，三十六年二月以前之十四个月中，储运费支出皆适当分别并入各项业务费中。帮实际之储运费支出，或不仅百分之 37.22％ 而已。

管理费用总计 2511518027.78 元（详见附表五）。与业务费用相较，成一与三之比。若以经指定专款办理之特殊业务费用。1447002251.73 元计入业务费用中，则管理费与业务费之比，应为 1：3.60。上项总署指拨专款办理之特殊业务有三：（一）台胞之遣送，（二）华侨遣送，与（三）珠江水利工粮之储运。各支出数，已见本节首报。

以上所述，系本分署经费收支概况，其详如附表三、四、五所示。

再本分署于三十六年八月三十一日结束业务。而事实上业务未克即行全面结束。九、十、十一三个月之结束费用，经奉总署核准拨款 979000000 元。但不敷甚巨，已呈请追加 1349264840 元。他如八月三十一日以后储运仓存物资 4367.41 吨（见附表六 A）之储运费，继续办理侨遣之专款，及他业务赓续进行以迄完全结束时之业务费，皆未及记载于此。

乙、物资

本分署于三十四年十月十六日成立，十二月中旬开始接收物资，至同年十二月三十一日止，计：

收入	2550.94 吨
发出	737.91 吨
结存	1813.03 吨

三十五年度物资收发存情形，计：

上年结存	1813.03 吨
收入	55529.99 吨
发出	45600.32 吨
损耗	78.58 吨
结存	11664.12 吨

三十六年份至八月三十日一止，物资收发存情形，计：

上年结存	11664.12 吨
收入	50502.93 吨
发出	57629.24 吨
损耗	170.40 吨
结存	4367.41 吨

综计以上自三十四年十二月开始接收物资起至三十六年八月三十一日结束业务止，物资收发库存情形如下：

收入	108583.86 吨
发出	103967.47 吨
损耗	248.98 吨
结存	4367.41 吨

本分署虽定于三十六年八月三十一日结束业务，事实上此后仍有物资运到，估计约达3000吨；此项新到物资及八月三十一日仓存物资4367.41吨，仍待发出。物资之接收与分发，惟有于九、十、十一三个月办理结束期内竣事，俟分署人员至总署办理结束交代时，将再就九、十、十一月份内之经费与物资情况，作一补充报告，以为本总报告之附录。

至物资分发，使用之分析，欲求明确，必须先列一物资帐之缩本，此非本报告可得而详：但若就本分署至本年八月三十一日收到物资108583.86吨稍加考察，即可见全部物资，以食物类为大宗，占93.6%强，此实显示本分署两年来之工作，救济仍重于善后。（工振虽有善后之效，其本身仍为一种救济方式）。又本分署业务之推及全省各区，系以工作队之执行为主，此于救济业务为尤然。故拟举食物类物资，就其配发工作队与工作队以外其他机构之数量作一比较，以示物资使用之大端：（见附表七）

本分署至本年八月卅一日收到物资总额	108583.86 吨
其中食物类物资数量	101643.89 吨
食物类物资已发出数量	97846.22 吨
发交工作队者	68113.54 吨
发交其他机构者	29732.68 吨

至分发工作队之食物类物资，则如下表所示：

广州工作队	15528.09 吨
第一工作队	7751.74 吨
第二工作队	5750.68 吨

第三工作队	5037.02 吨
第四工作队	3964.51 吨
第五工作队	5232.21 吨
第六工作队	11605.23 吨
第七工作队	4395.31 吨
第八工作队	4990.45 吨
第九工作队	3635.41 吨
第十工作队	126.83 吨
第十一工作队	96.06 吨

（注：第十、十一两工作队设于海南岛之那大、万宁，以治安与运输条件所限，未能展开业务，两工作队成立之初即由驻海口第九工作队就近节制，未及一年而併入第九工作队）。

丙、经费、物资、业务之配合情形

本分署业务之主要含义，实即使各类物资以各种方式惠及全省人民，故物资之收发情形，实为业务进行如何之指标。是以经费与业务之配合情形，可自储运费与物资之配合情形中，获得更集中，更本质之表现。

总署拨款之初无管理费，业务费，储运专款之分，而概属业务费。其时本分署即已侧重储运工作，凡奉到拨款，即优先预为储运之用，自三十六年二月奉饬指拨储运专款，偶有不敷或时间上稍迟之时，亦当由行政费暂时垫付。大体而论，储运费与储运物资业务，尚勉可合拍，兹将本分署自成立以迄结束之储运费用情形，与同期中物资收发情形，对照成表，（附表八）以供参考。惟于查阅此表时，两年间货币贬值之情形须考虑及之。

广东分署结束后财务状况表　（附表三）

（自三十四年十月十六日至三十六年八月三十一日）

项　目	截至　年月　日止	总　计	百分数	备　考
收入部分	至卅六年八月三十一日止			1. 本表计至卅六年八月卅一日止照会计帐册数字编制。2. 本表係九月一日制表故一切悬帐尚未清理完竣且八月以后业务仍在继续办理中未能详查应付数。
1. 总署拨款		17196802410.00	95.03%	
2. 应付帐款		38034819.05	21%	
3. 暂收款		211594608.60	1.11%	
4. 什项收益		642251089.54	3.65%	
总　计		18089682927.19	100.00%	

项　目	截至　年 月　日止	总　计	百分数	备　考
支出部分				
1. 管理费		2511518027.78	15.25%	
2. 业务费		7608936643.79	46.22%	
3. 开办费		736253642	0.04%	
4. 遣散费		58781052.00	0.86%	
5. 预付款		129468757.51	0.79%	
6. 应收帐款		325732.34		
7. 附属单位备用金		2804720566.02	17.05%	
8. 暂付款		3229382801.48	19.62%	
9. 存出保证金		32596300.00	0.20%	
10. 总量往来帐款		79794881.39	0.47%	
总　计		16462887298.73	100.00%	
期末存款				
1. 银行存款		1622079225.22		
2. 库存现金		4716403.24		

广东分署自开办至结束业务费用表　（附表四）

项　目	截至　年 月　日止	总　计	百分数	备　考
难民救济费	截至卅六年八月三十一日止	3926145000.24	51.60	1. 本表计至卅六年八月卅一日止照会计帐册数字编制至各单位所领备用金及人员暂付数之未报销者尚未计算在内。
医药卫生费		583896374.48	7.68	
工程工赈费		35405790.80	0.46	
农业救济费		187229516.47	2.46	
工业救济费		10322065.25	0.13	2. 储运物资费在卅六年二月以前并入各费内至三月以后奉令成立储运物资费科目故本表储运物资费之数字系由卅六年三月起计。
渔业救济费		28632046.48	0.38	
其　他		2380000.00	0.03	
储运物资费		2831821478.07	37.22	
结　束　费		3104372.00	0.04	
合　计		7608936643.79	100.00	

广东分署自开办至结束管理费用表　　(附表五)

项　目	截至　年月　日止	总　计	百分数	备　考
人员费用	至三十六年八月三十一日止	1147569034.70	45.69	1. 本表计至卅六年八月三十一日止照会计帐册数字编制。
差旅费用		170927947.52	6.81	
通讯费用		29589529.20	1.17	
物品费用		161024197.50	6.42	
契约业务费用		70935887.62	2.83	
特种业务费用		617961306.31	24.61	
其他费用		219357142.43	8.73	
消耗费用		47433111.50	1.88	
设备费用		46719873.00	1.86	
合　计		2511518027.78	100.00	

广东分署物资收发库存吨数总表　　(附表六A)

自三十四年十二月至三十六年八月止　　　　　　　　　　　　单位：长吨

类别	收入吨数	发出吨数	损耗及盈溢	结存吨数	备注
0 食物	101643.89	97846.22	O：0.57 S：177.61	3620.63	
1 衣着	1419.90	1250.58	S：53.91	115.41	
2 医药	1050.43	938.22	S：0.89	111.32	
3 工业器材	630.30	361.73		268.57	
4 交通器材	809.84	737.95		71.89	
5 其他器材	204.73	121.15		83.58	
6 农村器材	1690.58	1536.99		72.59	
7 零星用具	876.49	848.47	S：17.14	10.88	
8 燃料	141.38	135.47		5.91	
9 原料及其他产品	197.32	190.69		6.63	
合　计	108583.86	103967.47	O：0.57 S：249.55	4367.41	

注：本表各项物质之重量，皆如入库时重量，本年八月三十日总署编印之分署业务周报第40期所载广东分署物质收发数重量，系根据分署之物质报告在上海计算者故互有出入。

广东分署物资收发库存吨数逐月报告表　　（附表六 B）

自三十四年十二月至三十六年八月三十一日止　　　　　　　　　单位：长吨

类别	三十四年十二月			三十五年一月		
	收入	发出	结存	收入	发出	结存
0 食 物	2550.94	737.91	1813.03	3957.03	866.76	4903.30
1 衣着				47.84		47.84
2 医药				14	14	
3 工业器材						
4 交通器材				109.91		109.91
5 其他						
6 农村器材						
7 零星用具						
8 燃料						
9 原料及其他产品						
	2550.94	737.91	1813.03	4128.78	880.76	5061.95

……

第五章　遣送业务

　　本分署经办之遣送业务，可大别为二：一係国内他省及本省流离人民之遣送接运，是为难民遣送。一係侨胞之遣送与接运，是为侨遣。难民遣送业务，始自三十四年十一月，至三十六年四月底奉令结束。侨遣业务则以运输与入境等困难，延至三十六年九月三十日，尚未办理完竣。总计至本年九月三十日止，遣送难民 79508 人，侨胞（包括遣送出国及接运返籍）15349 人。

　　甲、难民遣送

第一节　接运与遣送本省及外省籍难民

　　各省难民，有原滞广州者，有自各地遣送来广州转程回籍者。本省难民，以避敌寇而流徙川、滇、黔、桂者为数亦众。迨日寇败降后，彼等纷纷经梧返粤，惟当时梧州尚未有接运难民之机构，本分署乃于三十四年十二月一日，设立西江难民输送站于梧州，接运自川、滇、黔、桂诸省返粤或经粤转程之难民。嗣经洽请广西分署在梧州成立难民转运站，接办本署西江难输民送站业务，于三十五年六月十二日将该站撤销。该站计工作七个月又十二天，共输送难民 6766 人。其后经此路入粤之本省籍或外省籍难民，均经分别遣送。

此外尚有在粤省境内转徙之本省难民，及遭俘至敌寇军略地点（如琼崖）服劳役者亦由本署遣送回籍。

查上述外省过境之流离人民，经本分署遣送者8381人；本省籍难民经遣送者54915人；共计63296人。（见附表十一）

第二节　遣送滞粤台胞回籍

战后滞粤之台籍难民共15712人，计留广州者3924人，留琼崖者7521人，留湛江市者3644人，另留澳门者623人。本分署于三十五年五月间，先后会同军委会委员长广州行营广东省政府及台湾行政长官公署自广州分次雇用沙班、沙兴、宜兴等轮运送台胞返籍；琼崖方面由八月份起，分批遣送。至三十五年十月十日止，全部留粤台胞15712人之遣送工作，即告完成。（见附表十一）

第三节　零星侨胞及外侨之遣送

三十五年三月至十月间，零星到达请求协助遣送之外籍人士共64人，请求协助返乡之侨胞先后共436人，亦经本分署分别遣送。（见附表十一）

总计上述三节，本分署协助难民返乡者共79508人。专办之侨工作，则另述如后。

乙、侨遣

第一节　侨遣室之专设

粤省华侨，为数颇众，侨遣工作，遂成为本分署遣送业务之重要部分，此项业务，初由赈务组办理，自三十四年十一月至三十五年八月，遣送出国者仅一批26人，接运归侨亦仅二次，共2106人。嗣接获联总香港办事处通知，开始办理遣送华侨复员，自是工作，益形繁杂，即九月份一个日遣送缅甸华侨复员出国已达1810名之多，故于三十五年十二月设置侨遣室专责办理华侨遣送事宜，俾与总署、香港侨遣代表办公处密取联系，总计本分署接运归国华侨5254人，遣送出国者至三十六年九月底共10095人，两者共计15349人。待遣送缅侨尚有3956人。

第二节　接运归国华侨

1. 接运澳洲国侨工卅四年十二月十八日，澳洲英军解雇华工1341人，由澳洲当局遣送返香港，当时香港侨遣代表办公处尚本成立，本署即派员赴港接运返穗。该批华工大部分系属粤籍，除外省籍者291人，即在港分两批由"贵阳"、"和生"两轮载送来沪，潮汕籍者131人，亦迳由港赴汕转返原籍，香港籍者167人，经就地遣散回家外，计遣送返穗者共752人，抵穗后由本署设临时宿舍收容，及由广州区工作队平价膳堂供给膳食，并分别遣送回籍。

2. 接运菲律宾归国侨工 菲律宾华工765人，于卅五年元月十五日，由美国军舰遣送返港，该批华工多系战时被敌人强掳赴菲作苦工者，抵港复请求送穗者42人，抵穗后经本署难民收入容所收容者29人，后已分别遣送回籍。

3. 接运第一批荷印归国侨工 荷印侨工1473人，系战时在荷印作矿工者，战时结束，因发生工潮，由荷印政府遣送香港，由港政府于卅五年十一月十八日至廿二日分批送穗，内桂籍者354人，余均为粤籍，抵穗后即由本署广州区工作队分别遣送返籍。

4. 接运新几内亚归国侨工 新几内亚侨工802人，于卅六年元月二日由新几内亚送抵香港，本署接获总署驻港侨遣办公处通知后，即派员往港接运。除原居香港者自行在港登陆外，其属广州籍者546人，即由本署派员护送返穗，交由广州区工作队分别送回原籍。

5. 接运星加坡归国侨工 三十六年五月中旬，星加坡归国华侨工39人抵港，本署即派员赴港接运，于五月二十六日抵达广州，五月二十九日分别遣送返原籍。另批48人续抵香港后亦由本分署派员于六月三日接返广州，六月十四日分别遣返原籍。

6. 接运第二批荷印归国侨工，三十六年六月上旬，荷印归国侨工337人抵港，本署派员至港，由港迳送汕头返籍者89人，其余248人于六月十四日接抵广州，二十一日分别遣送原籍。

7. 接运暹罗归国华侨 三十六年六月中旬，暹罗华侨59人抵港，本署派人至港接运，由港迳送汕头者27人，其余32人于六月二十六日接运广州，七月六日分别遣返原籍。

8. 接运越南归侨 越南战乱频仍，华侨自昆明经空运遣送来广州者，自三十六年七月二十六日至八月十三日，先后八批共265人，由本署分别遣返原籍：计返福州者18人，赴上海者7人，江西者3人，其余237人皆粤籍。又越南华侨一批共125人于九月十五日乘大中华轮抵港，本分署派员赴港接运返穗，并分别遣送返原籍。

综上所述，本署接运归侨遣返原籍者，共达5254人。（见附表十二）

第三节 遣送侨胞复员出国

1. 协办审查登记 本分属于三十五年曾派员在广州区会同外交部广东侨务处，及联总人员办理审查广州区华侨证件，核发护照等事宜。并于十月及十一月，派员会同联总及外交部人员，分别前赴江门海口，汕头协助各该地侨务局办理审查登记。经将粤省全部复员侨胞登记完竣，计广州区共登记5239人，海口区 324 人，江门区 780 人，汕头区 4355 人，总计登记 10698 人。

又自三十五年九月缅侨 1905 人遣送返缅甸后，缅甸政府旋即改组，所颁移民法例，对于华侨入境限制极严。菲律宾亦未允华侨入境。迭经我国政府交涉，缅甸政府坚持须先派代表来华审查赴缅甸华侨证件，认为合格者始准予返缅。此项办法，后经我方同意。而缅代表宇吞貌氏随于卅六年四月来华，先至厦门办理审查工作。六月起乃转来粤，开始审查工作，计先后在广州汕头、梅县、江门、柳州（该地缅侨多粤人）审查至七月底始告完竣，计核准返缅华侨共 5392 人，本分署侨遣工作人员，始终参与此项工作。

2. 设立华侨复员操行所。本署奉令在汕头设立可容 1500 人之华侨招待所一所，后以广州为出国港口，且复员华侨人数最多，经呈准在广州增设一所，两招待所于三十五年九月十二月先后成立，收容数量广州招待所保持约 1200 人，汕头招待所约 800 人。

卅六年总署规定停止直接救济，无法继续供应食用物资，广州华侨招待所遂于三月十五日裁撤，汕头招待所亦于四月十五日结束。

3. 遣送华侨出国　自三十四年十一月十七日至三十六年九月三十日止，办理出国华侨遣送 28 批，先后遣送全港转星加波、马来亚、联邦、砂劳越、荷印、婆罗洲、暹罗、越南、缅甸者共 10095 人。（见附表十三）

本分署于本年八月三十一日结束业务，而侨遣工作，以国际难民机构未及接办，旋奉令继续办理，嗣准国际难民机构通知自十月一日起接办侨遣业务，本署侨遣业务乃于九月三十日结束，未了工作移交国际难民组织广州办事处继续办理。

广东分署接运归国华侨回籍人数表　（附表十二）

类　别	抵达日期	接运人数	由何处来	输送往目的地	备　考
驻澳美军解雇华工	34 年 12 月 18 日抵港	1341	澳洲	回籍	752 人接运来穗后分别遣回原籍，其余在港就地遣往上海，福建，汕头，天津各地。
马尼剌归侨	35 年 1 月 15 日抵港	765	马尼剌	回籍	42 人接运来穗，分别遣回原籍余 723 人，分别遣往上海，福建，汕头等地。
留港荷印归国侨工（第一批）	35 年 11 月 18 日至 22 日分四批抵穗	1473	香港	本省各县及桂省原籍	354 人转送往桂省原籍，其余分别送本省各县原籍。

类　别	抵达日期	接运人数	由何处来	输送往目的地	备　考
新几内亚归国侨俘	36 年 1 月 2 日抵港	802	新几内亚	（详见备考栏）	本署派员会同第一工作队赴港协助香港侨遣办公处及联总驻港办事处办理，计在港登陆者222 人，返石龙 14 人，海南 2 人，中山 9 人，汕头 9 人，来穗 546 人。
星加坡归国侨工	36 年 5 月 26 日抵穗	39	星加坡	本省各县	本署派员赴港接运来穗，于五月二十九日全部分别遣送回原籍。
星加坡归国侨工	36 年 6 月 3 日抵穗	48	星加坡	本省各县	于六月十四日全部送回原籍。
荷印归国侨工（第二批）	36 年 6 月 14 日抵穗	337	巨港，泗水等地	粤桂黔各省	本署派员赴港，在港送汕 89 名，其余接运来穗，于六月廿一日全部分送回籍。
暹罗归国华侨	36 年 6 月 26 日抵穗	59	暹罗	粤桂黔各省	本署派员赴港，在港送汕 27 名其余接运来穗，于七月六日分别送返原籍。
越南归国华侨	36 年 7 月 26 日至 8 月 13 日分 8 批抵穗	265	越南	粤桂黔各省	由昆空运来穗，计送回福建 18 名，上海 7 名，江西 3 名，其余粤籍均分别送返原籍。
越南归国第二批华侨	36 年 7 月 15 日抵穗	125	越南	本省县	由越南乘大中华轮于九月十五日抵港，转来广州，经分别遣送回原籍。
合　计		5254			

广东分署遣送复员出国华侨人数表　（附表十三）

类　别	输送日期	输送人数	由何处来	输送往目的地	备　考
第一批	34 年 11 月 17 日	26	广州	缅甸	

类　别	输送日期	输送人数	由何处来	输送往目的地	备　考
第二批	35 年 9 月	1905	经登记审查合格之各地缅侨	缅甸	由穗送港 1806 人，在港加入 99 人，该批缅侨系在港乘丰庆轮出国。
第三批	35 年 11 月 11 日	391	由昆明来	星加坡，马来亚。	乘芝巴德轮出国。
第四批	35 年 11 月 22 日	422	由昆明来	星加坡，马来亚。	乘丰庆轮出国。
第五批	35 年 12 月 13 日	298	贵阳及汕头	星加坡，马来亚。	汕头送 202 人，自贵阳来者 96 人，同乘和生轮出国。
第六批	35 年 12 月 27 日	606	重庆贵阳昆明及各地	星加坡，马来亚，荷属西婆罗洲。	乘芝巴德轮出国。
第七批	36 年 1 月 6 日	326	汕头及各地	星加坡，马来亚，荷属西婆罗洲。	汕头 247 人，各地 79 人，即乘万福士轮出国。
第八批	36 年 2 月 15 日	790	广州及汕头	星加坡，马来亚。	汕头 706 人，广州 84 人，即乘万福士轮出国。
第九批	36 年 2 月 25 日	190	汕头各地	星加坡，马来亚。	乘丰庆轮出国。
第十批	36 年 3 月 1 日	9	汕头各地	越南	乘安顺轮出国。
第十一批	36 年 3 月 10 日	598	汕头、广州各地	星加坡，马来亚，暹罗	汕头 480 人往星加坡、马来亚，广州 118 人往暹罗，同乘夏利南轮出国。
第十二批	36 年 3 月 21 日	90	广州	星加坡，马来亚。	乘芝马德轮出国。

类　别	输送日期	输送人数	由何处来	输送往目的地	备　考
第十三批	36 年 4 月 7 日	98	广州及汕头	暹罗	汕头 77 人，广州 21 人，同乘夏利南轮出国。
第十四批	36 年 4 月 8 日	551	广州及汕头	星加坡，马来亚，北婆罗洲及沙劳越	汕头往星加坡、马来亚 238 人，北婆罗洲沙劳越 88 人，广州 225 人，同乘丰庆轮出国。
第十五批	36 年 4 月 12 日	22	广州	越南	乘菲力士轮出国。
第十六批	36 年 4 月 15 日	401	汕头	星加坡，马来亚	乘万福士轮出国。
第十七批	36 年 4 月 24 日	225	广州、汕头等地	星加坡，马来亚，荷印及缅甸	广州送缅甸 30 人，星加坡马来亚 5 人，汕头送缅甸 18 人，星，马，荷各地 172 人，同乘丰祥轮出国。
第十八批	36 年 5 月 3 日	481	汕头	暹罗及越南	暹罗 475 人，越南 6 名，乘加边轮出国。
第十九批	36 年 5 月 11 日	115	广州，汕头，海口	暹罗，越南。	广州送暹罗 4 人，汕头送 5 人，海口送 105 人，另安南 1 人，同乘夏利南轮出国。
第二十批	36 年 5 月 15 日	593	广州，汕头，海口	马来亚，星加坡，婆罗洲。	广州 42 人，汕头 213 人，海口 338 人，同乘海利轮出国。
第廿一批	36 年 5 月 17 日	225	汕头	马来亚，星加坡，婆罗洲。	乘万福士轮出国。
第廿二批	36 年 5 月 26 日	40	广州	星加坡，马来亚，荷属。	乘芝巴德轮出国。

类　别	输送日期	输送人数	由何处来	输送往目的地	备　考
第廿三批	36 年 7 月 28 日	24	广州	星加坡，马来亚，荷属。	香港加送荷属 1 人，乘万福士轮出国。
第廿四批	36 年 8 月 4 日	878	广州，汕头	缅甸	广州 264 人，汕头 614 人，同乘丰祥轮出国。
第廿五批	36 年 8 月 9 日	28	广州	荷属	乘芝揸丹尼轮出国。
第廿六批	36 年 8 月 18 日	536	广州，海口。	缅甸	广州 459 人，海口 77 人，同乘海利轮出国。
第廿七批	36 年 8 月 22 日	202	汕头	荷属	乘海阳轮出国。
第廿八批	36 年 9 月 4 日	25	广州	缅甸	乘夏利南轮赴缅。
合　计		10095			

……

第八章　工矿善后业务

第一节　战时损失概述

粤省工厂战前大部集中广州。民二十七年秋广州沦陷，工厂器材多未及迁徙后方安全地带，致为敌利用、搬走或破坏；其少数于仓惶中迁移至粤北复工者，亦于三十四年春曲江沦陷时全部损失。

粤省矿业以富国煤矿及八字岭煤矿为较大。前者战前日产无烟煤 500 吨，后者 80 吨。惟于曲江沦陷时，大部设备器材均遭损毁。

兹将粤省工损矿失情形，表列如下：

厂　名	厂址	开工日期	产品种类及产量	战时损失
1. 五仙门电力厂	广州	民国九年	发电机容量 20000 千瓦	撤退时部分毁坏，现机件过旧，未经补充
2. 西村发电厂	广州西村	民国廿二年	发电机容量 30000 千瓦	原有 15000 蒸汽发电机两套已被毁

厂　名	厂址	开工日期	产品种类及产量	战时损失
3. 富国煤矿	曲江	民十九年八月	日产 500 吨	原有直井四个、斜井两个俱被毁，铁路 30 公里被毁
4. 狗牙洞、八字领煤矿	乳源	民廿三年筹办民卅年开采	日产 80 吨	原有直井一个、斜井四个俱被毁，铁路路基亦被毁
5. 自来水厂	西村	民国七年	日给 2100 万加仑	原有 620 匹内燃机三架一被毁
6. 西村士敏土厂	西村	民国廿一年六月	日产 3000 桶	球磨机一副、旋窑一座敌搬去，现只能出产 1/3
7. 硫酸厂	西村	民廿二年七月	日产 98% 硫酸 15 吨	大部分机器被敌毁坏
8. 肥田料厂	西村	民国廿四年八月	日产磷肥 20 吨，硝酸 10 吨，液气 10 吨，氮肥 20 吨，硝酸 75 吨	全部机器被敌毁坏
9. 苛性钠厂	西村	民廿二年	日产90% 苛性钠 6 吨，盐酸 3 吨，漂白粉 7 吨，液气 1 吨	全部及其被敌毁坏
10. 河南纺织厂	河南	民廿三年十月	日产棉纱 20 包、土布 950 匹、呢绒等不定	现仅剩棉纱机器，能出生战前 1/3 产量，其余机器完全损失
11. 省营纸厂	南石头	民廿六年九月	日产 50 吨	全部机器被敌搬去
12. 饮料厂	西村	民廿四年十二月	日产汽水 2500 樽，啤酒 5000 樽	机器无大损失
13. 新造糖厂	新造	民廿二年十二月	日产白糖 45 吨、酒精 5 吨	机器全部损失
14. 市头糖厂	市头	民廿三年十二月	日产白糖 220 吨，酒精 20 吨	机器全部损失

厂　名	厂址	开工日期	产品种类及产量	战时损失
15. 顺德糖厂	容奇	民廿四年十二月	日产白糖 90 吨	机器无大损失
16. 揭阳糖厂	揭阳	民廿四年十二月	日产白糖 45 顿	一部分机器迁衡阳已损失，一部分存于香港
17. 麻包厂	信宜	民廿四年筹备	日产麻包 6000 个	一部分机器存信宜，其余损失
18. 广州制纸厂	南石头	民廿二年	日产 10 吨	全部损失
19. 石龙发电厂	东莞	民十六年八月	发电机容量 175 千瓦	全部机器被敌机炸毁
20. 惠阳糖厂	惠阳		日产白糖 90 吨	申请制糖机器
21. 东莞糖厂	东莞		日产白糖 90 吨	申请制糖机器
22. 广州自动电话管理所	广州		每月运用电话机 8000 副	损失电线、电话机等
23. 佛山光华电厂	佛山		发动机容量 1304 千瓦	损失发电机 5 副，现只存 450 千瓦之发电机一副
24. 刘善之电话器材厂	广州		听筒线 6000 码、交换线 2000 码、电话总机 1000 号避雷器 1000 个电话零件	损失车床电动机及其他器材
25. 协同和机器厂	广州		抽水机、米磨、粉磨、柴油机、榨蔗机、矿业机等机	损失车床、刨床等大部分机械器材
26. 面粉厂	乐昌	民卅一年七月	日产五羊牌面粉 260 包	全部机器被敌破坏或搬去
27. 化工厂	坪石	民卅三年一月	日产白药 50 磅	同上情形
28. 酒精厂	曲江	民卅一年四月	日产酒精 15 吨	同上情形
29. 农具厂	坪石	民卅二年七月	日产犁耙中耕器约 10 件	同上情形

厂　名	厂址	开工日期	产品种类及产量	战时损失
30. 茂名糖厂	茂名	民卅二年七月	日产白糖 26 吨	一部分机器搬信宜，其余留待工保管
31. 电池厂	曲江	民廿九年	日产二号电池九打	全部机器被敌破坏
32. 肥皂厂	曲江	民廿九年	各种肥皂 20 箱	同上情形
33. 药棉厂	连县	民卅年	药棉 50 磅	无多大损失
34. 纺纱厂	坪石	民卅一年四月	二○支棉纱 300 磅	全部器材俱损失
35. 织造厂	坪石	民卅一年一月	四码土白布 50 匹	同上情形
36. 炼油厂	坪石		出产电油、油渣	同上情形
37. 骨制肥料厂	乐昌等地		日产肥田料、脂肪各 100 公斤	不能开工
38. 粤北铁工厂	坪石		制造原动机及抽水机等	大部分机器被敌破坏
39. 衡阳麻织厂	衡阳		日产麻包 3000 个	机器全部损失

（中国第二历史档案馆馆藏档案，档案号廿一 2—1204；廿一 2—252）

46. 民营事业财产损失报告单

（1947年2月10日）

财产损失报告单

填送日期：三十六年二月十日

损失年月	事件	地点	损失项目	购置年月	单位	数量	价值（国币元）		证件
							损失时价值	现时价值	
二十九年七月二十四	被敌人夺去	珠江河	琼发蒸汽船	二十年八月		一艘	46750000	150000000	广州港务局轮船注册牌照
三十四年四月七日	被空袭炸沉	澳门口第二灯柜附近	指南针风雨针□雾钟等			各一个	275000	500000	船舶执照
			修理机件车床			一套	1375000	3700000	置买洋船牌
			缆铙链			三套	1100000	2500000	
			水泵			一副	550000	1300000	
			较铙机			一副	550000	1500000	
			艇仔			一艘	440000	850000	
			救生水排			四个	880000	1600000	
			救生圆圈泡			十个	165000	450000	
			救生衣			二百件	330000	600000	
			帆布遮裀			十张	220000	600000	
			柚木长梳化凳			八张	220000	640000	
			厨房连厨具			一个	110000	300000	
			压傲铝铁			三千斤	165000	450000	
			煤炭			八吨	220000	960000	
							53350000	165950000	

直辖机关学校团体或事业名称　　印信

服务处所与所任职务

通信地址：德政中路会同里二号之一彭宅内

受损者：曾炳枢　赵秀莲

填报者：曾炳枢

姓　名：曾炳枢　赵秀莲

与受损失者之关系：夫妻

盖章

民营事业财产间接损失报告表（航业部分）

填送日期：三十六年二月十日

分　类		数　额（国币元）
可能生产额减少（3）		由民国二十九年七月二十四日至三十五年七月二十三日止共72个月共生意银8910万元
可获纯利额减少（3）		由民国二十九年七月二十四日至三十五年七月二十三日止共72个月共银6600万元
费用之增加	拆运费	
	防空费	
	救济费（4）	
	抚恤费（4）	

附　表　张

报告者：曾炳枢　赵秀莲

共计价值表

填送日期：三十六年二月十日

分　类	数　额（国币元）
财产损失报告单	16595万元
民营事业财产间接损失报告表	15510万元
合　计	32105万元

报告者：曾炳枢　赵秀莲

（中国第二历史档案馆馆藏档案，档案号廿—2—1134）

47. 广东省顺德县（沦陷）财产损失

（1947年6月）

民国二十六年至三十四年　　[顺德县政府]　　　　　　　　　　单位：国币元

年别	合计	建筑物	器具	现款	图书	仪器	医药用品	其他
总计	632440050	359616600	225852050	78636000	3390000	5020000	1150000	29547800
二十六年	0	0	0	0	0	0	0	0
二十七年	340162900	173940000	12558500	28910000	600000	0	0	11137900
二十八年	29155700	11620000	8720000	5883000	0	2000000	1000000	1932700
二十九年	19648600	70264600	49262000	7453000	2500000	3000000	0	2169000
三十年	62239000	38382000	5259000	9428000	0	20000	0	9150000
三十一年	83175600	37315000	21995600	21233000	0	0	0	2630000
三十二年	24836700	12915000	6270000	4320000	0	0	0	1331700
三十三年	13634950	12450000	631450	409000	0	0	0	144500
三十四年	11449000	2730000	6229000	1000000	290000	0	150000	1050000

考证注：（1）填报日期为民国三十六年六月，县政府统计上报；

（2）上表为敌人掠劫、焚烧造成的直接损失数

（佛山市顺德区档案馆馆藏档案，档案号 1—4—1166）

48. 广东省沿海各县市抗战期间渔船损失调查统计表

(1947年10月)

战前，本省各式渔船艘数共三七，四九六艘，渔民总数共四四九，四一〇人，经八年抗战，渔船损失，估计不下一万五千零一十四艘，如以每艘价值一亿元计，即渔船一项之损失，总值已达一万五千余亿，其他渔具等损失，尚未列入。兹将抗战期间，本省沿海各县渔船损失，调查统计如下：

区别	县市别	重要渔区	战前渔船艘数	战后渔船艘数	战时损失艘数	损失价值（国币元）	备考
潮汕区	汕头市	金场、妈屿口、蜞田、石炮台	420	231	190	19000000000	战后渔船艘数系包括新建者在内
	饶平	柘林、洲、海山	2730	1638	1092	109200000000	
	南澳	陆澳、云澳、南澎屿	1600	960	640	64000000000	
	澄海	南港、北港、新港、南砂	1371	901	479	47900000000	战后渔船艘数系包括新建者在内
	潮阳	达濠、海门、古埕、桑田、广沃	1089	344	735	73500000000	战后渔船包括战时遗存修理及新建者
	惠来	神泉、靖海、览表	1400	783	617	61700000000	
	陆丰	甲子、湖东、金厢、碣石	875	425	450	45000000000	
	海丰	□门、妈宫、汕尾、捷胜、遮浪、金屿	1350	1304	46	4600000000	

区别	县市别	重要渔区	战前渔船艘数	战后渔船艘数	战时损失艘数	损失价值（国币元）	备考
广惠区	惠阳	平海、澳头、金门塘	860	606	254	25400000000	
	宝安	大鹏湾、珠江口、万山列岛	6500	3900	2600	260000000000	包括香港外海大屿山担竿山在内
	中山	珠江口、九洲坪、万山列岛磨刀门	2500	1600	900	90000000000	包括澳门万山群岛在内
	新会	崖门、牛湾、七宝	615	349	266	26600000000	
	台山	广海、上下川岛	1200	720	480	48000000000	
	赤溪	铜鼓湾、三夹口	110	66	44	4400000000	
高雷区	阳江	闸坡、沙扒、东平	1100	660	440	44000000000	
	电白	博贺港、水东港	600	460	140	14000000000	
	茂名	梅菉	1100	660	440	44000000000	
	吴川	东海、限海	385	83	302	30200000000	
	遂溪	江洪、草潭、乐民、北潭、下菉	290	164	162①	12600000000	
	广州湾（湛江市）	硇洲岛、东海岛、披头	3100	1088	2013②	301200000000③	
	海康	海康港、乌石港	600	340	260	26000000000	
	徐闻	海康港、三四塘、麻罗塘	170	102	68	6800000000	

① 此处数字应为"126"，原档案标记错误。

② 此处数字应为"2012"，原档案标记错误。

③ 此处数字应为"201200000000"，原档案标记错误。

区别	县市别	重要渔区	战前渔船艘数	战后渔船艘数	战时损失艘数	损失价值（国币元）	备考
钦廉区	合浦	北海港、涠洲岛、西场港	1600	950	650	65000000000	
	廉江	安铺港、营子	125	65	60	6000000000	
	钦县	龙门港、乌雷、三娘湾	220	132	88	8800000000	
	防城	企沙横港、迈尾岛	1200	720	480	48000000000	
琼崖区	琼山	海口港、白庙港、天尾港	200	103	97	9700000000	
	文昌	清澜港、铺前港、加定角	600	400	200	20000000000	
	琼东	潭门港	220	180	40	4000000000	
	乐会	博鳌港	150	100	50	5000000000	
	万宁	和乐港、东澳港	300	230	70	7000000000	
	陵水	新村港、黎菴港、坡头港、水巷港	300	250	50	5000000000	
	崖县	榆林港、藤桥港、三亚港、保平港、莺哥港、岭门港	1300	1200	100	10000000000	
	感恩	县门港、八新港、白沙港、花沟港	100	65	35	3500000000	
	昌江	英潮港、海尾港、墩头港	146	93	53	5300000000	

区别	县市别	重要渔区	战前渔船艘数	战后渔船艘数	战时损失艘数	损失价值（国币元）	备考
琼崖区	儋县	新英港、海头港、白马井、洋浦港、峨蔓港	500	300	200	20000000000	
	临高	红牌港、新盈港、博铺港、马袅港	450	230	220	22000000000	
	澄迈	水东港、玉泡港、花场港	120	80	40	4000000000	
合计			37496	22482	15014①	1501400000000	

（《广东省各区工商业经济调查》1947年10月，载工商部广州工商辅导处编撰委员会编：《两广工商经济特辑》1948年，广东省立中山图书馆馆藏档案，档案号 K067—2382）

---

① 此处数字准确。表中存在的三处不准确数字，编者推测为编印时错误。

49. 广东实业公司战时财产损失统计概况① （节录）

（1948年）

甲、工业方面

粤华交通器材厂

三十四年一月下旬日寇侵陷粤北各县，该厂除一部分器材及时内迁外，余尽遭日寇所摧毁，损失甚重，兹将该厂损失数字表列如下：

粤华交通器材厂战时财产损失统计表（注）　　　单位：国币元

类别	厂房	器具	制成品	原料	机械及工具	合计
损失数字（原值）	323461.75	251971.26	1525411.47	5864023.39	1231656.60	9196524.47

（注：本表系根据本公司及附属厂场社三十四年度六月份资产现况调查清册内损失资产之数字予以分类编制而成）

粤昌机器厂

粤昌机器厂战时财产损失统计表（注）　　　单位：国币元

厂房②	器具③	制成品	原料	器具	机械及工具	其他	合计
损失数字（原值）	614116.13	789949.92	8838100.38	52472.52	1881586.53	471128.05 包括翻砂设备模型图样给水设备未完工程。	3647353.53

（注：本表根据本公司及附属厂场社三十四年度六月份资产现况调查清册内未明资产之数字予以分类编制而成）

---

① 广东实业公司系广东省建设厅所属企业,包括粤华交通器材厂、粤昌机器厂、粤利有机肥料厂、粤新建筑材料厂、粤德制药厂、粤明化学工业厂、粤强印刷厂、粤兴炼糖厂、粤利有机肥料厂、广州纺织厂、顺德糖厂等一批工厂,粤成、粤丰、粤隆、业余、工余农场,以及一批商业企业。当时的省营工业十之七八,皆为广东实业公司所经营。

② 原文如此,此项应为"类别"。

③ 原文如此,此项应为"厂房"。

粤利有机肥料厂

卅四年一月间粤北战事发生后，本公司东迁，该厂所在地连县虽未沦陷，而业务亦受战事影响，陷于停顿。胜利复员后本公司派员前往调查，所得结果，该厂除原有房屋粪池，水车，铁锅外，仅有熟骨二十余担，成品二百余担。查该厂过去所有产品，多向本公司所办之各农场推销，外间甚少购用。且该厂设于连县，地方偏僻，交通不便，制成品向外销售，运输成本颇不合算，逐于三十五年五月间签奉省府核准，函请连县县政府及当地法院协助，将该厂所有房舍，设备，用具，熟骨及成品等，定底价国币八十五万元，公开投变，予以结束。

粤新建筑材料厂

三十四年一月间，日寇侵陷乐昌，该厂未及内迁，遭受重大损失，兹将该厂当时损失情形，表别如下：

粤新建筑材料厂战时财产损失统计表（注）　　　单位：国币元

类别	厂房	器具	制成品	原料	机械及工具	其他	合计
损失数字（原值）	41495.85	10451.16	325388.33	784920.93	121920.98	1195573.50	2479750.75

（注：本表系根据本公司及附属厂场社三十四年度六月份资产现况调查清册内未明资产之数字予以分类编制完成）

粤德制药厂

三十四年一月间粤北战事发生，乐昌沦陷，该厂未及内迁，损失殆尽，兹将其损失情形，表列如下：

粤德制药厂战时财产损失统计表（注）　　　单位：国币元

类别	厂房	器具	制成品	原料	机械及工具	其他	合计
损失数字（原值）	56145.66	19341.00	406955.79	1083182.90	85510.00	111906.29	1817041.64

（注：本表系根据本公司及附属厂场社三十四年度六月份资产调查清册内，未明资产之数字予以分类编制而成）

粤明化学工业厂

三十四年一月间，日寇侵陷曲江，该厂亦随之遭受重大损失，兹将该厂损失数字表列如下：

粤明化学工业厂战时财产损失统计表（注）　　　单位：国币元

类别	厂房	器具	制成品	原料	合计
损失数字	272225.10	318185.27	28638.03	184784.32	803832.72

（注：本表系根据本公司及附属厂场社三十四年度六月份资产现况调查清册内损失资产之数字予以分类编制而成）

粤强印刷厂

三十四年一月间，粤北战事发生，坪石，曲江相继沦陷，该厂未及内迁。虽一部机件埋藏地下或疏散至邻近乡村，然亦备受重大损失。兹将该厂损失情形表列如下：

粤强印刷厂战时损失统计表（注）　　　单位：国币元

类别	厂房	器具	制成品	原料	机械及工具	其他	合计
损失数字	969953.39	44887.00	405297.00	342464.07	617760.56	17465.00	2397827.56

（注：本表系根据本公司及所属厂场社三十四年度六月份资产现况调查清册内未明资产之数字予以分类编制而成）

广州纺织厂

民国二十二年春，广东省政府第六届委员会，第一〇五次省务会议通过广东三年建设计划，分别筹备设立丝织、制丝、棉纺织、毛纺织、绢丝麻纱等五工厂。嗣为管理便利及搏节约经费起见，逐将五厂合并建设，择定广州河南草芳围至石涌口一带地段为厂址。全厂面积达 386400 平方尺（包括旷地 168516 平方尺），于二十二年三月即开始建筑，至二十三年十月一日，厂房全部落成，先后成立丝织部、制丝部、棉纺织部、毛纺织部、绢丝麻纱部、及电机室各部门，称为"广东省营纺织厂"，隶属省府建设厅管辖，二十七年十月广州沦陷，厂房以及全部设备为日寇强占。至卅一年冬始拨出棉纺部交伪省政府建设厅接办经营，称为"广东省建设厅纺纱厂"。三十四年七月间，该厂被盟机轰炸，厂房机械损失颇重，因而停工。迄日军投降时，仍未恢复。

民国三十九年三月间，广州市政府调查各厂战时损失时，经照当时价值，列具清单，估计该厂于战时直接所受之财物产损失，各部门机器约值六十二亿三千五百万元，厂房约值八亿二千九百四十五万元，物资尚未列计在内，如照现值，数字当更惊人。

顺德糖厂

日寇盘踞该厂后，即修葺厂房，并招请曾在该厂服务之技术工人回厂工作。惟各技工多深明大义，不愿为敌利用，虽间有数屈从，亦因生活确实无法维持，忍痛受其奴役。厂内机件修理多日，大致虽告完成，而蔗源无法解决，因蔗农不愿交蔗到厂，于是敌人兽性大发，强斩各处农民甘蔗但仍感蔗源不敷，时榨时停，如是者凡两年之久。至卅年敌人以所行非计，乃交由伪建设厅办理，该厅派何逆品良负责主持，但仍以蔗源不足，燃料缺乏，是季（即卅年）榨蔗仅二十余天。至卅一年又由李逆辅群及李逆荫南合办，改为裕农公司。连榨三年，亦无成绩，嗣以日寇各处失利，大势将倾，逐于卅四年五月停工，将全厂员工，全部遣散。至厂房机器则交由伪建设厅派员保管。查在敌伪盘踞期间，重要机件多被盗窃拆迁或破坏。其损失数量有可查报者，约如下表：

顺德糖厂被敌劫掠损失机器表

损失机器名称	水压力表	截蔗机蔗刀	汽机飞轮攀棒	榨蔗机辘底梳	榨蔗机辘面梳	油压器手油泵	榨蔗机蔗带生铁辘仔	油皮带	蔗渣输送机生铁辘	汽炉水镜	透平机滤气底板	油渣机空气拍擎	电度表计	直流电压表
单位	个	张	枝	只	只	个	个	个	个	条	件	件	个	个
数量	一〇	六〇	二	六	一二	一	四〇〇	一二	二四〇	一〇	二五	一	二	二

损失机器名称	直流电流表	电掣板交流电压表	电掣板交流电流表	电掣板交流电流表	混合汁泵电动机电流表	加热泵电动机电流表	坭汁电动机电流表	清汁泵电动机电流表	食水泵电动机电流表	滤机水泵电动机电流表	渗浸水泵电动机电流表	蔗渣运机电动机电流表	干燥机电动机电流表	赤白糖分蜜机电动机电流表
单位	个	个	个	个	个	个	个	个	个	个	个	个	个	个
数量	二	一	一	一七	一	一	一	一	一	一	一	一	二	一六

损失机器名称	蔗刀机电动机电流表	炉风扇电动机电流表	真空泵电动机电流表	炉水泵电动机电流表	冷却水泵电动机电流表	炉风扇电气阻力箱	电气阻力箱	电动温度表	气压表0-200BLS	气压真空两用表	真空表6"径	温度计	蒸汽机速率表	油压表
单位	个	个	个	个	个	个	个	个	个	个	个	个	个	个
数量	一	二	一	二	一	一	五		二五	四	四	一二	一	四

损失机器名称	电动螺旋蔗汁泵	泥汁池搅动扒机	压滤机生铁滤板	各种蔗汁泵铜表页	离心力分蜜机铜筛片	大杯土滑机油玻璃油盅	煮糖甑耐热玻璃瑙	蒸化甑耐热玻璃	8尺长车床	大刨床	啰床	烧焊器	辘炉管及甑管器	洗糖甑管洗通器
单位	座	套	件	个	件	个	件	件	座	座	座	套	套	套
数量	一	一	一五〇	五	一六	五九	三〇	一二	一	一	一	一	一	一

损失机器名称	电线检验器	分折天秤	普通天秤	糖度计（比力氏）	P.H.检定器	1000KW三相电度镖计	电气周波镖	自动电压调节器（Vo Hagv Regv 702）y
单位	具	具	座	套	套	个	个	个
数量	一	一	二	三	一	二	一	二

啤酒厂

廿七年十月，广州沦陷，该厂未及内迁，遂为日寇所劫持，厂房机件物料损失，为数不少。二十九年十月由伪府建设厅委托敌办之麦酒株式会社广东工场经营，查当时敌人对该厂之投资额为一百三十万零六千三百九十日元，于机械方面虽经时加补充，终以配件改用日本工厂出品，性能欠佳，消耗量亦大。查当时之生产力，每年可酿造啤酒式打庄九万六千箱，汽水式打庄四万八千箱。所有厂内重要职务均由日人充任，中国人只充技工而已。共计有中日籍员工一百三十余人。

敌人经营时期，所有各种原料材料，均由日本国内或其占领地运来。所产啤酒，汽水除供敌军饮用外，并在广州一带市场推销；但以抗战期间，交通阻梗，且广州市内亦时被盟机轰炸，从事疏散，人口锐减，故购买力殊弱。在此环境支配下，未见有何发展。

在沦陷期间该厂所受损失，为数甚巨，兹仅就财产损失及被劫物资两项分别表列如后：

一 战时财产损失调查表

名称	方栅	码头	啤酒
数量	一座（三个）	一座	三十万支
产价（单位：元）	13800.00	14950.00	690000.00
备考	该产价系依民国廿七年国民政府统计局统计约为战前一三〇倍计算合注明	同左	同左

二 被敌劫掠物资调查表

被劫物资名称	福特房车	道济货车	啤酒洗瓶及入瓶机	打盖机	贴招纸机	消毒箱	玻璃厂机器设备	白金化验杯	糖类化验旋光镜及附件	显微镜 Beiss-Ikon Microorope
数量	一辆	一辆	全套	一座	一具	二个	全套	二只	一具	一具
备考										一六〇〇倍

被劫物资名称	柴油机	100KVA交流发电机	直立式蒸汽锅炉（另有汽管）	汽水入瓶机	汽水打塞机	汽水混合机	蒸馏水冷却器	风焊设备	贮酒缸	啤酒碳酸气混合机
数量	一架	全套	全具	一座	一座	一座	一座	一套	二个	一座
备考										

制纸厂

廿六年九月各部机械安装完成后，试机数月，甫告开工，而广州又遭日寇攻陷。廿七年十月敌人把持该厂后，初则委托王子制纸株式会社经营，其后即将全部设备迁去日本北海道勇佛地方，继续开工使用。根据东京盟军总部一九四七年（民国卅六年）二月五日致我国驻日代表团备忘录之记载，"日方之报告称，在国策纸策有限公司辖下汤富士工厂内之广东制纸厂机械，系经正式手续购得，该项机器在广东制纸厂时，几经自动完全破坏，无一完整者，尤以磨木机全部破损，漂白房亦几全毁。一九四〇（廿九年）五月，由广东开始装运，经三年之时间，耗费大量金钱，从事修理，添配零件，几经困难。除小部分不全外于一九四三年（卅二年）六月装修完成，七月试机后，随即开工，每月生产尘纸（Chils gami）及新闻纸共一百万磅至一百三十万磅。一九四六年因乏煤供应，宣告停工，如燃料能充分接济时即可复工"（据一九四八年四月二日中央社东京电的报道北海道造纸厂刻仍继续开工，每日造纸卅二吨。有工人四百名）。该报告并附有从本市搬往日本汤富士之制纸机器清单如次：

制纸厂战时被敌劫掠损失表

（本表系根据日寇自招，实际数字当不止此。）

部别	水房	木房							硫酸房				
机器名称	水供给泵	链绳运输机	同左	辘轳运输机	圆锯	碎木机	压碎机	起碎木机	隔碎木机	石灰石压碎机	锥磨机	管子磨机	奔斗升降器	风筛
数量	三具	一具	一具	一具	一具	一具	一具	一具	一具	一具	一具	一具	一具
容量		一八匹马力				一五匹马力	一五匹马力	一〇匹马力	六匹马力	一五匹马力		一五匹马力	八匹马力	同左
备用件		一件				一件	一件	一件	一件	一件		一件	一件	

部别	硫酸房											贮酸房	
机器名称	螺旋运输机	石灰粉贮藏槽	石灰升降器	石灰供给器	硫酸塔	硫酸循环泵	硫磺供给器	旋转硫磺燃烧器	燃烧器	SO₂涤洗器	SO₂冷却器	SO₂气风扇	收回槽	贮藏池
数量	一具	一具	一具	一具	四具	二具	二具	一具	一具	一具	一具	一具	二具	二个
容量			四匹马力	四匹马力				三匹马力				六匹马力		
备用件			一件	一件				一件						

部别	贮酸房	蒸解房							磨浆房		纸浆房	筛房		
机器名称	硫酸泵	碎物升降器	同左	蒸解器	硫酸循环泵	高压水泵	冲洗泵	冷水泵	精细筛	精炼器	采掘机	结节筛	开式筛	提水器
数量	二个	一具	一具	三具	三具	一具	一具	一具	二具	一具	一具	二具	一具	二具
容量	三二匹马力	一〇匹马力	五匹马力		一五匹马力	一八匹马力	四四匹马力	二三匹马力			六匹马力	一五匹马力	三二匹马力	二·八匹马力
备用件	二件	一件	一件		三件	一件	一件	一件			一件	一件	一件	二件

部别	筛房	漂白房	制纸房											
机器名称	纸浆分离器	浓缩器	Jarden机	旋转筛	制纸机	Naeh泵	原料循环泵	废纸扣解机	吹风器	纸浆泵	纸浆泵	白水泵	水泵	水泵
数量	一具	二具	一具	一具	二具	八具	六具	二具	二具	二具	四具	二具	三具	
容量	六·五匹马力	六匹马力	一二〇匹马力	四匹马力	全部一七三〇六匹马力	六〇匹马力	一五匹马力	四七匹马力	三二匹马力	一四匹马力	一八匹马力	五〇匹马力	三〇匹马力	二〇匹马力
备用件	一件	二件	一件	一件	二二件	四件	六件	二件	二件	二件	四件	二件	一件	二件

部别	制纸房		完成房			锅炉房								
机器名称	压气器	白水泵	卷纸机	双头切纸机	包装机	锅炉	炼子炉箅加煤机	煤升降机	煤运输机	诱导风扇	给水槽	回压蒸汽涡轮	给水泵	烟窗
数量	一具	二具	一具	一具	二具	三座	六具	一具	一具	三具	一具	一座	一具	三具
容量	一五匹马力				一五匹马力		五匹马力			每具四〇千瓦		一四〇匹马力		
备用件	一件						一件							

部别	涡轮发电机房														修理室
机器名称	涡轮	交流发电机	冷凝器	冷油器	空气冷却器	分泄泵	冷水泵	水循环器	起重机	柴油发电机	发电机	油供给槽	气罐	直式气压缩器	辗铲磨器
数量	二座	二座	二具	四具	四具	二具	一具	二具	一具	一座	一座	一具	二具	一具	一具
容量							六二·五匹马力		3.3千瓦×2	1.8千瓦×1						
备用件							一件									

日寇投降后，本省建设厅即从事调查统计本省工商矿业之损失，以为向日方交涉取偿之根据。卅五年七月曾电请国民政府军事委员会委员长广州行营，于提审日战犯时严询战时日寇劫掠情形，追查各厂场搬运地点其后获悉省营制纸厂于广州沦陷后，被敌拆迁日本北海道勇佛地方继续开工使用，乃进行交涉。同年九月外交经济两部先后电知以驻日代表团经与盟军总部交涉发还，已获口头同意，并据转述日方原价购纸厂意见，省府以原有机器售卖另购新机设厂，似有缓不济急之弊，故乃分别电请外交经济两部，向盟军总部交涉，责令日方限期将原拆机器设备，运回广州安装，负担一切装运费用及赔偿机器折旧损失，并负责修复广州厂房以便复工。同时饬令本公司筹接收复工计划。

乙、农业方面

我国是以农立国的国家，农业实为经济建设之基础，尤在长期抗战期间，自力更生，发展农业亦实为首要之急务。况广东粮食素来缺乏，战时海道断绝，洋米无法输入，若不自图设法增产，民食堪虞。本公司有见及此，乃于三十一年成立后，特投巨资，发展农业。计划大规模之农场经营，以协助政府推行增产政策。计先后开辟之农场有粤成、粤隆、粤丰、工余、业余等五处。总面积约一万四千亩。兹将各场情形，分别概述如下：

粤成农场

该场辟于曲江犁市，面积四千余亩，资金为四十万元。于三十一年一月间开始开垦，至是年底已垦耕者有五百亩。其主要作物为木薯、甘薯、马铃薯、油桐、水稻、旱稻、芋及花生等，作物尚称良好，直三十一年底止，全部产品，约价值三十余万元。

粤隆农场

该场设于乳源，面积约三千余亩，资金五十万元，于三十一年一月开始筹备，至同年底止已垦耕者七百亩。并将附近草地二千余亩继续开辟作为第二场，专以种植木薯、马铃薯、水稻、旱稻、瓜哇蔗及其他什粮等，并兼畜牧牛羊。

粤丰农场

该场在于粤北杨溪，面积约四千八百亩，至三十一年底止已开垦有数百亩。资金五十万元。厂内植有油桐数十万株，及甘薯、马铃薯、番薯、水稻、甘蔗、水产等作物。

工余农场

该场场址在乐昌罗家渡，面积二千余亩，至三十一年底止已开垦者百余亩，栽植大小麦、木薯、甘薯、马铃薯、蔬菜、花卉及其他杂粮等作物。

业余农场

该场设于曲江本公司附近，面积五十亩，资金二十万元，主要产品为栽植蔬菜、木薯、番薯、并畜猪羊等，供应本公司员工及各单位员工之需要。

至三十三年本公司为求各场达到自给之目的，尽量扩大各场垦地，增加种植量，完成山塘水坝，便利灌溉，精选种子及贮备肥料，提高收获量，并采取各场工作竞赛制，提高工作效率。统计三十三年各场产品计有水稻八百零二担，旱稻六百四十担，木薯一千一百余担，木薯种十五万六千株，甘薯四百余担，芋一百余担及其他豆类瓜菜什粮等共约十余万斤，牛羊及其他牲畜等共约四百余头。总计全年收入金额为二、八二九、五三九．九三元。

三十四年度本公司原拟好各场业务计划，根据是项计划粤隆农场应：1. 种水稻二百五十亩；2. 种旱稻一百亩；3. 种木薯二百五十亩；4. 种茶油树八百亩；5. 种瓜菜茄等共一百亩；6. 利用木薯制造酒精。粤隆农场应：1. 种茶油树一千二百亩；2. 旱稻二百亩；3. 小麦一百亩；4. 甘薯一百亩；5. 木薯种及木薯各二百亩；6. 油茶十字菜各一百亩；7. 瓜菜茄等共五十亩。粤丰农场应：

1. 种茶油树五百亩；2. 木薯种及木薯各二百亩；3. 小麦甘蔗各一百亩。计划刚甫实施，而湘粤边战事又起，三十四年一月中旬以后粤北各地先后沦陷，是故农场设备作物等均为敌所洗劫。总计当时损失达二百八十八万余元，兹将各场损失数字表列如下：

厂别	损失数字 （原值） （单位国币元）								
	合计	房屋	器具	产品	农具	牲畜	材料	农场设备	其他
总计	2887357.01	1457686.74	75857.00	944184.70	26085.20	33892.12	179014.35	168380.90	2256
粤隆农场	503255.55	131619.61	18697.90	126229.30		8600.00	144519.84	71332.90	2256
粤成农场	1215857.87	876589.03	5241.64	288613.00	10017.73	14322.96	21070.51		
粤丰农场	783877.97	167633.77	24251.80	501342.40		3660.00	13424.00	73566.00	
工余农场	304544.26	277021.63	11455.16		16067.47				
业余农场	79821.36	4822.70	16027.50	28000.00		7309.16		23482.00	

（广东实业公司编：《广东实业公司概况》1948 年，广东省立中山图书馆馆藏档案，档案号 K0.6—3）

50. 汕头市抗战期间被灾损失情况表

(1948年6月)

项目		数量	项目		数量
面积（单位：方公里）	原有面积	6358	在县境内抗战情形	会战	（次数）一次
	沦陷面积	6358		大战	
	沦陷次数	一次		小战	
	沦陷期间	由廿八年六月廿一日起卅四年九月止		防御战	
	原有面积与沦陷面积之比	100%		游击战及其他	
人口	原有人数	172450	轰炸	次数	敌机和盟机前后轰炸二十次
	死亡人数	6326		架数	120
	受伤人数	4213		投弹数	500
	流亡人数	21312			

公私财产损失估计							
损失项目	价值　单位国币元（廿六年币值）						备考
	私有			公有			
	损失户数或数量	直接	间接	损失户数或数量	直接	间接	
总计		492233791	2628309748	52	12669556	14185087	
农业	685（户）	33520	65315				
林业							
渔业	267（户）	5417	32355				
茶业							
畜牧业							
工业	38（户）	1825100	16542500				
矿业							

损失项目	价值　单位国币元（廿六年币值）						备考
	私有			公有			
	损失户数或数量	直接	间接	损失户数或数量	直接	间接	

公私财产损失估计

损失项目	损失户数或数量	直接	间接	损失户数或数量	直接	间接	备考
电业							
商业	3519（户）	454603200	2445670510				
金融业	110（户）	256210	1532920				
汽车	25（辆）	125000	1345600				
汽船	28（艘）	345678	1546798				
渔船	191（艘）	191000	302546				
木船	145（艘）	150000	351260				
其他运输工具	200（只）	9259304	11356700				
政府机关				45	12341500	14132060	
人民团体	72（户）	32325	13421				
学校							
大学							
中学	8（所）	304025	6213	2	25060	8027	
小学	15（所）	135412	3500	5	35168	10000	
普通住户	12567（户）	6018500	315200				
其他		2534200	352410		267828	35000	

汕头市政府填报

（汕头市档案馆馆藏档案，档案号11—1—273）

51. 高要县空袭记

陈德彬

二十六年七月卢沟桥事起，未几敌方侵占粤中山县属之唐家湾，吾县境内逐时有飞机来袭。第一次二十七年一月十五日，投弹在南岸青湾，第二次二十七年五月十二日在城区城中路，肇师校长梁赞燊住宅全间炸毁，死一幼女一佣妇，德彬宅后空地亦落一巨弹，人物幸无损伤。迨广州河口沦陷后，城区各地更频受轰炸，厂排沙街、正西路、祝家巷、长寨口、九里香、石咀城中路、府前路、县前大厅西巷、大厅东巷、塘基头、中衙巷、福建巷、余家巷、十字路、米仓巷、后墙福绣坊、草鞋街、正东路、新街、旧街、麒麟街、豪居路、睦民路、天宁南路、朝圣路、明直路、天宁北路、水师营路、明直路横街、高墩永厚社、蟹栏肇庆公园、牛皮路、宝月台、塘忠勇路、草场路、福肇社、镇南路、五经里、迎祥路、擢桂路、三圣宫、杨桃园、塔脚街等，不一其处有被炸至三、五次者。此外附城各乡，若岩前出头厚岗、黄岗、桂林小湘及各区乡镇，无论繁庶冲要与否，多遭其残害，若永安贝水金利富湾等迫近前线时时遭受炮击。统计财产物资之损失不可以数计。而男妇老幼之或死或伤者，惨酷之状，目不忍视，耳不忍闻也。兹表所编，字里行间有血渍焉。至县城沦陷后，时有盟机袭击敌垒，江滨路一带略有损失，当时失载，故从略。

寇空袭表

年 月 日	地　　域	投弹或枪击	死伤人数	毁坏房屋船只及一切牲畜器物	备考
民 32.1.15	南岸青湾	投弹 7 枚	伤 6 人，死蛋妇 1 人	桥梁 1 道	
民 32.2.4	禄步孔湾河面	投爆炸弹 13 枚	伤 16 人，死 21 人，溺毙 4 人	毁柴船 6 艘，谷船 1 艘，轮船 1 艘	
民 32.2.9	大鼎峡羚羊峡	共投弹 6 枚	伤 8 人，死 1 人	沉渡船 1 艘，北江民船 2 艘	

年 月 日	地　域	投弹或枪击	死伤人数	毁坏房屋船只及一切牲畜器物	备考
民 32. 3. 29	禄步小湘乡及栖墩等处	共投弹 6 枚	伤 9 人，死 3 人	毁房屋 12 间，沉柴船 1 艘，损坏 2 艘	
民 32. 5. 12	城中路	投弹 30 枚	伤 22 人，死 6 人	毁房屋 30 间，县立中学女子部被炸，详见下	
民 32. 5. 14	南城基外一带及飞机场	投弹 23 枚	伤 7 人，死 5 人	毁轮船 1 艘，小艇 1 艘，房屋 5 间	
民 32. 5. 17	南城基外飞机场及江滨路	投弹 24 枚		毁轮船 1 艘，小艇 1 艘，房屋 5 间	
民 32. 10. 1	白土墟	投弹 16 枚，射放机关枪数百发	死伤 400 余人	毁店户数间	
民 32. 10. 23	西屯桂林坦	投弹 3 枚	伤 9 人，死 3 人		
民 32. 10. 25	禄步圩	投爆炸弹 2 枚，燃烧弹 1 枚	伤 11 人，死 10 人	毁草屋 6 间	
民 32. 10. 28	东较场	投弹 8 枚	伤 8 人	毁兵棚 1 座	
民 32. 11. 1	白土墟岗顶	投弹 1 枚	伤 1 人	毁房屋 1 间	
民 32. 11. 2	永坑青湾	投弹 12 枚	伤 2 人，死 2 人	毁房屋 8 间	
民 32. 11. 3	贝水乡	投弹 13 枚	伤 7 人，死 6 人，炸毙生猪、耕牛共 12 头	毁房屋 9 间	
民 31. 11. 5	水口黄岗木棉公路	投弹共 6 枚		沉如坚兵舰 1 艘汽车 1 辆	
民 31. 11. 12	贝水歧周村皋涌中社两村　高佈村黎塘贝水墟	投弹 9 枚	死 1 人	毁民房 2 间	
民 31. 11. 18	金利禄村	分批狂炸共 3 枚	伤 2 人，死 1 人	毁房屋 36 间	

年 月 日	地 域	投弹或枪击	死伤人数	毁坏房屋船只及一切牲畜器物	备考
民 31.11.22	城区滨江河面	二次投弹 19 枚	伤 35 人，死 5 人	毁轮船 1 艘、货艇 1 艘	
民 31.11.22	白土思礼站	二次投弹 21 枚	伤 41 人，死 63 人	毁房屋 1 间、米机 1 座	
民 31.11.22	城区河面	二次投弹 48 枚	伤 79 人，死 4 人	毁房屋 1 间、轮渡 5 艘	
民 31.11 月时日失记	广利	投弹 1 枚		塌毁巧珠店尾座	
民 31.11	五区军屯村	投弹一次			
民 31.11	五区凤形岗	投弹 1 次			
民 31.11	五岗黄岗	投弹		毁房屋 5 间	
民 31.11	五区大石岗	投弹 1 次			
民 31.11	横石村	投弹 2 次	伤 9 人，死 5 人	毁房屋 21 间	
民 31.11	五区帽锦冈	投弹 1 次			
民 31.11.30	城区郊外大金围	3 次投弹 3 枚		毁房屋 1 间，农仓毁十分之四	
民 31.12.4	广利及三都乡	二次投弹 2 枚	伤 1 人	毁房屋 3 间	
民 31.12.5	市区	二次投弹 86 枚	伤 105 人，死 31 人	毁房屋 28 间，监狱学宫学校天主堂同被毁坏，省立肇庆中学第一次被炸	
民 31.12.17	圭顶山及成区河旁	二次投弹 10 枚		毁民船 1 艘、电船 1 艘	
民 31.12.17	金溪乡	投弹	伤 3 人	毁房屋 10 间	
民 31.12.25	城区迎祥路塔脚二塔等处	共投弹 14 枚	伤 2 人，死 1 人	损轮船 1 艘，毁渡船 1 艘	

年 月 日	地 域	投弹或枪击	死伤人数	毁坏房屋船只及一切牲畜器物	备考
民31.12.26	上连塘乡上市关安上巷果园等处	投弹14枚	伤16人，死8人	毁房屋11间	
民27.12.5	莲塘乡	投平射弹20余枚	死伤60—70人	毁房屋10余间	
按：上两条，似同一时日，惟事实不符，故两存之。					
28年份					
民28.1.8	五区东堡及中约两乡	二次投弹130枚	伤3人，死3人		
民28.1.14	城区	二次投弹120枚	伤32人死8人	省立肇庆师范学校、省立肇庆中学第二次均被炸，详见下。又学校1间、监狱及机关一小部分，毁房屋134间	
民28.1.25	禄步河面	投弹6枚		炸沉安东舰1艘	
民28.1.30	禄步圩及附近各村	二次投弹46枚	伤29人，死26人	毁祠堂1座，房屋80间，货船1艘，厕所1间	
民28.1.30	九坑凤凰圩	投弹12枚	伤8人，死9人	毁房屋2间	
民28.1.30	文园乡泉塘	投弹6枚	伤6人，死5人		
民28.1.30	水坑	投弹43枚	伤24人，死10人	毁房屋37间	
民28.1.30	三都大蕉园迪村后沥罗隐涌等处	共投弹12枚	伤2人，死3人		
民28.1.30	宋隆水口	投弹7枚	伤2人	毁房屋1间，水闸防空棚1部，沉小艇3艘	

年 月 日	地 域	投弹或枪击	死伤人数	毁坏房屋船只及一切牲畜器物	备考
民 28.1.30	城区	投弹 64 枚	伤 2 人	毁房屋 24 间	
民 28.1.30	水边	投弹数枚并以机枪扫射	死伤 20 余人	毁房尾 10 余间	
民 28.1.30	思礼站	投弹 10 枚	死伤 30 人	毁思礼站 1 座	
民 28.1.30	水口	投弹 10 余枚	死伤蛋妇小童数人		
民 28.2.3	塔脚及大金围附近	投弹 7 枚		毁房屋 9 间	
民 28.2.4	城中路及下瑶东较场厂排等处	共投弹 86 枚	伤 9 人，死 3 人	省立肇庆中学第三次被炸，详见下，毁房屋 100 间	
民 28.2.5	金利圩	投弹 3 枚	伤小童人	毁房屋 1 间	
民 28.2.5	蚬岗东村白土等处	投弹 3 枚	伤 5 人	毁房屋 4 间	
民 28.2.5	南岸	投弹 8 枚		毁房屋 1 间	
民 28.2.16	金渡	投弹 1 枚	伤 2 人		
民 28.2.16	蚬岗	投弹 1 枚	伤 1 人，死 3 人		
民 28.2.16	富湾	投弹 2 枚	伤 5 人		
民 28.3.7	白土圩	投弹 16 枚	伤 10 人，死 2 人	毁房屋 4 间	
民 28.3.11	金渡金利东堡等处	共投弹 49 枚	伤 65 人，死 43 人	毁房屋 72 间	
民 28.3.15	东较场及沙头车站	投弹 51 枚	伤 10 人，死 11 人	毁房屋 26 间	
民 28.3.22	中和乡罗岸新村与善古杨等处	共投弹 4 枚	死 1 人	毁房屋 7 间	
民 28.3.22	中岗村安平乡	投弹 1 枚	伤 2 人		

年 月 日	地　域	投弹或枪击	死伤人数	毁坏房屋船只及一切牲畜器物	备考
民 28.3.29	与善乡鳌围村	投弹 2 枚	死 1 人	毁房屋 2 间	
民 28.3.29	七星岩	投弹 48 枚	伤 7 人，死 3 人	毁房屋 44 间	
民 28.4 时日失记	莲塘乡	投弹 80 余枚内有重量 80 余枚	死伤 200 余人	毁房屋 20 余间	
民 28.4.6	塔脚窦面	投弹 1 枚	伤 1 人，死 3 人	毁机房 1 部分	
同年 4 月时日失记	禄村	投弹 1 次			
民 28.4.26	皇华镇及安平思礼等处	二次投弹 62 枚	伤 15 人，死 39 人毙耕牛 7 头、生猪 1 头	毁房屋 64 间、盘艇 3 艘	
同年 4 月时日失记	鼎维	投弹 1 次			
民 28.5.2	中约乡等处	投弹 9 枚	伤 3 人，死 2 人	毁房屋 13 间	
民 28.5.6	渍平乡及金洲圩	投弹 26 枚	伤 2 人，死 4 人	毁房屋 26 间、小艇 7 艘	
民 28.5.6	渡头村	投弹 23 枚	伤 1 人，死 6 人	毁祠堂 1 间，学校 1 间，房屋 1 间	
民 28.5.12	上莲塘乡及江口	投弹 17 枚	伤 40 人，死 21 人	毁房屋 22 间，轮船 3 艘，木船 2 艘，小艇 3 艘	
民 28.5.16	文园乡大蕉园罗隐涌迪村鼎湖下院河旁东园桂岑乡等处	二次投弹 56 枚	伤 17 人死 12 人	毁房屋 99 间	

年 月 日	地 域	投弹或枪击	死伤人数	毁坏房屋船只及一切牲畜器物	备考
民 28.5.24	七星岩七星桥双源洞及四区槎西乡布基村	二次投弹30余枚			
同年 5 月时日失记	禄村	投弹 1 次			
同年 6 月时日失记	禄村	投弹二次合前 4 月 5 日均见上共投弹 4 次	伤 4 人，死 5 人	毁房屋 47 间	
同年 6 月时日失记	珠冈	投弹 1 次	伤 1 人，死 1 人	毁房屋 4 间	
同年 6 月时日失记	帽锦冈	投弹一次合 27 年 11 月被炸一次见上	伤 3 人	毁房屋 23 间	
同年 6 月时日失记	绮岑	投弹一次	伤 3 人，死 1 人	毁房屋 5 间	
同年 6 月时日失记	凤形冈	投弹一次合 27 年 11 月被炸一次见上	死 2 人，毙耕牛 1 头		
同年 6 月时日失记	都播	投弹		毁房屋 15 间	
同年 6 月时日失记	军屯	投弹一次合 27 年 11 月被炸一次见上		毁房屋 12 间	

年 月 日	地 域	投弹或枪击	死伤人数	毁坏房屋船只及一切牲畜器物	备考
同年 6 月时日失记	新村	投弹 1 次	伤 3 人	毁房屋 8 间	
民 28.7.30	东西堡乡及都桥村	三次投弹 6 枚	伤 2 人，死 1 人		
同年 7 月时间失记	大石冈	投弹一次合 27 年 11 月被炸 1 次	伤 6 人，死 2 人	毁房屋 21 间	
民 28.8.2	市区飞机场	投弹 1 次	伤 1 人		
民 28.8.2	西保富金村	投弹 2 枚	伤 2 人，死 1 人		
民 28.8.27	回龙乡沙坪圩	投弹 2 枚	伤 2 人		
民 28.8.28	金渡乡	投弹	伤 1 人，死 1 人	毁房屋 1 间	
民 28.10.11	水坑村	投弹 4 枚	死伤 10 余人	毁房屋 10 余间	
民 28.10.17	水基及新村	二次投弹 24 枚	伤 25 人，死 10 人	毁学校 1 间，乡公所 1 间，民房 4 间	
民 28.10.23	下莲塘乡沥龙门	投弹 4 枚	死 2 人		
民 28.11.26	塘村后沥	投弹 16 枚	伤 8 人，死 4 人		
民 28.12.15	七星岩及出头村	投弹 23 枚	伤 9 人，死 3 人	毁房屋 23 间	
民 28.12.15	金渡乡	投弹 16 枚	伤 12 人，死 8 人	毁房屋 10 间	
同年 12 月时日失记	大湾窦头	投弹 1 次	伤 3 人	毁上岸李家一公祠后座，同时炸下岸区立小学校，毁教室宿舍各 1 座	
同年 12 月时日失记	罗坑迳口	投弹 2 枚	死苦力 2 人		

年 月 日	地 域	投弹或枪击	死伤人数	毁坏房屋船只及一切牲畜器物	备考
同年冬季时日失记	下莲塘附近桃花心岗边岑陈洞奇竹墩黄河山脚	投弹数10枚			
民28.12.11	水坑	投弹100余枚	死伤40余人	毁房屋40余间	
民29年份					
民29.1.24	白土圩及大洲村	投弹25枚	伤27人，死6人	毁房屋3间	
同年3月时日失记	沙坪	投弹1次	伤1人		
同年3月时日失记	思礼站	投弹1次	死伤10余人		
民29.4.3	市区河面	投弹45枚	伤7人，死13人	毁房屋2间，沉轮船8艘，渡船5艘，民船2艘，小艇1艘	
民29.4.13	七星岩	二次投弹32枚，内燃烧弹2枚	伤10人	毁房屋20间	
民29.4.29	七星岩	二次投弹48枚	死4人	毁房屋3间，大小棚寮22座	
民29.8.16	金利	投弹2枚	伤22人，死13人	毁船艇4艘	
民29年月日失记	水口基闸	投弹1次			
民29年月日失记	土朗鹤圩	投弹1次			
民29年月日失记	沙头站	投弹一次			

年 月 日	地 域	投弹或枪击	死伤人数	毁坏房屋船只及一切牲畜器物	备考
民 30 年份					
民 30.5.6	城区及水口	扫射机枪	伤 16 人，死 3 人		
民 30.5.7	市区麒麟街豪居路睦民路明直里镇南路天宁南路等处	共投弹 31 枚	伤 16 人，死 1 人	毁房屋 36 间	
民 30.10.5	金利	扫射机枪			
同年 10.6	贝水圩	投弹 13 枚，又投弹 8 枚		建筑物略有损坏，毁房屋 2 间	
同年 10.7	贝水圩	投弹 10 枚		毁房屋 1 间	
同年 10.8	贝水墟	投弹 12 枚，有 5 枚未爆发；又投弹 8 枚，有 3 枚未爆发			
同年 10.15	新江口	扫射机枪	伤 3 人		
同年 10.18	市区草鞋街	投弹 1 枚	伤 2 人，死 1 人	毁房屋 6 间	
同年 11.13	市区	投弹 12 枚，内燃烧弹 2 枚	伤 32 人，死 8 人	毁房屋 22 间	
同年 11.26	市区正东路新街草鞋街等处	共投弹 27 枚，内燃烧弹 1 枚	伤 29 人，死 27 人	毁防空土壕 1 道	
同年 11 月时日失记	平洲，因该村设有盐站，敌机发觉目标	投弹 1 次	伤 8 人，死 9 人		

年 月 日	地 域	投弹或枪击	死伤人数	毁坏房屋船只及一切牲畜器物	备考
同年 12 月 28 日	广利	投弹 1 次	伤 8 人，死 9 人		
民 31 年份					
民 31.1.2	广利	投弹 2 次，同时在广利附近罗岗村黄姓投弹 1 枚未爆发			
民 31.1.3	广利	投弹 1 次，同时在砚洲投弹 52 枚	广利伤毙 1 人，砚洲死伤 5 人	砚洲毁房屋 2 间	
民 31.1.3	市区	投弹 50 枚，内燃烧弹 16 枚，有 2 枚未爆炸	伤 16 人，死 5 人	毁房屋 6、7 间	
民 31.1.8	市区	投弹 13 枚		毁房屋 9 间	
民 31.6.9	长利南溪祠前涌边	投弹 1 枚	伤女童 1 人		
民 31.6.3 至 5 日一连 3 天	下莲塘	投弹共数十枚，弹落白石巷聚龙坊厚端坊宝树里南门坊汇龙门及依坑大梁前公路	重伤 1 人，轻伤数人，毙士兵	毁房屋 27 间，作人乡间所瓦面亦为机枪扫灭	
民 31.6.4	市区	投弹 8 枚	伤 21 人，死 3 人	毁房屋 9 间	
民 31.6.4	宋隆水口	投弹 7 枚并以机枪扫射	伤 6 人，死 3 人		
民 31.6.6	市区及近郊	投弹 10 枚	伤 3 人，死 1 人	毁房屋 8 间	

年 月 日	地 域	投弹或枪击	死伤人数	毁坏房屋船只及一切牲畜器物	备考
民 31.6.6	金利	投弹 3 枚	伤 8 人，死 3 人	毁祠堂一间，房屋 8 间	
民 31.6.6	作人乡	投弹 22 枚，并以机枪扫射，又投弹 5 枚	伤 6 人，死 1 人	毁房屋 22 间，又毁房屋 1 间	
民 31.6.7	作人乡	投弹 7 枚		毁房屋 2 间	
民 31.6.11	市区	投弹 26 枚	伤 15 人，死 4 人	毁房屋 73 间	
民 31.6.13	贝水河面	投弹 1 枚			
民 31.6.17	市区	投弹 3 枚	伤 1 人		
民 31.6.22	三都乡龙头村	投弹	伤 8 岁女孩 1 人		
民 31.6.23	城区	投弹 34 枚	伤 38 人，死 48 人		
民 31.6.23	三都乡长利村	投弹	死女孩 1 人		
民 31.6.23	八庙乡公坟村交通艇埗头	投弹 4 枚	伤 2 人，死 2 人		
民 31.6.24	敌机飞至永安圩地	以机枪扫射	毙夏冈村老妇 1 人		
民 31.6.25	文园乡后沥	投弹 9 枚	伤 8 人，死 10 人		
民 31.6.29	河旁榄水村	投弹 4 枚	伤 1 人	塌屋 1 间	
民 31.7.6	城区飞机场河边	投弹 4 枚			
同年 7 月时日失记	罗坑迳口青莲庵附近	投弹数枚	毙行旅 1 人		

年 月 日	地 域	投弹或枪击	死伤人数	毁坏房屋船只及一切牲畜器物	备考
民 31.7.23	作人乡中心学校后面	投弹 6 枚	毙过路鱼苗客 1 人，伤妇女 1 人		
民 31.8.7	城区	投弹 3 枚		微坏民房瓦面一角	
民 31.8.8	城区	投弹 4 枚		微坏民房及墙壁一角	
民 31.9.9	城区	投弹 2 枚		微坏民房板障及瓦面少许	
民 31.11	县府	投弹			
民 31.12.29	市区	投弹 17 枚	伤 27 人，死 13 人	毁房屋 41 间	
民 31.12.30	城区金利	投弹	伤 1 人，死 4 人	毁豪居路黎氏书室前座	
民 32 年份					
民 32.1.26	城区	投弹约 40 枚，内燃烧弹 6 枚，并扫射机枪数千发	伤 28 人，死 6 人	毁房屋 35 间，省立肇庆中学第四次被炸，详见下	
民 32.1.30	城区	投弹 32 枚，内燃烧弹 19 枚	伤 8 人，死 3 人	毁商店民房 63 间，省立肇庆中学第五次被炸，详见下	
民 32.2.11	新桥圩正街	投弹 4 枚	重伤 1 人，轻伤 4 人	坏胡姓关姓苏姓住宅	
民 32.2.12	城区	投弹 12 枚，内燃烧弹 6 枚，并以机枪扫射	伤 18 人	毁商店民房 90 间	
民 32.2 时日失记	东屯乡水基及七星岩	共投弹 7 枚			

年 月 日	地 域	投弹或枪击	死伤人数	毁坏房屋船只及一切牲畜器物	备考
民 32.2.14	安和乡	投弹 3 枚			
民 32.2.15	东郊围基脚	投弹 4 枚	伤 2 人，死 1 人		
民 32.2.16	新桥圩正街	投弹 5 枚		坏胡姓李姓张姓关姓住宅	
民 32.2.8	市区	投弹 40 枚	伤 16 人，死 7 人		
民 32.2.11 上午 5 时	市区	投弹 30 枚	伤 13 人，死 11 人		
民 32.2.12 下午 5 时	市区	投弹 40 枚	伤 3 人，死 2 人		

按：上列 2 月 8 日及 11、12 日城区 3 次被炸，新街尾江滨路商店民房均有毁坏，惟失于记载，不能确指其数。

年 月 日	地 域	投弹或枪击	死伤人数	毁坏房屋船只及一切牲畜器物	备考
民 32.2.13	市区	投弹 40 枚	伤 7 人，死 3 人	烧镇南路棉花厂 1 间	
民 32.6.9	东堡乡	投弹		毁屋宇 8 间	
民 32.7.2	城区	投弹 30 枚	伤 7 人，死 2 人	毁民房 1 间、石咀石牌坊一小部	
民 32.7.3	市区	投弹 30 枚	伤 9 人，死 2 人		
民 32.7.11	市区	投弹 40 枚	伤 14 人，死 8 人		
民 32.7.12	下莲塘洪珠冈	投弹 9 枚		毁民船 1 艘	
民 32.10.17	市区	投弹 30 枚	伤 3 人，死 3 人	毁商店 6 间	

上表所得系得自防空站及情报处或私家所记载，遗漏错误恐有不免。载《中华民国高要县志》下册，第 914—928 页。

（转录自广东省档案馆编：《日军侵略广东档案史料选编》，中国档案出版社 2005 年版，第 99—111 页）

（二）文献资料

1. 粤海关关于日机轰炸《各项事件传闻录》①选录

（1937年）

9 月 1 日至 15 日

由于日本把其对华船只的封锁线延长到整个中国海岸，使粤省的形势变得复杂了。敌人刚刚宣布要延长封锁线，其舰艇就在广东水域游弋。由于所有的中国商人实际上都已不下海了，故未听说任何中国船只被扣。不过九龙海关的二艘缉私船被扣，还有某几艘悬挂英国旗的内河船只在珠江口受到日本军舰的严密搜查。沿海几处地方遭到了轰炸。东沙群岛（Pratas Shoal）已沦陷，据谣传该地将成为日本的水上飞机基地。本月十四日清晨，一艘日本巡洋舰及四艘炮舰轰击了虎门炮台遭到了还击。中方还出动飞机参战。双方交战约一小时后，敌方战舰被击退了。日机空袭广州附近的几个机场，但破坏不大。本月十二日，日机逃遁时在惠州市丢下几枚炸弹，严重损坏了那里的一间美国教会医院。敌机还积极活动侦察广九铁路动态，目的显然是破坏这条铁路，以切断香港对华南的供应线。

9 月 16 日至 30 日

过去半个月来，广州屡遭日机轰炸滥炸。本月二十一日之前，小股日机前来扰乱，一般约一小时就飞走；但从二十一日起，空袭程度就大不一样了，因为日本两艘航空母舰驶进广东水域，把澳门附近一岛屿作为其航空基地。当天清晨约六时四十分左右，二个日本空袭机群各约十五架飞机同时从两个不同的方向飞临广州上空，中方飞机早已升空迎击，但由于日机数量多，大多数日机侵入市区。高射炮及高射机枪马上开火。敌机投下约二十颗炸弹，落在白云山、天河机场和白云机场及市郊，虽然有几处着了火，但损失不大。据报道敌机被

---

① 《各项事件传闻录》是粤海关内部的特殊文件，是由专人负责记录并整理从各种渠道搜集而来的广东地方性情报。

击落八架，中方损失一架。同日下午一时半，三十七架日机再犯广州。日机借助月光也进行夜袭。从二十二日到二十七日，日机接连轰炸广州，每天从早到晚进犯数次。不过，到了月底，敌机的活动只局限于轰炸虎门炮台、黄埔、粤汉铁路等，显然是慑于世界舆论批评及列强抗议日本不分青红皂白地轰炸广州的结果。有许多颗炸弹落在市区，估计炸毁一百多间楼房，炸死一千多名无辜居民。除了几个车站被炸毁外，粤汉铁路上的琶江桥也受到严重破坏，全线交通暂时中断，但在本月三十日前后可望通车；几艘中国炮艇在虎门附近被击沉或重创。在夜袭过程中，几个叛徒在屋顶点火指示轰炸目标，当局正采取严厉措施铲除这些叛敌分子。

10月1日至15日

除了四日和五日两天由于强台风袭击穗港及十三日日本人认为不吉利外，半个月来日本飞机天天骚扰广东，以粤汉铁路、虎门炮台、黄埔港为其主要轰炸目标。在粤汉沿线丢下许多炸弹，但大多数远离目标。除炸毁多处铁轨外，还炸掉许多农舍。炸死炸伤许多手无寸铁的群众。当局迅速修复路轨，全线正常通车。本月七日在琶江站附近发生激烈空战，七架日本重型轰炸机在十八架驱逐机护卫下，企图炸毁琶江桥。中方四架飞机击落两架敌机后，突然遭到八架敌机居高临下的攻击，经过一阵恶战，中方飞机被迫着陆，四名机师全部负伤，不久殉国。在石牌的中山大学也遭到轰炸，有二十多颗炸弹落在这所学府之内，到目前为止破坏不太严重。日机由于轰炸粤汉铁路效果不太理想，本月十四、十五日开始轰炸广九铁路，妄图使粤省的交通陷入瘫痪。由于路轨及石龙桥遭到破坏，广州和香港之间的交通暂时中断。自十月一日封锁珠江以来，广九铁路就成为广州和香港唯一的交通要道。该铁路遭到破坏，极大影响了英国在华南的利益和贸易。据闻，香港政府已就此事请示英国政府。

10月16日至31日

过去半个月来，日本飞机继续疯狂轰炸省内三条主要铁路——广九、粤汉和新宁线。它们喘息三天后，于本月十八日他们再度进行破坏活动，下表反映对这三条铁路的空袭情况：

日　期	广九铁路	粤汉铁路	新宁铁路	出动飞机总架次
	遭到空袭的次数			
10.19	1			4

日　期	广九铁路	粤汉铁路	新宁铁路	出动飞机总架次
	遭到空袭的次数			
10. 20	4			20
10. 21	1			6
10. 22	3	3		30
10. 23	2	2	2	36
10. 24	2	2	2	34
10. 25		1	2	16

不用说，敌机轰炸广九铁路和粤汉铁路的目的是毁坏这两条铁路线，以切断来自香港的供应并阻止把给养从香港转运中国各地。尽管日机轰炸滥炸，所有重要桥梁未受破坏，炸坏的路轨马上修复，这些铁路照常通车。除了轰炸铁路，日机还多次扫射列车。

由于中国渔船被日本潜艇和军舰击沉和烧毁，约有五十万渔民失去谋生的路。广东省政府主席因此指示农业局长在东江流域划出未开垦的土地，让他们安家耕作。

11 月 16 日至 30 日

日本飞机已有十天没来骚扰了，但在十八日、十九日又恢复轰炸广九铁路。在随后三天里，因广东省面临台风袭击，敌舰被迫避风，从而使广州市平静了片刻。在二十三日台风过后，一架日机对虎门炮台进行侦察。据报，一艘日本航空母舰已从厦门驶进广东。二十四日晨，空袭警报后约二十分钟，一股敌机共九架出现在广州附近，并向北轰炸粤汉铁路。不久又有一股敌机八架入侵市区，受到高射炮还击，在大沙头及广九总站扔下十枚炸弹，并在掠过河南时又丢下几枚炸弹，估计约四十栋楼房被炸毁，死伤一百多人。另据报汉口南行列车在离穗一百七十公里处的沙口站，当天也遭到轰炸，三节客车及二节货车被炸毁，死伤许多人。除了每天轰炸滥炸省内二条铁路外，日机还在二十八日袭击了东北郊和西北郊，许多炸弹落在燕塘军营、天河机场及石井兵工厂附近。

12 月 1 日至 15 日

上半月来，粤汉和广九两铁路天天遭到日机轰炸，虽然到目前日机要炸毁重要桥梁的目的仍未达到，但是路轨的严重破坏对两路的交通影响极大。所以，广九铁路当局已正式宣布暂时取消上午及中午开往香港快车。日机多次企图轰炸市内，但由于猛烈的高射炮火使其无法得逞。本月十日晨，十一架日本战斗机护卫六架重型轰炸机轰炸韶关，在一处不设防的地方扔下二十多颗炸弹，炸毁许多房屋，炸死炸伤许多居民。同时，日本军舰多次在中山县及台山县沿海进行骚扰并占领了三灶岛。据说约有一千架日机在该岛上降落，目前还正在修筑码头等。日本还力图攻占台山沿岸的上川岛和下川岛。

南京沦陷之后，此间谣传中日战争下一个战场将是华南，日军很快将发动大规划（模）进攻以切断中国最后的一条海路。为了达到这个目的，现正在将5万日军从华中调到华南。

据省银行调查，自八月底日机空袭广州以来已有一千五百零七间商店关闭，造成一万三千零三十九名店员失业。商人的损失共约为一百零六万元省币，不包括开门营业的商店。

12 月 16 日至 31 日

日机除了天天轰炸滥炸粤汉、广九两主线之外，本月二十三日还首次轰炸了广（州）三（水）铁路。日机轰炸了有粤北军事重镇之称的韶关和南雄，并对沿海各县进行侦察。三十日中午，一股日机十二架偷袭市区，轰炸了西北郊，七枚炸弹落在西村（译音：Saichuen）的美华中学——美国教会学校——其中四枚炸弹命中目标，把校舍全部烧毁。日机企图轰炸附近的军医院，结果把协和女子中学炸掉了一半。

（广东省档案馆编：《日军侵略广东档案史料选编》，中国档案出版社2005 年版，第 49—53 页）

2. 敌机昨又破坏省港交通
广九路昨不通车

(1937年11月5日)

[专访坚] 连日，敌机轰炸广九路，日凡二次，虽以塘头厦、平湖等站为投弹目标，投弹十余枚，命中者极少，至昨四日，敌水上机三架，又分上下午进袭，在樟木头、平湖各站投弹十二枚，有三弹被其命中要害，损伤奇重，以致昨日各次客货车均不能开行。兹将是日情形，分志如次：

（第一次）昨日上午九时二分，防空处接监视哨情报，敌水上轰炸机两架、驱逐机一架，由唐家湾洋面起飞，自南至东北，广州乃于九时十分发出空袭警报；九时十四分，敌机循宝安县沿岸海面飞航，到达虎门上空飞至八千公尺之高，成品字形，有袭广州模样，遂即发紧急警报。惟敌机不向北飞，转向东南方面袭广九路。九时卅分，敌机三架经横沥、常平、土塘各站到达樟木头上空，盘旋窥伺，约十分钟，乃低飞在距省九八公里之樟木头站及一○五公里之林村站间，共投炸弹六枚，有两枚命中路轨，致损毁路轨卅丈，而木桥亦受重伤。敌机投弹后，循原路而去，十时四十分解除警报。事后路局得讯，即加派工人百数十名驰往修筑，但因伤及要害，昨日省港各次客货车，均告停开，而由省开港之早车亦于解除警报以后，折返广州。

（第二次）下午二时十六分，又接情报，敌水机三架，由唐家湾起飞，自南至东北。二时廿七分发出警报，敌机此次不经虎门，循宝安县沿岸转过永平河口，再向广九路进袭，故未发紧急警报；二时卅五分，敌机三架发现于石鼓站上空，飞高二千公尺，来往天堂围、平湖、塘头厦各站盘旋，窥伺良久，乃在各站共投弹六枚，均落路旁。民房被毁十数间，伤农民数名，敌机随循原路而去，三时十二分解除警报。

（专访中）连日，敌机轰炸广九路，日凡二次，距离本市一百公里之樟木头、林村、塘头厦、石鼓、天堂围等处，为其投弹目标。昨四日晨复派机三架，于上午九时卅分由虎门过横沥、常平而下，旋在樟木头、林村等站上空盘旋，继在樟木头、林村之间约一百零二公里投落炸弹六枚，当堂爆炸，损毁路轨两处，约五六十丈，两旁树木多已炸断，附近农家木屋倒塌数间。上午六时四十分开港之混合车，停在土塘、樟木头之间，上午八时十五分开港之早快车，在南社站暂停，上午八时四十五分开港之慢车停开，由港开省早快车抵深圳即停。又中午下午由港来省之快车及上午八时四十分由港来省之慢车均停开。至于由省开港之早快车，于九时许，在南社开行，至十时抵樟木头站，该站即着停车，旋据调查所得报告谓：樟木头站至林村站之间被敌机投弹炸毁路轨数十丈，损失奇重，一时难以修复。旋向路局请示，该局即着原车返省，该早车队长奉命即驶原车返省，殊料至中途又遇敌机于下午二时来袭，故延至三时始抵省，各搭客即持原票向大沙头站，取回车费。直至下午四时卅五分，各客始取款完毕。是日，广九路各车次均已停止，只本市至石龙之客车，于下午五时许照常开行，兹将广九路局发出通告如下：今日（四日）中午及下午往港快车暂停，此布。

又（专访车）连日敌机专向广九路袭击，每日两次，昨四日亦两次前往轰炸并以樟木头、林村、塘头厦、石鼓、天堂围、平湖各站为目标，查其连日袭我广九之航线，共有两条，一为经宝安县属永平河口入江，经普安掠过永祥，而至广九路之石鼓站；另一线则为循宝安县沿岸经虎门太平，转向东飞，循莞太公路到达东莞，折经板桥、龙川、东坑而至横沥站。

[中央社] 昨（四日）上午九时十五分，敌机三架，在唐家湾上空出现，沿北飞经虎门，转向广九路，在距广州一百零一至一零三公里林村站附近轰炸，毁路轨十四条，并在天围、石鼓等站盘旋；至十时四十五分始遁去，至下午二时廿五分，敌机三架复由唐家湾海面飞出，再飞往东北方面，作第二次袭击广九路，历经平湖、天堂围、塘头厦等站空际盘旋，随在距广州一百十公里，塘头厦站投弹六枚，路轨略有损失，敌机亦于三时十五分逃窜。昨（四）日晨，由省往港快车驶抵樟木头站时，适遇空袭，路轨损坏，不能赴港，随于下午卅时卅八分由樟木头折回大沙头车站，所有各次由省来往省港各次快车，均告停开，俟路轨修复，再行售票。

（《国华报》1937 年 11 月 5 日）

3. 中央社电讯选录

(1938年)

广 州

（中央社香港五月二十九日合众电）香港各报今晨谓，日机滥炸广州之举，为战事发生后日方最野蛮行为之表现。据官方统计，死者数目截至目前为止，已超过六百人，伤者则有一千五百人。

（中央社广州六月八日路透电）今晨十时五十分，又有敌机三十二架袭广州，敌机之目标为河南、黄沙车站及市区、白云山附近亦落弹若干枚。敌机轰炸河南时有数弹落于某"耶教新村"，死伤惨重。黄沙车站附近落数弹适中某油库，当即发生大火，火焰喷起远五十英尺。西村方面亦损失甚重。该地落弹达20枚，至损失之情形，尚未查明。美人所办之岭南大学中三弹。黄沙车站附近震倒房屋甚多，德领馆及其附近房屋竟被震动摇。西村电厂中一弹，房屋被炸毁一部，电厂院内落八弹，幸未伤人。电厂毁后，全市电流停止，各医院因施用手术，及爱克司光等均需用电，至此乃告束手无策，伤者数千人，皆须立即医治，今电流停止，其惨状不堪胜言者。此间警报台，系用电流发动，今则改鸣钟示警。沙面与岭南大学之电话线亦中断。又昨日被炸之马克公司各职员，均已移入沙面居住。据称，在过去二十四小时内，该公司院内共落弹四十枚，因各职员均已撤退，故死伤甚少。岭南大学之教职员有美籍三十一人，英籍三人，德籍一人。

（中央社广州七月十四日路透电）今晨8时05分，日机一队又飞至广州上空，轰炸珠江铁路及发电厂，结果计死150人，伤400人。在珠江沿岸及东堤一带，有尸体34具。此外又有一弹适中某□之人群中，炸毙多人。河南沿岸落1弹，炸毙船户49人，伤者达百人左右。又敌机在增城掷弹时，适中某难民收容所，致死伤240人。广州被袭二次，第二次共掷弹20余枚，均落省府附近，珠江桥附近落二弹。

增 城

（中央社增城通讯）一月廿四日下午一时半左右，有敌机二架向增城西北角飞来，本城于一时五十分发出紧急警报，市民纷纷走避。至二时一架折入市区，于城内投弹一枚，旋即他去，二时廿分解除警报。事后调查，除毁附近房屋数间外，当场被炸毙九人，脑血交流，肢体齐飞，其状甚惨；重伤八人轻伤十余人，血肉模糊，面目莫辨，伤者之呻吟、呼救声令人悽恻，亲属之号叫声、痛哭声、使人下泪，其状之惨，诚有令人不忍睹，悲愤填胸者。事后即由□师政训处长郭翘然偕同县长黄炳坤及□师卫生队长，率领救护人员将受伤者分别送入□师卫生队及增城救济院医治，炸毙者则分别招领掩埋。至下午五时，在救济院医治之重伤者康刘焕、刘桂清等数人，因伤重毙命，其余除刘煜枢、郑观、黄故生、刘丽英、廖仁武、黎宝照、康流富等外，如何亭、黄新、郑会祥、李守贞、廖应英等，均未脱危险时期，恐有性命之虞。查弹痕入地约尺余，阔五六尺，弹重量约五十磅，其碎片有"……十二年八月……"等字样，众料其必为昭和十二年八月所制之炸弹。又查死伤者以妇孺为最多，学生，壮丁次之。

韶　关

（中央社广州六月二十四日电）敌机二十五架，二十四日上午大举轰炸韶关，炸毁民房百余间，死伤多人。至发稿时止计十八间落五弹，毁避难壕，死一人，伤五人，龙电路落三弹，毁民房二间，轻重伤五人，抗日西路落一弹，毁屋数间，道路落十一弹，毁商店三十余间，死伤二十余人，庚辰巷落六弹，毁屋数间，西丰街落十二弹，死伤妇人各一，罗诚巷落三弹，毁民房四间，伤数人，凯旋路落四十余弹，毁民房百余间，死伤各一人，南门外落十四弹，无甚损失，车站落一弹，略有损毁。

潮　安

（中央社广州七月二日电）2日下午1时50分敌机十五架由福建海面飞至潮安投弹八枚。下午二时二十分，敌机十五架复至，又投弹十六枚，毁民房二十余间，死伤平民三十余人。

汕　头

（中央社汕头七月二日路透电）敌机一日下午猛炸汕头，致全市人民均于恐怖之状态。四时三十分敌重炸机六架，首先在汕市上空出现，盘旋至五时十五分，复有敌机三架飞来，九架飞机乃即同时开始大举轰炸，历一小时半始毕。汕市住宅区落下之大小炸弹共百余枚，死伤极为惨重，炸倒商店民房数十所，妇孺尸身布满街上，伤者数百人。

（中央社广州七月十三日电）军息：敌机九架由福建海面飞经潮安至乐昌、南雄投弹。乐昌投弹二十七枚，毁民房二十余间，死伤平民四十余人。南雄落弹十一枚，死伤平民二十余人，毁屋十余间。

中　山

（中央社迅）中国航空公司班机桂林号，于昨（八月二十四）日上午八时半，由港载旅客十三人飞渝，途径广州中山县附近，突遭日机追袭，上下左右威胁，该航机勿能驶行，不得已被迫降落于张家边海面。是时日机则以机枪向下猛烈扫射，稍顷机毁下沉，除驾驶员吴滋等三人得免于难外，余十二旅客生死不明。此项消息传至武汉后，官方极表惊讶，一面对遇难旅客家属表示深切同情，一面对该公司人员数年来之努力服务精神至表钦佩。兹将在武汉方面探得有关该事件续情如下：

驾驶员电汉：该航机驾驶员吴滋氏脱险后，即电中航公司驻汉代表庞德云：余驾驶之机于今晨八时半被日机胁迫降落于河内，日机继以机枪向航机扫射，十二位旅客、一驾驶助手及一侍者共十四人遭难后，生死不明。得免于难者，仅余本人与电务员罗昭明及旅客三人。至机身现已沉没于河中。

该机由港飞渝，纯系载客班机，毫无军用性质。驾驶员吴滋曾携有美国商务部颁发之航行执照。故美政府对于该机保有管理权。

该公司系中美合股经营之民航事业。泛美航空公司于股份中曾占有百分之四十五，故美政府对此次不幸事件，当必予以严切之注意。

（广东省档案馆编：《日军侵略广东档案史料选编》，中国档案出版社2005 年版，第 56、61—66 页）

4. 敌机于晨午夜四次袭各地
东莞清远两县城均遭滥炸破坏

（1938年1月13日）

敌航空母舰龙骧号由北海驶回唐家湾后，于十二日派敌机共数三十架，分四次来袭我交通线，兹将是日空袭情形录下：

（**分批滥轰炸**） 敌机分三批来袭，第一批敌机六架于上午八时四十五分由唐家湾飞入中山县上栅，防空部据报发出警报，八时五十五分，敌机过万顷沙抵虎门上空，本市随续发紧急警报，敌机循珠江河流北飞。九时五分抵黄埔过南岗鱼珠，有袭本市企图，我市郊高射炮即严阵以待；九时廿五分，沙河分驻所电告瘦狗岭发现敌机六架，为我高射炮射击，敌机不敢闯进；九时卅五分，敌机过东圃折入广九路车陂站南飞，九时四十八分抵石龙，分为两队：一队三架循路南飞，九时五十七分飞至土塘、常平段间投弹数枚，即循樟莞路南飞出海逃去；另一队敌机三架在石龙盘旋数分钟，沿石龙公路飞至赤岭等地窥伺。十时零三分飞至樟太公路大朗墟投弹四枚，又飞入广虎公路投弹四枚。又讯九时四十六分，敌机三架在大朗墟附近投弹六枚，复用机关枪向下扫射，伤一人，敌机逞凶后，竟飞至东莞城，适送丧者二三百人，即投下二百五十磅炸弹七枚，死送殡者五六十人，情形至惨。又附近之省莞渡码头原泊有大小艇舶多艘，被炸毁五艘，岸上屋宇被震塌三间，被炸毙命五人，重伤五人，微伤十人，幸各居民闻警奔避，秩序甚佳，故死伤数目甚微；敌机于十时十五分飞至新洲，十时廿八分始南飞过虎门出海逃去。第二批敌机五架于八时五十四分飞入中山上栅，九时零五分过江门，旋分两队先后掠过九江，从广三路奇槎站迁道北犯粤路。九时，又有第三批敌机六架亦由唐家湾起航，经万顷沙、虎门、黄埔、白云山等地北飞。其中三敌机即由东北角侵入江村上空盘旋良久，始沿郭塘新街方面飞去。至九时卅分，续有敌机六架由西南角侵入，分作三队，低飞盘旋约十余分钟，竟开机枪二百余发扫射。是日为该墟墟期，人多挤拥，至被击毙二人，重伤四人，轻伤未有确数，践伤十一人，并毙耕牛一头；九时五十二分敌机第二三批共十一架在军田站会合北飞，十时三分抵潖江上空盘旋窥伺，随散为两队，一队八架在潖江与源潭间投八弹，均落河中。敌机径北飞，一队三架飞至潖江与横石段间投六弹，该三架敌机即迳南飞入清远城窥伺，随在清远县城南门口投三弹，炸毁民房二十余间，伤毙平民四五十名，情形极为惨酷；至北飞之敌机八架，于十时廿七分掠过连江口各站，抵波萝坑与英德段间投弹共十三枚，毁路轨七对，损失颇重，敌机投弹后即南飞；十时五十八分重返琶江，复投九弹，敌机弹尽，始行南飞，十一时十五分过银盏坳，先时飞入清远肆虐之三敌机亦返抵该处会合，投弹四枚，落该站与军田段间，敌机旋折入花县，复经白云山等地。十一时四十分返抵黄埔，联队过虎门出海逃遁，十一时五十五分本市解除警报。

（二次袭粤路）　下午十二时廿分，敌机四架由唐家湾起航飞入中山上栅，本市发空袭警报。十二时卅分，敌机抵虎门过黄埔，北飞过白云山、花县，十二时五十八分抵军田过银盏坳，即在该处投弹四枚，二落站中，毁路轨六对，枕木多根。敌机投弹后，一时廿分过清远城向西北飞，一时廿八分抵三坑，在三坑某高地投十余弹，毁民房数间，伤毙多人，随飞至新街、石井各站；一时四十六分，续绕市北三元里南飞，一时五十五分过东圃转黄埔出海逃去，二时十二分解除警报。

（三次炸两路）　讵第二次解除警报仅隔五分钟，防空部又接报告，有敌机六架从唐家湾起飞，即于二时廿一分发出警报。二时廿五分，续发紧急警报。二时卅五分，敌机循珠江飞抵黄埔，过广九路新塘站北飞；二时四十五分分抵本市东北郊，我高射炮即发弹向之射击，敌机仓皇掠过白云山，入花县犯粤汉路；三时二分过军田（因同时又有第二批敌机三架由唐家湾起航）在银盏坳窥伺数分钟，续北飞过营咀等站，三时廿四分抵源潭，即轮回在该站与琶江段间投弹十余枚，敌机逞凶后掉头南飞，三时卅八分过军田，随折入花县，仍依原路南飞；四时过黄埔出海逃去。至三时二分，由唐家湾飞入第二批敌机三架，三时廿分掠过万顷沙、虎门各地抵黄埔，随又掠过南岗站北飞，从瘦狗岭折入花县；三时四十分在郭塘江村段间投弹四枚，敌机遭我当地高射炮威胁，掉头南飞；三时五十六分，抵白云山上空，旋又被我市郊高射炮痛击，再狼狈南飞。四时二分过南岗站，随将余弹两枚投下，敌机弹尽，遂南飞过黄埔、虎门等地出海逃去，四时十三分，敌机远飏，本市解除警报。

（夜袭东北郊）　六时，唐家湾海面又发现敌机两架起飞，防空部据报，于六时十分发出警报，俄又有第二批敌机两架尾随而至，六时十五分，续发紧急警报，本市即施行灯火管制，全市顿成黑暗世界。敌机四架过虎门循珠江北飞，六时卅分飞至黄埔分为两队，一队两架向北飞窥伺本市，一队两架折入广九路石龙上空。北飞之敌机两架，六时五十二分抵本市东北郊，我高射炮密集射击，敌机曾在东北空地投弹两枚，于七时八分过西村窥伺，旋又被我高射炮拦击，敌机遂沿原路过石牌南飞，七时卅六分出海逃去；至在广九路窥伺之两敌机，六时四十八分在石龙掠过，随经南社、常平等站，七时五分在樟木头侦察，寻又南飞，掠过塘头厦等站，七时二十分抵平湖，旋又北飞过樟木头，糊乱投弹两枚，均落空地，于七时四十分过东莞县西出海逃去。八时，敌机已渺，本市解除警报，电灯复明。查是晚广九来往列车均停于某某两站，敌机逃遁后，始于八时十分继续开行。又中央社海口电：十二日上午，突来敌舰二艘，湾泊在本埠港外西北方海面，上午八时许，有敌机七架数度飞扰府城、海口两地，计投廿余弹。(活荣)

(《越华报》1938 年 1 月 13 日)

5. 四十余敌机扰粤 广九沿线炸死平民廿余人

（1938年2月6日）

（中央社广州五日电）敌机共四十三架，今日由上午七时卅五分至下午一时十分止，共分十三批，由唐家湾等处起航，飞袭广九路沿线各站，及惠州、宝安、东岭、顺德各县属窥伺，并在惠州、虎门、石龙、樟木头、塘头厦等处投弹多枚，共毙平民廿余人，民房被毁十余间，至下午四时廿五分，各敌机始先后南飞出海。

（中央社惠阳四日电）四日上午七时半至下午四时十五分，敌机二十四架分六次狂炸惠城，共投弹十三枚，并用机枪扫射，计塌房六间，毙男女孩童各一，重伤老妪一，轻伤妇人二，余无损失。河源、博罗亦有敌机盘旋，亦散发荒谬传单。

（《新华日报》1938 年 2 月 6 日）

6. 大小霖岛登陆敌兵畏我袭击已撤退

（1938年3月31日）

敌星夜退出 28 晨业已退尽　全岛被焚甚惨荒凉不堪寓目
进犯八区白蕉不逞大肆轰炸　塌屋 40 余间死伤 20 余人

七区讯：县属七区大小霖岛，自 27 日被敌兵侵入滋扰，我忠勇军民退入山间，继续抗战，敌畏我游击奇袭，星夜退回三灶岛及炮舰间，各情已纪前报。讵昨 30 日，敌兵又向大小霖岛涌口侵扰，企图再度登陆，被我忠勇军民埋伏迎击，寇终不得逞，败退回舰。此外八区白蕉涌口碉楼，于昨 28 晚，被寇机炸毁，至昨 30 日，寇机炸桂洲糖厂时，本邑一、三、四、九各区亦闻弹声，兹将所得各情纪后。

敌受重创　败退回舰

邑属大小霖岛，虽孤处大海中，但四面海坦千丈，非船艇所能直进，其中有山林，进可攻，退可守，而岛内进路，只有河流一度，两傍为荫林，我军民埋伏，伺机迎击，此天然险要也。27 日，敌兵登陆后，我军民退入山内，继续抗战，敌在大肆焚掠之后，畏我游击奇袭，乃星夜陆继退出回舰及三灶间，28 日晨已去尽。军民遂恢复防务，决以勇敢之态度，守土抗战，不稍屈辱，各乡民对此，大为感动，纷纷复集，愿竭力协助守卫，争取最后胜利。迨至昨 30 号晨 9 时许，敌果再来，但经我军民奋勇抗战之下，寇终不逞，互战之后，敌又败退而去，且受巨创，乡民对我勇敢武士钦佩万分，各界已拟设法慰劳。

二次进犯　终被击退

闻昨日敌兵进侵大霖，人数亦将有前次之多，惟鉴于前次所乘汽艇，曾吃大亏，被击沉 1 只，伤毙数十人。故昨日除以寇机威胁外，并改用松排冲锋，排上置障碍物，架机关枪，由三灶及舰上之兵，会合侵入涌内。但我方军民，已誓死守土，预伏涌边两傍荫林中，俟其近，乃迎头痛击。敌兵不料我兵民强劲至此，亦大惊异，但仍冀再度登陆，屠杀抢劫，乃互战猛烈。我方武力，虽以敌机威胁，任不稍屈，剧战多时，乃予敌重创。寇胆已寒，且知难以武力屈我，遂纷纷败退，遁回三灶及炮舰间。此时八区乾雾涌口一带，我军民亦严密警戒，沿海各乡民皆以守土卫国为预备，奋勇异常，地方安静如恒。

我方壮烈　抗战情形

又讯：现据大小霖抗战要员称，自暴敌日前占据三灶岛，速行布置作战工事，又欲扩张其势力，企图再占附近各小岛，于3月26日，有敌机三四架，旋空低飞，侦察大小霖一带。27早，敌机11架，凌空侦察，10时许，敌用电船2艘，胶船4艘，载敌兵200余，向大小霖梦环涌口驶来，驻防该处自卫团第7大队第1中队员兵，统率该地壮丁，集合抗战。敌不得逞，约死伤20余人，旋有敌重轰炸机1架，掩护敌兵，意图登陆。我方因弹尽援绝，势难支持，迫得逃退守大霖南第二防线，准备迎击，随因敌机再掩护敌兵，一面追前，将近我军防线，纷纷投弹，及密枪射击。我军不得已，为避免无谓牺牲计，迫得再退守第三防线。当时敌机3架齐来，我军死守不退，各皆卧地，以步枪向上射击飞机，一面敌兵抗战。约1小时之久，幸无死伤，有二三人微伤而已。是时内力竭弹尽，迫得退至第四防线（利昌围），候敌来痛击，敌见势不敢穷追，乃在大小霖各处投弹，及焚烧民房山林，火焰甚炽。至下午6时许，敌乃退离该地，齐下敌船，返回三灶，我军因鏖战竟日，弹尽粮绝，不得已，率队渡海，直往八区乾雾大涌口，与驻防该处驻防自卫团第8大队会合，以求接济。而该队梁大队长闻讯，即协同防军出动布防，准备抗敌，但敌胆寒，未敢深入。现在大小霖地方，已成焦土，无守无攻，适成荒野。惟第7大队，誓死再与敌周旋，务尽守土抗敌之责，以求最后胜利云。

敌兵残杀　景象凄凉

再查有矿工1名，被敌搜出，查内有军衣穿着，即用刺刀将该人杀死，割去首级。又有患病工人，欲逃不得，卧在茅寮，被敌驱出，用刺刀杀死。又当开战时，该处妇孺平民，纷纷逃避，当下船渡海，人多挤拥，竟将小艇压沉，约数十人之谱，至死伤数未详。当第7队战时，一面抗敌，一面保护各难民渡海暂避，退往八区时，仍带多数难民逃出，妥为安置，而该地现在并无人烟，惨状不堪寓目云。

轰炸白蕉　伤毙甚众

本月18号晚，敌舰在八区白藤山外，被我渔船痛击，遭受重创，已匿迹多日。不料25号晨，敌舰1艘，又乘大露迷江，由八区之马齐门（鱼旁）海峡偷进据进犯白蕉村，讵该乡军备充实，又将敌舰击退。敌竟愤该村抗拒，午间敌机11架，即飞至轰炸报复，幸军民事前有备，援救妇孺，趋避得宜，仅有些微伤。不料翌日即26日，敌机又至，轰炸较尤甚，致近海屋宇40余间皆在浓烟笼绕中坍倒，间有走避不及者，亦被炸毙。计两日共投弹20余枚，死伤军民20余人，内有壮丁1名，因勇敢指导乡人走避，以致殉职，现尚在办理善后中。

（《中山大公日报》1938年3月31日）

7. 敌机前午惨炸广州的详情

——某缝纫厂女工百数十人罹难

（1938年4月12日）

（中央社广州十一日路透电）昨午一时十五分钟，敌机袭击广州，一弹投于人烟最密之市区内，炸毙之市民当在一百人以上，伤者为数亦甚众，当时适值广州市民热烈庆祝津浦线大捷。另一弹则投中离沙面北一里之某缝纫厂，房屋六间当即倒塌，并立即起火，厂内工作之女工若干，尽罹浩劫。美舰"密达诺"号无线电报务员约翰巴罗，为目睹昨日惨剧之唯一外人，弹落时，渠亲见女工四人，活埋墙下，后厂内起火，即继有女工若干人，被焚毙命。事后从灰烬内掘出之尸首，达八十具之多。路透社记者事后前往视察，目睹焚焦之尸体十五具，其中有若干具系少女尸体，景象惨不忍睹。工厂附近，救护队医生护士及救火队，俱甚为忙碌，自午至晚，努力从事救护工作。入晚广州市民举行大规模提灯会，庆祝我军津浦路大捷，参加之群众，游行各重要街道。游行群众旋举行一民众大会，由省政府主席吴铁城主席、余汉谋发表演说，大会当通过决议案，祝贺蒋总裁、汪副总裁，并慰劳李宗仁及前线将士。当参加游行之群众行经市中心区被炸之工厂时，工厂两旁置有棺材五十具，棺材内皆为焚焦之尸体，载重汽车亦络绎于道，将棺木运到他处。此次惨剧，死伤确数官方虽尚未宣布，但众信死者当在一百五十人以上，伤者亦在一百人以上，据悉女工被害者，年龄未有在廿岁以外者。至掷下之炸弹，爆炸声不大，而被炸之建筑物，均于中弹后处火。

（《新华日报》1938 年 4 月 12 日）

8. 三灶壮丁数百惨遭敌人屠杀

(1938年4月20日)

佯向之演讲用机枪扫射

无一幸免可见暴敌凶残

消息传出后闻者皆发指

（中山专讯）自敌机在中山七、八区肆虐，三灶南北水大小淋各岛惨受糜烂，县当局即着广东省救护委员会中山县分会救护队，派员前赴七、八区南北水乡救护，及带备米粮救济。讵前日敌兵竟将三灶民众数百人屠杀尽净，惨不忍言，兹查该队一部分，已于昨18日午拔队返岐，将各情呈报当局，兹将经过情形探志于后。查14晨7时，该队第一队副队长张建潼，带同队员11名，随同县府卫生股主任鲍爱公，平民医院医师刘允、欧阳全，乘照利渡前赴南北水乾雾各乡。查南北水乡被炸毁屋宇十居其九，颓垣败壁，惨不忍睹。11日之役，计被炸死男女4名，伤者11名（姓名详后），当由该队施救，及分别赈济，但目睹疮痍，荒凉满目，该乡现仍由壮丁队誓死守土。当敌机于11日在北水乡低飞投弹时，有老翁梁焕超者，荷枪迎击，当被炸伤右手，该翁仍奋勇负创还击，复被敌投弹炸毁房屋，压断右足，仍死力抵抗，卒以流血不支，现已由该队救治，可无性命之虞。惟兽兵最近又增据三灶，登陆后，于13日派寇魁强集附近乡民约百人，逼令围聚，佯作向之演讲，先将妇孺、壮丁分别隔置，然后用机枪将男子扫射，当堂无一幸免，哭声震天，暴寇反而狂笑，狰狞面目暴露无遗，妇女则掳集奸淫，摧残无所不用其极。当时有壮丁李冠照者，竭力挣脱，自用木盆装载，放下漂流，经三日之久，始达南水乡遇救，不致惨毙，亦云幸矣。暴敌残杀三灶乡民消息传出后，闻者莫不发指，皆谓寇兵灭绝人道，当为世界人类所共弃云。兹将南水死伤者姓名调查如下，计开萧梁氏，女，63岁，压伤左手、腰部、头部；陈佳，男，46岁，弹片伤左耳后部；周显道，男，66岁，弹片伤股部；陈清，男，45岁，弹片伤头部；陈锡源，47岁，弹片微伤手部，以上5名均于11日在南水乡被炸者。林桂有，男，20岁，弹片伤右面部；梁炎祥，男，30岁，弹片伤左臂、右股、右背三处；曾广文，男，20岁，弹片微伤足部；梁蛇敏，男，37岁，机枪弹射入左乳上部及股；李伯安，男，24岁，弹片伤足部三处；梁焕超，男，56岁，右手被压伤，右足被炸脚骨已断；梁松水，男，24 岁炸死；梁丁绍，男，22 岁全上；霍李氏，女，十五六岁全上；张光仔，男，20 岁全上，以上 10 名均于 11 日在北水乡被炸者。（戎）

（《华侨报》1938 年 4 月 20 日）

9. 敌机七十余架昨狂炸广州　死伤之巨前所未见

（1938年5月29日）

（中央社广州廿八日电）二十八日晨九时至下午四时，敌机七十余架三次空前狂炸广州市各区，共投弹一百五十余枚，塌屋二百余间，被焚毁四百余间，无辜平民当场毙命者六百余人，重轻伤者近千，各灾区血肉横飞，瓦砾狼藉，惨状令人不忍卒睹。被灾区域，计中心区、中山纪念堂、大石街、桵大路、牛怀里、西许、逢源西路、梯云路、昌华大街、新屠场、黄沙车站附近一带、蓬莱路、连庆新街、多宝路、荔枝湾北区、流花桥东区、二澳头、东山、合华路、新河浦各区，灾情最惨者为黄沙一带，屋宇几全被炸毁，附近柳波桥被投燃烧弹多枚，当即发生大火，葬身火窟之灾民，不知凡几，现尚无法统计。该区沿岸一带大小船只，亦遭敌机枪之猛烈扫射及投弹轰炸，沉没廿余艘。尸流水面近百，伤者尚在水流中挣扎呼号，厥状至惨，当敌机窜入市空肆虐时，全市市民秩序井然，商店均照常营业，各救护人员在弹雨中勇敢沉着，施行救护工作，其服务精神，至足钦佩，刻各灾区仍在挖掘中。又今午敌机首次来袭时，曾向虎门澳角投弹，旋在粤北南雄投数弹，我无损失。

（《新华日报》1938 年 5 月 29 日）

10. 敌机四十余架今日又炸广州

（1938年5月30日）

（中央社广州廿九日电）余汉谋主任今午在警报中延见本社记者，对敌机连日轰炸粤市，发表谈话，余氏首先指出敌机连日来滥炸商店民房，惨杀非武装平民逾千，尤以妇孺为众之兽行，不特绝无影响我之抗战决心，且适足增国人之愤恨，余氏表示对被难同胞，极为痛念，除设法善为救护外，亦希望三千多万粤省同胞一致奋起，与暴敌作殊死斗，有枪出枪，无枪者即刀剑木石，甚至禾镰铁棍，亦应作为杀敌自卫之弹药，决尽量愿一般民众与军队切实合作，以制止人类蟊贼之暴行。

（中央社广州廿九日电）敌机三十七架，今上下午两次继续发挥其兽性，再度犯粤垣，首次向市中心区人烟稠密处，锦樱街、正南路、狮子桥、仓车路、仁生里、匀弊宾路、思思中学、新丰街市民临时避难所、市西金沙西纣直街等号、兴明里、逢广西街、黄沙、平民宿舍、河南瑶及刘王殿等处投弹数十枚，黄沙、西纣直街等号，当即燃烧，火焰飞腾，直冲天际。救护消防人员，纷纷出动抢救，至十一时五十分，始告解除。未几，敌机又联队来袭，继向西南方各地投十余弹，损失情形在调查中。

（中央社广州廿九日路透电）昨日敌机轰炸市区之结果，截至现在止，已查明者为死者六百人，伤者九人，调查完毕后，死伤之总数恐尚不止此，黄沙车站已全毁，车站内落卅弹，房屋被毁者四百栋，该处之死伤最多，惨不忍观。中山纪念堂附近落数弹，毁屋四十栋，纪念堂内亦有损失，大致约二万元左右。据中国方面消息，敌机不久将再度施虐。

（《新华日报》1938年5月30日）

11. 敌机六十架昨又狂炸广州市区

(1938年5月31日)

(中央社广州卅日电) 卅日敌机复来市区滥施轰炸，据军息，是日敌机六十架，在九时廿五分至十二时共分五批来袭，各机藉浮云掩蔽，徘徊高空，伺隙肆虐，我防空部队当即沉着发炮迎击，市区烦嚣，顿为□影炮声所掩盖，敌机既被我军迎头痛击，竟尔大发兽性，猛投重量炸弹，大施轰炸，各建筑物应声倒塌，四百余所，市民葬身瓦砾之中者，虽一时尚无确数可稽，预计总在四百人以上，伤者亦达七八百人，中央社记者于警报声中分赴各被灾区域视察灾情。首至德宣西路兴隆东街，该处一带，全系旧□工房共塌十家，当场死伤数十人，记者抵达时，救护人员仍在发掘中，满目荒凉，令人酸鼻；记者旋至后房楼上街，当睹该处旷地现数弹穴，深阔均逾丈，旷地前之第廿八至廿四号新式洋房，其上层悉被震塌，一时木石齐飞，附近树木多遭摧折，其威力之大可知；继至德政路，该处厚兴新街、厚兴横巷、湛家巷一带约落弹十余枚，昔之衡宇相望者，今则只余颓垣断瓦，顿成一片荒场，伤毙人命几何，一时尚难详悉；最后记者折赴黄华路洪胜庙前一带巡视，因该处民居俱属旧式砖屋及板寨，故倒塌最多，毙人亦众。据悉，附近先后落弹廿余枚，震塌屋宇凡五十余间，死伤无算，为本日灾区最阔，灾情最重之处。当记者达到时，见遍地陈尸，正待殓葬，亲属抢地呼天，哀号不已。中有一女孩，痛母及妹突遭枉死，一恸几绝，经旁人劝挽，始稍稍抑其悲思，顾仍顿足挥泪频呼日本鬼害死妈妈不已，为状之惨，几疑非复人间。记者躞蹀瓦砾中，痛倭寇之凶顽残酷，哀吾民之惨遭荼毒，不禁悲愤欲绝。敌人今日除滥炸市区外，并在近郊三元里、横□岗、太平坳等处投弹甚多。

(《新华日报》1938 年 5 月 31 日)

12. 华南方面敌机昨又袭广州

(1938年6月1日)

(中央社广州卅一日电) 敌机一连三天，大举屠杀市民生命，焚毁屋宇数以千计，卅一日复派敌机廿五架分炸市郊居民及粤北乐昌一带，兹将详情分誌如次，八时四十七分，敌机十六架，自中山海外飞来，经深圳、虎门、黄埔闯入市空，我防空部队即施行密集对空轰击，敌机未敢低飞，即掠过市西，见西村塘溪乡附近一带有农民百余人，正在田间工作，乃大逞凶暴，投下重量炸弹十六枚，当场伤毙农民百余人，并炸毁房屋六十余间，灾情至为惨重，敌机以残杀目的已达，于十时三十分即飞逃出海；又上午六时十五分，敌机九架，由福建厦门海面出现，向本省东方边陲偷袭，经饶平、梅县、平远、直趋粤赣边境龙南而至粤北南雄、乐昌、坪石、杨溪各地窥探，随在乐昌、杨溪之间，投弹八枚，伤毙我无辜农民数十人，敌机逞凶后，至九时许，即循原来航线东飞出海。

(《新华日报》1938 年 6 月 1 日)

13. 敌机昨又四度袭粤 滥炸广州怵目惊心

(1938年6月5日)

（中央社广州四日电）一周前半敌机狂袭轰炸粤市，死伤平民数逾三千，已引起国际间之严重注视，讵前此之血迹未干，创痕犹在，而敌机数十架，今日上年（午）九时，又狂袭市内最繁盛之中心地，毁民房商店三百余间，死伤无辜平民约三千，为况之惨，实创空前以来之记录。九时廿分，敌机十六架，东经虎门，闯入市空，未几，敌机九架，复西经顺德入市，藉白云掩护，在市空盘旋，投弹两小时，我高射炮亦密集射击，是时弹炮之声，响彻全市。计敌机在市区投弹约四十枚，计惠爱西路西门附近投下一重约五百磅巨弹，毁店户廿座，死伤百余人。惠爱西营房巷落一弹，毁店户十余座，死伤六十余人。教育路十一小学落一弹，牵连附近民房共七座，死伤十数人。大塘街、秉政街间落两弹，毁德成小学一间，民房十余座，死伤卅余人。盼宣东路都土地巷落一弹，毁民房十余座，死伤数十人。社仁坟口落一弹，毁旅店、饭店各一所，死伤数十人。吉祥路落两弹，毁商店十数间，死伤路人多名。此外南关一带，灾情尤重，灾区辽阔，绵亘数里。计西横街口落一弹，毁汉民南路商店三间，民房十余间，东横街西落一弹，毁商店十余间。就以中华理发店因建筑坚固，附近居民群往避难，不幸全部炸毁，死伤百数十人。泰康路落一弹，毁商店四座，死伤廿余人。天宝大街落一弹，毁民房十余间，死伤三十余人。太平沙落四弹，炸毁民房四十余间，死伤百余人。同庆坊尾落二弹，塌民房十余间，死伤廿余。庸常新街落三弹，毁民房十余间，迥龙桥淑正女校落一弹，伤数人。长堤九里香落二弹，炸毁民房廿余间，伤毙廿余人。海珠桥北站起一点落一弹，毁路基寻丈。果栏新沙直街落一弹，毁店房十余座，伤毙十余人。新沙下街落一弹，毁商店七间，亦伤多人。记者于空袭下驰赴市灾区视察，南关一带共落弹廿余枚，灾区十余处，被毁民房、商店、学校百余间，死伤无辜平民六百余，伤千余人，灾区绵亘数里，昔日攘往熙来之汉民南路，一变而为颓垣瓦砾之荒丘，凄凉景象，不忍卒睹。该区各灾场以东横街西端处为最惨，中弹处为一三合土之四层大厦全座塌毁，并毁平房多间，该室内避难有百数十人尽罹于难。记者旋赴惠愚西路视察，斯时壮丁队、童军、宪警等正忙于管制交通，维持秩序，其时敌机仍盘旋空际，往来肆虐，弹声与炮声混成一片，震声欲聋，而各救护人员毫不怯缩，仍在灾场努力发掘，拯救伤毙之难者，其舍身服务之精神，令人振奋。该处铺房二十余间，全被炸毁，被难者正在瓦砾堆中呻吟呼号，死者断头残肢，血肉模糊，记者目击掘出四肢不完之尸体廿余具，有一尸体胸腹被炸成一个大洞，肠脏肺肝已不存在。记者赴德宣东路都土地巷，该处落一巨弹，炸成阔数丈、深二丈余之巨棱一口，毁房廿余间，灾区广达数十丈，伤毙六十余人。斯时伤者均由救援人员□往救治，死者则纵横罗列。尸首中尤以妇孺为多，被难者之亲属捶胸痛哭，纵声悲号，状类癫痫，使人几疑置身于非人之境。至其他各灾区，灾情虽不安如上述数处之惨重，然均已成一片瓦砾之场所矣。下午二时卅分，二次警报复发，敌机十五架，复由海外分四队，一队五架，一队四架，闯入市空。是时大雨方霄，乌云密布，我高射炮队密集射击，敌机当有一架被击伤逃对（逸），余机随飞南西郊作梯形轰炸，在工业区投巨弹六枚，毁民房十余间，伤乡民多名。下午四时，第三次警报复鸣，敌机十五架，飞广九路沿路轰炸，石龙、樟木头、横沥、车陂各站间落弹五十余枚。下午五时许，天色已暮，第四次警报又鸣，敌机六架，飞中山南潮投弹十枚，毁民房数间，伤乡民十余人。

（中央社广州四日路透电）今晚广州已成一座死城，被炸伤之平民，犹在呻吟哀号之中，较死者尤为痛苦，至死者尸体，仍多埋在瓦砾之中，尚未掘出，今晚本市一切惨状，目睹者毕生难忘。最惨者，有一垂死之妇人，其腿被压在大石底下，有子一人涕泪纵横，在旁啜泣，并时以水料喂其母解渴。计本日受灾最惨之地为寿康路、永汉路转角处，该处有钢骨水泥四层楼一座，共住难民数百人，本日空袭时，有一弹适中屋顶，直穿至底，故该处现血肉横飞，尸首枕藉，另有两弹，投于珠江场附近，岸旁房屋，多为炸毁，居民则多被炸毙。另五弹投于西村电灯厂附近，未有损害，本日空袭死伤人数，尚未经官方统计，但所可断言者，本日空袭，实为一周以来情况最惨者。

（《新华日报》1938 年 6 月 5 日）

14. 中山大学文理法学院被炸毁
灾区十余处死伤平民百余人

（1938年6月6日）

（中央社广州五日电）敌机疯狂未已，今日又大举轰炸粤市区，投弹约廿余枚，灾区十余处，毁民房百余间，死伤平民百余人。敌机今日十一时始，共分三队，首队十二架、次十五架、再次十七架，先后来犯，首队各机从东南面闯入市空，其余两队分在市东西郊外盘旋窥伺，我防空部队于敌机入市时，即对空轰击，阻其低飞，敌机仓皇散开，在高空滥投炸弹肆扰，历一小时许始窜离市区。记者于警报声中，随防护人员驰赴灾区勘视被灾区域，计文明路国立中山大学落弹两枚，毁正门文理法学防（院）及院（防）空壕，死五人，伤数十人，德宣路迤东迄正南路一带落弹三枚，毁房廿余间，伤毙十余人。百灵路落一弹，塌房十余间，死伤数人。大石街连桂三巷落三弹，毁房四十余间，幸伤毙人数尚少。中央公园市民体育会落一弹，将该会全部炸毁。火车门囗横街落二弹，毁屋数间，伤毙卅余人。黄沙车站附近落六弹，毁屋多间。本日各区灾情，以中大附中宿舍对面防空壕被炸毁为最惨，该校学生及附近居民闻警奔往避难，不料敌弹适坠壕中部爆炸，直接为弹药片击死者逾廿人，伤者四十余人，壕面木料沙面全部压下，一时哭声呼救声呻吟声大作，救护人员闻声趋往施救，伤者多已吓至面无人色，血涔涔自创口冲出，衣服斑斑呼吸微弱，死者则头破脑裂面目狰狞，咸因空前之恐怖过甚所致。记者旋步经百灵路，斯时敌机投下二弹，记者与路人均即扑地以避，瞬即隆然震耳，尘土飞扬，瓦木纷纷起落。迨敌机声渐离远，始相顾而起，已满身灰尘，白衣者作灰紫色，有三数妇孺竟吓至昏厥。抬头见约距三尺之洋楼数栋，已夷为瓦砾场，敌机盘旋空际，往返以机枪扫射，以补其弹药暴虐力之不足，市民死于流弹者，突告增加，尚幸各地居民先已他避，故伤亡人命较少。又晨九时许，敌机九架，曾飞广九路石龙、樟木头等站投弹十余枚，又飞市北郊牛栏岗投卅余弹，损失均微。

（中央社广州五日电）中山大学惨被敌轰炸，损失甚大，校长邹鲁除将被难情形呈报教育部外，并通电全国各教育文化机关报告一切，原电如下：

各省各大学暨中小学、各省教育厅及其他文化机关公鉴，本校为纪念总理唯一大学，抗战以来日寇于去年八、九、十三个月，本年三、四两个月，前后共轰炸十次，投弹五十余枚，虽校舍无伤，但校地被毁不少，因将文法理三学院移至文明路，本日敌机又向文理法三学院及附中轰炸，三学院校舍尤以法学院及防空壕为甚，□□□□，员生工友遭害已挖出验明者，计死三人，伤数十人，其他损失，尚□□计，□敌此次侵略我国，任意毁我文化机关，尤欲毁我纪念总理为革命精神中心之唯一大学，昭然若揭，本校员生虽遭此惨难，誓蹈死同学血迹，益加奋斗，决以全力保此革命策源地之纪念总理唯一大学，策进国家民族之抗战力量，□将被难情形呈报教育部及通电世界各国请主持正义外，特电奉闻，敬希亮鉴，国立中山大学校长邹鲁。

（《新华日报》1938 年 6 月 6 日）

15. 粤死伤民众已达五千　沙面外侨编竹网防空

(1938年6月6日)

（中央社香港五日合众电）据官方称，昨日日轰炸广州结果，全市死伤人数各约一千人。其中有数百人系活埋在残垣瓦砾中。总计一周来，日机不断轰炸广州结果，死伤总数已达五千人。

（中央社广州五日路透电）此间今日九点十五分，又发出空袭警报，沙面外侨为预防轰炸计，现于屋顶安置竹网，因依据经验，编织四层或五层厚之竹网，可使炸弹向上爆炸，间有炸弹陷落于竹网内，因有下层竹网以分散其力量，故有未能爆炸者，路透社中国雇工某昨夜工作完毕回家时，发现其妻及母亲幼女均被炸毙，其尸体杂陈于死人中，每一死者身上仅插有一开载姓名之纸片可资辨别。

（《新华日报》1938 年 6 月 6 日）

16. 敌机四十一架投弹约百枚　死伤两千余
灾区几遍全市

（1938年6月7日）

（中央社广州六日电）敌机滥炸粤市区，今已及旬，其疯狂程度，有增无已，今日上午，敌机四十一架，又大举来犯。一部分迳窜入市，先后在繁冲地带，投弹约百枚，倒塌房屋七百余栋，死伤市民二千余人，灾区遍于全市，厥状之惨，远非数日前所能比较，而被炸地点，均远离军事机构，为世人所共见，甚至法国杜美医院亦惨遭落弹，死伤之平民，其悲惨之情况，尤非楮墨所能形容。计自八时许，敌机十六架来袭，五架藉浮云掩护，向市东方面进扰，在戛明路、西横街、东川路、培正路、合群路等处，投弹卅余枚，直至九时许，始搜出海□，至十时廿三分，敌机廿五架，二次来袭。十时，即有十架，飞佛市区，我高射炮队，对空轰击，敌机在市中心区之光孝路、惠爱西路、花□路、将军西路、丰宁路、嚼爱中路、汉民中路、大南路、西横街、仙湖濬惠□东文德路、文明路、永胜路、东川路、暮兴路、合群路、尤复北路、长庚路、一德路、靖海路、五仙路、中华南路一带，往返投弹，并机枪扫射平民，先后落弹五十余枚，弹声震天，烈焰腾空。十一时许，敌机始行出海，记者于警报声中往返各灾区，从事摄影，据调查，工作路经长堤、靖海路、殳宛堂大厦之际值敌机再来袭，沿堤市民，数万人，见敌机自西徂东，低飞扫射，为状甚危，急仆地上，机弹掠过耳际，呼呼有声，未几即闻隆然巨响，震耳欲聋，粉沙舞石，彷如雨下，急起审视，知敌弹落卅丈外之堤，然破片所及，当就避立程璧光先烈石像旁之市民卅余人炸毙，靠近停泊之小艇六十七艘亦被炸沉坠河，死尸血自伤口流出，河水泛作赭色，返视巍峨之铜像，亦体无完肤，像下死尸纵横，破脑碎首，或则仅存双肢，血肉横飞，令人不敢迫视。旋转入伍仙路，瞭见火光烛天，五辆消防救护车，横梗路中，百余名消防救护队员，协力进行灭火工作。盖敌机正杂搀烧夷弹四枚，此五十余座铺宇，顿即化为灰烬，残尸焦臭味达数里，历四小时许，火势尤未全灭。又市社会局立初中学生集中童军训练男女队部各一所学生千余人，今亦遭炸毁，幸各生得入避难壕，仅伤二三人。该局局长刘石心是时适到部视察，石壕避难，亦幸告无恙，尤足称幸。总观今敌机来势，已入疯狂之态，沙面租界地，为外侨集居之所，敌亦不加重视，往往低飞数次，虽经停泊河面之外舰鸣枪炮警告，亦置之不理，足证癫狂之敌人，殆已目无第三国利益之字样在其心目中。又当敌轰炸机一架，向光复北路投弹时，为我防空火力击伤尾部，蹒跚西飞，迄记者发电时止，据报谓该机已堕落郊外，由当局派员搜索中。

（《新华日报》1938 年 6 月 7 日）

17. 敌机凶焰未戢　昨复三袭广州市民
——滥炸之下灾情惨酷无殊已往

（1938年6月8日）

（中央社广州八日晨二时电）敌机连日狂炸市区，残酷万状，或以为倭寇疯狂旬日，料可稍敛凶锋，讵七日如常结队来犯，除猛轰近郊外，复入市区投弹，灾情之惨，无殊畴昔。据悉，敌机十五架于五时四十五分乘晨光熹微之际，自中山海外来袭。尔时全市民众，均在酣睡之中，乍闻机声轧轧，莫不从梦中惊醒。俄而敌机进抵市空，盘旋良久，即在西村广雅中学投弹多枚，幸未命中，无大损失。敌机逞凶后，于晨六时四十五分向顺德南飞出海。迨至下午一时五十五分，敌机廿四架，复分两批来袭市区，狂向西村投下烧夷弹数十枚，图毁广雅中学，幸未中的俱落附近农家，一时火光冲天，燃烧甚烈，农民死伤甚众，旋又转向市北及河南分投廿余弹，落于德宣西路及小港路一带，共毁民房近百栋，民众走避不及者，悉葬身瓦砾场中。敌机肆虐毕，乃于下午三时廿五分窜走。我逐解除警报，死伤人数尚未确知，截至发电时止，各灾场发掘工作仍在进行中。

（中央社广州七日路透电）日机今日午夜后二时廿五分，再度空袭广州，轰炸各机关及各车站，西村自来水厂院内落弹九枚，损失达数十万元，时有英国工程师三人在厂，几被炸毙。又西村电灯厂被炸以后，广州全市及沙面今晚在黑暗之中，但以月夜之故，第三批日机又于八时卅分空袭广州，在白云、天河两处及西郊工业区投弹多枚，当记者发电时，日机正在广州北区投掷燃烧弹。

（《新华日报》1938年6月8日）

18. 敌机昨夜又飞粤滥炸　劫后灾黎大部离城

（1938年6月11日）

（中央社广州十一日上午一时电）今日自晨至暮，敌机未来袭。今晚七时三十分，警报之声大作，市民怵于敌机旬日来之残暴行为，群赴安全地点暂避，移时，敌机一队，于月色明朗中，闯进市空，盘旋窥探后，在市区天官里、法政路尾、越秀路口及北郊第一监狱等处，各投弹一枚，东郊猫儿岗投弹三枚，市北区黄华乡投弹多枚，各灾区略有死伤，惟黄华乡灾情最惨，死伤六十余人，敌机肆虐后，于十一时四十五分飞去。

（中央社广州九日合众电）闻广州居民离城者已有百分之六十，彼等均逃避于附近之乡村中，更有至汉口、香港各处者。最近二日内，因市民疏散关系，故死伤者已较前为少，然亦达两百人之数，由广州开港在中途被炸之客车内，有岭南大学学生二百人，闻有华籍妇女一人被炸毙，路轨受损颇重，故交通已断绝，列车亦尚未开抵香港，美舰"民丹诺"号，昨日由港开抵广州。

（中央社讯）广州市重遭敌机滥施轰炸，赈济委员会前已拨五万元赈济，该会近据调查报告灾情奇重，特于昨（十日）加拨五万元，以急电汇粤，交请省府办理赈恤善后事宜。

（中央社汕头十日电）敌巡舰三艘，徘徊潮阳、惠来海面，九日炮击惠来、神泉、澳角，发十一炮，毁民房数间。

（《新华日报》1938 年 6 月 11 日）

19. 前夜敌恣意轰炸 广州及淇澳岛渔民惨死甚多

(1938年6月12日)

（中央社广州十一日电）敌机夜袭广州，十日晚为第四次。是夜皓月悬空，照耀如白昼，敌机五批，更番侵入市空投弹。自下午七时卅分起至十一时四十分止，历时共四小时又廿分。全市灯火管制，万籁俱寂，惟闻机弹之声。计敌机逗留在小北分局段内投弹，一落黄华乡，炸毁屋五座，拔去闸前大树一棵，死树下避难者小童六人，男子四人，女子十三人，伤四十余人。敌机并向黄华路方面伙侏茶店、黄华乡公所、黄华中路各投一弹。第一监狱后墙落二弹，死伤十余人。越秀路方面，天官里三圣富、法政路、湛家巷、越秀北路落三弹，毁屋宇十余家。敌机旋向西村大施轰炸，美教会主办之协和女子中学，共落七弹，三枚中该校。加拿大学生宿舍损毁极重，余落校内草地，幸学生已疏散，仅伤校役数人。又第五批敌机十一时许，飞经中山六区淇澳岛西南海面，知有渔船三十艘，结集停泊，当即低飞开机关枪向该批渔船扫射，旋再投弹，爆炸声如巨雷，立将各渔船炸沉，渔民死伤甚多。

（《新华日报》1938年6月12日）

20. 敌机昨又狂炸广州　信阳襄阳两县同罹惨炸

（1938年6月16日）

（中央社广州十五日电）敌机连夜偷袭市区，向市居民及西村工业区地带恣意投弹，几无□夕。乃十四日晚竟未闻警报之声，市民于惊魂甫定之余，始得一夜之安眠。谁料今晨三时三十五分，敌机廿架又来狂袭，炸弹爆处屋宇成灰，市民从梦中惊觉，扶老携幼，且奔且仆踉跄，以趋安全地点避难。记者于警报声中，驰赴人烟最密之正南路一带视察时，该路已全为尘屑硝烟所掩蔽，消防防护人员正在冒险发掘救护中。俄而风敛尘散，灾场突现目前，则昔日之衡宇相望，蔚如闹市之正南路，今已成一片荒圩。惟见破瓦颓垣，纵横数千丈，伤者伏地哀号，荒凉凄惨万状。该路长数千步，横贯正南，横街都府街、逢江远道琅环新街，居民比栉，人口密度最高，敌机竟先后投弹五六枚，当毁右旁第一至第十九号左旁第二号至第四十二号房屋四十余间。黄埔开埠督办公署庙楼高耸，建筑甚固，亦被震塌一部，炸力之大，可以想见，影响所及，逢江远琅道环新街全部屋宇，均成齑粉，即都府街太原居正南横街虽未着弹亦被震塌十余户，就中有湘汉、南华两旅社，亦在被毁之列，旅居其间者，幸早多远离，否则必无噍类。敌谋凶险，无以复加。记者旋转赴大东路视察，该路着弹三枚，一落省参议会旧址前门路旁，弹痕围宽四丈，深二丈许，毁该路附近民房十余家，沿途电杆电线悉被震毁，足见该炸弹力固甚猛烈。另二弹则落东皋大道二横路爆炸，毁路十二民房一间，附近之后街第廿至廿二号民房三间，一在永兴街爆炸，毁第一至五号民房三间，余未倒塌，亦多半毁。此外莲塘路双槐洞中山纪念堂一带，亦落弹五枚，除毁纪念堂正门旷地少许民房十余家，莲塘路内莲桂四巷塌屋五间，幸居民多已迁避，未及于难，仅二看屋人失踪，殆已葬身瓦砾中。至东山区内，敌机投弹适落于二沙岛颐春园附近海中，未有损害。此外，近郊沙河及淘金坑等处，亦落六枚，毁坏民房十余间，死伤卅余人。敌机在市郊虐毕，于八时四十五分，敌机十八架，二次来袭，九时零八分飞经黄埔、东莞窥白云山，嗣向北飞袭花县军田，沿粤汉路往返窥察，亦在乐同与银盏坳间投弹卅余枚，然后绕道三水出□，十一时三分廿解除警报。总计粤市区伤亡平民二百余人。

（《新华日报》1938 年 6 月 16 日）

21. 去年来敌机袭粤统计

(1938年6月21日)

（中央社香港二十日海通电）据官方统计，自去年战事发生后，至本年六月七日止，广东各处空袭次数不下一千四百余次。仅广州一地即有八百余次。日机飞粤之数目共为五千九百八十七架，总计投弹约一万零二百九十二枚；民房被毁者，五千二十七所，平民死者，四千五百九十五人；轻重伤者八千五百五十五人。自本年五月八日至六月七日，广州一地之死者即达一千五百人，伤者三千余人。

（《新华日报》1938年6月21日）

22. 敌机又炸广州

（1938年6月23日）

（中央社广州廿二日电）敌机十六架，于廿二日晨，袭黄沙站，掷燃烧弹十余枚，庞大之空中鱼雷一枚，并在市北郊外及逢源分局段内如意坊投弹十余枚后，向南飞去。计毁坏商店工厂等二十余间，及附近民房四十余间，炸毙路警及工人十余名，伤工人市民等数十名，并炸死牛百数十头。又正午十二时五十五分，敌机六架，复飞粤汉路黎洞站掷数弹，无甚损失。

（中央社汕头廿二日路透电）敌机昨日飞汕头轰炸二次，第二次在车站投弹数枚，损失甚微，亦无死伤者，火车仍通行无阻。昨晨敌机一架至汕车站掷弹二枚，伤六人。

（《新华日报》1938年6月23日）

23. 广州黄沙站又被敌狂炸

(1938年7月13日)

（中央社广州十一日合众电）敌机四十四架，今复三次大举轰炸广九粤汉路。第一次在晨二时，敌机一架至江村站投弹，死平民数人。第二次共有敌机廿八架，分二批，一批十九架袭英德，投弹四十二枚，毁民房十所，死平民十人，第二批九架袭石龙车站，投弹十二枚，毁民房五间，死数人。最后一次有敌机十五架，在石龙住宅区投弹，死平民二十人。

（中央社广州十二日合众电）敌机廿五架，今晨飞广州低飞投弹，最近数日来人民返广州者甚多。故今日被炸死伤者极众。

（《新华日报》1938年7月13日）

24. 敌机轰炸我国之统计

(1938年7月26日)

（中央社讯）国际反对轰炸不设防城市大会，前昨二日在巴黎举行，我国各地昨亦举行大会，以资响应。上海文化界国际宣传委员会对于日寇侵略战事，曾作有各项统计，兹趁国际爱好和平人士对敌机滥炸我各大城市之举，发出正义之呼声，举行大会之期，特将该会所作一年来敌机轰炸我国不设防城市的统计，及一年来日机轰炸侵害第三国在华权益的统计，发表于后，以作各界参考。

（甲）一年来敌机轰炸我国不设防城市的统计。兹将去年七月起至本年六月止，根据各省市调查及各报纸登载统计所得之结果如下：

省名	飞机数	次数	投弹数	受伤人数	死亡人数
江苏	2379	408	5489	4420	4183
浙江	1091	195	2186	2897	2484
安徽	357	74	1132	738	953
江西	1203	122	2961	668	348
福建	363	68	948	298	235
广东	6492	903	11801	8901	4845
河北	86	26	191	1031	1012
山东	249	37	565	195	183
山西	53	9	204	20	24
湖南	100	15	369	241	260
湖北	497	44	1572	1082	821
甘肃	20	2	15	1	28
广西	87	18	238	22	16
河南	501	88	1131	478	573
四川	20	2	14	6	
陕西	219	32	1050	100	96
交通线	2993	429	3326	654	571
统计	16710	2472	33192	21752	16532①

（《新华日报》1938年7月26日）

---

① 按表内数字统计应为16632，原文如此——编者注。

25. 寇机昨狂炸广州　死伤数百其中多为妇孺

（1938年8月9日）

（中央社广州八日下午七时电）灭绝人道之敌机，今日下午又狂炸广州，警报自下午二时卅七分发出，历二小时又廿三分始告解除。中心地带广卫路、广大路、惠爱路、西湖路、南朝街、中华路、圣心路等地，被投弹卅六枚，另烧夷弹数枚，民房商店被毁约三百余间。圣心路法天主教堂，被视为投弹标的，该教堂为一高逾百尺夏双尖塔形之石建筑物，法天主教徒在此传道已达百余年，设有圣心中学及日新小学各一所，一般市民以其建筑形式既殊，且又远离军政衙署，多认为安全地点，纷往趋避，讵料敌机竟向此人丛中狂投二弹，即时被炸，毙命之尸首，刻已发现百余，伤者逾倍，其中多数为妇孺。新沙上下街乐善坊几夷为平地。此外灾区四处，顿成硝烟瓦砾之场，踯躅其间，血肉乱飞，诚有不知人间何世之痛。

又电：法领已将天主教堂损失情形，调查报告大使馆，准备向日提出交涉。

（《新华日报》1938年8月9日）

26. 敌机昨复狂炸广州
外籍军官记者证明所炸均非军事机关

(1938年8月10日)

（中央社广州九日电）今日敌机四十八架，飞广州市区及粤汉路疯狂掷弹，死伤我民众百余，毁房屋二百余间，除市区惨遭四十余弹轰炸外，北郊牛栏岗一带亦落十余弹。广九路之江村、沙河一带亦同时被炸。据外国军事家称，西村方面并无军事机关。今晨合众社记者至被炸各地视察，见西村方面中五百磅炸弹一枚，地面被炸一洞，深达五十英尺，面径四十英尺。西村之光明戏院背后，落一弹，炸毙妇孺甚多。救护队及英救世军人员，皆加紧救护工作，虽敌机在顶上飞翔亦未遑顾，其义勇精神实堪敬佩。西村之第四十九小学已全部炸毁，幸各学生亦已于数分钟前离去，均免于难。

按敌机前日轰炸广州情形，计到日机二十八架分四批在广州市区高空投下炸弹三十六枚，死伤五百余人，毁房屋二百余间，圣心路法国天主教堂亦遭轰炸，已誌昨日本报。

（中央社广州八日路透电）法籍传教师福格特为敌机轰炸天主教堂，顷语路透社记者称：本堂附近无一兵一卒，亦无武器装置，乃日机竟漫无标的滥施轰炸，余诚不知日方目的何在？余誓不离本堂，本堂亦仍将为居民躲避空袭之所。按本市法国教堂遭日机轰炸，此次已为第二次，法领馆当局已将此事呈报法政府。

（《新华日报》1938年8月10日）

27. 1938年8月日军在汕头暴行

(1938年8月19日)

（中央社汕头8月19日电） 占据南澳深云澳平原之敌，大肆焚烧劫掠。隆澳民众被屠杀逾二千，知识分子无一幸免，尸体多弃于厕所。未遭毒手之壮丁，现纷纷逃避，岛上所存仅老弱妇孺。澳潮交通断绝后，百物腾贵，台浪人运售日用品，高抬价格逾十倍。防守岛上残敌现仅百余。又一周来潮阳海面敌船掳焚渔船达20艘，惨杀渔民数十。

（广东省档案馆编：《日军侵略广东档案史料选编》，中国档案出版社2005年版，第112页）

28.南海血战经过

(1938年12月7日)

本报派驻南海专员快讯:粤省×军,连日进袭我官山、九江、龙江大略情形,经志前报,记者一日抵粤省南海洲头石岗乡,适是夜各方战事爆发,兹将详情志下:

查×军自上月三十日,攻防南海吉利,放火烧屋后,即占据该墟。一日下午二时后,在佛山调有轻重弹子机械化马队甚多,及军队千余名,是日三时,即经过佛江公路之乐从公路,沿途至壋甲九江,并以橡皮艇、汽艇三十余艘,由西南而下吉利之×千余人,则沿文乐市,而攻官山。是夜二时,即发有枪炮声,不断作响,×同时进攻官山、九江、龙江、勒流,二日晨起,枪炮声更密,并有飞机十二架,向官山山顶投弹。山上李村及傅村同时起火,而官墟及海口,亦被×投燃烧弹着火,浓烟漫布,遮盖白云山上,×机投弹后,复向驻防官山之南海政警队,各乡民团,同时扫射,旋又飞往大同,威胁各乡民。游击队、政警队,因受猛烈炮火威胁,伤亡百余人,迫得退出官山。转守官山往下之富田梅花寨地方,至九时后,×军复沿官山追至,沿山上过儒村,而入大同,南海县长曾则生,政警大队长凌锡汶,因督战败后,不知下落。各游击队退守大同,而官山火头四起,遂告沦陷。结果,被烧去店户二百余间(由上午八时起烧至下午二时),伤亡无辜男女三百余人,各乡妇女被禁者三十余人,而此时炮火尚密,记者适退石岗乡,与乡人观战(距官山约八里地方)。至九时半,有开花炮弹,射击石岗乡之屋顶一镬耳,弹子落于塘中爆炸,黑烟满布,水涌如波,该塘距记者所站之路仅五十码远,亦云险矣,旋与乡人逃避于较远桑地,但×军此时已进至大同,进攻九江、大同游击壮丁,初与×战,后因子弹不继,伤亡亦重,退宋河清乡。计乡民被流弹炸伤者八十余人。

攻壋甲方面,是夜深,各游击队不备,二日上午五时,已被攻入,X军沿壋甲,分兵攻袭龙江、九江,龙江被击毙三十余人,妇女禁者三十余人。富户商民,纷纷迁徙。

九江方面,因西方洲口守备人少,而闸夫不察,当二日上午四时,已被×橡皮艇四只偷进,各游击队集合与战至二日早,大同、壋甲两方面×军,同时冲进,东西两方均有密集之枪炮声,游击队因众寡不敌,退回鹤山,而九江之洲口,及东便石塘路,均告着火,烧去户铺约五百间,各壮丁人民,遭×死者,约二百余人。至二日下午四时，仍有枪炮声，入黑后，始稀少，而×之马车及军队，已有四百余人，退回佛山。经过乐从公路，计三日上午十时至下午四时，始告退毕云。

（《香港工商日报》1938 年 12 月 7 日）

29. 驻佛山日军逼迫囚禁60余名妇女以供日军淫乐

（1939年1月26日）

最近南属著匪罗□主任伪南海政警大队长，经于二十三日在业桂里队部就职，利用罗为绿林出身，招致当地土匪为政警队员，分赴附近各乡，藉维持治安为民，冀图搜索我游击团队，但我团队业已严为防范，随时准备与日军厮杀，且该邑土匪，均多深明大义，咸抱敌忾同仇之心，故参加伪政警队者，寥寥无几。又委刘某为伪警察局长，将佛山原日贵县街之富文镇北街之纷纪，舍人大街之福丰三警察听，易名为伪南海县警察局某某支部，每一支部设伪警二十名，并管辖段内各街坊自卫团。同时强迫留市居民，以大洋券掉换日军票缴纳警军，凡祖值一元者每月须缴警费五毫，逾期不缴即强行拘返日宪兵司令部，施以毒刑，已定于下月一日起开始征收，并设法促使汉奸前往佛山附近各乡碉岗夏潵，向无家可归之难民以甘言引诱诡称日军成立军服厂，需用女工，月薪六十元，一般无知难妇，迫于饥寒，信以为真，而被日征去者凡六十余人，即用运输车于本月二十日运返佛山，囚禁于佛山酒店，以供日军淫乐。后各难妇聆悉日人阴谋，大起恐慌，顿时怒啼，抢地叫天，翌日即将该帮妇女派日兵用运输车载往西南镇发交所谓"野战日军娱乐场"，供日军蹂躏，日之兽行，于此可见。

（《循环日报》1939 年 1 月 26 日）

30. 佛山石湾墟及各乡民众陷于艰难困顿之惨况[①]

(1939年2月13日)

至于石湾近来治安比前更乱，查该处各乡民因粮食昂贵，而向有之缸瓦工业，因柴贵及东莞坭又全无运至石湾之故，缸瓦工人完全停工，故土匪突多，石湾澜石各乡，日中则劫掠，夜间则拐人，各公路及乡前原有树木，近多已斩伐代薪，甚至石湾墟内之厕所木板多毁去，现查市上白米每元售五斤四两，猪肉九毫，生油八毫。顺德勒流则每元售米六斤，而石湾人往购米者甚众，各乡民恒有揸饥者，莲华四十七乡，近月在张槎石湾两地施粥，每日晨光熹微中，即有数千难民在此候领粥食。闻该四十七乡施粥处，大约施至本年夏历年间除夕止，来年不施，将来各乡难民势必致有揸饿之危，石湾至澜石、沙滘河面，勒抽行水关卡数十处，盗匪如毛，往日各乡枪械，如左轮盒子炮价格甚平，每枝售价数十元，近日来上列每枝价格至五百余元，均为盗匪用重价收买者，石湾墟内水巷陶师均铺陈骰钵牌九三军等赌，计有六百余台之多，并有女侍招待，若遇日军至墟，女侍则逃，缘石湾墟及各乡当前月日军到时，曾被奸淫二百余口，该乡未嫁之贫家女子，每个只需二三十元，便可带回作妻妾……

(《循环日报》1939 年 2 月 13 日)

[①] 题目为编者所加。

31. X 陷容桂时激战续讯

(1939年3月30日)

X 以气球指示发炮屠杀容桂公路难民

容桂两地火头十三处，毁铺九百间以上

潘幼龄部一百八十余人全体勇战殉国

（本报桂洲特讯）X 陷容桂各情，已详廿九日本报专讯，兹将未详尽各情，补志如下：查当 X 进犯容桂时，确从水道分三路而来，（一）由沙头横渡得胜海，进犯容奇、墟头，与桂洲、新涌；（二）从小黄圃渡河，进犯容奇中部之四生围（即白莲池）；（三）由黄角绕道，而向桂洲、海尾进犯，迨登陆后，即向裡村大福基进攻。查 X 开始分三路进犯时，为廿七日上午四时四十分钟。而我团队当时亦分三路，沉着应付，激战至九时二十分钟，从水道三路来犯之 X，仍无寸进。迨至九时三十分钟，X 机六架，飞至助虐，除盘旋开机关枪向下扫射外，复盲目投弹轰炸。同时复有 X 气球一个，凌空指示沙头、大岑、二岑等处之 X 炮兵阵地落弹目标。故在九时以后，炮声与炸弹声，震耳欲聋。我团队之各路阵地，所有工事，悉被摧毁，而为屠杀我无抵抗民众之刽子手 X 气球，复指示炮兵，屠杀我民众目标。在容桂公路一带，坠下爆炸炮弹，不下百余发。因而沿容桂公路之逃难民众死于 X 炮弹下者，不下五百余众。而同时复有大批汉奸，伏于沿容奇、墟头、壩头市、上佳市等处两旁铺屋瓦面，发枪向我逃难之民众扫射，故沿途被枪杀民众，亦在二百名以上。我 X 战至十时，四生围之 X，首先登陆。负责防守四生围之第一区游击队第二别动队副司令潘幼龄率部死守，与 X 发生肉搏，全部一百八十余人，咸作壮烈牺牲。而潘司令，现×踪迹未明。迨 X 在四生围登录后，首由 X 炮兵抢占与四生围毗连之大凤山，在大凤山上架炮控制容桂全境。迨 X 在大凤山草草布成炮兵阵地后，复发炮向我容桂团队据点，与及难民逃难之容桂公路，及墟头、上佳市、壩头市一带轰炸。且 X 在大凤山所发之炮，多为燃烧弹，弹落爆炸着火。故容桂两地火头不下十三个之多，火烈甚扬，不下向迹。防守沿海防线与桂洲、海尾一带之团队，以 X 已在四生围登陆，抢占大凤山，大势已去，不可收拾，恐中 X 之迂回包围计，故防守容桂海岸线之团队，均循容桂公路而向裡村撤退，赶赴预定之第二度防线波头、南头、大拗等地集中。而防守容桂公路之屈仁则、黄槐、朱坤等各部，则仍在容桂公路一带据点，掩护沿海防线之各部军团退却。而从沙头向容奇、墟头进犯之 X，亦已登陆，向沿海防线向容桂公路撤退之团队蹑尾追击。至是在沿容桂公路据点，掩护各部撤退之屈仁则、朱坤、黄槐等部团队，复与 X 发生激战甚烈，约有二十分钟，我团队后因弹尽援绝，迫得向桂洲裡村撤退。是役屈朱黄等部团队之作壮烈牺牲者，又达二百余众。在桂洲海尾登陆之 X，又循大福基而抄出裡村麦地基、观音堂、路心一带，沿途放火，见人便杀，见物便抢，见妇女便XX。查是役我团队之死伤者，在七百名以上，X 军死伤，则倍蓰于我。我无抵抗民众之被 X 屠杀者，达七百余人。被火之区，则以容奇为最惨。查容奇裡上佳市，有火头三处，墒头市有火头二处，墟头有火头三处。桂洲联卫公所街、路心细市等处亦有火头三处。统计被焚铺屋，当在九百间以上。廿八日下午一时许，火尚未熄，仍在焚烧中。闻桂洲商会、桂山书院（即联卫公所），均在焚烧之列。我团队现已退入第二度防线之南头、波头、大拗等处。但我有一部分团队，则因地形关系，退入大黄圃。X 军陷容桂后，即蹑我团队之尾，分为两路向我团队追击。闻当 X 军在容奇、海尾渡过大黄圃海时，触我团队预布于大黄圃海面之水雷，炸毁 X 艇十余艘，X 兵之葬身鱼腹者，亦在百人以上。而我退集张地基之团队，仍据险沉着抵抗，现仍在激战中云。

（《香港工商日报》1939 年 3 月 30 日）

32. 敌机狂炸赤坎之惨状

(1939年4月9日)

死伤者二百余人塌铺十余间

血肉横飞尸骸狼藉哭声震天

（赤坎）上月30日下午2时许，敌机由长沙方面飞绕罗汉山巅，向白沙直扑轰炸，市民民为过境，谁料折回本市上空，盲目狂炸，落弹30余枚，机枪如雨，塌铺十余间，死伤200余人，灾情惨重，空全未有，炸后附近乡人入市找寻戚属亲属者，距市区六七里内，络绎于途，哭声震天，至为悲悼。昨记者到各灾区访查，分志如下：

上埠　落弹地点：一在大兴路东边之铺尾，一在东兴路中国书局，一在猪仔行，一在华兴铺尾墟地，一在埠务公所后边郊外田野，连落4枚。查东兴路中国书局天面被炸穿，人口平安，架物等件狼藉殊甚，对面之天利和、华兴、新民书局、均吉等铺均被毁。一日上午天利和铺尾尚有女尸一具，横陈墟地，未有尸亲认领，惨不忍睹，该商店等前门均皆经紧闭，闻无人声。猪仔行普者当左便铺户约五六间，日久失修，被震坍塌，伤者五六人，当经县后援会救护人员等加以施救。

下埠　落弹地点：一在广珍，一在开平酒店侧，一在开平酒店五楼，一在和记鹅栏铺尾，一在鼎信祖围墙，一在对面大路，一在汉记铺尾，一在警所前面塘中（未爆发），一在墟地牌坊附近，一在旧墟廊，一在黻国学校女宿舍，一在深塘村前之大路附近，一连三枚，一在开中附近田野，落弹6枚，幸无损失。查长庆横街开平酒店侧边之机器工会、梁心田医馆等铺均被毁，死尸1具在该酒店骑楼底横卧；长城书局老板司徒有初被炸死；赤坎小学侧便之鹅仔栏门牌17、19号铺仔2间，各死亡3人；深塘入墟口之树林中一弹并机关枪若干发，伤者除施救他去外，尚有尸骸10余具，血肉横飞，支解不全，见者泪下；联兴路广珍被炸后，该店尚有店员4名从内逃出，惟店东少女，行走较缓，被砖瓦压伤；义昌、恒升、协源均被毁；该段电杆、电箱、电线全部要施工修理。查死伤情形下，计东埠二小前竹关杰臣、女金凤等24人，下埠牌坊前死司徒胜等4人，深塘门口竹林死2人，春生堂前死麦星等2人，街市前死司徒胜母等10余人，开平酒店水巷死司徒有初、吴少勤、司徒贵、司徒琼7人，伤者数人，上埠墟地华兴铺尾死关国聪、关朝起、陈姓妇人1人，新楼门口田洞死9人云。

（又讯）方荣生、方尚女、关杰臣、关国植、李焯炜、邓连荫、余炳能、谭冠州、黄苏虾、司徒于发、关爵荣、关金凤、何想品、关枝、方谢氏、吴大振、司徒钊、黄铭、陈梁氏、劳梁氏、陈周氏、王金、司徒展、汤居、黄胜、关逢耀、关定登、司徒铎、关伯能、何柏、司徒芹、司徒思、胡勤等，以上皆被炸死，分葬于上下埠义地。司徒津女、邓华泽、关炜垣、司徒宏、陈群秋、徐恩成，以上皆被炸伤，查死伤者尚有多人，无亲属认领云。

（《开平明报》第18卷第14、15期合刊，1939年4月9日出版）

33. 日军收买乞丐，先用后杀^①

(1939年6月5日)

　　近来日在沦陷区各地，每施以愚民政策，用种种利诱威迫手段，骗我贫苦民众，干其某种工作。查佛山之日军，月来收买该地乞丐，已有三四百人，加以训练，骗之干某项事务，事后防其泄露，则加以杀害，以灭其心。在沦陷区之我同胞，各宜自警。又日军常语人云，彼等被迫来华作战，久逢时日，并无归期，故皆思乡情切，且华南近来发生各种传染症，彼等死亡甚多，故其愿回国云。日军之厌战，可以想见。

(《香港工商日报》1939 年 6 月 5 日)

---

① 题目为编者所加。

34.三灶妇女惨遭荼毒

（1939年6月29日）

敌军占据三灶岛后，大事搜劫妇女，每晨遍向空屋搜查，发现时即捕去，幽禁于鱼弄乡关林祠敌营内，压其兽欲，故连日□逃避不及致遭捕之妇女达80余名。被奸淫后，辄遭割乳活埋，或佯言列队点名，用机枪射杀，哀号之声，惨不忍闻。现岛民非逃□死，岛中已成荒土，岛民离岛□为敌发觉者，辄被惨杀。据逃出之难民述称，昨有沙嘴村居民一家五口，乘敌睡宿之后，载其家人乘小艇星夜渡海他避，舟次中流，猝被看守沙滩敌哨兵察觉，竟放枪勒其掉回，船中人置之不顾，向前猛棹，敌竟派汽艇追之，瞬即追及，将舟中人尽行枪杀，投尸河中，余舟亦浇煤油焚毁，可谓惨矣。

（《中山民国日报》1939 年 6 月 29 日）

35. 顺德 X 军残杀无辜民众七十人^①

(1939年7月2日)

顺德快讯：盘踞顺属 X 军，近增调"吉田"部警备军开至大良后，连日分派所谓扫荡队分赴各乡搜索，滥捕良民。并在三洪奇车站增设检问卡，严密检查来往行人。凡戴白通帽及薯莨衫裤者，即被指为游击队，任意扣留。查昨廿九日晨，有 X 军从大良至陈村公路用车两辆，满载我壮丁七十人，押赴三洪奇车站附近之荒地，用刀斩杀，极尽凶残。查此批壮丁，多属无辜良民，被诬受捕，遂惨遭毒手云。

（《香港工商日报》1939 年 7 月 2 日）

---

① 题目为编者所加。"X 军"，指日军。

36. 南海三山农民被日军大举屠杀百余人①

（1939年8月16日）

（南海通讯）县属平洲对海之三山乡，为冼、林、陈等姓农户聚族而居，人口二千余众，辖内围口禾田甚多，每岁耕耘，生活颇足维持，且农民辈均有武装自卫。广州沦陷之后，该乡虽作半沦陷区，但乡人不忍远离老家，仍多从事农村生活，并设有伪会，对日军敷衍，日军竟用强横手段，向该乡勒抽禾苗（票）。

规定每亩二元，另谷二十斤。乡人以日军无理苛抽，乃集会商议应付，对日抽收"禾苗"捐一致拒绝，并决定以消极与积极两项办法应付。关于消极方面，赶将田禾收割，以杜日军抢劫；积极方面，实行抗战，联同戒备，以防日军到扰。果也，日军因该乡拒纳"禾票"捐税，为欲以武力压迫该乡就范，遂于昨十日晨光熹微之际，派出电轮两艘，共载日兵二百余人，到乡登陆鸣枪示威。防卫武装农民，睹日军涌至，乃即鸣锣告警，全乡农民闻耗，纷纷持械出而抵御。

展开激战。我农民伏于山坡，居高临下，并以土炮向日袭击。是日日军未有携备钢炮，只以机枪扫射应战，我占优势，激战约有一小时之久。我隐伏附近之游击队某支队，亦赶至协同杀日，遂使日军首尾受制，旋告不支，四散奔窜，停泊海面之日轮，因被我游击队袭击，早已驶离逃去，致登陆之日军，无法逃走，被我包围痛歼，共毙日兵百余人。我农民因奋勇过度，亦有十余人壮烈牺牲。农民歼日兵之后，咸料日军必到报复，遂即下令妇孺疏散，将粮食及贵重物件搬运别处收藏。迨至翌（十一）晨，日军果卷土重来，纠集为四五百人。

实行烧乡报复。并派飞机两架，窜至投下烧夷弹及爆炸弹六七枚。将乡中建筑物及碉楼堡垒等摧毁无遗。一时火头四起，烈焰冲天。农民以日军大举来犯，众寡悬殊，为避免无谓牺牲计，乃分头退去，日军在村中架设小钢炮四门，恣意向乡中轰击后，即冲入村内逢人便杀，肆意抢掠，以致未及逃出之老弱妇孺，遭日惨杀者约有百余人。日兵蹂躏四小时，始行携赃撤退。现三山乡人，已走避一空，形同荒村云。

（《香港工商日报》1939年8月16日）

---

① 题目为编者所加。

37. 血账！血账！

敌机连日飞本邑肆虐　广海斗山两地被惨炸

（1940年8月）

十二日　下午1时，敌机2架，飞抵广海南湾轰炸，计共投弹9枚，炸毁长城运输公司全间，炸毙男女共9名，伤男女7名，该公司损失约值万余元，在广海轰炸后，即转飞都斛市滘口上空，开机关枪向泊在该处海面货船2艘扫射，闻一妇人被击伤，但船上货物无损失云。

十三日　上午10时，敌机4架，飞达广海南湾投下炸弹2枚，多落空处，均无损伤，但敌机低飞开机关枪向附近海面船只扫射，查有林佐之货船内船家7人，均被击毙。随又一架飞至斗山，计在均栈酒楼投下一枚，塌铺3间，又在蟹岗埠海旁投下一弹，查无损伤，至下午2时半，又有一架飞至广海南湾，投弹8枚，毁铺屋14间云。

十四日　12时，有敌机3架，飞达广海轮流向南湾市投下约50磅小型炸弹9枚，查被炸有行顺店、广信鱼栏、永信鱼栏、广益店，约计损失共值数万元以上，炸伤渔民1名，在广海逞凶后，又飞至斗山、冲蒌、台城各处上空，开机关枪扫射，并掷下谎谬传单漫画及伪小申报等甚多，民众拾得者均将之撕毁云。

十五日　上午7时40分，敌机一架，飞沙坦市巡回侦查，随在六村投弹，两弹落在兴宁里附近田中，两弹落在秀鳌村崇魁祖祠左边田中，两弹落在大成里禾田中，一弹落在秀鳌新村，计塌屋1间，炸伤妇人小童各1名。又至上午8时，敌机复飞至广海南湾投下炸弹10枚，共塌铺屋22间，损失奇重云。

（《浮山月报》第4卷第6期，1940年8月出版）

38. 佛山日军连日拉夫二千余

（1940年9月7日）

我军攻入金溪

日增援三江、大海洲不逞

佛山日军连日拉夫二千余

又讯：最近日军南进步骤日益积极，日阀安藤续将驻粤部队抽调赴琼崖及桂南越边一带集中，准备侵越行动，因此需要大量壮丁，远赴越边搬运军品开筑公路，乃勒令附市各县加紧拉夫。查广三路佛山一带，占额三千名，日军连日乃派遣大队宪兵，在市内之昇平路、锦华路、普君墟及中山桥一带，大举拉捕民众，甚至五六十岁之男妇亦难幸免，由廿九起一连数天，截至一日晚，统计佛山市区及附郊各乡被捕民众，已逾二千，均由广三车押运返广州集中，料当系运赴南路充役，故现目佛山市况极为混乱云。

（《香港工商日报》1940 年 9 月 7 日）

39. 敌机昨又飞本城狂炸

(1940年11月20日)

投弹 30 余枚　死 50 余人

▲死者姓名　查在龙舟地被炸死者有：李洪林之妻朱氏，女，46 岁；李灼其之母朱氏，52 岁；李灼女之妹，李焕笑，13 岁；李毓平之女工（姓名未详）；林琼爱，女，13 岁，另有不知姓名之警士及男子各 1 名。在台西路、广丽华店被炸死者有张启记司理 1 名，该店火伴 1 名，在联华戏院被炸死者有不知姓名士兵 1 名，在光兴路对面田洞被炸死者有不知姓名男子 1 名，在城北火车路边达观园侧被炸死者有不知姓名老人 1 名，受伤在天主教堂死者有不知姓名老人 1 名，合共被炸死男女 14 人。

▲伤者姓名　在县立医院留医者有：李美玉，35 岁，女，下坪人，伤右足部；余昌礼，60 岁，男，伤腿部；黄进，男，35 岁，三社人，伤头部；容华，40 岁，男，伤头脚部；林秤，22 岁，男，阳江人，伤左腕；余盛好，50 岁，男，伤腹部；李生，17 岁，男，伤左腿部；谭周氏，60 岁，女，伤背部；关光来，24 岁，男，伤头部；赵卫炽，21 岁，男，伤臀手部；甄洛琼，35 岁，男，伤腰部；杨讲正，60 岁，男，电白人，伤手部；邝现文，28 岁，男，伤各部；黄培基，43 岁，男，伤足部；黄叠湖，12 岁，男，伤手足部；黄柳仙，7 岁，女，伤头脑部；黄文瑶，58 岁，男，伤足部；李六，54 岁，男，伤足部；卢正氏，42 岁，男，南海人，伤足部；余梅氏，21 岁，女，伤耳部；李婵，14 岁，女，伤头腿部；刘谭氏，45 岁，女，伤耳部；谭陈氏，66 岁，女，伤手足部；朱国章，男，22 岁，伤手部；黄沾之，女，5 岁，伤右手；黄权，3 岁，女，伤背手部；余维和，30 岁，男，伤足部；陈焕堂，34 岁，男，伤足部；刘孔信，34 岁，男，伤足部；黄毓慕，34 岁，男，伤肩部；梅子莲，20 岁，男，伤足部；李锦，19 岁，男，伤足部；黄稳，29 岁，男，伤足部。在天主教堂留医者有：郑荣，29 岁，男，伤鼻部；黄吴氏，27 岁，女，洞口人，伤肺部；梁陈氏，38 岁，女，顺德容奇人，伤两腿；余适和，24 岁，男，那金人，伤口部；梁亚女，5 岁，伤腿背。以上共 37 人，其余轻伤自行回家医治者尚有数十人云。

（《战时莘村》第 12 期，1940 年 11 月 20 日出版）

40. 三埠灾情总调查

（1941年3月23日）

荻海被焚店八成以上

5日11时，敌浅水舰1艘，武装电船1艘，橡皮艇6艘，载有敌军500余名，由水口方面猛攻三埠，当时我守军保卫团第三营古焊部及水警与周灼等团队，由保安副司令梁岱率领，在长沙尾沙地东河各处，用重机枪迎击，歼敌甚多。后以众寡悬殊，随即退回三八桥，但该桥事先已被□□拆毁，致成孤岛，只得拼死与敌抵抗！我军视死如归，斩敌甚多，后以伤亡过重，始枭水渡河。防守新昌之古营两连，与敌作战亦剧，后以弹尽援绝，始忍痛退出。三埠沦陷后，敌人抢劫焚杀，惨无人道的华南军并事先用民船十余艘，登陆后即分头抢劫财物，三埠物质损失在五六百万元。

▲奸杀　5日下午2时许，暴敌登陆后，到处杀戮我无辜民众达百人，计唐□超夫妇由台城避难，人逃至新昌□，被敌军刺杀。又卢荣一家五口全被刺死，马曾存医生夫妇亦一无幸免并图存□料店洪荣亦被惨杀。至东河一□□长沙之住宅区，因走避不及之妇女无论老少，被奸过半。新昌长沙发现少妇，尸首均系服装不全，显系被奸后刺杀毙命，又拘我壮丁50余人充军，□□竟一一用绳勒毙，□用刀刺杀，遗尸弃于荻海叔英祠前。□□□□土，被□□□□八成以上，□风采北路全部烧毁，只□亮利隆柴店68号、70号、72号、74号、又荣华隆、裕庆银铺、美泰、□栈、昌□、广福、大有、丽华、昌隆、惠安祥、□记等，河边果栏街、□果栏完全被焚，公园路各住宅被焚过半，中和路所有较大之商店，均被焚毁，只仅存顺利隆、广昌隆纸店耳。中和中路亦无一幸免，中兴路被焚较少，太平路仅存猪肉铺十余间耳，长安路和盛隆米机及其他商铺□闻未焚，东河方面、电灯局附近被毁一部分。

▲新昌　新昌被焚者有西桥路警察所及方良济、西桥二马路11号、新华后街44号、6号、10号、12号等住宅，永安洋货铺、兴和隆洋货、均裕金铺、万草堂、义丰布店、恰利隆山水货、元亨利绸店、宏兴纸料、天利和山水货、同利布疋、永发祥金铺、利华布疋、华芳什货、胜盛隆炭铺、广胜布疋、森荣行英隆福安修铺镖店、均安油米、志威书局、广裕丰、惠民枧厂之生果栏。

▲长沙　长沙被焚者有□栈、永隆、合祥、宏源隆、奇兰济物堂、广记、

儒章、广来、利民生、成记、宏英、福祯祥、钜信、宝生公司、位育堂、观澜饭店及街市侧联兴号起一连数间，共焚铺21间，诚空前浩劫也。

敌伪暴行　奸淫少妇　长沙水松路生兴行店东许某之少妾，名唤六姑，是日因逃走不及，惨被伪军七八名轮奸，六姑当时处于淫威之下，莫可如何，只有任其所为，轮奸至四次时，六姑以痛苦不能忍，频呼救命，轮至六次已不能出声，伪军仍将其衣裳尽脱，一丝不挂而去。又附洪门楼村之妇女逃走不及者，被奸之八九次，敌军之兽行，确为天地之所不容。

汉奸谭齐　现眼报应　沙浦乡兴贤里谭齐，自从江会沦陷后，向以行走江会沦陷区，以运时果蔬菜为名，实在江门充当汉奸之职，此次敌犯三埠，谭齐亲带伪军到三江宝源坊之富户搜劫，乡民均皆与他熟识，并有谭姓之女数人嫁宝源坊，均以齐哥呼他，谭齐直指陈良□□侄妇住房搜劫，抢去银纸金饰甚多，其余胡姓福善坊住屋被劫之金饰亦钜，搜劫之财物，拘捕乡民为之搬运落艇而去。有乡民米想，因袋有自卫团襟章，被敌军搜出，当场将米想枪毙。又谭齐之女，名唤亚玉，现年17岁，经已许配苍城某姓，定期农历二月十五日为出嫁之期，讵料，（5日）敌已侵陷三埠，亚玉逃走不及，缩入砂巷里之间屋躲避，被敌军搜出，见其年青貌俏，乃将亚玉轮奸五次，亚玉乃一处女，被奸至不能行动。敌军退后，亚玉畏羞痛哭而归，讵料是晚又有伪军到其住屋搜劫，见亚玉又试奸五六次，其祖母在旁，反遭伪军殴打，不敢出声。至7日晨伪敌军得闻我军援兵赶至，即鸣炮收队而去，同时市区四围放起大火，幸市民灌救迅速。计共烧去铺户21间。

（《开平明报》第20卷第10、11、12期合刊，1941年3月23日出版）

41. 台山"九廿"事变录（节录）

（1941年11月1日）

西湖雁沙之剧战　28日上午10时，敌百余人，由便衣队带向过道，由尘禾田，过长山，上南机山，分据虾山以袭西湖村，占老鸦山以侵雁沙村，均由村后攻入，村人发觉，已抵抗不及，纷纷走避，即遣人到十三乡联防处请救，伍主任润三据报，即调石坂潭、上南村两乡壮丁赶程赴援，飞饬驻合水之松头、下坪两乡壮丁戒备，驻蒙禾坑高山之石涧乡壮丁严守后路，由黄副主任亲临阵地布防，与李指挥颂铭规划周详，饬黄见顺率石坂潭队由香头坟之百岁亭沿公路直攻，后李洲南率上南村队从香头坟村队之高基沿海边对击，对海自合水而至东方桥头，饬伍才、伍深率松头、下坪两队扼守，下坪之机枪，安置于此。下午2时，敌搜劫两村已完，挑抬贼物出雁沙南隆村闸门，逍遥向东方路而去，上南村壮丁瞥见，开枪射击，石坂潭壮丁直冲进前，跟敌之尾，用驳壳枪扫射，松头、下坪各壮丁，集射截击，后动机枪，伍汝舟在后大呼杀敌，声震一方，敌以进退受击，用机枪掩护，退回南隆村，架一机枪于西湖学校，架一机枪于老鸦山顶，开放乱射，各乡壮丁全然不惧，愈战愈勇，一时枪声，如烧串炮，不绝于耳，敌再出则再击，其所抢夺财物被石坂潭英勇壮丁夺回，敌以此处壮丁三面环攻，进击利害，改向西湖村前沿海边逃窜，此次抗战，计毙敌多人，伤10余名，我仅伤壮丁黄华金1名，左足折骨，所获战果甚佳，而进退射击，如怒鹰相逐，甚为可观，当场观战之人，咸相奋勇欲击，询为该十三乡本年来抗战之最好成果云。

（二）白石抗敌续详　敌人于9月22日再渡进占台城后，于9月24日上午10时许，派敌兵40余人向城东长岭洞乡白石村进扰，该村壮丁队长刘子贞指挥所属壮丁，分头埋伏于该村围基上之茅草□□中，俟敌行近该村村前之热湖地方，始一声对敌瞄准密击，敌中弹倒地者，计共五六人，被击毙者2名，伤者3名，是时敌方知我有备，乃相率散伏田间，藉禾苗掩护，展开剧战，相持约句余钟之久，敌见不得逞，且战且走，狼狈窜返台城。翌日，敌蓄意报复，凑集大队兽兵，约四五百人，以钢炮马队机枪掩护，于上午10时许分两路再向城东各乡作总攻击，一路约百余人由台冲路方面进攻，一路约300余人由南坑路方面进攻，企图占据大亨，切断企岭一乡与后方各乡之联络。至上午10时，大亨方面，开始接触，战况甚烈，白石方面，即于上午10时半发现敌人，以纵队行军式沿台冲路向东进犯，白石壮丁斯时与大良联和松安等乡之壮丁取得联络后，鳞伏于围基草□□中，待敌行至小涧桥以上□□方，始由队长发令射击，对准敌阵，密集扫射，敌一时不备，横遭闪击，阵容大乱，狼狈异常，随以钢炮对正白石乱轰，并以机枪开始施威，以□泄愤，惟我方损失甚微，我敌交锋，相持约句余钟之久，嗣因闻人亨方面防线被敌冲破，诚恐后路被围，为保存实力，继续抵抗起见，乃忍痛退出白石防地，取道东湖向后方撤退。据事后调查，伤毙敌人多名，白石村壮丁受伤者凡2人，一为该村常备队员刘惠强，一为该村运输队员刘尊星，妇女被敌杀毙者有刘冼氏、刘何氏、刘黄氏等3名云。

（三）东北南三坑　9月23日敌寇数十人，窜扰仓下、月山、东坑、莲花山等乡村，均被北坑、东坑两队壮丁截击退去。25日敌寇数百人，又向月山、莲花山及白水书坑等地推进，来势凶猛。北坑乡壮丁队坚守中路，六乡联防处副主任李石泉率队扼守左翼，东坑乡长李灿光率壮丁守右翼，分别迎击敌人。北坑乡乡长黄磊暨该乡绅耆黄磐石、凌东、熙经、振新等复亲身在南安村督战，以机关枪配合抵抗，历数句钟之久。敌无法寸进，乃改变战略，用小钢炮、机关枪，分两路包抄：西面由婆坑、盘坑、大坑、丹竹坑等乡推进；东面由莲花山、东坑站等地包抄，我各路壮丁以四面受敌，始忍痛向榕坑安全退却，敌遂得冲入抢劫。计北坑乡长安、永安、西亭、南胜、南安等村，东坑乡浪波、东来、东盛、旧村等村均被破门抢劫财物，乡民多名惨被敌寇枪杀，财物损失不赀，敌寇饱抢后始退去。第一区南坑乡，聚族万余，壮丁素称强悍，且骁勇善战，前次"三三"之役，敌四犯该乡，均不得逞，且伤亡惨重，逃窜而去，此次敌寇于"九廿"再犯台开，该乡仍本前次杀敌精神，集中全乡常备壮丁，开赴石化山一带布防，敌于22日侵入台城后，即一连三天派出兽兵向该乡袭击，该乡壮丁据险沉着应战，经三度作战，敌伤亡在廿余以上，另马一匹，该乡壮丁阵亡者有黄棠、黄进发2名，伤者有黄钦常、黄龙滋等十余人，民众被流弹伤者亦有十余人。

（七）冲蒌方面　冲蒌联防会于9月20日晨，得报敌艇十余艘，驶进三夹海口，企图登陆，乃发动各乡壮丁准备抗战。是日下午6时，敌果由斗山推进，乃即督率蒌南四堡两乡壮丁，会同许营分布礼场村大元里竹湖村附近公路一带警戒，侯行进该处即密集火网扫射，不得前进，遂向左窜，从福新里冲和绕道入墟，是时该路我军，迫得放弃阵地，敌据冲蒌，立足未稳，适与由台城开来之□□□师，及由斗山后退之保□团我军遭遇，两方遂在吉安村坟岗前与庙岭之间发生恶战，是役计毙敌三四十名。我军以敌既占冲蒌，无险可守，乃退至小五指山、朗伞塘一带布防，而敌军亦追至红岭，双方又严阵以待。是夜朗伞塘竹山副乡长刘湛泉及达材碧石田心等壮丁，在倪密岗山迳警戒，以防敌向右包抄，四堡蒌南蒌东三乡长则当集中各该乡壮丁于东南角一带，听候出击，至夜深12时许，会同国军又作夜袭，先由我发炮向敌轰击，既而敌阵渐乱，于是向前冲锋喊杀之声，出岳震荡，是役毙敌无数，我军仅得6名阵亡，敌以我势过猛，当夜撤回冲蒌。翌晨天甫微明，我军由该地壮丁向导，跟踪追击，并预早知会蒌东四堡蒌南南三乡壮丁，分头截其后路，于是号令一发，又分两路冲锋，一由庙岭向贯通老麦街之水巷冲入，一由火车站冲入，当时四处鸣锣，枪声卜卜，至为激烈，敌阵势动摇，而后路又为我壮丁固守，迫得突围，向台冲路溃窜，不意造成被敌侧击形势，我军反遭胜利。查是役毙敌十余名，我军亦有壮烈牺牲，惟敌既经远进，该路我军只得退至三娘迳堵截。当敌进至西坑村后山，拟向猫迳通过，蒌北乡长李瑞麟早已带领壮丁百数十名，协同国军枕伏于此，候其近前，交火扫射，敌又不得逞，迫得向黄蛇山东面推进，发炮遥向三娘迳方面轰击掩护，暗从低迳爬山通过，而三娘迳后面受敌，亦致不保。总计敌在冲蒌之役，伤亡达数百名，高级指挥部官田井八郎1名，我阵亡者20余名，壮丁阵亡者，蒌南乡1名，西北乡2名，蒌北乡2名云。

安步抗敌续详　敌寇此次窜犯台开，22日晨入据台城，上午11时敌兵30余人，从石化路到南坑乡松咀山而来，取包抄安步乡右翼与后方之势，该乡壮丁队，分两队扼要防守，第二队驻守沙步，第一队驻合安防守虎爪山虎山型岭狗石山，阵线延长共四五里。是日敌兵突由南坑松咀山而来，（该路为敌人每次出击城东各村之路线）向安步乡之蟹山型岭山脚前进，各壮丁即迎头痛击，约站一小时，敌不得逞，乃退回台城，我无损伤。25日7时，台卫队三古二人奉县长令到该乡协防，至8时许，敌骑兵十余人，步兵约200余人，机枪7挺，沿石化路道上，再分三路包抄，第一路由南坑东安村面前庙边以机枪两挺射击该乡防守虎爪之壮丁，第二路机枪3挺，敌兵约五六十，由东安村仔直迫虎山包抄虎爪之后，第三路敌兵百余人，直抵松咀山迫型岭山作两重包抄之势，我分则迎击。第一路敌兵无法冲过田洞及包抄沙步壮丁，第二路迫虎山之敌迫射台卫队，该处防线首先被敌击破，是役，沙步壮丁温道芳、温廷槐、陈国瑞、伍于检4名，壮烈殉职，同时第三路敌兵亦冲破型岭山阵线，激战约两小时之久，后被敌兵冲入该乡之洋田，□坑新旧各村，破门入屋洗劫一空，直至下午3时许始呼啸由大亨站沿铁路返台城。翌日26上午，敌骑300余再由原路线来犯，第三路敌兵则过石虾洞追击，该乡坚强抵抗，后转移阵地，敌300余名由东昌村而入顺水到该乡公所，再入张边洋田新旧各村作第二次之洗劫，是役该乡阵亡壮丁4名，惨杀男妇13名，伤害者6名，损失财物甚钜，尤以洋田新旧各村为惨重云。又查该乡是役殉难壮丁伍于检，胆略超人，善射击，本年"三三"抗敌，亦极勇敢，此次殉国，闻者惜之。

陈边抗敌续详　9月26日上午8时，倭寇40余名，配备轻重机枪钢炮，由汉奸引路，从台鹤公路，直抵陈边乡第五保和乐里左边之围基，以机枪钢炮向该乡壮丁密集扫射，该乡壮丁奋勇抵抗，剧战2点余钟，敌不支向水步附近溃退。约经半句钟后，敌增援百余，幸壮丁用命，在枪林弹雨之中，勇往直前，前仆后继，敌不得逞，继又增援，分三路来犯，左右翼由骑兵搜索前进，取包围攻势，同时被汉奸潜入内应，该乡壮丁恐受其包抄，乃放弃第一线，转移有利阵地，该乡第五保和乐里，即被敌人搜劫一空，计破坏屋宇17间，抢去金银物器约值10余万元，该保印信旗帜文件亦被劫去，结果当场毙敌1名，壮丁忠勇殉国者2名，轻伤者1名，雷姓过路人被枪毙者1名，该保妇人轻伤者1名。

横水抗敌续详　9月26日晨9时，敌兵百数十人，由水步山上进攻横水，该乡乡长刘登即由刘季尧，即召集壮丁第一小队长刘作良，督同各壮丁开枪顽抗战，一面调集各处常备后备队兵，分头增援。敌人分两路进攻，一路由公和市入龙田村乔庆村，意图沿公路向陈坑山前进，一路沿新荣市横水旧村，向一坡冲来。壮丁队与敌相持达二句余钟之久，敌人被阻，无法进展，遂急将在陈边和乐里骚扰之敌军百余人，沿铁路调回龙田村，集合增援，利用田禾掩蔽，分向瑞龙里龙塘村偷进，意图包抄龙塘村阵地，而各队长见势不佳，登即督令各壮丁退守大塘村后山，抗拒约一小时，而敌又分三路扑进，仍用迂回包抄策略，来势比前更猛，该乡壮丁只得分两路撤退，一路退至大狱坡新塘后山力拒，一路退至东盛里后山顽强抵抗，各壮丁愈战愈勇，当场击毙敌军2名，敌便衣队1名，伤敌军十余名，敌人观状乃老羞成怒，更狂逞凶焰，密用小钢炮机枪不断扫射，讵各壮丁力战不肯稍休，后因弹尽援绝，该乡乡长乃迫得督同各壮丁退至该乡安全地带，待命反攻。敌军攻入东盛里，连放火头5处，该处被焚屋仔4间，又焚大屋门扇门枕几度，毁烂大小屋门百余度，是日下午4时，敌始撤退。查敌军此次分三路进攻该乡，为数不下500余众，携有大炮1门，小钢炮多杆，倘非各壮丁效命顽抗，使敌人忙于应付，妇孺得以乘机疏散，则所遭损失，当必不堪设想。现统计该乡被敌军击毙常备壮丁刘树、刘孔庭2名，以刘孔庭牺牲为壮烈，曾被敌击中要害多处，仍能转战各个阵地，直至殉职时，左手还握住步枪枪杆，右手扳住枪机，准备射击之姿势，大有一息尚存，杀敌之志未肯稍懈，英烈之壮，徇足令人起敬。另伤壮丁刘俊、刘卓光2名，伤任务队刘永利1名，又被残杀老弱男妇共23名，伤男妇共11名，全乡物资损失甚巨，该乡对殉职壮丁每名先发给治丧费150元外，并准备给予相当恤金，至受伤壮丁亦由乡公所负责医治痊愈，另供给日常一切费用，并定期开追悼会云。

横江抗敌情形　9月20日凌晨6时，有敌汽艇十余艘，满载敌兵，直向三夹广海进犯，保□团连长陈建国，即令三夹炮楼苏排长血辉准备迎头痛击，乡长黄宗生，策动全乡壮丁布防，一面电报层宪，一面派副乡长胡灿燊与保长胡泮芹飞跑南唐领乡请援，黄鹤龄乡长立即集合壮丁，在高渣朗镇口海一带布防，并派队参加鼠山咀作战，果也敌艇越来越近，我军集中火力，向敌艇扫射，但敌艇仍顽进，是时因地形关系，所处环境险恶，苏排长奋不顾身，即率队渡过三夹海扼守要点，用机枪向敌艇猛烈扫射，击毁敌汽艇2只，伤毙敌军六七十人，正剧战中，突被敌偷过大茄围，背后抄击，苏排长与列兵黄裕群、温振林、莫松良、张家嘉等5名俱同时壮烈牺牲，敌军四五百人，乃全部登陆，向横江乡冲击，陈连长率士兵扼守草鞋山南机山崩山石角咀一带迎击，敌连续猛冲数次，均被击退，乡长黄宗生率领全部壮丁扼守斧头山鼠山咀袭击，见敌来势凶猛，即与任务队员黄宝源，带同壮丁冲进旧村下沙一带向敌猛射，与敌血战历时4点，敌伤亡惨重，只以弹尽乏援，乃忍痛退却。

各地损失情形

（一）台城方面

城内及近郊被杀之民众　"九廿"之役，倭寇侵占台城七日，先后杀毙男子民众153人，查此次被害者，多为留守看铺之老弱店伴及小数乞食妇孺，概无抵抗能力，竟惨死于倭寇枪刀之下，遗尸弃置城内及城郊一带，业经政府先后收验完竣，兹将当日遗尸地点探录如下：仓迎路庙门口男1名，十三路内男3名，台西路大华洋服店女1名，客栈男1名，遂文堂梁达初、伍将和、李氏（草朗街人）3名，谭屋男3名，生利号男1名，大达男1名，青年会男1名，县前路党部门口男1名（水步大丰店伴），台城公司男1名，监狱男3名、女童1名，环城西路环济桥男5名（谭裔纯在内），田心祠女4名（内有尼姑伍某），菜园地男1名，西濠路西濠桥男2名、女1名、小童1名，女青年会男1名，城东路平所祠道三号李钟氏及男尸2名，女师附小男5名、女1名，三和昌母及曾李氏、郭李氏2具，后林巷男1具，城隍庙男2具（内有曾□），草荫路中心学校男4具，学宫路女1具，另264号男1名，正市路女1具，福牲男2具，登云路楼记男女各 1 具，台新路男女小童 3 具，北闸支路男 2 具、女 1 名，西普寺门口男 1 具，铁路边女 1 具、男 2 具，黄贵林国男 2 具，台南路男 1 名，丰利里男 3 名，寮仔桥底女 1 名，丰和桥女 1、男 3，竹仔桥头男 1、女 1，通济桥沙坦刘汉泉猪母 1 口，龙藏里男 2 具，圣元里男 1 具，方便所女 1 名，平安街 14 号女 1 名，廖家祠 1 具（陈华妻），龙舟地车桥边男女共 2 名，东门车站路男 4 具，沙帽山男 1 具，另公路旁男 1 具，明善医院男 1 具，金紫里男 1 具，宁市锦盛铺尾男 1 名，九昌男 1 具，广新宁边男 1 名，洗布山叶佳龙男 1 名，台西路男女 2 具，牛牯臀男 1 具，卫生院男 1 具，另附城东坑迎龙村李伍氏 1 名，岑边村岑李氏 1 具，黄冲桥男 1 具，南昌村路边男 1 具，横湖桥附近男 1 具，四九路男 1 名，南关堡李许氏、张黄氏、李许氏 3 具，龙湖海男 4 具，南庆里男 2 具，圆田村男 1 名，后山 3 名，美琴男 1 名，鹅山女 1 名，温牛坑男 1 名，义壮男 1 名，另村仔男 1 名，白石闸口刘冼氏、刘琼妻共 2 名，东湖村林严亮、李其荣及不知姓名者 1 名。

（二）各乡镇方面

陈县长灿章以上月倭寇侵犯邑境，兽蹄所至，庐舍为墟，殊堪痛恨，乃于失地光复后，分别出发各灾区巡视抚慰，并调查各地灾情损失，以凭振恤，查被敌蹂躏地方凡 30 余乡镇，死伤男女估计共 800 余人，损失物资 900 余万，兹为各乡镇灾情损失数目录下：

（仓下）被杀民众男 4、女 3，受伤民众男 3、女 7，焚毁铺 5 户，物资损失价值 15 万余元。（东坑）阵亡男 1，抗敌受伤男 1，被杀民众 34，受伤民众 22，物资损失价值十余万元。（北坑）被杀民众男 3、女 2，受伤民众 3，焚毁铺户及物资损失价值 7000 元。（水步）阵亡男 2，被杀民众 16，受伤民众 2，物资损失价值 10000 元。（横水）被杀民众 27。（湾头）被杀民众 2。（南坑）阵亡男 2，受伤民众十余，物资损失价值 5000 元。（安步）阵亡男 4，抗敌受伤男 1，被杀民众 11，受伤民众男 6、孕妇 1，物资损失价值 30 余万元。（长岭洞）阵亡男 2，抗敌受伤男 7，被杀民众妇孺 6，受伤民众男 3，焚毁铺户数十，物资损失价值 20 余万元。（五十）抗敌受伤男 3，被杀民众 8，受伤民众 3，物资损失 10 万元。（四九）抗敌受伤男 1，被杀民众 3。（绸溪）被杀民众 7，受伤民众十余，物资损失价值 15 万余元。（桂水）阵亡 1，受伤民众 2，物资损失价值 6 万余元。（水西）阵亡男 7，被杀民众 10，受伤民众 10，物资损失价值 20 余万元。（三社）被杀民众 30 余，受伤民众百余，物资损失价值百余万元。（冲泮）被杀民众男 3、女 2，受伤民众被奸妇女 4，伤 3，焚毁铺户 4，物资损失价值27万余元。（邹村）受伤民众7。（西村）阵亡2，抗敌受伤1。（务德）被杀民众2，受伤民众1，物资损失价值2万元。（长兴）被杀民众女2，受伤民众女1，物资损失价值万余元。（筋坑）抗敌受伤3，受伤民众2，物资损失价值30余万元。（县城镇）被杀民众城内百四十，城外49，受伤民众9。（冲蒌）阵亡1，被杀民众男25、女25，受伤民众男19、女16，物资损失价值8万元。（斗山）被杀民众男17、女9，物资损失价值104万元。（蟹岗）物资损失价值11万元。（浮石）被杀民众1，受伤民众4，焚烧铺户3。（六村）被杀民众1，受伤民众2，焚烧铺户2。（广海）阵亡4，被杀渔民20余、民众50。（新昌）被杀民众男6、女6，焚毁铺户10，物资损失价值300万元。（获海）被杀民众40，受伤民众5，物资损失价值七八十万元，合计抗战阵亡28人，受伤17人，被杀平民众529人，被伤260人，被烧铺屋数十间，损失物资价值约900万余元，另白水乡尚在调查中。

（三）三埠方面

本年"三三"之役，新长获三埠惨遭空前浩劫，商户被抢一空，敌并纵火焚烧，半成焦土，深仇大恨，刻骨铭心，讵疮痕未复，敌又于"九廿"大举窜犯四邑，分两路由台山南陲强行登陆，廿二日隐我台城，沿台获路直扑三埠，闯进获海，23日晨敌机1架，狂炸新昌长沙一带，即掩护敌军窜入市区，五邑商业重心之三埠，又遭蹂躏，敌占领三埠，除残杀市民，抢掠物资，奸淫妇女外，并在附近乡村骚扰，灾情之重，不亚于"三三"之浩劫，兹将三埠灾情调查于后。

新昌　商户物资家私损失约值300余万元，被害市民十余名，被焚铺屋同兴路大利、德昌盛、新华路以义行、万益祥、源益，被炸塌铺户有新华路美新、美丰、怡利隆、宏兴，东埠尾船厂1间，木屋2间，货船2艘。

获海　市内商户大部被洗劫，四乡村庄被抢40余村，损失物资共约50万元，杀害男共30余人，受伤者十余人，被掳民船8艘。

长沙　炸毁铺户26间，焚毁铺户4间，损失物资约250余万元，掳去船艇百余只，炸死市民1名，伤3名，并在长沙市内掳去壮丁2名。

斗山　20日晨5时，敌人先由三峡海口登陆，猛力冲犯霞朗墟向斗山进犯，斗山蟹岗两埠，因敌人来势迅速，物资疏散不易，故损失重大，敌人占领斗山后，大施惨杀搜劫，计被刺毙命者35人，损失物资逾百万元。

公益　23日敌寇窜扰公益埠，杀毙男女各1人，又敌机29日飞抵公益埠投弹3枚，炸毁正合栈伍时懋住户及妓寨等处铺屋凡十余家，又炸毙4人。

三社损失续详　26日晨6时许，敌约300余人，由台城经白水向三社乡乘隙偷进，该乡乡长兼大队长黄剑父据报，即迅速率中队长黄传爵、黄基梁、黄昭义督同壮丁队，在那西山下一带布防，未几敌军大队开到，用密集炮火向该乡壮丁扫射，并用迫击炮向那西山东轰击，来势猛烈，该乡壮丁队迫得忍痛向后撤退，敌遂冲入，分头向各村搜劫，至夜分宿于华安墟及蟠龙平乐两村，(27)晨敌增兵百余，橡皮浮囊22只，由新昌开到，泊在三社乡公所门首，将所抢掠物资搬运而去。廿八日晨，敌由台城押有挑夫20余名到达，搬运货物，并继续分头抢掠，至下午5时半始完全退出。除罐被抢外，该乡经三日抢劫，粮食物资被抢净尽，损失在500万元以上，死伤男女30余名，灾情惨重。

东坑损失续详　（东坑乡）倭寇廿二廿五六数日窜扰附城东坑各村落，肆意劫杀，该乡壮丁曾奋起抗战，卒以缺乏救援，寡不敌众，被敌侵入南胜里、均和里、南安里、南盛里、石洞里、浪波里、东胜里、宝山塘、沙凹各村抢劫，损失财物30余万元，杀毙男女39名，伤20余名，《民权报》之李好喋亦在均和里被敌枪毙。

冲蒌损失续详　（冲蒌）倭寇当20日晚沿台南进犯至红岭山时，被我埋伏之大军出击，敌不得逞，即折入该山附近之坪冈里，该村乡民已疏散，惟当场击毙走避不及之黄彩森，50余岁，黄作信婆，90岁，及击伤黄廷发之妻右足，继破门或凿墙穿穴入屋搜劫，宰杀猪牛鸡，焚烧衣物，无所不为，惨绝人伦。事后调查，全村皆被搜索一空，计屋舍门窗，皆被破坏，谷米荡然，衣服架物尽成灰烬，虽饭桌木凳担杆秤杆之微亦在所不免，且宰杀耕牛4头，猪鸡无存，但该村所属之达文学校，校具、台、椅、图书及学生用具，亦被焚烧，统计损失约10万元，因事出仓卒，疏散不及云。

（《台山"九廿"事变录》，1941年11月1日编）

42. 芦苞浩劫

（1942年9月25日）

　　清远□闻，从花敌溃退后，各机关商店即由各地陆续迁回清远。□□□原状已恢复八九。交通亦已恢复。由韶关南下之电船，可直达清远。某方□□□□□□线已开放。但清办货者，仍未见挤拥。间有亦多失望。原因是清远货物其价多比粤北为昂，除故衣外，无若何货品可办。日用品及粮食尤贵。大概系因供求不□所致。芦苞方面，日前被敌占据达八十多天，损失极大，所有全墟及附近乡村、商店、房屋、木材窗户均被敌搬掠一空，一时尚无法复业。□□□、南村岗□□边、罗田、丰门、新村一带，因事变被敌兵杀毙、饿毙、病毙已有统计者不下四千二百余人。芦苞□□约二百余人。□□□前浩劫。另有归国华侨十八人，在东海被敌人投尸海中。至于源潭、良□一带情尤惨。较之以前两次粤北会战尤甚。

（《大光报》1942年9月25日）

43. 芦苞被敌抢劫一空　民众被残杀者四五百人

（1942年9月25日）

本报九日清远专电：记者□自芦苞归来。敌在芦苞先后杀死民众四五百人，尸多未殓，难以除尽，臭气熏天，全镇被抢一空。现芦苞水运未复，敌大部分已撤去，仅留伪军据守。清源县长黄开山八日起在龙颈开粮食会议，闻事毕县府迁回清远城云。

（《大光报》1942年9月25日）

44. 赵参议其休抗战事略（节录）

（1943年12月27日）

9月，敌人以迭遭惨败，老羞成怒，竟尽集江会南海等处残敌3000余人，三次猛攻三江，参议以实力相差甚大，激战数小时，为保全实力计，乃转移阵地，退守古井。是时壮丁除阵亡数十人外，余众悉数退出。敌军既入乡，挟迭次战败之恨，大肆屠杀，老弱妇孺遭其毒手者，400余人。而死事最惨者，尤推赵士壹人。士年逾70，早岁与兄嵩同客美洲，嵩兴矿业致富，积美元四五百万，今仍留美洲。士以年老归国，优游乡井。及闻日寇侵袭，愤无可遏，对于参议组织乡防，力为赞助，赏语参议曰："汝为吾乡抗敌主干人，于不得已时，当先退出。若我誓与敌人拼此老命，不出我乡关一步也。"迨敌大至，士拔短枪毙敌1人，旋被敌人刺杀，分尸为数段，呜呼惨矣！敌兵复纵火焚毁屋宇1400余间，店户240余间，葵寮700间，财物损失数千万元，而乡民抗敌之志，并不因而沮丧。

（施见三：《赵参议其休抗战事略》，载《新会周报·新会抗战史迹特辑》第2卷第2期，1943年12月27日出版）

45. 龙门茅冈乡石墩围民众抗敌记

（1944年7月21日）

前言：三民主义青年团龙门分团部书记（刘）其敬，于本月初敌寇窜犯龙门时，发动率领其本乡（茅冈乡石墩围）民众，奋勇抵抗，壮烈成仁。详情已志前报，兹复获钟楚原君来稿，描写当日作战情形至详尽，特再披□如下，以彰忠烈！

龙门属茅冈乡石墩围刘姓村民，自抗战军兴，积极准备保卫家乡。此次敌乘湘战正酣，由增城溯江进犯龙门，本月三日午窜入龙城，突被我军阻击，于是□狼狈窜回河源□平陵墟。四日早复向茅冈方面进入龙华，五日早复被我军拦腰截击。有一部敌伪军约 1 千余人，逃匿岭嘴。翌晨（六日）乘雾改向龙冈墟方面窜扰，我三民主义青年团龙门分团书记刘其敬，只身驰往龙华，侦查敌情，取道回乡，即与茅路自卫区指挥官钟□□蹉商集中团队抗敌事宜，甫就绪，敌伪便即压境，书记乃赶回村中，统率伊村壮丁一路，△亚舞等卅余人，于是晨七时许，在伊村前后扼要防守，敌伪军迎面而来，□即喝令开枪，登将敌队长一员击中，翻身落马而死。敌当即散开，忙架机关枪还击，复被△□开枪侧击，射手二名中弹仆地，弃枪于地。敌军由是登山密集炮火威力，向石墩围轰击。△书记以敌势浩大，率领壮丁一半入村登要防守，一半入水□内围应战。

敌伪反复冲锋十余次，均无法近前，计击毙敌伪有十余名之多。奈敌炮射程准确，全村四边之楼，被毁三座。刘书记指挥壮丁层层固守，严若死守四行仓库。直战至下午一时，敌喊杀连天，而仍无法攻入。刘书记锯守楼□，头部手部受伤，即用手巾包裹，督率抗拒。当时伊妻泣劝突围，刘书记坚执与村共存亡，裹伤再战。至壮丁刘路等数人固守围墙，知不能久守，转又退守屋内准备巷战，中弹身死。至二时许，各壮丁子弹稀少，且□屋被毁大半，敌乃改用竹梯扒登瓦面，各壮丁仍鼓勇气，瞄准扫射，旋仆旋升。卒因村内伤亡大多，守力□缓，敌遂扒登瓦，用手榴弹轰炸焚烧，跃身而下。刘书记受重伤，仍左手持刀，右手持枪，准备与敌作最后之拼。战至最后，而仍击毙三人，□被破墙缺口机枪扫来，当场胸部中弹，壮烈成仁。死后而仍怒目睁□，恨不能尽歼敌寇。其余刘舞等，仍在屋内与敌巷战，至力尽而牺牲。敌伪入村后，发现尸骸，对刘书记与刘路，仍用刀加刺，凶狼兽性，令人愤恨。敌入村后，搜捉男女老少共 20 余人，排列村前，用锄斧□刀，肆意斩杀，死难者 20 余人。其未被杀害者，哭声震天，声闻里许，幸钟指挥□□□集壮丁武装赶到，□河源保安某大队亦□援开到，分途截击。敌知援兵既到，即将未杀之□妇及掳获者扛抬伤兵，忙向路溪方面窜逃。敌去后，检查掘挖敌遗尸体 18 具，伤者是 20 余人。石墩围男妇死 30 余人，伤者 20 余人，执获敌人六五枪一枝，太阳旗、军帽、枪炮弹多件。目下石墩围变成瓦砾之场，生者无家可归，死者尸停郊野，空前浩劫铁人流泪。书记及殉难壮丁牺牲壮烈，可谓惊天地而泣鬼神，其光荣事业，后死同胞其感想为何如耶。

（《博罗民报》1944 年 7 月 21 日）

46. 敌人陷恩半月罪行记

(1946年7月)

即是之故，是时歇马乡联防办事处，亦因迫近敌区，备受威胁，逼得迁往牛路塘，并派遣团队壮丁，日夜轮回梭巡，以保治安而维秩序，并派队驻守孖山一带山头，以防敌兵窜扰果也。歇马村于 28 日晨，被敌兵百余，分由孖山、网山、湖边三路入寇，我团队略为抵抗，便即失陷。由歇马村渡河，窜扰东成墟时被我团队伏击，率因敌人火网太密，以致团队被杀数名，幸旋居旋撤，砵重物资，未遭搬运而去，亦不幸中之幸也。

8 月 2 日敌兵一小股，从长安出发，希图骚扰江湖乡，正由冯湾渡河，被我团队生擒敌哨兵 3 人，涉水而归，敌赴援不及狼狈而退。

7 月卅日，敌兵百余由圣堂出发，途经区村乡窜扰莲岗，在牛江渡莲塘两处，大加抢掠，幸专署特务队长元聘、恩城冯大队长福球、开联冯大队长章等及时赶到赴援，四面伏击始怆惶撤退，是役我部队伤亡 7 名，民众被杀 13 名，被劫财物无数，被伤民众 11 名，亦算空前浩劫。同日敌复分股由圣堂渡河，进扰龙塘一带村乡，幸团队奋勇堵截损失尚轻。圣堂失陷后，歇马、圣堂两乡妇孺物资，多搬迁往良西乡一带寄存，圣堂乡富商梁发昌，全家人口辎重搬往良西乡属之鹤咀村，讵为敌人侦悉，轻骑暗袭，搜掠一空，回兵时，路经雁平里，用密集炮火，冲破防御，大肆杀掠，计被杀民众 11 名，被掳民众 30 名，物资因歇马圣堂两乡寄存者多，故损失更为浩大。查是时台开两县之三埠赤坎等相继沦陷，广阳指挥部初由赤坎迁沙湖，继由沙湖迁夹水，讵被敌人探悉，集结敌伪千余人，由马岗窜入太平乡直趋夹水墟，与我团队发生剧烈斗争双方各有伤亡，新昌省银行职员 3 人，被杀殉职。敌人以马岗、太平等地，为骚扰北路一带的根据地，分股出发，骚扰殆遍，所有太平、夹水、尖石、三联、白江、岭南、莲岗、金汛、杨桥、两凯、四联、鹏沙等十二乡，无一幸免。据报敌人罪行，在太平乡杀死民众 15 名，掳充夫役民众 30 名；在尖石乡杀死民众 2 名，掳充夫役 21 名；在岭南乡杀死乡民 3 名；至掳掠物资牲畜等难以计算，直至 8 月 4 日敌始完全撤退。但光复未久，敌即宣布投降，计自恩城沦陷起，至全邑各地完全光复止统计仅及半月，而杀伤民众，掳掠财物，残破毁灭程度，已严重至此，其凶残暴虐，惨无人道之手段，可见一斑。最不幸的，抗战既经 8 年，全欧素称无缺，讵料战事将继结束期间惨受此弥天大祸，岂亦命理家所谓时运使然耶。

[编者按] 本篇资料来源，系根据各乡报告，删繁就简，提要钩元，依照时间区域程序，编排写出，维系明日黄花，以比寸鳞片爪，断续无章之家。

（荣昌：《敌人陷恩半月罪行记》，载《恩平良族月刊》复版第 1 期，1946 年 7 月出版）

47. 此仇此恨能够忘记吗?

——记日寇在海康城暴行（节录）

（1951年4月3日）

从1940年农历十二月间，海康县城（包括南渡港头）前后被日寇飞机轰炸了35次，共投炸弹400余枚。1941年农历一月初六，日寇第一次侵入海康县城，疯狂地抢杀了七天。1942年农历正月十二日①日寇重占海康县城。从那天起，商店倒闭，居民逃命，海康城内到处可见日寇杀人、奸淫、劫掠的事情。日寇宪兵队长西村恩井把三个青年解送西门谢公亭一剑断头颈，还要将死尸砍分四块，挖出心肝煎熟来进酒。日寇在海康县城还常在街上轮奸妇女，在海康城计有维姑娘、儒金姑、兰芳婆及高树庵的尼姑等共30余人被日寇强奸了。最惨的是维姑娘曾被五个兽兵强奸了，日寇还强迫我们同胞在旁观看。兽性的日寇将兰芳婆轮奸后还用纸条挤塞进阴道。有一对夫妇来城买东西，女的被日寇抓来强奸，男的被绑在旁边树干眼看自己妻子被那些兽兵奸淫。日寇所劫掠的财物不完全统计，唐德兴等14人共被劫去土布10疋，母猪三只，铜仙1万枚，衣服526件，米1550担，被毡23张。

（《南路人民报》1951年4月3日）

---

① 1942年应为1943年，农历正月十二即公历2月16日。

48. 惠城四次沦陷纪实

（1959年）

第一次沦陷

1938年10月初，日寇从潮州南澳海面开大炮轰击潮州，隆隆作巨响，亘数日不绝，并作登陆状，于是国民党急调重兵防潮州而不防其声东击西，欲袭取惠州也。

12日，突从惠属大亚湾登陆，以急行军直迫惠城，时驻防惠州者，国民党军师长莫希德，闻寇登陆，仓皇集中所部，准备逃省。城内人民纷纷徙乡村，莫饬所部严守路口，截止人民迁徙。至翌日早，莫部逃窜尽，县长蓝逊及一般官吏亦星散，不知所之，人民始得通行，而日寇随至，至城内多有欲徙不及，而饱受寇军摧残者，事在旧历八月中旬。阅一日，广州亦陷。

日寇入城大肆残杀，焚惠州最繁盛之街道——水东路，店铺无一幸存者，大火亘十余日不息，其余各街道店铺民居，亦焚毁不少。见人乱杀，直以杀人为嬉戏，猪则只取精肉，鸡鸭鹅但撕两腿，肝脏皆弃道路中。强奸妇女。虽六七十岁之老妇，十二三岁之幼女，皆不免，有羞忿自杀者。一时城中未及逃之民众，惟镇日觅僻处藏匿，有挨饿不得，出而觅食，男则多被杀，女则必被奸淫。如是者七八天后，寇酋始以维持地方治安为号召，设维持地方治安委员会，以日人主之，而杂以汉奸数人。

寇维持治安委员会成立于原县政府中，并派出寇宪兵巡查，焚杀掳掠渐减，惟强奸尚不少，于是有甘心附寇出为维持治安委员者，周竞志、周弈廷、秦聪、严庸五等，号召人民回城，发给"良民证"，谓持有此证，则寇兵为之保护。人民徙乡村中，除极无依靠不得已者，皆不敢回城，回城者寥寥无几。

诸汉奸中，周竞志具绝大野心，觊觎充惠阳县长。周府城后所街人，年约四十余，家颇富，素不事职业，喜养马，常骑马星街衢中。至是，极力与日酋交结，日酋亦颇加信任，周姜死，日酋亲临吊奠，周大喜，述于人以为荣。周又以委员身份，肩挂红带，率寇警二人，亲赴各乡，劝人回城，与人谈话辄称日寇"恩德"，气焰甚盛，有不可一世之概。

寇兵在城内已无可掳掠，乃渐赴各乡村肆其残暴，每集合二三十人，抵一村，则将枪弹堆置一处，而仅持刀分头追逐妇女，搜劫财货。村人有俟其追逐搜劫时，窃其枪弹以击之，往往得手，毙数寇，但事后惧寇兵来报仇，又须全村俱徙。寇兵偶有恋妇女财物掉队者一二人，亦每被村人杀死。

林敬甫，府城秀水湖人，寇入城时，率眷徙梅湖。一日，寇兵数人至，胁奸其女，林与争，寇逐以腰刀斩杀死。此等事数见不鲜，举一以概其余。

刘定林，府城更楼下人，惠阳县立中学教师，曾留学日本，谙日语，寇入城时，避附近村中，无亲故，莫可依靠，十余日后回城，以日语与寇谈，寇认为可利用，与以药箱，使在城散发丸药，名为救济病人，因遂为寇效力，堕落为汉奸。

寇驻惠约三月余，至1939年1月初，自动弃惠，临去时，将东新桥炸断。国民党军师长温淑海于寇去二日后，始敢来惠，将至惠城，放空枪千余发以示威，旋电报其上级，谓"力战几昼夜，将日寇逐去，克复惠城"云云。

诸汉奸见靠山已倒，严庸五逃港，秦聪逃广州，周竞志、周弈廷自谓维持地方，可无罪，仅避居沙凹村亲戚家。沙凹村人不敢留，将二人送出，讯实枪毙。刘定林匿家中不出，被捕，讯问后释放，未几，复捕去，监禁月余，亦枪毙。

惠州已恢复，而惠阳县长蓝逊终不出面。二月初间，刘秉纲接任惠阳县长，蓝遣一职员前来交代。

我奔走衣食，十年未回惠，至是，始于1939年春节后五日回来，见全城已成瓦砾场，满目疮凉，人民凋敝，不胜悲愤，赋诗二首云："天府沦胥不浃辰，空牢设险苦吾民①。城亡犹见群公在，寇去才闻捷报频②。满眼虫杀新劫运，十年风雨旧词人。归来莫问春消息，独对斜阳一怆神。""伊谁曾此误苍生？儿戏争传灞上兵。幕有啼乌先敌退，市余败垒断人行。三秋皓月伤心色，千里征夫故国情。今日回乡初愿遂，茫茫无计事经营。"

第二次沦陷

1941年5月初，日寇飞机频频来惠城投弹，并扫射机关枪，每来五六驾至十余驾，每次城中必死伤数人以至数十人，于是城内人民，每日五更早起做朝餐，天甫亮，便纷纷出城外旷野处，或附近乡村避其凶焰，至下午三四时后始渐归，故日中城内几无人。识者以其机来情势，比平日更加强密，料寇将复至矣。

果于五月中旬，寇以大队来攻，时国民党设东江指挥所于惠城，陈骥为主

---

① 未沦陷前，曾于淡水、大鹏一带，驱使民力，防御工事，甚完整，竟一无所用。
② 未沦陷时，守土官吏常对人言："城存与存，城亡与亡。"及日寇来，望风逃遁，委城郭人民于不顾，寇去，则又出现

任，负责战守，围警潜遁，县长黄佩伦连夜逃去，人民亦纷纷迁徙赴乡，寇军从容入城。

寇入城后，却不甚加残戮，惟认为形迹可疑者始杀。李某，盲人也，以星卜为业，号十八子。其家人已赴乡，独以盲居守，恐寇放火，摸上楼，自拆楼板，寇谓其偷窃，言语不通，牵出江边斩之。

翌日，寇放火焚烧，前次烧去之商店，有修葺稍完整者，重行烧毁，尤注意民居，其稍华美宽敞者，尽投以燃烧弹，付之一炬，其破窟烂屋，亦自不免，霎时全城成火海。

廖计百者，前清贡生，居秀水湖，手上残疾，不能行动，寇纵火焚其居，呼之出，不能出，卒被焚死。

寇此次留惠仅三日，自动退去，国民党军遂入城，仍依例抵城附近放空枪千余发示威，亦电其上级，谓"鏖战一昼夜，将日寇逐出惠城。"

我挽廖计百联云："肉食误苍生，宵遁军中成上策；城亡潜大老，劫余身后剩残灰。"高悬堂中，友陈骥来吊，急移去。

第三次沦陷

1942年1月初，日寇又突来侵惠，国民党省长李汉魂适出巡至惠，独立第九旅容于全部驻防，以省长初到，不敢遽退，于城外西南一带榜岭、半径等处，严密布防。翌日，寇至，激战一昼夜，寇联防队长登高以望远镜瞭望指挥，大炮轰毙之，并毙其下级军官二人，寇匆忙抬尸返，收兵急退。越三日，寇复增兵来，时李汉魂既离惠，独九旅仍枕榜岭与战，至夜深，收队去，县长黄佩伦先一日逃，五更，寇兵乃入城。

惠城人民逃徙，以此次时间稍长，较为从容。亦有徙乡后，趁寇未至，仍回城窥探者，城中仍有小买卖，人民又见前次寇在城不大屠杀，因有不徙者。即徙，亦留老人居守，而不虞此次屠戮之惨也。

寇以其联队长之死，下级军官及兵士亦战死多人，怀深恨，而泄之于人民。入城后，穷搜男丁，无少长，皆捆押，得三千余众，虽七八十岁之老人不免。初犹使其搬运物资，三日后，无可搬运，遂绑赴水门外沙下及北门外江边，用刺刀一一杀死，投尸江水，其余城内外各空旷地，亦用为杀人场所，三千余众宛转呼号以死，一时尸横遍地，血流成渠。

吴锡槐，汉塘村人，适在城内避居南城秦敏猷家，二人俱年七十余矣。寇来搜人，吴善拳勇，突跃寇身后，夺其刀斩之，秦虽文弱，亦奋起执木棍为助，复毙二寇，伤数寇。寇大队适至，众寡不敌，二老俱被俘。寇恨之甚，先戳数刀，不使即死，越日，始杀之于水门外。事后，具报国民党党中央政府，各予月恤金二十元。

此次寇陷城，屠杀男人外，对妇女尤肆强奸，搜提不遗余力，少妇有用泥或墨自污其面，使成丑怪状，匿暗处，以冀幸免者，被都搜出，对之狞笑，拉去为洗涤，卒奸之。又有绑其父于前，而奸其妇者。有逼子自奸其母，逼父自奸其女者。后所街某妇，孕将产矣，寇嫌其腹大，捉一男子奸之，而旁观者以为笑乐，事后男、妇俱被杀死。

寇留惠六天自动引去后，人民入城，见积尸遍城内外，各自认其亲属，收殓掩埋。棺木不敷，夺自钉薄板以葬，一时号哭之声，震天动地。

第四次沦陷

1944年冬，寇又来陷惠，国民党军队，仍不战而去，县长罗隆亦逃。此次入城，却与前三次大异，不杀、不抢、不焚，人民见之，或举手作敬礼状，辄欢然相招呼，出香烟以奉。度其意，欲久据惠城，与广州相犄角，故取怀柔政策，以"中日亲善"口号骗人。

寇设惠阳县政府，欲以刘秉纲为伪县长。刘数任为国民党陆军团长，又曾任惠阳县长，故寇注意及之，派军官二人赴刘居青边村引刘出。适刘病故，陈尸厅上，家人方举哀，寇疑其伪死，细察其尸，真死矣，吊奠而去。

寇已不得刘，乃以何彬如为伪县长。何，博罗七女湖村人，曾充杨坤如部秘书，至是荣任县长，不胜欣幸。何有三子，皆在乡为霸王，随何出任要职，横行惠城，无恶不作，有丧心病狂欲承办捐税或找门路为寇效力者，皆奔走其门，趋承恐后。

于是城内大开烟赌，烟馆、赌馆遍设大街小巷中，明娼、暗娼亦一时大盛，人民徙乡村中者多归来，几不知亡邑之惨。

寇此次由1944年10月至1945年8月，占住惠城约十阅月，至势穷力尽，屈膝投降，始俯首引去。何彬如父子仓皇挟巨资逃澳门，彬如不久病死，其余诸色大小汉奸各自星散，亦有不及觉察安然无事者。

（作者原为惠州华侨中学校长、省文史馆馆员，已故。本文写于1959年7月24日）

（惠州市惠城区政协文史资料委员会编：《永不忘却》，2005年印行，第16—21页）

49. 沦陷时期顺德人民的悲惨遭遇

(1960年)

一、日寇的暴行

在沦陷时期，日寇烧杀抢掠，毒刑吊打，强奸妇女，无所不用其极。这种残酷行为是古今中外所无的。顺德人民所遭受的苦难也是空前的，饿殍载道，家散人亡，简直是人间地狱。

强奸妇女

日寇到大良后，即四处搜查民房，看见妇女就调戏侮辱，被强奸的很多。东区居民梁少芳的女儿名叫亚四，环城路钟楼岗梯云巷妇女梁萍，都曾受日寇轮奸。华盖路一个孕妇，遭受日寇调戏侮辱，惊恐过度，流产而死。最惨的是金镑村有一个年近六十岁的老妇，被日寇轮奸而致死亡。日寇攻入各乡村时，亦有无数妇女遭受强奸。石硝乡妇女被奸的约35人中，有五人因奸致死。1941年七月陈村沦陷时，到处妇女被强奸的有一百几十人，因奸致死的十多人。沦陷以后，人民无法生活，妇女迫得卖淫，连十三、四岁的女孩子都被迫当娼。每当黄昏时候，大良华盖路和碧鑑路的东安、永安、大东、天然等旅店门口，徘徊着很多迫于卖淫的女子，用肉体换取微小的金钱来养活生命。据统计，大良一地的私窑就有二十多处，顺德妇女过着非人的地狱生活。（凤城公社编写材料及敌伪档案）

毒刑吊打强拉壮丁

日寇所到之处，每每施用酷刑，虐待人民。日寇设哨岗在通要地方，人人经过必须脱帽行礼，稍不如意，便拳打脚踢，或被认为不是"良民"而被逮捕时，则用酷刑拷打，吊飞机、灌水、坐老虎凳等，受过刑的人不死也变残废。日寇甚至施放毒气，将无辜百姓活活毒死。如1941年七月二十九日，日伪寇侵入陈村、高村，将男女老幼二千多人囚禁在陈村新圩的大同戏院及旧圩的大屋内不给食物，不给饮水，随意拷打，放毒气弹两次，中毒而死的五十多人。

1944年日寇展开打通亚洲大陆交通线的战争后，由于军事紧张，战线过长，需要大批后勤和运输力量，便在顺德附近拉壮丁，凡见有较年青的男子，都被强迫拉去挑运军用品、筑工事或作补充伪军的兵源。特别在大良，拉夫之风更厉害，由汉奸伪军协助，被拉去的人，十之八九没有生还。各乡农民进大良，要绕道而行。当时有一批被拉去汉奸县府内做苦工，强迫从早上做到晚上，全不给食物和饮水。日寇派兵监视，稍有倦怠，就用皮鞭抽打，拳脚交加，遭受日寇毒打时，还不能出声，否则认为反抗，更施毒刑，打得半死。日寇用刑的惨酷，对人身的摧残是世上少有的。(凤城公社编的史料及敌伪档案)

实行烧、劫、杀三光政策

日寇到处施行三光政策，特别对有凡有我抗日游击队活动的地区，更为厉害，焚毁房屋，抢尽财物，见人就杀。碧江、西海、乌洲等乡损失很惨重，被杀死的有248人，焚烧屋宇2160间。陈村沦陷时，各商店财物被搜劫一空，损失财产价值难以胜计，焚烧当楼数间，爆炸自卫碉楼九座，妇女被迫奸，形成十楼九空，荒凉万状。(据敌伪档案)

日寇暴行的统计

全县各乡沦陷期间，被日寇直接破坏的损失，据三十个乡极不完全的材料统计，计被杀的1052人，被强奸的35人，被奸致死的5人，被毁屋宇的5860间，财物损失价值伪币50523万元，饿毙的11411人，被酷刑毒打的不计其数。现列表如下：

日寇在我县三十乡的暴行数字统计表

乡名	被杀人数	烧毁拆屋数	财物损失价值	被强奸数	被奸致死	饥饿致死人数
石硝	34（人）	31（间）	1900（万元）	35（人）	5（人）	3000（人）
鸡洲	145	800				4000
达德	167	2040				
乌洲	81	129				2411
三桂	12	2				
桂西	16	420				2000
桂平		10	1445			
仑华		52	1916			
鹤村		9	36			
淋山		17	505			
连阁	23	652	6104			
龙清		39	1314			
鹭堡			944			
甘竹		377	5460			

乡名	被杀人数	烧毁拆屋数	财物损失价值	被强奸数	被奸致死	饥饿致死人数
勒流	61	69	1700			
沙良		225	213			
龙山	29	25	4138			
南沙		17	141			
众南		1	143			
麦村	111	31	371			
沙滘	7	160	610			
光华	2	52	200			
淋山	12	25	8763			
龙江	180	180	8500			
黄连	11	1	748			
众涌	1	18	110			
黄麻	2		151			
江右	3	8	58			
槎涌	150	470	5050			
合计	1052（人）	5860（间）	50523（万元）	35（人）	5（人）	11411（人）

（本表资料取自敌伪档案）

以上只是就县内小部分乡村所作的调查，项目亦不齐全，例如因饿致死及财产损失每乡都有，但有些乡没有数字，故表内从略。遭受损失最大的陈村、乐从、容桂、大良等地，尚缺资料。这几个地方比表列各乡损失要大得多，如陈村为全省四大镇之一，新圩沦陷前十分繁盛，人口稠密，建筑华丽，马路纵横，沦陷时烧的烧，拆的拆，抗战后全市尽成瓦砾，一片荒凉。乐从圩全部屋宇商店亦全毁，大良所毁屋宇达一半以上。又如被强奸妇女只有一个乡有统计，实际何止超过该乡数十倍以上。表列数字又只限于日寇入境时在战争中所直接破坏的损失。致在沦陷期中因土匪横行、枪杀人民、抢劫财物，因饥饿而致死亡，或因不得食而拆毁屋宇等的间接损失，尚未计算在内。日寇在顺德的暴行真是罄竹难书。

二、日寇汉奸的经济掠夺

日寇攻入顺德每一地方，必掠夺物资，小的如牲畜、鸡鸭、衣物，大的如粮食、器材等。对于没有需要的家私什物，则加以捣毁焚烧。未沦陷前，人民遭受国民党反动派的剥削，生活已够困难，沦陷以后，仅有的一点点财物，全部化为乌有，十室九空，损失惨重。1939年一月日寇进攻石洲时，将存放在那里河边船上的食盐四千担全部抢去，价值伪币6800万元。

日伪又发行军用票，强迫使用，吸吮人民膏血，军用票因为没有准备金，不断贬值。又将主要民生用品、米、油、盐等，由日人设立专营机关统制买卖或按量配给，规定必须用军票购买，借以维持它的信用，但亦不能挽救危机，通货膨胀无法歇止，人民损失一天天增加。

对顺德的主要经济作物蚕丝设立统制收购机关，1943年规定所有生丝土丝限定卖给日寇的商行，任意压价收购，完全垄断了顺德的经济命脉。1942年香港沦陷后，蚕丝不能外销，日伪政府乘机掠夺物资，如抽重税，规定丝厂每丝车每束抽税1.6元，生丝运往广州须领许可证，每担征收伪币20元，丝厂因成本过高，迟不开工，茧价大跌，影响工人和农民生活更为困难。这年白米每担八十余元，蚕茧每担300元，桑每担5元。在蚕丝业最兴盛时期，即1920年至1928年期间，白米每担约10元，桑每担3元5角，大约三担桑换一担米，1942年则十六担桑换一担米，两个时期比对，桑价下跌五倍有多。茧价跌得更厉害，1921年每担干茧约200元，即每担茧可换20担米，1942年则每担茧仅可换2.7担米，两时期比对，茧价下跌约七倍半。

甘蔗方面，当时的顺德糖厂掌握在大汉奸李辅群手上，压价收购，很多蔗农售蔗物连成本都收不回，宁愿斩蔗落塘作养鱼饲料。稻谷方面，又给奸商压价收购，垄断市场，日寇强抢，土匪强制，农民所余无多，连杂粮都不够吃。日伪政府为了维持开支，从中剥削，大量抽取苛捐杂税。1943年单伦教乡收的租税就极多，禾苗每亩抽至伪币200元，甘蔗每百斤抽数元，纱绸每匹抽80元。该年旧历年尾所开征的特别费，伦教一地就有数十万元。日寇除了发行军用票强迫行使外，1942年汪伪政府又由伪中央银行发行一种伪储备卷，强迫行使，吸收市上物资。1943年大汉奸李辅群自己又发行一种伪钞，市面伪钞充斥，通货膨胀，人民的损失更大。（据敌伪档案）

三、汉奸、地主、奸商、大天二等疯狂压榨人民

沦陷期间全县人民遭受空前浩劫，确是顺德有史以来所罕见的，但另有少

部分人则投靠日本帝国主义，甘为汉奸卖国贼，不惜干出种种卑鄙卖国行为，作为日寇的帮凶，剥削敲诈人民，生活很充裕。这些人民公敌，分为四种：

①地主阶级　地主阶级和日本帝国主义者勾通一气，日寇来了变本加厉的继续对农民进行剥削，在自己的地盘内，无法无天，任意欺压人民。四区朱氏四大家族朱品三、朱裕均、朱厚存、朱少侠等恶霸，为了维护他们的利益，妄想朱族封建集团长期统治，组织有武装实力的自卫大队，威迫农民，凡在十八岁以上的都要加入常备或后备队，利用所谓维持治安为名，制订自己的法律，订立所谓杀人花红，规定凡有偷窃将其生擒的奖花红150元，当场打死的奖花红200元。沦陷以来当地农民无辜被枪杀淹死的达四五十人，都是这样一群恶霸爪牙，为了领取花红而进行的罪恶。1938年，这群地主阶级又借词仙涌大岳坊农民不交禾更，就把该坊农民住屋130余间全部烧毁，并强霸土地400亩，所有全坊财物抢劫一空。他们又经常调拨宗族械斗，造成农民流离失所。（根据档案馆编的顺德土改运动概况）地方阶级对粮食囤积居奇，扼杀人民的主要粮食，不顾人民死活，只图自己获利，大良的大地主游子弛就是把粮食囤积起来，每元六两也不肯卖出，要到四两才卖。（凤城公社所编资料）这些都要地主阶级较为显著的罪恶，一般的罪恶行为罗不胜举。

②汉奸　汉奸以日寇为靠山，进行卖国勾当，或在日本帝国主义者指使下组织伪政权，残酷统治人民，甘心为虎作伥。顺德汉奸以伪县长苏德时为首，下再还有不少大小汉奸，凶残地统治着顺德人民。他们对人民种下了难以计数的弥天罪恶。

③恶霸大天二　顺德土匪恶霸在这时多如耗，他们凭借日寇与汉奸势力互相勾结，聚众建立堂口，拥有各种武器，实行用武力对人民强求强夺，勒收禾苗资，强封鱼塘，强斩大蕉及甘蔗。他们可以随意打死人而没有法律干涉。又在各乡交通路上设卡驻守，对过路人勒收"保护费"，否则不能通过或受毒打强抢。人民往邻乡，要过几个卡，交几次"保护费"。旧寨乡的周纯，勒流的"大金钟"等都是罪大恶极的大天二，死在他手上的人民不知多少。

④不法奸商　这批人利用粮食奇缺，百物腾贵的机会，囤积居奇，炒卖金融，买空卖空，操纵市场，垄断物资，使物价波动，他们从中图利或放高利贷，大发国难财，当时顺德当押店开设很多，利息之重，空前未有，当期只限一周，过期不赎断当，任由当押店变卖，人民由于无以为生，迫得连仅有的衣物都拿去当押，而大部分到期都无法取赎，遭受极大损失。沦陷时故衣旧物极多出售，价格很低，这就是高利贷者做成的恶果。（凤城公社资料）

这四种败类，掠夺了人民的膏血，拼命追求享乐，花天酒地，过其腐化荒淫淫生活。大良、容奇、勒流的市镇上，烟馆赌馆林立。1943 年大良一地香摊馆有十多家，其他骰宝什赌遍皆是，白鸽票馆、铺票铺星罗棋布，鸦片烟馆也有十多间，流氓、地痞、大天二、土匪等周日盘桓在烟赌馆里呼卢喝雉。一些生活无着的人铤而走险，希望从赌博中博取一点温饱。但结果都被赌商（实际上也是上述四种人）连一点点的钱都榨取去了。日伪统治者就利用这些烟赌馆作为一种剥削工具，从中吸取了人民血汗，抽收重税。另外茶楼酒馆里也坐满那帮剥削者，大吃大喝，尽情享乐。除了这四种败类之外，所有人民都过着地狱似的生活。（凤城公社编写资料）

四、顺德人民苦难

饿死

由于日伪对顺德的经济大肆掠夺，扼杀经济命脉，大天二、恶霸禾地主，重重剥削人民，破坏生产，人民无法求生，失业重重。顺德原来就是缺粮区，这时更为缺乏，粮价飞涨。一九四零年下米每元一斤五六两，到 1942 年仅得一两。一般劳动人民买不起米吃，改用杂粮充饥，后来杂粮都吃光了，就剩树皮掘野芋、野草禾果腹，饥民遍地，大量饿死。桂洲一乡经集义善社殓葬饿死的人，1940 年有 71 人，1941 年 133 人，1942 年 1157 人，1943 年 5310 人，该年平均每日饿死 15 人，1944 年稍为少些，也有 44 人，几年间一乡共饿死得有6715 人。大良的情况更惨，因为没有得吃，变成乞丐，三五成群，流浪街头，见到路人手拿食物，成群拥上抢夺，不论生煮，抢到手就塞入口里大嚼，连生肉生菜也照吃。有些人被拿获后，就给人打到遍体鳞伤，甚至死亡。抢不到东西吃，在路旁饿毙得比比皆是。人民骨瘦如柴，面如白布，精神疲靡，心中惶惶，神经紧张，经常为死神威胁。每天在迎翌市（即现在华盖路第一市场）饿毙的有三四十人，这个地方被称为"升仙亭"。伪政府每天派人推一架黑车厢，收拾路旁死尸，搬到山上丢入深坑里，叫做"万人坑"，尸体推下就算，无所谓掩埋。最惨的华盖路有一饥民，还没有毙命就被抬进黑箱里，丢入山坑活埋。每天大良有五六十人饿死，拾尸的人整天应接不暇。棺材店的资本家昧着良心，乘机发财，用偷龙转凤方法买通仵工，棺材装尸上山后，将尸丢入山坑，抬回空棺木又售给别人，一棺卖数次，借以图利。岳步乡 1942 年一至三月时间，平均每月饿死的有五十多人。全县由 1940 年起，平均每月每乡饿死的有数人，市镇则有数十人，估计沦陷时期全县因饥饿而死的人民约有十多二十万人。

弃婴儿、人吃人

由于日伪的压迫，成年人生活还不能自顾，初生儿便随街乱丢，岳步乡1942年一至三月份弃婴有39宗，其中死亡约20人。大良、容桂弃婴更多，每月都有几个。初时还有一些好心人，看见婴儿弃在地上，顿起恻隐之心，抱回家中抚养，或发起每户科一些钱，办一个育婴所，将婴儿送去抚养，后来弃婴越来越多，根本无法收容，任由丢在路旁饿死。1941年六月起，大良的弃婴随地可见。最惨的是在这饥荒环境里，竟然有些人丧昧良心，将婴儿拾回家当作狗肉出卖，或自吃充饥，造成人吃人的惨绝人寰事件。1942年六月二十七日，大良北区石湖涌清风社鸿寿棺木店的司理梁益，在凤山岗脚拾去已死的女婴一名，回家中屠宰烹食。大良有一个花名叫吕布的居民，也将路旁弃婴拾回家中，深夜将婴儿抛入池水溺毙，劏净后作狗肉出卖。人民在饥寒交迫时候，看见有这样廉价的肉类，争着购买，而不知吃的就是人肉。吕布后来越宰越多，并派妇女到居民家里，用花言巧语骗取婴儿回家宰杀，连初生婴儿亦被宰去。统计大良宰人肉的有七人，东区的田冰，文秀路的李玉，新路湛公祠门前，埠南孖土地附近的吕布，县东路分司道口荳五，另北区还有妇人两人。大良被宰的婴儿不下有几十人。（敌伪档案及凤城公社资料）

拆屋倒树

顺德山林树木原已不多，柴薪向靠西北江运来，沦陷期间，交通断绝，柴薪等奇缺价涨，人民无柴可烧，纷纷将公路旁、山上、田野及乡镇内的数目陆续斩去，连荔枝、龙眼等果树都被斩，破坏得很严重，除了有特殊势力的人物保护的树木外，其余大部分被砍掉，造成牛山凿凿，一片荒凉。树木斩完便拆屋卖木料。有少数是业主自己拆的，大部分是土匪大天二强拆的。拆屋只要木料，不要砖瓦，木料拿来当柴烧。当时顺德各地的建筑物大部分遭到破坏，瓦砾遍地，满目荒凉，入夜行人绝迹，如入死国。（凤城公社资料）

疾病流行

在这贫穷的饥饿线上，疾病瘟疫不断流行，日伪政府不作预防，有病不治理，全不顾人民死活，传染病迅速蔓延，死人不少。1939年夏天发生大疾病，流行极广，每日死人很多，大良北区一家居民早上得了传染病，晚上全条街的居民都被传染，死了不少人。1940年十月桂洲又发生霍乱，并传染到其他地方，死人不少。（凤城公社资料）

水灾失收

在日伪的统治压迫下，水利不修，农田荒芜，人祸天灾并行，生产受到严重破坏。1942 年发生水灾，岳步乡丰盈围洪水浸过围顶数丈，全乡被浸，鱼塘作物全部受损，灾情惨重，饿死的达百人。同年由于洪水暴涨，并有台风，乡村低地全部被浸，崩围的大良北乡、羊额西社、弼教、容奇五坊等，被浸过围面的有旧寨、鸡洲、仙涌、仑门、桂洲。基围冲溃数丈的有陈村、黄麻乡等。全县被洪水浸死的有三百多人，冲塌屋宇一千多间，农作物损失惨重，无法计算，其中以鱼塘损失最大。1944 年又发生水灾，禾稻损失不少，桑基鱼塘、蔗地亦被浸坏，单六区损失就有四五成，塘鱼损失四成。(敌伪档案)

逃荒

处在顺德沦陷区的悲惨环境里的人民，除饿死、被杀死外，年青而又稍有气力的人，逃亡四方，各寻生活，一部分走入内地，一些人逃去港澳，弄得妻离子散，家破人亡，真正是壮者逃于四方，老者死于沟壑。香港沦陷后，日寇又强迫疏散，逃回顺德，1942 年，由香港逃难回县的共有9581 人，回乡后生活仍是无着，结果又沦为乞丐或饿死。抗战前全县有八十五万多人，抗战结束后减为三十八万多人，沦陷几年中顺德人口减少一半以上，日本帝国主义所造下的空前浩劫，顺德人民是没齿难忘的。(敌伪档案)

(《顺德县志》，1960 年印行，第 329—336 页)

50. 日寇初到九江后的见闻

(1963年)

在戊寅（1938年）农历十月十一日晚，约是三更时候，日军开始进攻九江，枪炮齐鸣，乡人都非常恐惧。次日晨，日本飞机在九江上空低旋，发"良民证"，要大家"以此为臂章"，沿途可通行，要大家都去"欢迎大日本皇军"。并在行滘落了一个小炸弹。

十二日晨，大队日军分别行"大将庙"、大谷、沙口、石塘等地，向九江圩进发，沙口石塘两路为主力，人数最多，其余为侧翼，人数较少。另一部分埋伏在海寿沙，截击过海逃难的人，这样，过海的人百分之九十以上都被日寇用乱枪打死。

日寇进占九江后，即派兵到九江圩各家驻守，如儒林书院、吴赓南宅第、文明巷、高光巷、龙安里、柏园等，以北园（包括梁家楼）内各楼为大队部，又在大岗顶、洛口、沙口、偶山（沙口对面）驻军，加强对九江圩的控制，又在各交通要道设了岗哨，人们走过，都要向哨兵立正鞠躬，如走过时不行礼或认为鞠躬得不好，轻则就打几巴掌，重则拳打脚踢，甚至拖砖顶石，罚跪立若干时间，这是对我们中国人民的多么大的侮辱！

在行礼以后，有时日军哨兵又以某种借口搜身，翻衣服口袋，如有金钱或他合用的东西，都被取去，这是常有的事。

十二日那天，他们到九江圩各家拉夫，为他们搬运辎重和粮食，一直做到入夜才放行，有些人刚帮一家搬完，又被另一家拉去，深夜仍不能回家。

日军在那天到处张贴所谓南支排遣军总司令队部的"安民"布告，扬言要"打倒蒋介石"和"打倒共产党"。

十二日傍晚，日寇三五成群，到处拍门入屋，翻箱倒箧，抢劫钱财和强奸妇女，到处都可以听到他们枪声和当时乡人的凄厉的惨叫声。就在这天晚上，被日军枪杀和因被侮辱而自杀的人，为数不少。

十三日，日寇在强奸妇女和抢劫东西的同时，进行了大规模的屠杀。单是南方柳木村北风滩塘处就被杀四十八人，加上其他各处约略计算一下，也有一百三十多人，至于被强奸侮辱的妇女，就无法计算了，被抢去的金银珠宝和钱财，也无法统计清楚。

（九江人民公社管理委员会编：《解放前九江人民血泪史》，1963年印行，第18页）

51. 血洗小塘岗

(1987年)

1939年8月旧历初七清明节，日军在"马口战役"中，被我驻西江部队和西区游击独立大队杀得鬼哭神号，丢盔弃甲。之后经数月准备，又集中了优势的兵力，再次进犯金本地区，企图一举消灭当地抗日武装力量。但事与愿违，日军到达五顶岗后即遭到我游击队的英勇阻击，被打死十多人；撤退途中在白泥市岗和官员村两处又被伏击，欲退无路。是时已近傍晚，于是转到小塘岗村附近的扶抱岗龟缩过夜。

翌日凌晨，日军便向村里进犯，全村群众被突然的枪声惊醒之后，即仓皇奔逃。有些人从新门楼口出走，欲往塘夏村、金竹村、再转去南海县白水塘村。但刚到塘夏村，就被已进入该村的日军往回赶。慌乱奔走中，有的被推下田摔死，有的跌倒在地被人踏死。日军还向人群开枪扫射，当场打死了几人。大概有七八十个日军尾随进入小塘岗村中，随即分兵到各户搜查，一部分日军占据邓家岗制高点。从沙咀取道逃往金竹村的村民，在广阔的田野上四散奔走，邓家岗的日军用机枪猛烈扫射，不少人中弹倒下。

从沙咀口涌边划小艇逃往白泥墟的村民，也被邓家岗日军用机枪扫射。村民邓广瑞一艇七人，被打死五个，另二人跳下涌去幸免于死。其他跳下涌去的人被打伤不少，鲜血染红了涌水。有的村民跑到邓家岗边的稻秆堆里躲藏，被日军揪出来，男的赶回村去，女的就地奸淫。

时到下午，日军把截赶回村的群众分为两半：一部分押往邓姓这边，一部分关在陈姓的某户厅里。入夜，一队日军到人堆里找女人发泄兽欲，青年妇女全都被奸污，连六十多岁的老大娘也未能幸免。日军还随意杀人，七十多岁老人陈福兴，不让日兵进屋抢走财物，惨遭杀头。村民陈赞昌在屋里见敌人进来，忙爬上屋顶躲避，被邓家岗的日军开枪打死。

由于小塘岗三面环山，只有一处出口，有如一个张口的布袋。日军想撤离返回五顶岗，一出村就被我游击队截击，只得缩回村里，用电波呼救。几天后，日军派来三路救兵：一路由南海西樵直上白泥墟，一路由马口沿江而下经五顶岗到白泥市岗，一路由西南镇过南岸，经洲边到扶抱岗。结果被围困在小塘岗的日军得以逃脱，但此时仅剩五十人左右。

浩劫过后，人们急忙回家，只见箱翻柜倒。财物被劫一空，还拉下满地屎尿。这次日军血洗小塘岗，共杀害六七十人，其中小塘岗村民二十六人。全村粮食几乎被搜掠一空，以至累及不少人冻馁饿死。侵略者的这些罪行，人天共愤，永志难忘。

(三水县政协文史委员会编：《三水文史》第 15 辑，1987 年印行，第 140—141 页)

52. 佛山沦陷后，工商业遍地凋敝

（1990年10月）

民国二十七年（1938年）十月，佛山沦陷在日本侵略军之手，佛山工商业又经历了六年的摧残，石湾陶瓷窑从100多座降为17座，生产工人从五六万减为1000多人；棉纺业从10000多台机生产到仅剩二十多台机断断续续地生产；丝织业全盛时有数万台机，年产量在一百万匹以上。在日本侵略军的掳掠下，绝大多数中、小织户破产，当时只剩织机数千台，年产10余万匹，仅为全盛时的十少之一；铸造业在佛山沦陷前大小商号有30多家，沦陷后只存四五家，并且处于停工状态，不少铸工流落他乡，有些改行、有些饿死。当时的市场米珠薪桂，商品奇缺，货币贬值。民国时期，佛山民食已靠番禺、中山、东莞等县及外洋输入供给，日本侵略军入侵后破坏农业、封锁交通、限制谷米经营，致使粮食不继。不少人吃"五彩饭"（以瓜菜及粟米等杂粮和少许稻米煮成的饭），吃不上"五彩饭"的，就只好用玉米芯、木瓜芯、麸皮、野菜等来充饥，故当时每天早上总有十具、八具饿殍倒卧街头；佛山沦陷不久就闹柴荒，于是发生大规模的砍树和拆屋事件，由拆屋而到劫棺材庄、挖岗坟，从前繁荣的火车站、文昌沙、平政桥、通济桥、西竹、直义、北胜、承隆等街巷，成了瓦砾荒地；人们为了谋生，便出现"走货"、"炒货"、"骗货"、"走私"等现象，市场一片混乱，甚至还出现把人肉当马肉卖事件；那时的物价早午晚不同。广东省银行的"大洋券"（荔枝湾币）分为四类使用，对号全新的作十足使；直版无折痕、不对号的折值用；用过的大洋券则作残钞，折值更大；角币及残旧币统作"湿柴"，只作一、二成用或不用；当时暴发的，只有汉奸、恶霸们搞的"英栈"、"花纱公会"、"利农公司"、"烟赌公司"等。"英栈"是日本三井洋行买办黄日祥开的，通过"买花"办法，垄断纱绸市场，获取高额利润。以杨露泉为首的伪花纱公会的理事们，囤积居奇炒买炒卖棉纱，发了大财。利农公司的大后台是当时的侦缉队长罗炳，通过粪溺官办，剥夺小农生计而自发，后至激起民变。烟赌公司更是在"佛山治安维持会"的羽翼下，招商承投，致佛山赌场林立，烟馆——谈话室遍地，规模较大的有陈大塘的字花场，牛栏口的玲珑大赌场，锦华路的富贵楼大赌场，以及锦华路的退隐谈话室，福贤路的大行谈话室等等。

（佛山市商业局编：《佛山商业志》，广东科技出版社1990年版，第57页）

53. 回顾日本侵略者在万年乡的罪行

(1995年)

今年适世界反法西斯战争和我国抗日战争胜利五十周年，我国人民和世界各国人民一样，采取多种形式，回顾当年艰苦卓绝的战斗历程，历数侵略军的滔天罪行，缅怀死难同胞和为国捐躯的亲密战友，欢庆我国有史以来唯一取得完全胜利的这个民族反侵略战争的伟大胜利。

万年乡是抗日战争时期淡水区属下的13个乡之一，是日本侵略均三次从大亚湾登陆入侵华南的主要登陆点，东起邻近虾冲乡的柏岗村，西至毗邻澳头乡的黄鱼冲、高冲、渡头，北届桔子塱大山，南邻大亚湾，共有近20个自然村，面积约60多平方公里，总人口约5000余人，以农业为主，以渔业、盐业为辅。八年抗战期间，日寇曾三次蹂躏万年乡，第一次自1938年10月12日至12月7日，第二次自1941年2月4日至5月中旬，第三次自1945年1月12日至8月底，累计历时一年又一个多月。日寇登陆前首先派飞机狂轰滥炸、扫射附近重镇澳头、淡水以及沿海军事要地；登陆后则所到之处见人就开枪扫射，见房就纵火焚烧，见妇女就强奸，见财物就掳掠，残暴之极，令人发指，人民群众所受摧残，惨不忍睹，罄竹难书。

一、杀人放火　草菅人命

日寇三次蹂躏万年乡，以首次入侵为甚，它所到之处，见人就开枪动刺刀，见房子就纵火焚烧。据不完全统计，日寇三次践踏万年乡，在全乡绝大多数群众离家逃难、走避一空的情况下，被直接杀害的无辜百姓仍达百人以上；被烧毁的住房、店铺达300余；被摧残的村庄包括柏岗、官溪、岩前、岩背、金竹岗、南边灶、石下灶、土湾、以及黄鱼冲的田澳背、投边石、格坑、围肚、猫岭、凹子擎、高冲、乌石、渡头等，占全乡80%以上。特别是官溪村首当其冲，损失惨重，直接被杀70余人，被烧住房、店铺100余间，大半个村子一夜之间变为废墟；有一位30多岁的妇女背着一个一岁多的孩子逃难，日本鬼子也不放过，竟狠下毒手，一枪从小孩背上打进，从他母亲胸膛飞出，母子二人同事毙命；一位年逾古稀的老叟，步履蹒跚地往山上逃逸，日本鬼子亦丧心病狂地向他开枪，他惨叫一声就倒在血泊中；黄鱼冲格坑村青年陈仕旺（花名短命旺），走避不及被日寇抓到乌石水仙爷庙神台上剖腹挖心而死；土湾村一青年陈某，被日寇抓到猪肉台上破肚，惨不忍睹；黄鱼冲禾埕头陈大敦，逃难到丁心坑时被日寇抓获杀害，还砍了头。田澳背青年陈潭生在崇雅中学上学时被日寇打死。与此同时，有的被烧死在屋子里；有的被推下海淹死；有的被抓去当挑夫，杀害于途中；有的被飞机扫射毙命。有的全家被杀尽，有的只剩下孤儿寡妇，有的只剩下老头或老妪孤身一人。我的父亲陈谭风，在日寇第二次入侵时已50多岁，其时我们全家老小已逃入深山躲避，有一天父亲乘夜暗潜回家中挑粮食时被日寇抓获推倒坐地，先以用拳打脚踢，用铁条敲击头部，然后搬起一块20多斤重的磨刀石往头上砸去，父亲往后一闪，石头从前额贴脸而下，落在两腿上即惨叫一声，倒在地上，前额、脸部、胸部血流不止，两腿被严重砸伤，当即不能动弹。日寇以为我父亲已死去，便转而追逐其他乡亲。父亲等疼痛稍逊，又见鬼子已离开，才推开磨刀石，艰难地爬出虎口，捡回一命。

二、强奸妇女　禽兽不如

良禽尚知择木而栖，而日寇对妇女实施强奸却不择手段，不论老妪、孕妇、幼女均不能幸免，连禽兽都不如。有的年轻女子被抓进日军兵营当"慰安妇"，受尽日寇轮奸凌辱；有的被轮奸至死，抛尸荒野；有的被蹂躏后神经失常；有的被强奸后在忍无可忍的情况下自尽身亡；有的幼女被强奸至死；有的老妪被剥光衣服，用鞋底、竹片把阴部打肿后再实施强奸。1938年10月日寇第一次入侵时，土湾村有个青年妇女被几个鬼子按倒在猪肉台上当众轮奸。1941年3月日寇追到桔子塱大山车子地的黄鱼冲村民避难聚居地，抓了5个小至14岁大至21岁的女青年马庙日军兵营当"慰安妇"，一去不复返，再也不知所踪。虽然在日寇第一、二次入侵期间，万年乡绝大多数村庄，绝大多数人民群众都闻"日本仔"丧胆，望"太阳旗"而逃，走避桔子塱山中的深山老林，只有极少数老妪和来不及逃避的妇女、幼童遭此厄运，此时日寇亦推行绥靖政策，妄图笼络民心，与其一起抗御国际反法西斯联军的反击，因而对人民群众摧残较少，但是，全乡在整个抗战期间遭日寇强奸、轮奸的妇女仍在200人以上。

三、任意掳掠　搜刮民财

日本鬼子横行霸道，胡作非为。所到之处无不入屋上楼、翻箱倒柜、砸缸打瓮、搜刮民财；抓鸡、抓猪、牵牛、抢夺米、谷、糖、豆；拆房取木、砍树取材。

牛是农民的命根子，是主要生产工具，牛的重要性对农民来书仅次于人的生命。农民在逃难中，别的财富可以不要，而耕牛则要千方百计牵着走。在万年乡第一、二次沦陷的5个多月期间，绝大多数农民在逃往深山和他乡时，都是牵着牛去逃难的。而日寇丧心病狂，千方百计追捕耕牛作为他们的美事，有时还追到群众避难的深山去抢夺耕牛；在退却时还派出小分队埋伏，乘难民牵牛返乡之机，强抢耕牛；在第三次入侵期间，乘人们普遍存在"恐日病"之机十天半月进村要猪要牛。据不完全统计，在八年抗战期间，全乡被鬼子抓走、打死的耕牛达1000多头。我家有一头母黄牛，是我家犁田耙地的主要生产工具，在万年乡第一、二次沦陷的5个多月中，我们是牵着它到桔子塱大山的松山排、车子地和澳背的大山下等地避难的。1941年5月中旬，日寇第二次退出大亚湾时，父亲牵着这头母黄牛和一头小黄牛取道汤湖坝、虾冲返黄鱼冲时，在虾冲与柏岗之间，碰上日寇潜伏的小分队，两头牛被同时抢走，这一举，给了我家以沉重打击，全家老小8人几乎陷入绝境。

此外，在整个抗战期间，万年乡被日寇抓走的猪在4000头以上，鸡鹅鸭在3万只以上，粮食2万担以上，被砍树木1000多立方米，被焚船只近百艘。

四、日寇所到之处　后患无穷

日本鬼子对万年乡三进三出，反复践踏，给人民群众带来沉重灾难。

一是人民群众两次逃难，离乡别井，或藏于深山老林，或住他人牛棚、猪圈、草屋，或露宿旷野，饥寒交迫，贫病交加，度日如年，有的因病饿相逼而客死他乡。我的姐姐、姐夫及一个外甥女就是在1941年春日寇第二次入侵时，逃难到外地而客死他乡的。

二是田园荒芜，农、盐、渔业生产受到严重破坏。首先在农业生产方面，日寇第一次入侵时正值稻子含苞吐穗，因村民逃难，无人管理，缺水少肥；待50多天后日寇退却，返回家乡时，稻子已过度黄熟，谷粒落地过半，最后收成仅及往年的二、三成。仅这一造粮食减产1万多担。1941年春日寇第二次入侵时，又值春播春插时期，人民群众多数逃离家乡，无人耕种；待到日寇第二次退却时已是5月中旬，已过农历四月初八，农时已过，虽然有的也照样播种插秧，担所收无几，这一造减产更多，全乡2万余担。其次在盐业方面，日寇第一次蹂躏万年乡的50多天中正值盐业生产旺季，但盐民已离乡背井，以致生产停顿，估计损失生盐在1.5万担以上。日寇第二次蹂躏万年乡的3个多月中，虽多数时间不是产盐旺季，担与往年比较，至少损失生盐近万担。再者在渔业生产方面，由于日寇入侵，不仅生产停顿，且渔船被烧，有的渔民被杀，殃及两年多时间，渔业减产 5000 担以上。

三是灾荒连年，恶疾蔓延，人民遭殃。由于日寇入侵，人民群众逃往，加之盗贼四起，股匪群聚，农、盐、渔业生产受到严重破坏，人民群众苦不堪言，日寇 1938 年第一次入侵就酿成 1939 年的中度饥荒；日寇 1941 年第二次入侵，又造成 1941 年的严重饥荒、1942 年的霍乱病流行和 1943 年的饥荒，绝大多数人严重缺粮，以树叶、海草、黄狗头、硬饭头、芭蕉树等充饥，3 年内病死饿死的贫苦百姓近千人。有的全家死绝，有的只剩下孤儿寡妇，多数人死无棺材可葬，许多人是以破被、烂席等裹尸入土的。

四是学校停办，青少年失学，贻误青少年前程。抗战前万年乡有小学 6 间，在校学生达 500 余人，1938 年 10 月日寇第一次入侵，6 间小学全部停办，直至 1939 年下半年才有 4 间小学复办；1941 年 2 月日寇第二次入侵，又全部小学停办，直至 1942 年初起才陆续复办，但学生人数已下降到 200 余人。1945 年 1 月日寇第三次入侵，全部小学又停办，至 1945 年 9 月后才陆续复办。日寇三次入侵，虽累计时间只有一年一个多月，但学校三停三复，贻误学生学业二、三年，以至有的儿童过了 10 岁才上小学一年级，十六、七岁才小学毕业，许多适龄儿童则由于日寇入侵和天灾人祸交织，只念上一两年书就从此失学了。（1995 年 8 月）

（中共惠州市惠阳区委党史研究室、中共惠东县委党史研究室、中共惠州市大亚湾区委组织部编：《永远的丰碑——惠阳惠东大亚湾抗战实录》，社会科学文献出版社 2008 年版，第 449—452 页）

54. 日军在洋青圩、卜巢村、风朗村犯下的罪行

(2003年11月)

1943 年 3 月，日伪军 300 多人进驻洋青圩、水流、饭锅塘、大头竹、田头湾、白草塘、过路塘等村庄，并强行把洋青圩群众赶走，扶植陈树皆任洋青圩维持会长。通过维持会向各村强抽民工和派兵捉拿民工，拆除洋青圩、水流村、上村仔、田头湾、大头竹、白草塘等村的民房，收集木材，在洋青圩 4 个路口修建了 4 座炮楼。同月上旬，日本侵略军"围剿"道孟村，捕捉了群众周伟卿、周文修到头岭村东边挖坑活埋。7 月某日，日军"扫荡"洋青村时，捉到 14 人（其中 6 人是国民党兵，8 人是群众），然后强迫这些人排成一队跪下，用日本东洋刀砍下他们的头颅，并浇上煤油焚烧，手段十分残忍。1943 年秋的一天，400 余日伪军由城月出动"扫荡"卜巢村，全村群众慌忙外逃、60 多岁的农民林宜春因赶着一条耕牛，走得慢了点，被日军打死在家门外。日军进村后，逐户搜劫财物，放火烧屋。据统计，全村当时被烧掉 250 多间房屋，烧死耕牛 3 条、猪 5 头，被烧掉和抢走的物资不计其数，没被烧毁的房屋均被捣毁屋顶。丧尽天良的日伪军还像野兽一样在村内拉满了大小便，甚至在村中唯一的一口水井中撒下头发、垃圾和粪便等污物。由于日军的"扫荡"，卜巢村的群众只好躲到附近的山林里，有家不能归，有田不能耕。长时间的饥饿、疲劳和疾病的折磨，使卜巢村 10 多人死于野外，数十人因吃了杂树野草而脸浮身肿。1944 年 5 月，日军为在风朗村一带修建军用飞机场，把这一带的风朗、西边岭、大稔山、沙坭坡、边塘、头岭、陈纯等村的群众全部赶出村去，烧毁或霸占 800 多间民房。还用铁丝网围了周边的友华等村，赶走村民，让其修建机场外围工事等。数以千计的青壮年被抓去修筑工事、并惨死在日军的屠刀之下。惨无人道的日军，在头领村附近的坎沟里设了一个"杀人坑"，每筑好一项工事，便在那里杀害一批民工（如 1945 年 3 月，80 多名挑夫路过机场附近时被抓去修工事，劳累了一整天，水也不得喝上一口，傍晚时，日军把这批民工押到"杀人坑"集体枪杀，3 人幸存）。日军对遂溪人民犯下的罪行，罄竹难书。

（中共遂溪县委党史研究室编：《红土风云》，2003 年印行，第 26—27 页）

（三）口述资料

1. 夏衍：广州在轰炸中

到傍晚，一天的轰炸完毕之后，除出几缕黄灰色的火焰之外，广州的天空依旧回复了她原有的澄澈与清明，几小时之前作为屠杀者掩藏处的一朵朵的轻云，依旧奇伟而又深邃地浮在人们的头上，这样美丽的自然，这样和平的大地，谁能设想这是一连十二日，每日轰毁几百民家，学校，医院，每天屠杀几千非武装平民，妇孺的场所！广州是被连续无目的地轰炸了十二日了，要轰炸到什么时候为止，谁也不能知道！广州街上尽是半疯狂状态地号哭着的失了丈夫和儿子的女人，尽是装在运货汽车上的一列列的白木棺材，残砖碎瓦，倒坏了烧毁了的民房，炸弹片，一排排的用芦席盖着的尸首，和由红变褐，由褐变黑了的血迹！晚风吹过来，空气中充满了火药气和血腥！是的，经过这十多天的轰炸，广州是遍体鳞伤了，任何一条路上走一百码，就可以看见一处惨痛的伤痕，但是，广州还活着，脉搏还正确而有力地鼓动着，遍体鳞伤是不能致命的！广州还在战斗，广州咬紧了牙根在忍受一切该忍受的苦痛！

不亲身经历过，是不会理解轰炸人口稠密都市的残酷和恐怖的。从去年九月起，广州是经了十个月的长期轰炸了，但是以前的目标是在近郊的铁路沿线，即使到市区来也不过小规模的轰炸。所以经过了这长时期之后，广州市民对于空袭渐渐从镇定而变成麻木了，二次警报之后还是维持交通，高射炮怒吼的时候市民也没有张皇的情状。外省到广东来的人们称赞广东人的镇定，广东人也拿这种镇定来自己夸耀，而忽略了对空袭的警觉和准备，于是，惨绝古今的惨闻，就在这种情形之下发生了！

五月二十八日起，敌机大规模地向广州市区轰炸了，来的飞机最少是十二架，最多的时候是五十二架，掷的炸弹都是三百磅至五百磅的巨弹，一次投下的弹数最多的日子是一百二十个，每天来袭最少三次。五月二十九，六月六日，整日在轰炸中，全市民简直没有喘息的机会。投弹，全然是无目标的，商店，民家，学校，幼稚园，医院，甚至于屋顶上铺了法国国旗的韬美医院，全是他们的目标。五月廿八，廿九，每天死伤的人数是一千人以上，六月六日，死者一千二百，伤者简直无法统计。日本发言人声明要炸的军政机关，可差不多完全没有炸到，那样目标显著的市政府，周围投了几十个巨弹，但是结果只炸毁了几棵大树，和震碎了这伟大建筑物的一些玻璃。其实，即使炸中，这也是只和"房屋"作对，在军事上完全没有意义的。很明白，在这样大规模的轰炸下，敌人明明知道政府官员不在这些建筑物里办事，这只是一种诡辩，一种对国际间放送的掩护大屠杀的口实，在广州的外国新闻记者都知道。单就到今天为止，殉职的军警还不到死难平民的千分之一这一件事，就可以知道日本帝国主义者要轰炸的目标究竟是什么了。

这是一种人间地狱的情景！我依旧要说，不亲身经历过是不会理解的。你知道炸弹在你近处落下的时候所发出的那种和空气摩擦的"哗哗哗哗"的声音吗？这惨厉的声音以一种可怕的力量，深压到每个被威胁者的灵魂深底，在这一瞬间使你失去思考的余裕，闭着眼睛等着，也许下一瞬间你的生命就会这样的消去！接着，是震聋耳膜一般的轰响，窗格的震动，玻璃裂响，一两分钟之后是一阵黄灰色的烟，冲鼻子的是一种泥土和火药气混在一起的使人喷嚏的臭气，……当然，在这几秒钟间，几十几百也许是近千的生命是像蝼蚁一样的消失了！这过程反复重叠着，从清晨五点钟到傍晚，从晚间七点到午夜。

在猛烈的轰炸，人们是并不感到特别的恐怖的，不，可以说，在那决定生命或断或续的瞬间，人们心里会自然地产生出一种超过恐怖的安定感的。人们伏在地上，没有话，没有表情，有的还默默地凝视着也许他从来不曾看见过的地上的小虫。在广集着几百个人的逃难处，沉默得像一座森林，连小孩也不敢哭，被一种无限的森严镇压住了！

广州最繁盛的街道，全被炸成瓦砾场了，黄沙车站附近，已经是一片平地了，文化街的永汉路，惠爱路，长堤，每走几十步不是一堆焦土和残砖，就是一排炸成碎片压成血浆的尸块。五百磅的炸弹下面，钢骨水门汀的高层建筑也是没有抵御力的，那种惨状谁也不能想像。路上散碎着人的肉，毛茸茸的小孩的头盖，灰黄色的脑浆，炸到几十步远的墙上的紫蓝色的肚肠，风吹着，这肠子在慢慢地在摇晃，红的血被太阳一晒，变成类黑色的凝块了。尸亲发着低低的泣声，在尸丛里面寻找他们的骨肉，找不到的时候痴呆地回去，找到了的时候一阵凄厉的哭声。我看见一个四十几岁光景的妇人捏着一张照片，揭开盖着尸首芦席和草纸一个个地在寻她失踪了的亲戚，看照片，那是一个十四五岁的天真烂漫的姑娘。

我是一向怕看死人，怕看人血的，可是现在，我能够在尸场上慢慢地走，我能够踏过那涂满了街道的"血路"了，不踏同胞的无辜的血，是不能通过罹灾区域的！残酷吗？不，这是感觉的麻痹，这是对于恐怖的感受的疲劳和饱和！

广州是以街道树的美丽出名的，而现在连这些正开着花的树也遭了殃，附近落了弹，这路上的街道树就会换个模样，红的花，绿的叶，全震落在地上，不炸倒的树，也变成落了叶的枯树了。我们看到路上有落叶，就可以知道这一带有轰炸。

对于投弹的漫无目标和野蛮残酷，真使我们怀疑从飞机中投弹的是不是和我们同样的有父母儿女，有知觉感受的人类！二十九日第二次炸惠爱路，看见红十字会和童子军在上一次灾场发掘尸体，而他们竟低飞准对这发掘工作者投了三个炸弹，这是战争吗？这些被屠杀的是战斗员吗？我想问问西方先进国家的朋友。

香港英文《中国邮报》的驻粤记者报告中有下述的一段："余与一美国摄影记者，蹲于爱群酒店之屋顶，而观惨剧之开演。余非故作惊人之言，汉民路为广州市第一大通衢，是日平民之被炸毙于该路者达六百余人，全路路面，为之做赤色，葬身华侨理发店之瓦砾堆中者，亦有百余人，盖五百磅炸弹一枚，曾坠于此也。余曾见三所学校，惨遭炸毁，其中一校，尚有十数童尸，横陈地上，余助红十字队工作，发掘十五英尺瓦砾，见一年约十八岁之女子，虽被埋压，然幸未受伤，彼指导红十字会人员发掘，救出彼之老父；余又见一妇人，背负孩子，该孩子已死去多时，慈爱之母亲，犹不忍将之放下，抱头痛哭；又见一孩，坐于死猫之旁痛哭，彼犹不知一家八口只得彼一人生存，一般推测，该孩子当空袭时，必因追猫出外，而其家人则尽葬身瓦砾丛中矣。"

同样地一个老年的医生对记者发表谈话说："我从事医生三十年，从未经历过这种惨绝人寰的患者，一妇人以手按住已流出的肚肠，而犹频频回头视其背上的婴儿，而此婴儿之头盖，已被机枪子弹扫去一半。"人间何世？这是什么世界？世界上一切理智清明的人，能够袖手旁观，让这野蛮的屠杀继续下去，扩大下去吗？

这样的屠杀，继续着，我在轰炸中零零碎碎的写这篇通讯，已经因为警报而停笔了四次了，今天是大轰炸，大屠杀的第十二日，昨天是旧历五月十一，上弦月已经半圆，今后未死的广州人是要遭遇到更惨的夜袭了！

六、八下午。

（《新华日报》1938年6月12日）

2. 西谷稔供词①

(1954年7月22日)

西谷认罪及检举齐藤美夫材料
(1954 年 7 月 22 日于抚顺)

我西谷稔自一九三八年十月至一九四二年一月间，当华南派遣宪兵队佛山宪兵分队盘踞在佛山时，曾做为华南派遣宪兵队长宪兵大佐齐藤美夫的部下，自一九四〇年之末至一九四二年一月间，做为佛山分队警务系外勤军曹、曹长或九江宪兵分驻所长军曹，对中国人民犯下了如下的罪行：

一、华南派遣宪兵队组织系统：（从略）

二、华南派遣宪兵队的总任务：

（一）日帝侵略地区内的"治安维持"（包括对和平地区的"经济封锁"）。

（二）搜集情报与准备次期的侵略。

（三）镇压"谍报、谋略"的抗日地下组织。

（四）防止发生外交上的事故。

（五）军事警察。

三、华南派遣宪兵队佛山宪兵分队的任务：

（一）佛山宪兵分队的侵略行动地区内的"维持治安"（包括对和平地区的"经济封锁"）。

（二）进行搜集情报，协助日帝部队的侵略行动。

（三）"逮捕镇压"抗日地下组织。

（四）防止发生外交上的事故。

（五）防谍。

（六）管理侨居在此的日本人。

（七）军事警察及司法警察。

四、在华南派遣宪兵队、佛山宪兵分队，当时对中国人民所犯下的罪行如下：

---

① 西谷稔系日本战犯。此件为西谷稔在押时的供词，由梁树华翻译。原件藏于中央档案馆。

杀人罪行：

（一）一九四一年一月在广东省南海县石湾镇附近的墓地，根据华南宪兵队长大佐齐藤美夫的屠杀命令（书面命令），将在该月初旬于南海县九江镇九江码头东方，由九江宪兵分驻所长西谷稔（我）以下八名，所逮捕的中国人民抗日游击队中队长陈仲以下二名，在佛山宪兵分队长中尉松久保正信指挥之下，由部下宪兵用日本刀砍死了。

此时作为佛山宪兵分队九江宪兵分驻所军曹的我，指挥着部下七名，包围了秘密地回到在九江的家中的抗日游击队中队长陈仲（男三十岁）以下三名，经交战后逮捕了陈仲以下二名（一名逃走）。在他们胸前挂上了侮辱他们的招牌，拉着他们在九江镇繁华市街游行一周，借威吓中国人民后，监禁在分驻所的拘留所内。在审问时我直接指挥翻译陈干骑在审问室内用木棒在他周身乱打，遂使他右手指断了两只，并且腕部、背部、腰部等处均呈内出血的伤痕，以后又将其吊在天花板上，进行刑讯。对于陈仲的部下的队员（男三十五岁），也同样地进行了刑讯，最后以附有屠杀意见的书面报告给佛山宪兵分队长中尉松久保正信，并将被害者移送到佛山分队屠杀。

（二）一九四一年四月在广东省南海县石湾镇西北方约六公里附近的某乡，在佛山宪兵分队长中尉松久保正信指挥之下，以镇压南海县抗日游击队为目的，进行侵犯此村镇，在乡间击毙一名农民（男，四十岁），弃尸于该地。此时做为佛山宪兵分队警务系外勤军曹的我，受分队长松久保之命，指挥部下约三十名，为了镇压南海县抗日游击队，作为迂回分队，于夜间利用水路秘密地侵到同乡的北部，拂晓时协助宪兵主力的侵犯屠杀行动，遮断抗日部队的退路，逮捕了从村镇内进出的中国和平农民男子五名，交给指挥班长朝比奈军曹（命朝比奈刑讯后当日放回）。此外亦封锁和平农民的通路，使丸山军曹所指挥的第二分队得以容易地进行屠杀行动，即在乡内击毙年约四十岁的和平农民一名。

（三）一九四一年五月，在广东省南海县石湾镇附近之墓地处，根据佛山宪兵分队长中尉松久保正信的命令，将在该年四月间在松久保指挥宪兵分队主力（我亦参加）侵犯广东省南海石湾镇西北方约六公里之某乡时，所逮捕的南海县抗日游击队员罗某以下八名及同年五月宪兵分队主力（我亦参加）侵犯广东省南海县夏敦乡所逮捕的抗日爱国的中国人民关某以下五名，以后以其他方法逮捕的抗日爱国的中国人民三名（均为男子，年龄均在二十五岁至四十岁之间），共计十六名，根据侵犯华南的宪兵队长大佐齐藤美夫的书面命令（屠杀命令），在分队长松久保指挥之下，由宪兵曹长以关菊二以下的七名宪兵，用日本刀砍死在该地。

此时作为佛山宪兵分队警务系外勤军曹的我受松久保之命，在屠杀前日，指挥补助宪兵三名到前记墓地，准备了屠杀时用的坑穴，同时在屠杀当日，又命补助宪兵佐藤上等兵以下七名，用麻绳捆绑了抗日爱国的中国人民十六名，装在卡车上，由我担任警戒班长，押到屠杀现场。此外又受松久保之命，亲自用日本刀砍死了此抗日爱国人民中的两名。同时在现场担任了屠杀所余的十四名抗日爱国者的警戒工作，协助了屠杀。被杀的尸体被埋在该地。

（四）一九四一年八月，在广东省南海县石湾镇附近的墓地，根据侵略华南宪兵队长大佐齐藤美夫的屠杀抗日爱国的中国人民的命令（书面命令），将在该年七月由佛山宪兵分队长大尉原田八郎所指挥的宪兵主力（我也参加）侵犯南海县下罗村东北方约六公里附近的某乡时，所逮捕的抗日爱国中国人民男子八名，又将在佛山宪兵分队侵犯南海县下某乡时所逮捕的中国抗日爱国者男子七名，共十五名，在分队长原田的指挥下，由部下宪兵五名（包括我在内）用日本刀砍死。

此时作为佛山宪兵分队警务系外勤军曹的我，受该分队长原田之命，指挥补助宪兵松村伍长以下七名，将抗日爱国中国男子十五名，装上卡车，运到屠杀现场，在担任现场警戒的同时，又受原田之命，亲自用日本刀砍死了此抗日爱国者中的约四十岁的罗某以下四名。当丸山军曹以下十四名屠杀剩余的抗日爱国者十一名时，直接担任警戒工作，因此又协助了屠杀。

（五）一九四一年十月，在广东省南海县石湾镇附近的墓地，根据华南侵略宪兵队长大佐齐藤美夫的屠杀抗日爱国的中国人民命令（文书命令），将在该年九月及十月时佛山宪兵分队长大尉原田八郎指挥部下宪兵主力（我也参加）侵犯广东省南海县下某乡时所逮捕的抗日爱国的中国男子五名，由我砍死。

此时作为佛山宪兵分队警务外勤曹长的我，接分队长原田屠杀抗日爱国者五名的命令，指挥补助宪兵五名用卡车将被杀者送到前记屠杀现场，让爱国者站在江佛公路西侧台上坑前，并蒙上他的眼睛，在距离约五十米的地点，命令补助宪兵三名用步枪射击头部，接着我在同距离处用盒枪射击了所余的两名的头部，将五名全部击毙，并掩埋了尸体后归来。

（六）一九四二年一月三日在广东省南海县雷岗乡，受佛山宪兵分遣队长准尉佐藤胜太郎的命令，做为佛山宪兵分遣队警务主任曹长的我，以镇压抗日爱国者为目的，指挥部下约十三名，穿便衣秘密地侵入该乡内，急袭某赌博场，逮捕了中国人民抗日爱国者五名（男），带回分遣队拘押。当日傍晚我接到了做为宪兵必要人员转到印尼的命令，当我出发时，我对留任的负责人特高主任曹长大村清交代说"此抗日爱国者可能与爆破广三铁路事件有关，故请你彻底审问"后，离开佛山。

我由佛山宪兵分队再次的对抗日爱国的中国人民的犯罪事实来看，可以确信这些爱国者必然要在侵略华南宪兵队长大佐齐藤美夫之命令下遭到屠杀，故将此做法为帮助杀人来认罪。

逮捕的罪行：

（一）一九四一年一月，做为佛山宪兵分队九江宪兵分驻所长军曹的我，受佛山宪兵分队长中尉松久保正信之命，指挥部下约二十名，以镇压逮捕中国人民抗日爱国者为目的，协同盘踞在顺德县龙江镇外的日帝步兵一个小队，侵犯了龙江镇，以有抗日爱国的嫌疑逮捕了和平农民（男，年龄三十到四十岁）三名，带回九江分驻所拘押，以后我命令我的部下伍长石川胜郎进行审问，并使石川在审问室用竹棍在每个身上乱打约三十次，致使他们腕部、背部、腰部均负内出血之伤，拘押约半个月后释放。

（二）一九四一年三月，在广东省南海县第九区九江镇，做为佛山宪兵分队九江宪兵分驻所长军曹的我，根据佛山宪兵分队长中尉松久保正信之命，对伪南海县第九区九江镇行政区署区长岑明善（中国人，男，年约五十岁）以"偷税"及"贪污"为理由，亲自逮捕后，交给佛山宪兵分队长松久保拘押。其后我又做为佛山宪兵分队警务系外勤军曹，转回分队时，岑明善的家属曾先后数次要求送饭和送衣服，但均都拒绝了。此外，每天只给他两顿宪兵吃剩的饭，进行虐待，结果在司法主任堀江博审问后拘押约一个月，解送伪南海县政府判刑。

（三）一九四一年四月，在广东省南海县石湾镇西北方约六公里附近的某乡，佛山宪兵分队长中尉松久保正信指挥佛山分队的宪兵主力（我也参加）及伪南海县政府侦缉队以及特务队等约百名，进行武装侵犯，此乡逮捕了南海抗日游击队八名及中国和平农民五名（男）。

此时作为佛山宪兵分队警务系外勤曹长的我，在松久保直接指挥之下，担任迂回分队长，指挥部下约三十名和主力一同开始了夜中行动。由南海县石湾镇分乘民船，以拂晓为期，与自西南方侵犯村镇的主力相呼应，包围遮断了抗日游击部队及和平人民的退路，命部下逮捕南海县抗日游击队员罗某（男，年龄四十岁左右）及中国和平农民五名（男），将被捕交与指挥班长朝比奈军曹，同时当主力第一第二分队在该乡内逮捕南海县抗日游击队七名时，由我们遮断了退路，使逮捕得以顺利进行，且在乡内击毙农民一名。结果，将逮捕的南海县抗日游击队员罗某以下八名于同年五月全部被宪兵砍死（已在杀人罪行第三项认罪完了）。第二分队在乡内击毙和平农民一名，弃尸于该地（已在杀人罪行第二项认罪完了）。我命令部下逮捕的中国和平农民五名，由朝比奈军曹用木柴殴打刑讯后即在现地释放。

（四）一九四一年五月，在广东省南海县夏敦乡，佛山宪兵分队长中尉松久保正信指挥着佛山分队的宪兵主力及伪南海县政府特务队、侦缉队等约八十名以上（我也参加）以逮捕镇压抗日爱国者为目的，在拂晓时侵犯了该乡村，在此逮捕了中国人民抗日爱国者关某（男）以下三名及中国和平农民（男）约十名。

此时作为佛山宪兵分队警务系外勤军曹的我，在分队长松久保指挥之下，担任第三分队长，指挥部下约二十五名，在拂晓时包围该乡的北部，封锁了抗日爱国者及中国和平农民的退路，使主力的第一、第二分队得以顺利地侵入该乡内，且逮捕中国人民抗日爱国者关某以下五名及中国和平农民约十名。结果抗日爱国者关某以下五名在同月于南海县石湾镇附近的墓地被宪兵用日本刀砍死了（已在杀人罪行第三项认罪完了）。被捕的和平农民约十名在当日被强迫为宪兵分队搬运宪兵掠夺的物资后放回。

（五）一九四一年七月，在广东省南海县罗村东北方约六公里附近的某乡，佛山宪兵分队长大尉原田八郎以镇压逮捕与爆破广三铁路事件有关的抗日爱国者为目的，指挥佛山宪兵分队的主力及伪南海县政府特务队、侦缉队等合计约八十名（我也参加），侵犯了该乡，逮捕中国人民抗日爱国者罗某以下八名（男）、中国和平农民（男）六名。

此时作为佛山宪兵分队警务系外勤军曹的我，在分队长原田的直接指挥下，担任第三分队长，指挥部下约二十五名参加了此次侵犯行动。以有抗日爱国的嫌疑由我亲自逮捕一名，同时又命部下逮捕了五名中国和平农民后，交给指挥班长朝比奈军曹，委托他进行审问，另外，在乡内的某庙内与第一分队共同逮捕了中国人民抗日爱国者八名（男），结果抗日爱国者八名在同年八月于南海县石湾镇附近的墓地被宪兵用日本刀砍死（已在杀人罪行中第四项认罪完了）。被捕的和平农民六名受到朝比奈军曹在乡内用圆棍殴打的刑讯（此时第一第二分队将逮捕的年龄约三十岁的妇女一名，绑了她的手、足，倒置在水桶内，即用灌水的肉刑），在宪兵由该乡撤退时，全部释放。

（六）一九四一年（月、日已忘）在广东省南海县潭村，佛山宪兵分队长中尉松久保正信以封锁和平地区的经济为目的，根据自广州市沙面经过潭村向和平地区运输石油的情报，于是指挥部下宪兵的主力及配属在宪兵队的侦查队（我也参加），侵犯了该村码头及附近民宅，乱加"密输者"的罪名，逮捕了中国和平船夫二名（男）。

此时作为佛山宪兵分队警务系外勤军曹的我，在分队长松久保的指挥下，以搜索班员的身份参加此次侵犯。检查停泊在码头中的船舶，亲自掠夺汽油十桶，逮捕中国人民船夫（男）二名。结果，被害者船夫潭以下二名被带到分队拘押，关菊二曹长进行审问后，解送伪南海县政府公安局处刑。

放火的罪行：

一九四一年四月，在广东省南海县石湾镇西北方约六公里附近的某乡，佛山宪兵分队长中尉松久保正信以镇压逮捕南海县抗日游击队为目的，指挥部下宪兵及伪南海县政府侦缉队、特务队等约百名（我也参加）侵犯了该村镇，此时命令部下的第二分队放火烧毁中国人民民房约二十座，命令第一、第三分队放火烧毁农民住宅三座，所有家具和其他物品均被烧毁。

此时作为佛山宪兵分队警务系外勤军曹的我，在分队长松久保的指挥下，担任迂迴分队长，指挥部下约三十名，侵犯该乡的北部，封锁了抗日游击队及和平农民的退路，使主力第一第二分队得以顺利侵入村镇，同时制压抗日游击队的反击，据此就使丸山军曹所指挥的第二分队放火烧毁了中国人民民房约二十座。同时在我指挥的迂迴分队与关菊二曹长指挥的第一分队共同攻击距离该乡东方约一公里附近旱田内的抗日游击队时，受到了农民住宅内的反击，因此我就向关菊二曹长提出放火的意见，命关分队员放火将住宅三座全部烧毁。

搜集情报的罪行：

（一）一九四一年一月，做为佛山宪兵分队九江宪兵分驻所长军曹的我，利用了配属在分驻所中的伪南海县第九区九江镇行政区署特务队员关某，在九江镇内进行搜集情报。结果在九江码头东方，由我以下八名逮捕了抗日游击中队长陈仲以下二名，刑讯后送往佛山宪兵分队。其后在侵略华南宪兵队长大佐齐藤美夫的书面屠杀命令下，于南海县石湾镇附近的墓地被分队司法主任堀江博曹长以下用日本刀杀死（已在杀人罪行第一项中认罪完了）。

（二）一九四一年一月，做为佛山宪兵分队九江宪兵分驻所长军曹的我，利用顺德县龙山镇治安维持会会长，在顺德县龙江镇附近进行搜集抗日游击队的情报。结果我指挥部下约二十名与日帝步兵约一个小队一同侵犯龙江镇，以有抗日爱国嫌疑逮捕了中国和平农民（男）三名，拘押刑讯后放回（已在逮捕的罪行第一项中认罪完了）。

（三）一九四一年四月，受佛山宪兵分队长松久保之命，做为分队警务系外勤军曹的我，利用配属在佛山宪兵分队的侦查队员（属于南海县政府），搜集南海县石湾镇方面的抗日游击队情报，结果得到了南海县石湾镇西北方约六公里附近的某乡内有抗日游击队的情报，于是将此报告分队长并提出镇压的意见，同时将伪南海县政府侦缉队长罗平，特务队长陈钵，配属在宪兵队的侦查队长魏某等召来分队，在松久保主持之下（我和朝比军奈曹、关曹长、丸山军曹也均参加），秘密地进行了计划镇压会议（自下午十时三十分开始，约三十分之间）。第二天上午二时，松久保统一指挥着宪兵的主力及前记各队长所指挥的警务机关开始了行动，在拂晓时侵入该乡，在乡内击毙农民一名（已在杀人罪行第二项中认罪完了），逮捕了南海县抗日游击队员罗某以下八名（已在杀人罪行第三项中认罪完了），放火烧毁了民家二十三在栋（已在放火罪行第一项中认罪完了）。

（四）一九四一年七月，受佛山宪兵分队长大尉原田八郎之命，做为佛山宪兵分队警务系外勤军曹的我，为了搜查广三铁路爆破事件，就利用伪南海县政府侦缉队员罗某，搜集南海县罗村方面的抗日部队的情报，结果得到了在罗村东北方约六公里附近的某乡内有抗日爱国者一部在活动的情报，将此报告原田并提出镇压的意见，原田根据此情报指挥宪兵的主力（我也参加）及伪南海县特务队、侦缉队等合计约八十名，进行侵犯行动，逮捕抗日爱国者八名（已在杀人罪行第四项中认罪完了）及中国和平农民六名（在现地刑讯后放回）。

（五）一九四二年一月受佛山宪兵分遣队长准尉佐藤胜太郎之命，做为分遣队警务主任曹长的我，在因日帝发动了太平洋侵略战争，兵力有了移动，故在企图夺还佛山市的抗日诸部队的活动逐渐活跃的状况下，命配属在佛山宪兵分遣队侦查队长魏某，在佛山市东部一带（南海县下）进行搜集情报。结果同月三日早晨接到魏某的"在南海县雷岗乡有抗日爱国者数名潜入"的报告，受佐藤之命，由我指挥部下在汉奸导响之下，袭击该乡的赌博场，逮捕抗日爱国者（男）五名（已在杀人罪行第六项中认罪完了）。

掠夺的罪行：

（一）一九四一年一月，在广东省南海县九江镇码头东方，做为佛山宪兵分队九江宪兵分驻所长军曹的我，在指挥部下逮捕抗日游击队中队长陈仲二名（已在杀人罪行第一项中认罪完了）时，掠夺陈仲持有的手枪二支，步枪一支，同弹药若干，电筒二，鸦片烟具二，灯一。将手枪作为宪兵的豫武器使用了，将鸦片烟具卖掉，吃喝花掉，手电筒及灯留在分驻所使用。

（二）一九四一年四月，在广东省南海县石湾镇西北方约六公里附近的某乡，在佛山宪兵分队长中尉松久保正信的指挥下，做为分队警务系外勤军曹的我，在侵略行动时，逮捕南海县抗日游击队员八名（已在杀人罪行第三项中认罪完了），掠夺了该队员所握的步枪五支同弹药若干（送往师团兵器部）。

（三）一九四一年五月，在广东省南海县夏敦乡，在佛山宪兵分队长中尉松久保正信的指挥下，做为佛山分队警务系外勤军曹的我，在侵犯该村镇时，逮捕抗日爱国者五名（已在杀人罪行第三项中认罪完了）。同时在某庙内，共同掠夺了中国人民所有的衣服约百件，布十疋，金属制食具类约二十个，抗日爱国者所有的步枪十支，弹药若干。布疋作为宪兵的被子使用了；衣服的一部作为宪兵的便衣使用；其余卖掉作为宪兵的饮食费使用了；食具给了日本财阀石原产业佛山出张所长了；兵器弹药送往师团兵器部。

（四）一九四一年五月，在广东省南海县佛山站附近，受佛山宪兵分队长中尉松久保之命，做为佛山宪兵分队警务系外勤军曹的我，以搜查抗日爱国者为目的，率领翻译陈干骑在广三铁路徘徊中，逮捕了由广州市来佛山的中国和平人民一名（男，年龄约五〇岁），搜查身体后，掠夺现款香港纸币一百元，均嫖妓花费了。

（五）一九四一年七月，在广东省南海县罗村东北方约六公里附近的某乡，佛山宪兵分队长大尉原田八郎指挥部下宪兵及伪县警务机关，以逮捕镇压与爆破广三铁路事件有关的抗日爱国者为目的，侵犯该乡。此时作为分队警务系外勤军曹的我，在原田的指挥下，担任第三分队长，参加此次侵犯行动，在该乡内共同掠夺抗日爱国者的步枪五支同弹药若干（送师团兵器部）。

（六）一九四一年（月、日不明）在广东省南海县潭村在佛山宪兵分队长中尉松久保正信的指挥下，以对和平地区"经济封锁"为目的，袭击该村码头及附近中国人民住宅，掠夺了和平交易的汽油约五十桶。此时做为佛山宪兵分队警务系外勤军曹的我，在松久保指挥之下，担任搜索班员，在小型木船内掠夺汽油十桶（十八公斤），并逮捕中国船夫（男）二名（已在逮捕罪行第六项中认罪完了）。

（七）一九四二年一月三日在广东省南海县雷岗乡受佛山宪兵分遣队长准尉佐藤胜太郎之命，做为分遣队警务主任曹长的我，指挥部下十三名，袭击该乡内赌博场，逮捕中国人民抗日爱国者五名（已在杀人罪行第六项中认罪完了）时，掠夺现款大洋五百元及鸦片烟具五个，以及爱国者的手枪三支、弹药若干。将现款给配属的侦查队，其它交给特高主任大村清曹长。

（八）自一九四〇年末至一九四二年一月间，我在佛山宪兵分队盘踞时，曾以分队警务系外勤军曹曹长或九江宪兵分驻所长军曹的身份率领部下受到了伪南海县长李道纯、顾问铃木、秘书林春荣、各警务机关责任者第九区行政区署区长岑明善、顺德县龙山镇治安维持会长等先后约十四次的招待，也就是掠夺了这些治安会费约五〇〇元。此外也掠夺了象牙、细土品四个、挂画两幅、饯别费一百圆等。

其他的罪行：

（一）自一九四〇年十月至一九四一年四月间，做为佛山宪兵分队九江宪兵分驻所长军曹的我，在九江镇盘踞中，拘押了亲自或命令部下逮捕的中国人民抗日游击队中队长陈仲以下中国和平人民等约五四〇人次（一日平均监禁三名）。饮食上每日二次只给少数的宪兵吃剩的饭，寝具也只是两名才给一张破毡子，对于病人也不做任何处置，特别是对于因刑讯而受的伤也不给治疗，毫无卫生设备，拘留所也只是用当铺的仓库改造的。同时命令补助宪兵及配属特务队员严重警戒，进行监视，实在是进行了非人道的虐待。

（二）自一九四一年四月至一九四二年一月之间，我在佛山宪兵分队盘踞中，作为警务系外勤军曹或曹长的我受分队长之命，约在一周或十天值班一次，指挥拘留所看守宪兵对三千六百名人次（一日平均监禁十五名）中的五百二十六名（按值班三十五次计算）的中国人民抗日爱国者、和平人民等，每日只给两次宪兵吃剩的饭，且将他们拘押在毫无卫生设备黑暗的拘留所内。对病人或因刑讯受伤者都不给予治疗，同时被害者的家族数次来要求会面、送饭、衣服等，但都被大骂一顿赶走，命补助宪兵严格警戒看守，进行虐待。

（三）一九四一年五月在广东省南海县佛山站附近，做为佛山宪兵分队警务系外勤务军曹的我，指挥着翻译陈干骑受分队长中尉松久保正信之命，以逮捕抗日爱国者为目的，在站前附近徘徊时，逮捕沿广三铁路从广州市来佛山的年龄约五十岁的中国人民男子一名，掠夺现金一百圆（已在掠夺罪行第四项中认罪完了）。当时我恐怕被害者暴露我的罪行，乃决心杀害他，于是我亲自用手枪在背底区地走到站前约一千米（估计）河边的竹林内，因翻译陈干骑说"被害者说，不必杀我，我绝对不暴露"，故我没有杀他，而通过翻译威胁他说："假使你暴露了，我一定杀你"，其后赶走。

（四）一九四一年（月、日不详，估计是三月）在广东省南海县佛山市内福太公司前面，去广州的第一次公共汽车内，发生炸弹爆炸，乘客约四十名几乎全部被炸死的事件。佛山宪兵分队长中尉松久保正信立即发出非常集合的命令，动员了宪兵主力同伪警务机关的全部力量在统一指挥下，在市内主要地区开始一齐检查或设置临时检问所，将中国和平人民约三十名以有抗日爱国的嫌疑加以逮捕拘押于分队，经过约一周刑讯后，全部放回（以上情况是听分队长松久保说的）。

此时作为佛山宪兵分队九江宪兵公驻所长军曹的我，为了联络工作出差到佛山分队时，分队长松久保以口头命令说："有鉴于发生福太公司公共汽车的爆炸事件，今后九江宪兵分驻所应在九江盘问检查乘坐福太公司的公共汽车的中国人民，逮捕镇压中国人民抗日爱国者。"我据此命令，就命部下补助宪兵当公共汽车发到之时，对于旅客或搜查身体或检查行李，故每日要使约五十名以上的中国人民遭到精神上物质上的重大损害（并未逮捕过人）。

（五）自一九四〇年末至一九四二年一月期间，在做为佛山宪兵分队警务系外勤军曹、曹长或九江宪兵分驻所长军曹，盘踞在该地时间内，侮辱了中国妇女约十名，日本妇女二名。

（六）从一九四〇年末到一九四一年四月间，做为九江宪兵分驻所长军曹的我，使中国和平妇女阿三（译音，年龄约四十岁）与男子林某充当炊事工作及杂役，又使一少年（十五岁）作为"佣人"来奴役。

在我任职听到的事项：

（一）佛山宪兵分队的屠杀中国人及凌辱尸体的罪行。

一九四一年三月在广东省南海县石湾镇附近的墓地，根据侵略华南宪兵队长齐藤美夫（大佐）屠杀中国人的命令（书面命令），将中国人民抗日爱国者（男子）五名在该分队长中尉松久保正信之命令下，由曹长堀江博以下五名用日本刀砍死，同时堀江更将二名爱国者的胸部切开取出肝脏，凌辱了尸体。

材料来源：

当时作为佛山宪兵分队九江宪兵分驻所长军曹的我，在为了联络工作去佛山分队出差时，执行屠杀的堀江指着在他房间挂着的两个肝脏对我说："今天早晨干掉了五个，今天还是初次拿了两个肝回来，一个虽然大，但因他吸鸦片所以用他做梅毒的药，不知有效无效。"

（二）在广州市集体屠杀中国抗日爱国者的罪行：

一九四〇年末，宪兵大佐齐藤美夫做为侵略华南的宪兵队长，盘踞在广州市时，从一九四一年初（估计时间）在广州市内每二三个月便将各宪兵分队将每个月所逮捕抗日爱国者五名到十名，集合在广州市中央宪兵分队，命令该分队集体屠杀。即齐藤美夫和前任队长林清的方针不同，也就是他命中央宪兵分队长将爱国者分乘在数辆卡车上，在车的两侧贴上宽约五十厘的白布，写上"反抗日本军的重大犯人"的宣传文。由武装宪兵及补助宪兵中队押解之下，在广州市内繁华街道游行后，再运到郊外（听说是白云山附近，但不确实）由部下宪兵、补助宪兵用日本刀砍死或以刺刀刺死。

材料来源：

一九四一年五月，佛山宪兵分队的警务系外勤军曹朝比奈尚平到宪兵队本部联络工作时，听同僚下士官说的，以后他又告诉我的。

（三）在三水县芦苞集团烧杀中国和平人民妇女儿童罪行。

一九四一年（月、日不详）华南侵略军的一部，对于企图夺还广州市的抗日部队的前哨根据地的三水县芦苞进行了侵略行动。侵略华南宪兵队长大佐齐藤美夫将部下宪兵将校以下（记得十多名）配属在侵略军，参加大屠杀行动。

此时侵略部队侵犯芦苞时，将没有逃脱的中国人民妇女儿童老人等约五十名赶到该地某庙内，然后用掠夺的汽油放火将全部烧死，宪兵是森准尉以下数名，在该庙外周围担任警戒，直接协助了本罪行。

材料来源：

一九四一年（月、日不详）我在佛山宪兵分队特高室亲自听参加此次大屠杀行动的佛山宪兵分队特高主任森准尉说的。

（四）在广州市破坏镇压抗日地下组织的罪行：

一九四一年（月、日不详）在广东省广州市内，侵略的华南宪兵队长大佐齐藤美夫指导督励着直辖特别搜查班，在市内镇压有力的抗日地下组织，逮捕镇压中国人民抗日爱国者（记得是十几名，不确实），掠夺了炸弹及其他物品。另外关于对抗日爱国者的处置已不记得了。

材料来源：

一九四一年（月、日不详）我在佛山宪兵分队担任警务系外勤军曹盘踞中，在宪兵分队警务室看到了侵略华南宪兵队长大佐齐藤美夫发出的《关于破获与审问广州抗日"谋略"地下组织情报网情况由》的服务参考资料文件。在这些文件中贴有组织系统及情报网以及"谋略"用各种炸弹的像片六七张。

同时此种镇压实施过三次到四次，把掠夺来的各种物品陈列在宪兵队本部，集合各宪兵分队的特高责任者（佛山宪兵队是丸山军曹参加）在本部实行教育一日。

（五）检阅信件的罪行：

华南侵略宪兵队长大佐齐藤美夫向佛山宪兵分队派来专门担任检阅信件的军属（由台湾邮政局派到华南侵略军的雇员、军属）鹤田、佐藤二人，在佛山分队长松久保的指挥下，胁迫佛山邮政局秘密地拆开中国人民的书信，侵犯了书信的秘密，借以搜集抗日诸部队的各种情报，及搜出爱国者。

结果查知广东省伪妇女维持会南海县佛山支部长（年龄二十四岁的妇女）胞兄是抗日国民党军军医少尉，在其第一线参加抗日战的事实。故其后分队特高班即将该支部长做为抗日情报工作员嫌疑者进行搜查，数次搜查了她的住宅，压制抗日活动。

材料来源：

一九四一年某日在佛山宪兵分队亲自听分队特高系大村、丸山二军曹（直接担任搜查的宪兵）说的。

（六）逮捕伪广东妇女维持会东莞县支部长某的罪行：

一九四一年某日伪广东省妇女维持会东莞县支部长某（年龄二十四岁妇女，原南海县佛山支部长）的胞兄，（军医少尉）某在第一线抗日战争中，被日帝俘虏，故发现了他的妹妹即右支部长有情报活动（因他身上有携带有盘踞在佛山市的日帝部队——松井炮兵联队）的秘密文件，于是盘踞在南京的宪兵，为了逮捕她出差来广州市，侵略华南宪兵队长大佐齐藤美夫命部下宪兵赴东莞妇女维护会支部逮捕了该支部长后，交给南京宪兵。关于以后的结果不明。

材料来源：

一九四一年某月，在佛山宪兵分队听到担任逮捕前记支部长的特高系大村清说的。

（七）对和平地区的"经济封锁"罪行：

侵略华南宪兵队长大佐齐藤美夫继承前任队长中佐林清的方针，实施"经济封锁"，即命令中山宪兵分队长，使前山塞分驻所对由澳门向和平地区搬运各种物品的盘查或以袭击掠夺的方法，加以压制，加强了对和平人民的经济压迫。

材料的来源：在中山宪兵分队前山塞分驻所工作的军曹坂本武悦（原佛山宪兵分队警务系外勤）为了联络，来佛时对我说的。

（八）督促佛山宪兵队的罪行：

1940年末侵略的华南宪兵队长大佐齐藤美夫派队本部附少佐望月政吉来到佛山宪兵分队，将分队长中尉松久保正信以下全体宪兵集合在分队内操场，严厉地训示说："佛山宪兵队在最近来连续发生了日之丸食堂的爆炸事件、爆破广三铁路事件，但是却任何的镇压没能做出，反而给抗日部队有机可乘，你们都睡着了，如果你们再不能逮捕的话，就处罚了"。结果就使松久保加强了侵犯南海县的行动，逮捕中国和平人民百名以上，进行监禁、刑讯、虐待或处刑，屠杀了中国人民抗日爱国者44名以上，放火烧毁中国人民家屋23栋以上（以上均在杀人罪行、逮捕罪行、放火罪行中认罪完了）。

材料来源：

此时我是佛山宪兵分队九江宪兵分驻所长军曹，承受分队长松久保之命，来到佛山分队，与分队员全体一齐受到望月的训示，以后在松久保的命令指挥下，亲自犯下了如上的重大罪行。

（九）诱降三山抗日游击队的罪行：

一九四一年某月，在广东省南海县三山乡，侵略华南宪兵队长大佐齐藤美夫命部下的河南宪兵分队长某，诱降在三山乡附近进行抗日战斗的三山抗日游击队（兵力忘却）。结果将队长以下一部兵力诱降成功，编成为该地的自警队，强要使他们为日帝当炮灰。另外一部分则在被迫下归家务农，被掠夺了兵器。

材料来源：

一九四一年在佛山宪兵分队看到了侵略华南宪兵队长大佐齐藤美夫发出"关于诱降三山抗日游击队的工作由"的报告通知文。

（十）在广州市进行掠夺罪行：

侵略华南宪兵队长大佐齐藤美夫在广州市盘踞中，滥用自己的地位、职权，掠夺中国人民的贵重金属物品、古董、骨品、钢琴等七箱以上，命本部附宪兵准尉某运到在东京的自己家中（一九四二年的罪行）。

材料来源：

一九四三年某月在侵略印尼、爪哇岛宪兵队、八达维亚码头宪兵分遣队时，听分遣队长中尉岩政真澄说了前记事实。

（广东省档案馆编：《日军侵略广东档案史料选编》，中国档案出版社2005年版，第179—198页）

3. 齐藤美夫供词①

(1954年8月20日、12月11日)

齐藤美夫供述书（1954 年 8 月 20 日于抚顺）

（上略）

任华南派遣宪兵队长时（自一九四〇年八月一日至一九四二年六月三十日）

我自一九四〇年八月一日至一九四二年六月三十日担任了华南派遣宪兵队长的职务，当时我是宪兵大佐。当时华南派遣军的盘踞地区是广东、广西省的一部，海南岛的北部及南部海岸线，距派遣军司令部盘踞的广东［州］市约四十公里，即为与抗日国民党军的对持［恃］线。军在一九四一年十月以前，在南宁布署了一个军两个兵团，在广东省及海南岛布置了三个兵团。但一九四〇年十月，南宁军一个兵团出动到印度支那，一九四一年十二月其他一个兵团又出动到马来方面，故以残余的三个兵团担任盘踞地区的警备工作。在赴任当时，日本军侵入广东，仅仅经过了一年半，因此战祸的残迹仍然存在，治安极为不安，抗日活动亦极为活跃。只是不像伪满那样，有着大组织的游击作战而已。但是，韶关抗日战区军司令部系统的游击队或阴谋破坏工作队进行着对以广东［州］市为中心的军盘踞地区内的各要地的袭击作战。广东［州］至香港的铁路在破坏后，仍然没有修复，只是保持了珠江水路上广东［州］至香港、广东［州］至澳门间的交通而已。陆、水路的主要交通路，虽将获得确保，但其他各路如无武装仍不能通行，因此异常地牵制着盘踞军的行动。在这样的情况下，我首先将重点指向了镇压扰乱治安的游击作战（防止阴谋破坏）及军事防谍，以及保卫军的盘踞据点的城市的联络线，即采取了所谓确保点线，逐步扩大统治区域的对策。因此也就是依据半作战半执行警察工作的所谓野战宪兵的要领，执行了工作，所以给人民迫害与压迫也就过苛与深刻。

一、华南派遣宪兵队长的职权范围，就是在军盘踞地区内的军事警察（保护军事机密、防谍、保卫军司令部及其属下的部队，军人军属的非法行为的警防，军内部思想警察工作），治安警察工作及对敌封锁工作。另外自一九四一年

---

① 齐藤美夫系日本战犯。此件为齐藤美夫在押时的供词，由关啸云翻译，吴士哲清抄。原件藏于中央档案馆。

十二月八日以后的香港作战期间，兼任了警备司令官，担任广东［州］市的警备工作，特别是担当了防卫以扰乱后方治安为目的的游击队工作。

华南派遣宪兵队的编制与部署如下：

队本部：广东［州］高级佐官，中佐一（望月中佐，其后为野间中佐）。

队附佐官，少佐一（村井少佐一九四一年三月末日以前派至香港，一九四一年九月作为侵入印度支那兵团配属宪兵派至印度支那，接着由华南转出）。

副官大尉一（笠本大尉）、军医少尉一、主计中尉一、准尉以下约二十名、准尉一名，派至澳门特务机关补助宪兵约四十名。

警务课：课长丸山大尉、课附小仓中尉、准尉以下约二十名。

宪兵教习队：队长中里大尉、准尉以下约二十名、教习队兵约八十名。

广东宪兵队：本部队长三好中佐、副官大尉一、准尉以下二十名。

中央分队：分队长大尉一、准尉以下四十名、补助宪兵一二〇名。

东分队：分队长大尉一、准尉以下三十名、补助宪兵四十名。

西分队：分队长大尉一、准尉以下四十名、补助宪兵一二〇名。

水上分队：分队长大尉一、（准尉以下）二十名、补助宪兵四十名。

黄埔分队：分队长大尉一、准尉以下三十名、补助宪兵四十名。

虎门分遣队：分遣队长准尉一、（准尉以下）十五名、补助宪兵十五名。

佛山分队：分队长大尉一、准尉以下三十名、补助宪兵四十名。

九江分遣队：分遣队长准尉一、（准尉以下）十五名、补助宪兵十五名。

中山分队：分队长大尉一、准尉以下三十名、补助宪兵四十名。

南宁分队：分队长大尉一、准尉以下三十名、补助宪兵四十名（一九四〇年十月做为侵入印度支那兵团配属宪兵派出，接着由华南队转出）。

海南岛分队：分队长大尉一、准尉以下三十名、补助宪兵四十名。

琼州分遣队：分遣队长准尉一、（准尉以下）十五名、补助宪兵十五名。

汕头分队：分队长大尉一、准尉以下三十名、补助宪兵四十名。

分遣队：分遣队长准尉一、（准尉）以下十五名、补助宪兵十五名。

计宪兵军官以下三十六名，补助宪兵七百四十名。

合计七百七十六名。

二、镇压人民的方针对策。

（一）我在一九四〇年八月一日接任队长后，对所属各队指示了如下的方针对策：

1. 关于军事警察工作，要维持军人军属的军纪风纪，对于对长官暴行、逃亡罪、利敌罪、违令罪等军纪犯要严格执行以警察的取缔。

2. 保护派遣军的军事机密，彻底镇压抗日国民党军的地下工作。为此就要努力作好发现潜伏在军的所在地的抗日地下工作人员，防止搜集军事移动情报，掩护警卫日本运来的武器、军需物资的装卸分配，特别是黄埔、汕头、海口各港更应注意此工作。

关于防止阴谋破坏工作，对以广东〔州〕市为中心的阴谋破坏工作，要采取彻底镇压与警防。为此，广东〔州〕队本部特高课及市内各分队应设特别搜查班，担任发现与逮捕工作。另外在市内周围进行周密的检查工作，以求发现逮捕工作员的潜入、潜伏准备工作。对可能为阴谋破坏部队的据点的市周围村庄进行搜索，破坏消灭据点。为了完成切断阴谋破坏部队与人民的联系，对有连络支援者加以逮捕。加强各地通广东〔州〕的交通路的盘查工作。

3. 进行确保广东〔州〕市及地方城市之治安，在主要城市间交通路线及沿线地区进行治安肃正工作。为此指挥伪警察兵力，以宪兵警察之综合兵力担当警备工作。

对策：以城市的思想对策为重点，设特别搜查班进行侦查共产党及其他抗日地下工作员的工作，调查一般民心动向、反日思想、物价高涨等情况，以做应变的准备。

将广东〔州〕市划分数个区，反复进行一齐搜索。在广东〔州〕市周围设铁丝网，切断交通；在主要交通出入线设盘查班，限制交通，检查行人及物资。

与部队协同进行治安不良地区的讨伐工作。

前述军事警察方针，对于纯军纪犯罪，宪兵是进行了取缔，但对于当时军人对人民所犯的罪行则没有取缔。因为当时宪兵本身已成为了侵略军的走狗，走向了镇压统治人民的方向，丝毫没有考虑保护人民。做为队长的我，不仅没有尽到取缔军人军属对人民的犯罪的职务，反而亲自策划指挥了痛苦人民、镇压人民、监禁人民的对策。谨反省当时我所犯下的罪行，并衷心认罪。另外在防谍、防止阴谋破坏治安工作上，也是做为侵略军的走狗，以野战的军事法西斯思想，为了保护军的利益，蹂躏人民，剥夺其生活权，采取了绑架、刑讯、杀戮等手段，犯下了无法形容的罪行。

4. 在防谍及思想对策的必要上，自一九四一年五月以来，执行了信件检阅；同时亦执行了检查电报电话、秘密开封信件，长期向电报电话局、邮政局派去宪兵，使职员援助宪兵的工作，这样就侵犯了人民的通信自由。为了军事防谍、镇压抗日思想政治行动，采取了阴险的手段。

另外，当时中国人一家分居在国民党地区及日军盘踞地区的很多，由于当时的严禁通信，故人民不得已委托秘密传信者代为传递信件。对此以防谍上有害为理由，对秘密通信者采取了镇压。

5. 为了便于铁路、车站（广东［州］、香港开铁路可开出四十公里到石滩，广东［州］到韶关可开出三十公里到新街，由日本铁道队再运转）、码头及其他水、陆路的盘查，请求关东宪兵队派来了八六部队的技术者一名及电气搜查器二十个，将此编成了本部直属电气器材班，担任着改良试制适合现地的器材及试用带来的器材。但因广东湿气较大，没能发挥如在东北的效力。为了发现人民秘密运输的物资，却采取了如上的阴谋计划。

6. 自一九四〇年夏季至一九四二年六月间，在为使国民党抗日地区军民抗战力量衰退的目的下，采取了防止物资流入该地区的对策。此对策的主要事项就是：调查物资输出的主要路线，广东［州］及其他经济城市的物资集散情况，抗日国民党统治区物资过剩与不足情况；一齐逮捕秘密买卖物资者，配给食粮等。此对策是命本部警务课小仓中尉拟稿后命令各分队执行的。由于此工作的执行，给国民党地区的军民生活带来了莫大困难。同时对于军盘踞地区内的人民，亦因物价高涨，生活上遭到威胁。

7. 黄埔港的防谍对策：自一九四一年春季以来，在侵略军军用港的黄埔港卸下的军用物资数目激增。这是因为当时的华南军准备向印度支那、马来、香港等地扩大侵略战争的缘故。做为队长的我，对黄埔分队命令了防谍、防止谋略与严防盗取军用物资。具体对策就是：严格调查从事卸货的中国工人的来历，检查附近村庄与征用来向广东运物资的河船、马车等。这些对策都是为了逮捕镇压抗日地下工作人员。

（二）自一九四〇年八月一日至一九四二年六月末日，以防止镇压以广东［州］市为中心的扰乱治安的阴谋破坏工作与游击队为目的，曾在市内及周围村庄反复地进行了一齐搜查。此一齐搜查，在市内分成数小区，以警备兵力在周围构成包围线，使人民不能脱离搜查区。对主要住宅，如旅馆及其他已注意到的住宅进行搜查。主要是在夜间或拂晓期间以奇袭的方法进行搜查。各分队在执行此工作的结果，现虽无确实的记忆，但各分队的搜查回数已约达二百次，受到拘留的人员约有一千名，被捕的人员约达二百名，其中五分之一的四十名处以严重处分（即就地杀戮），约一百名送法庭处刑，没收的武器已达相当多数。此搜查工作给予市民、村民的精神、肉体上的侵害实为重大。

（三）自一九四一年二月在［至］同年内，以广东［州］市为中心的抗日国民党地下工作员的游击扰乱工作连续不断地发生，同时与此相呼应的游击工作在各处亦均展开。兹举其主要事项如下：

一九四一年二月广东〔州〕市新华影院炸弹事件。

一九四一年三月向广东〔州〕市四马路投掷手榴弹事件。

一九四一年四月广东〔州〕市俱乐部特务机关宴会场，在未爆炸前发现定时炸弹事件。

一九四一年六月夜袭广东〔州〕市西关事件。

一九四一年八月广东〔州〕市日本军经常通行路上发现埋有地雷事件。

一九四一年八月发现广东〔州〕市秘密制造炸弹室。

一九四一年十月虎门宪兵分遣队员十名去珠江岸巡逻之际，遭到游击队奇袭全部被歼灭事件。

一九四一年十月游击队狙击广东〔州〕至中山的航行中的船只的日军乘客事件。

对此，我认为这是以广东〔州〕为中心的有计划的游击工作，于是命令各队搜集此工作队的系统、组织、计划的具体资料。其结果就是根据被捕的游击队员的供述，得知此游击队是韶关派遣的战区司令部直属便衣混城队（已编成七个队）。因此又命令了执行如下对策：（1）在发生事件时，尽量要在现场逮捕工作员；（2）以审讯搜集资料；（3）进行奇袭的一齐搜查；（4）发现市内秘密设施（如制造炸弹室）；（5）在市边境进行盘查；（6）加强水、陆盘查；（7）侦查市周围的游击根据地；（8）搜查逮捕与工作队有联络的人民；（9）在出入日本特务机关特设的赌博场者中发现可疑分子；（10）反利用被捕者，又以与游击队有联络帮助工作搜集日军情报等为理由，对多数人民进行了刑讯与夺取武器。

（四）自一九四一年六月至一九四二年六月期间，做为派遣军宪兵队长的我，先后三次命令广东〔州〕宪兵队将逮捕的中国人以严重处分，进行集体屠杀（枪决）。主要被杀的，就是在广东〔州〕市逮捕进行阴谋破坏的地下工作员，以及在太平洋战争爆发后，在广东〔州〕市的英、美其他（敌方）国家权益工作的地下工作员的中国人，也就是将这些人由各分队审问之后，将预定处以严重处分的，经过一个时期，汇总执刑。一九四一年六月命中央分队将在广东〔州〕市进行谋略的地下工作员四十名装上卡车在市内游行一周后处决。像这样被集体屠杀的人数前后三次约达一百二十名。作为队长的我，命令了屠杀爱国志士，减低了中国抗日力量，同时也使这些烈士的家属失掉了生活的依据，丧失了父亲，被夺去了丈夫，呻吟于悲惨环境之中。现在谨反省当时所犯下的滔天罪行，并深深认罪。

（五）一九四一年六月宪兵侦知了在广东［州］市伪军事委员会出张所内，有高级军官（少将）以下约十名为抗日地下工作员在潜伏着。于是继续侦查后，由中央分队逮捕施以严格讯问。其后我接到了为首的军官已逃亡的报告，但从前后情况判断，可能是因刑讯过重而死，其他亦均处以严重处分。

（六）自一九四一年六月至一九四二年六月间，命令水上宪兵分队与日本工兵队的江上特设队、日本海军第二遣外鉴［舰］队所属的警备部队协同进行了对利用以珠江为中心的各水路游击队的讨伐逮捕工作。水上分队协同各部队进行讨伐次数约五次，击毙游击队员约二十名，逮捕队员约二十名，均处以严重处分或送法院处刑。掠夺船只五艘、中小型汽艇二艘，并掠夺了认为向国民党密输的物品多数。

（七）一九四一年五月初，将村井少佐以下宪兵四十名做为配属宪兵，配属到根据军令出动的福州作战兵团。福州占领军于经约一个半月的六月中旬又撤回原驻地区。我在六月上旬到福州视察了配属宪兵的工作。据村井少佐的报告，我知道了在占领福州后，逮捕了与国民党有联络的工作员约三十名，违反刑罚令者约三十名，其中约三十名处以严重处分。我批准了此报告。配属宪兵在作战期间受作战兵团长的指挥，但其隶属关系仍属原派遣队。因此对前述杀害中国人的行为，我应负责。

（八）一九四一年六月发生了广东［州］市东北郊外飞机场旁的华南派遣军特设通讯队的电动机被破坏事件。因此大本营与派遣军间的通信一时中断，我立即赴现场，命令广东［州］分队进行搜捕此案与逮捕抗日地下工作员。于是对平素认为抗日思想浓厚者及通讯队附近的村庄进行了严密的搜索，将村民约三十名绑架至东分队严刑逼供。东分队又将其中三名做为与地下工作员有联络的嫌疑者，送伪法院处刑，其他均释放。本破坏事件是将砂投入电动机，故可以看出是故意做的，然终未能发现破坏者。东分队在我的命令下，毫无根据地绑架了村民与搜查村庄，给予人民以莫大迫害。

（九）一九四一年七月，在广东［州］市西方约三十公里广东［州］至佛山间道路旁村庄的自卫团长以下约五十名，一向进行着抗日游击活动。我命广东［州］西分队长中村大尉对此进行诱扣工作。七月上旬，该队长以下约五十名携带武器（步枪、手枪计六十支）弹药，向西分队"归顺"，我亲自到该处接收了武器后批准"归顺"。据此就使中国人民抗日力量遭到削弱。

（十）一九四一年七月，因宪兵队本部的院子狭小，不适合集合与教练。为了扩大此院子，命令部下赶走了邻接民房十栋内的居民，破坏了连空房在内的约二十栋民房。也就是用武力赶走了居民，夺取了人民的住宅，而且对于破坏房屋等也毫不在意，只以完成军事为理由进行了此种行为。

（十一）一九四一年八月广东［州］野战货物厂、油仓库一栋发生火灾，检证结果，作为队长的我，以有阴谋破坏的嫌疑为理由，命令中央分队长来间大尉进行搜捕。中央分队严刑拷问了货物厂的中国工人约二十名，但因未发现放火证据全部释放。

（十二）一九四一年九月南宁分队，及一九四一年九月中山分队各在当地部队为去南方作战出动之际，将中国人做为抗日地下工作员，在南宁捕二名，在中山捕一名。作为队长的我，命令处以严重处分。

（十三）一九四一年十一月惠阳作战时，将中里大尉以下宪兵约三十名做为配属宪兵派出。惠阳作战的目的，是为了将惠阳烧毁破坏使之不能再成为对日作战的据点。此目的是违反战时国际法规的。做为宪兵队长的我，不仅在事前不加阻止，反而对配属宪兵长命令说："要根据兵团长的意图，完成任务。"在此作战中，我承认中里大尉以下宪兵进行了破坏，烧毁房屋、掠夺、杀戮等行为，我应负命令之责。

（十四）一九四一年十一月中旬，珠江河岸三水作战开始了。做为队长的我，为了弄清抗日国民党的特务队的活动，派遣了广东［州］西分队。作战兵团在迫近三水时，抗日国民党军即在市内放火后退却，西宪兵分队在火灾的市内扣押了传单。

（十五）一九四一年十二月八日香港作战时，编制了以本部附中佐野间贤之助为队长的宪兵百名的香港宪兵队，派到作战兵团。一九四二年一月五日我到香港查阅香港宪兵队的工作情况，野间中佐向我报告了作战经过，宪兵战斗经过，镇压人民的各种对策、目前情况等，同时也报告了现在拘押着英军俘掳［房］少佐以下约三十名，为英军搜集情报的嫌疑者中国人约五十名，国民党抗日地下工作员约二十名，其他违反法令者约三十名。我当时指示了："要善体兵团长意图，加以处理。对于国民党有关人员，为了取得今后的对策资料要慎重讯问处理"。

（十六）一九四一年十二月八日接收广东［州］沙面英、法租界，另外对汕头、海南岛的英、法租界亦命所在地的宪兵分队进行接收。在接收沙面租界地时，以警备队包围了沙面，宪兵进入租界，和平地接收了英、法领事馆。另外也接收了散在于租界以外的敌性权益（学校、病院、码头、仓库、工厂、教会、基督教、青年会馆等），此时曾逮捕了广东［州］与［岭］南大学的抗日地下工作员约十名及在敌方权益内工作的中国抗日者约三十名；盘查时做为抗日者逮捕的中国人约三十名。汕头、海南岛、中山各分队逮捕了供给抗日国民党地区物资者约三百名，违反法令者约四十名，计捕四百一十名，其中抗日地下工作员约三十名处以严重处分，约百名送法院处刑。

（十七）自一九四一年十二月八日香港作战期间，我兼任了广东［州］警备司令官。广东［州］警备司令官直属于派遣军司令官、担任广东［州］市的警备工作。以二个大队约一千五百名为警备队的兵力，确保在香港作战期间的广东［州］治安。特别是对防止阴谋破坏游击工作上，在以全部警备兵力完成任务的意图下，进行警备工作。警备对策的主要事项如下：

1. 向军司令部、火药库、弹药堆积处、野战货物厂、野战兵器厂、船舶部队、车站、码头、市内主要商店街、戏院、影院、欢乐街等处派出卫兵，设立临时盘查所，进行警戒。

2. 不分昼夜在市内警戒巡逻。

3. 宪兵接收敌性权益时担任掩护警备。

4. 宪兵在市内外搜查时，包围搜查区。

5. 为确保广东［州］治安，在市内外进行警备巡逻与示威演习。

我在太平洋战争爆发后，以华南派遣宪兵队长兼广东［州］警备司令官的身份，派出一部兵力参加香港作战，以主力担任了派遣盘踞地区的警察工作。特别是为了警防作战后方，在对乘机进行扰乱治安防患于未然的意图下，对和平人民极端压迫，使其陷于萎缩状态。而且在此期间内，以治安、防谍有害分子之名，逮捕、拘押、杀戮人民，犯下罄竹难书的罪行。现在反省到当时的罪行，实在是只以帝国主义侵略军的一个指挥官，策划了镇压人民的工作，指挥部下执行当时所有的一切事件没有一件不是将中国人不当做人来处理的。因此使我越想越深刻地认识了自己的罪行，现想起了当时的帝国主义军事法西斯罪行，在憎恨自己的同时并衷心认罪。

（十八）一九四二年一月下旬进行了准备改编香港警备工作。香港市的警察机关是将以前英国总督府的警察机关中的英国人撤出（扣押），以印度人为主体而成的。当时作为一种方便办法，就是由宪兵指挥着工作。因此我亲自拟定了应迅速派去日人干部整顿警察的计划，得到了军司令部的批准。为交涉此事，我到东京大本营陆军部去商谈。二月上旬归来时，香港已成立了总督府，不受华南派遣军管辖，因此我的整顿香港警察的任务也就没有了。我在当时企图向香港警察派日人干部整顿警察，就是将中国人为绝大多数的香港市置于代替日本宪兵的日本统治权之下的方针。

（十九）一九四二年二月下旬，华南派遣军司令部军医部主动根据我的命令，由宪兵参加执行了广东［州］市民中癫病患者强制隔离，其目的就是防止传染侵略军。此工作的执行就是编成了十数个收容班（每班军医官一，卫生兵、宪兵数名），以卡车在市内巡回，发现头发脱落者，或军医官由外形诊断认为是癫病患者，均被强制拉到卡车上，收容在郊外如同破房子一样的隔断所后，交伪广东［州］市政府处理。管理情况极为不良，对于人的生命竟采取了不如动物的处理。强制拉来使之脱离家，而遭受到非人道的处理。做为队长的我，命令部下援助了些工作，因此我应负此罪行之责。

（二十）一九四二年一月五日赴香港公出时，过去认识的香港宪兵队的翻译劝我购置已离香港的英人的钢琴，于是我决定购置，价格是一百元左右。当时我是交了现款六十元，归来又将余款寄去。钢琴仍保管在香港。一九四二年五月初广东［州］货物厂长兼香港货物厂长佐藤主计中佐和我是同僚，他对我说："率领的公用船即将去日本，如有向日本运的东西请送来。"故即将钢琴和一些随身的东西托他运往日本。在东京卸货时检查出我的私有物品，受到了宪兵司令部的责问，而且也通知了华南军司令部。我受到了军司令部法务部长的讯问。法务部长到香港去调查证实了事实后，受到了军司令官的行政处分，离职反省。以本事为起因，于六月三十日被调宪兵司令部工作，到日本后即被编入预备役。关于本事，我当时认识到战场的宪兵队长将私用物品用公家船运输是严重错误，但对于在香港购买的钢琴则以为依靠自己收入的私款而购买的，因此没有什么。但今后反省起来，所谓私款是掠夺剥削人民的国库所支给的薪金，因此其本质仍是掠夺的钱款。用此钱来购买的物品，亦是等于掠夺物品，所以也就是我在广东掠夺了人民的钢琴。（下略）

齐藤美夫口供[①] （1954 年 12 月 11 日于抚顺）

（上略）

问：你甚么时候离关东宪兵队司令部的？

答：我是一九四〇年七月末接到命令，八月份调任华南派遣宪兵队长的。

---

① 原件藏于中央档案馆。另据《侦讯齐藤美夫的总结意见书》，日军在惠阳屠杀平民 600 多人。

问：将你任华南派遣宪兵队长时期的犯罪事实从实讲讲？

答：我自一九四〇年八月调任华南派遣宪兵队长，阶级是宪兵大佐，队本部设在广州市，直属华南派遣军司令官指挥。当时下设有广州宪兵队中央分队、西分队、东分队、黄埔分队、中山分队、海南岛分队、汕头分队、佛山分队、水上分队及虎门、琼州等三个分遣队和分驻所，一九四一年末又派出一个香港宪兵队，共有兵力约一千一百名，同时由于派遣宪兵队尚有配属宪兵性质，故曾派出过香港、惠州、福州等作战配属宪兵队。

我的职权是具体掌握指挥如上各宪兵队与分队，担任着侵占区内的各种军事警察，"治安肃正"、"讨伐"、封锁抗日根据地的任务，同时在一九四一年后还兼任了广东［州］市警备司令官，指挥着二个大队，对中国抗日军和人民进行了"讨伐"警备等罪行。

问：你在华南任职中都采取了些什么统治中国人的措施？

答：一九四〇年八月初，我接任华南宪兵队长时，首先保持了原有的各种宪兵组织，并施以罪恶教育，使其更加强了统治奴役中国人民的罪恶活动和指示下属各队以搜集抗日军情报，侦捕镇压一切爱国抗日组织和人员，执行"警备封锁"、"实施水陆盘查"、"消灭抗日根据地"、"执行良民证制度"等为主要工作任务，以达维护侵略军统治奴役中国人民的目的。同时还指挥着日本警备队在城市周围架设了铁丝网，派出检查哨，以此来限制抗日工作人员的活动，并且还实施了"夜间突击大检查"，进行大肆搜捕可疑人员的罪恶活动。在我任职期中共约实行了一百次，每次均捕到十数名中国人，都按"治安有害分子"、"政治嫌疑分子"送法院判刑了。

一九四一年后，中国人民抗日游击队不断在广州市及附近村庄进行埋设炸弹袭击日本军等活动。当时作为宪兵队长的我就命令部下积极从事彻底侦捕已经发现的抗日地下组织与和平居民，根据游击队的活动进行奇袭逮捕，利用密探侦察破坏抗日游击队的秘密场所，严格进行水陆盘查，逮捕可疑者，侦察抗日工作人员的落脚地，逮捕一切与游击队有联系人员，广泛采取反利用去侦悉抗日组织及抗日人员等罪恶措施与活动。结果，我记得在广州市各分队曾逮捕了三十名中国人，我都命令他们以"严重处分"杀害了。同时在我任职期中为了对中国抗日地下组织的严厉镇压，企图以此来消灭中国人民的抗日活动，竟采取了惨无人道的集体屠杀一切抗日爱国人员的罪恶措施，因之命令了各分队将已逮捕的抗日工作人员都送广州市中央分队集中成批一齐装上刑车，在市区游行一周后赴刑场屠杀。在我任职期中，我现记忆中曾杀害过三次，每次都在五十名左右。另外为了彻底执行这一措施，我还命令在广州市外各分队都具体进行过同样的屠杀罪行。但具体现我无明确记忆。这就是我任华南派遣宪兵队长期中所采用之方针对策的罪行。

问：你将命令指挥部下所犯之逮捕屠杀中国抗日工作人员的罪恶具体讲讲？

答：一九四一年六月，广州市内中央分队侦知了在汪伪政府出张所内潜伏的地下抗日情报组织，作为队长的我即命令该队进行了逮捕，经审讯后将已捕之十名中国人以所谓"抗日情报员"为名杀害了。同年九月，驻南宁之日本军出动作战时宪兵队逮捕了三名中国人，和通过通信检查逮捕了三十名中国人，都以所谓"抗日情报联络员"杀害了。在同年中我记得海南岛分队、汕头分队曾逮捕了十五名左右的抗日军情报员，我命令他们以"严重处分"杀害。

一九四一年十二月八日，我以广东〔州〕警备司令官身份参加接管侵占区英、美财产时，命令部下逮捕了其机构中有浓厚抗日意识的中国人民三十余名，又以"抗日军情报员"为名命令警备队逮捕了三十名，供给抗日物资者二百名，与各宪兵分队以"治安有害"为名逮捕了一百五十名，共计四百一十名中国人民，其中三十名被处以"严重处分"杀害了，其余均送伪法院拘押判刑了的罪行。

另外我还命令部下在妓院、旅馆中进行过一次大逮捕，以"治安有害分子"和"政治嫌疑分子"的罪行，将一切无固定住址，无良民证之中国人逮捕起来，进行刑讯后移送法院判刑了。一九四二年二月还在广州协助派遣军军医部对患有癞病头发不好的中国人进行了大逮捕，并将被捕者送到广东省政府所设之监管所监管起来的罪行，但具体人数现确记忆不起。

问：你将派遣宪兵进行作战讨伐的罪行讲讲？

答：一九四一年五月初"福州作战"时，根据派遣军的作战命令，我派出了以村井少佐为首的四十名宪兵参加了"福州作战"，我并于六月上旬巡视了该队工作。当时村井向我报告了逮捕九十名中国抗日情报员，半数被杀的事实和登陆后的大屠杀事实，我批准了他的报告。同年十二月八日至二十五日，派遣军在"香港作战"时，我以队长身份派出了野间中佐以下一百名宪兵参加了"香港作战"。当一九四二年一月五日我巡视该队工作时，听取了野间中佐关于作战经过和以中国"抗日军情报员"嫌疑逮捕了四十名，以"抗日工作人员"逮捕了二十名，籍"治安有害"逮捕了三十名中国人民及"香港作战"中大屠杀的报告。我除批了他的报告外，并指示野间中佐将已捕之中国人要按照兵团长的意图进行处理，但应注意搜集抗日军情报和选择条件进行反利用的工作。

问：你所派出的"香港作战"配属宪兵长是这个警备月报上签署的野间吗？（指文件要犯人看）

答：是的，他叫野间贤之助。

问：你继续讲参加其他作战罪行？

答：一九四一年十一月末和十二月初，根据派遣军作战需要，我派出了中里大尉以下三十名宪兵参加了作战，目的在于彻底消灭惠阳城（即现在惠州市），使其不在［再］成为抗日军进攻日本军之据点的"惠阳城作战"，并且指示了他们按照兵团长意图进行工作，一切为了实现军的作战意图为目标，结果是在"惠阳作战"中，日本军进占后就进行了大肆放火屠杀的惨无人道罪行。我派遣宪兵也参加了这一罪行，因之这也是我的重大罪行。

问：你在华南的罪行还有哪些？

答：我在华南的主要罪行就是如上所供，但各分队和我的部下犯的具体罪行将会很多，当然我都应该负责，但我现在确实记忆不起来，我个人是愿意彻底认罪。

（下略）

（广东省档案馆编：《日军侵略广东档案史料选编》，中国档案出版社 2005 年版，第 163—178 页）

4. 日本飞机轰炸若瑟医院记实

金国钦

抗日战争期间，日本侵略军曾先后四次进犯惠州，在惠州烧杀抢掠，无恶不作，制造了惨绝人寰的沙下枪杀五六百人和骇人听闻的轰炸若瑟医院，炸死炸伤二百多人的流血事件。我就是若瑟医院流血事件的幸存者和见证人。

1940年冬，日本飞机经常轰炸惠州，市民多逃到若瑟医院去避难。因为若瑟医院是意大利人办的，医院大楼上挂着几米长的意大利国旗，德、意、日又是轴心国，大家认为日本飞机不会轰炸若瑟医院。

农历十一月的一天，惠州市民听到防空警报，又纷纷逃到若瑟医院去。下午四时左右，我和祖母随着逃难的人流跑到若瑟医院，只见医院里里外外都挤满了人。我们刚走近医院铁门，就听到副院长玛利用生硬的客家话说："外面的人别进来了，里面已挤不下了！"随即，铁门被关上。我和祖母好不容易挤进医院大楼，还未站定，就听到"轰隆"一声巨响，顿时，地动山摇，接着，我便失去了知觉。

不知过了多久时间，我苏醒过来，发现医院大楼已经倒塌，自己的身体被死尸、砖块等压着，只露出头和颈，祖母不见了。我看见周围有很多国民党兵，便大声呼喊救命，可是，国民党兵不来救我。铁门外哭声震天，几百群众要冲进来抢救亲人，而国民党兵守住铁门不让进。我的姨丈因其子也在医院避难，他不顾一切地冲进来，找不到儿子，哭得很伤心。后来听到我的呼喊才把我救出来。我的大腿被压伤，鲜血直流，国民党兵叫医生给我涂了点止血药，但不让姨丈背我走。

我坐在地上，亲眼看到国民党兵趁火打劫，在挖死尸时，挖出一个搜身一个，把死者身上的金银首饰及钱搜括一空，然后才将尸体抬到医院门外让群众认领。只见医院门外遍地尸体，有的缺手少腿，有的有身无头，有的血肉模糊。认尸的群众呼天抢地，悲痛欲绝，那惨景令人目不忍睹。

过了半个多钟头，一个国民党兵走过来搜我的身，未搜到分文，然后才让我回家。下午五点多钟，我家人才找到祖母的身体，她身上的钱及一只金手镯和金戒指也被搜走了。

这次轰炸，炸死炸伤二百余人，有十几个人被炸得血肉横飞，连尸体都找不到。那些无法辨认的尸体，被抬到若瑟医院后面一个叫"死仔窝"的荒山上，统统埋葬在一个大坑里。这，就是日本侵略军在惠州欠下的一笔血债！

这次流血事件已经过去几十年了，但当时的悲惨情景至今犹历历在目。日本侵略军犯下的滔天罪行，窝一辈子也忘不了。

（惠城区政协文史资料委员会编：《永不忘却》，2005 年印行，第 58—60 页）

5. 铁证——日寇屠杀蓬陵、大和村民目击记

徐连贵

1941 年 5 月 12 日至 20 日，惠州第二次沦陷。

5 月 14 日（农历四月十九日）上午 9 时许，日寇包围了惠阳县水口（今属惠城区）江边的蓬陵村和附近的大和乌石村，屠杀村民及船工 198 人。时蓬陵村包括：大陵岗、陈古陇、杨岭、埔头、严福地、松岭下、桂香园、青湖、龚塘唇等定居点；乌石是大和村一个定居点。蓬陵村的屠杀现场有 5 个，分别在龚塘唇地坪、杨岭大江唇、埔头竹林、严福地、陈古陇沙滩。

下面是我当年目击记：

我当年只有 16 岁（虚岁），人小机灵，发现情况异常，就迅速钻入稻草堆（地点在龚塘唇），并用草把遮住，才免遭厄运。在距离我 14—15 米处，亲眼看到村民被杀的惨状：日寇用刺刀（安装在枪把上）对准一村民胸部就刺，刀被肋骨卡住，抽出再刺第二刀，穿透胸部，村民当即倒下毙命。后来我觉得不安全，转移地方，逃到埔头。在距离我藏身之处 20 多米处，又看见日寇屠杀村民的惨状，由于害怕，以后不敢再看。被害村民双手反扣背后被绳捆住，全部用刺刀刺杀。待日寇离开后，乡亲们才四处寻找失踪的亲人，见到亲人被杀，尸首狼藉，鲜血横流，顿时嚎声四起，哭声震天。时值初夏，村民穿的白背心、文化衫或白恤衫，全被鲜血染红。

蒙难村民名讳如下：

蓬陵村（死难百姓 153 人）：

徐亚润　徐福苟　徐观浩　徐广仔　徐高畅　徐子扁　徐么罗　徐成第
徐伦轻　徐亚钦　徐丁奥　徐观芳（50 多岁）　徐友连（70 多岁）
徐子都（30 多岁）　徐子合（70 岁）　徐经来（30 多岁）　徐君邻（50 多岁）　徐妹头（23 岁）　徐伦举（45 岁）　徐水秋（45 岁）　徐伦奉（伦举弟）
徐以宏老婆（孕妇）　钟伯森（30 岁）　徐贵友（徐品弟，70 岁）
徐火明（40 岁）　徐经福（30 多岁）　徐金弟（66 岁）　徐神弟（金弟兄，68 岁）　徐笠妹（29 岁）　徐亚敬（33 岁）　徐树养（38 岁）　徐懡仔（20 岁）　徐亚兴（亚敬弟，30 岁）　陈彩（28 岁）　徐招贤（28 岁）
徐谭贵（21 岁）　徐建荣（38 岁）　徐福柔（32 岁）　徐福厚（21 岁）

徐谭胜（35 岁）　　徐伦寿（30 多岁）　　徐天然老婆（60 岁）　　徐福光（27 岁）　　袁亚送（42 岁）　　袁日芬（17 岁）　　徐子球（62 岁）　　徐容苟（50 岁）

徐子富（子球弟，56 岁）　　徐容添（容苟弟，47 岁）　　徐子龙（60 岁）

徐观汝（子龙子，30 多岁）　　徐缘开（49 岁）李××（缘开祖母，70 多岁）　　徐伦欢（42 岁）　　徐福新（伦欢子，20 岁）　　徐亚丑（25 岁）　　徐亚连（35 岁）

徐耀庸（亚连弟）　"徐麻雀"（61 岁）　徐炳仁（31 岁）　徐观华（36 岁）

徐顺科（24 岁）　　徐清容（57 岁）　　徐经由（52 岁）　　徐万容（60 岁）

徐其然（23 岁）　　徐其祯（34 岁）　　徐永寿（65 岁）　　徐观海（41 岁）

徐德寿（55 岁）　　徐耀明（43 岁）　　徐瑞林（42 岁）　　徐经饼（54 岁）

徐经柳（51 岁）　　徐伦业（44 岁）　　徐经滔（27 岁）　　徐子带母亲

钟亚容（43 岁）　　钟亚达（44 岁）　　钟伦苟（36 岁）钟亚怀（51 岁）

钟佑金（44 岁）钟观浩　钟远由（47 岁）徐亚苟（30 岁）

钟荣桂（41 岁）钟国荣（62 岁）　　钟树林（28 岁）　　钟有舍（36 岁）

钟来苟（26 岁）钟怀头（38 岁）　　钟志保　钟付平　钟烟安　钟德才

钟佛明（58 岁）　　钟远佳（38 岁）　　钟付华　钟喜才　钟嘉安　钟永祥

钟发安　钟善雨　钟绍姿　　"钟老宝"（70 岁）黄月婵（女，36 岁）

钟国双（62 岁）　　钟仁佳（63 岁）　　马刘容（65 岁）　　刘菊梅

"来人狗"（65 岁）　钟燕尤（22 岁）　"亚又舍"（67 岁）　"歪嘴华"（45 岁）

钟国才（65 岁）　　钟蒙古（65 岁）　　钟兴长（17 岁）　　钟吉新（40 岁）

"钟麻仔"（20 岁）　徐容狗（40 岁）　袁麻仔（女，3 岁）　袁塘娥（58 岁）

袁亚通（70 岁）徐桂松（67 岁）　　徐子仁（40 岁）　　陈容妹（60 岁）

徐君召（70 岁）姚亚论（68 岁）　　徐华观（70 岁）　　亚　乌（60 岁）

徐经俊（35 岁）　　徐玉驱（66 岁）　　徐就好（70 岁）　　徐瓦头（41 岁）

徐干云（70 岁）徐亚都（40 岁）　　徐妇女（35 岁）　　徐蒙合（60 岁）

陈亚娇（38 岁）徐亚浓（50 岁）　　徐狗灵（60 岁）　　徐亚偢（30 岁）

徐懞妹（25 岁）徐蒙狗（22 岁）　　徐冠校（49 岁）　　徐古润（57 岁）

徐逆仔（46 岁）李亚六（76 岁）　　徐赖兴（26 岁）　　徐伦凤（37 岁）

徐福该（47 岁）　　徐伦宽（54 岁）　　钟厚弟（65 岁）

大和乌石村（死难百姓 23 人）：

黄勤水　黄佛华　黄日欢　黄广全　黄泽林　黄泽堂　黄良清　黄亚右

黄丁荣　黄世元　黄会元　黄亚娟　黄里旺　黄湖汝　黄容根　黄超茂

黄超礼　黄丽香（女）　黄文根　黄容宣　黄善食　黄亚来　徐农妹（女）

船工（死22人）：

何惠元　何德明　何绍明　李福胜　张惠光　张惠民　张正德　张月婵

张少光　陈羽中　陈达坤　陈仁德　陈明星　陈世光　周　明　孙寿光

孙寿喜　骆佑明　骆建明　骆仁根　骆天元　骆世兴

蒙难同胞名讳来源：1950年6月，朝鲜战争爆发，为了发动村民捐款购买飞机大炮，支援朝鲜，打击侵略者，蓬陵乡召开村民大会，结合抗日战争时期本地村民遭受日寇屠杀的惨况，进行了控诉，并对受难同胞作登记和统计工作。当时我是乡长兼文书，对此情况比较了解，近几年又多次回乡采访当地徐浩波、徐锦山、徐经德、徐经展、徐亚贱等多位老人，逐个校对，故材料真实。林生同志协助整理此文，谨此致谢。

（作者单位：惠阳饲料总公司）

（惠城区政协文史资料委员会编：《永不忘却》，2005年印行，第61—65页）

6. 国仇家恨　永不能忘

钟茂池

本人 1927 年出生于惠州西湖排沙（即今惠州宾馆）。值抗日战争胜利 60 周年之际，我将亲眼所见的 1942 年日寇侵略惠州的罪行记述于下，以作控诉。

1942 年 2 月日军第三次攻陷惠州时，是四占惠州中杀人最多的一次。初，日军从黄洞、半径、新村一带进攻惠州，恰巧国民政府广东省省长李汉魂来惠视察，驻守在螺山望乡台一带炮台的独九派守军顽强抵抗。当时我在新村的外婆家里，从窗缝中亲眼看见，日军以新村的田野中一条水沟作为掩护，手持冲锋枪，向望乡台的炮台冲刺（当时望乡台是扼守新村入城通道的据点），遭到驻守望乡台左右炮台的守军以机枪密集扫射，迫使日军难以前进。以后，日军转至寺背村，向准提阁进攻，当时准提阁的炮台被日军火炮击中，机枪手负伤，躲在濠沟内的机枪副手拿机枪继续扫射，日军始终不能到达单眼桥。傍晚时分，驻守螺山一带的守军开始反攻，追击日军，迫使日军向半径、下径等地撤退。

一星期后，日军再次犯惠，其主攻目标转至南线的佛祖坳、飞鹅岭、麦地山一带，驻守该阵地的是地方军保八团，由于他们没有受过军事训练，且没有作战经验，因此，很快就被日军攻破，惠州第三次沦陷。

南线日军入城后，仍有大批日军从高榜山麓向大岭、大小新村而下。其中六名日军一个肩托机枪五个手拿步枪，来到新村罗屋，吼叫着要屋里的人全部出来，否则放火烧屋。屋内的男女老幼只好走出屋前的地坪上，日军要男丁战到他们面前，七名男丁行到日军面前，而我则避缩至池塘边的一颗柠檬树旁未被发现。未几，日军押着七名男丁走向屋前右侧的稻田上，当即以机枪、步枪扫射。这时站在地坪上的妇女，亲眼见她们的亲人被杀，大哭大喊，其中一名日军即向妇女人群射来一枪，子弹正中我姑婆落瑞莲，由于她背着我八岁的表妹罗秋嫦，表妹的大腿也被击伤，现已 71 岁，伤疤仍在。日寇杀人后，即向对面的池塘往黎屋走去，正好看我蜷缩在柠檬树下，又向我射来一枪，子弹在我头顶飞过，而我则向屋后小山飞奔，逃脱一劫。日军至黎屋时，村民多已逃避，可是仍有一个叫黎才的村民被发现而遭枪杀。待日军走后，我才走回外婆家里，即看见我的姑婆躺在厕所地下呻吟，又发现我父亲钟景南满身是血躺在里间的小床上，而我母亲罗年太正在为父亲敷贴中草药。这时我才知道，我父未被日寇子弹击中，当时日军认为他没有死即向其腹部连刺四刀，所幸是冬天，衣服较多且厚，因而未刺入要害，幸免遇难。待日军走后，他才忍着痛伤爬回我外婆家里。这次在稻田被日寇枪杀了七人，即：我亲舅父罗榕照（34岁）、罗榕家（31岁）兄弟二人，我堂舅罗子才（50岁）、罗运才（约49岁），还有罗乙（30多岁），加上和我同年，年仅15岁的罗球、罗末二人。另外被枪伤的姑婆罗瑞莲（40多岁）也于当晚不治身亡。

是时，死者罗榕照的遗孀林冬姐27岁（现已满90高龄），已怀孕，后产下一儿名叫罗培浩，现已63岁。罗榕家的遗孀郑兴（27岁，已逝）也已怀孕，后也产下一儿名叫罗培光，现63岁。此时我的两个年少妗母凄凉悲苦可想而知，更可怜我外婆黎六妹，未及60岁，惨遭如此厄运后力挽狂澜，和两个新寡媳妇为生存、为把孙儿女养大，付出许多血泪！

日军此次撤退惠州后，我返回惠城，至西湖塔下，见平湖有三具浮尸，而水门沙下被杀害的尸体我虽未亲眼看见，但全城已普遍传告。

（作者单位：惠州市西湖风景区管理局）

（惠城区政协文史资料委员会编：《永不忘却》，2005年印行，第75—77页）

7. 日军在惠东县梁化镇的罪行

被采访者：林国才（男，78岁，现住惠东县梁化镇林屋）

张　彬（男，88岁，现住惠东县梁化镇下圩尾竹林村委）

采访者：赖晓东、苏克、刘惠、何一清、李德明

采访时间：2005年11月15日

采访地点：惠东县梁化镇林屋、下圩尾

林国才：1938年10月，日军飞机对梁化镇进行轰炸，米行街、魁星楼、林屋、孤文祠、龙冻筋、上堂、老苏尾、昌盛庙、下圩尾投放了大量重磅炸弹。炸死将近20人，炸伤30多人，炸毁房屋50多间。我家横梁被炸断30多根，后来才换上，现在仍可以看得出来。环连上塘有一口井就是当年日军炸出来的。

1941年5月，当时日军占领了惠州，独九旅一部撤到梁化一带避战，日军飞机尾随而至，炸死炸伤独九旅和避难群众100多人，很多伤者都因伤势过重死亡。

1942年，日本仔第三次入侵后就在我家办公，还强迫我家写上"欢迎大日本"的牌子挂在门口。对群众施用灌水刑罚和烧肚脐，烧肚脐就是把生油放在肚脐上，再放一灯芯然后点着，受这些刑罚的有周天一、林伯良、钟潜、林兆伦、周荣保等二三百人。另外，被杀10多人，烧毁房屋近50间，被抢财物一批，牲畜一大批。

张彬：当时我家旁边也被炸了，炸出了一个一丈多深的井来，米街那边也有大约五间屋被炸。被打死的有万炳夫妇、林阿带、陈顺、黄火奎、钟义兴、钟佛才、胡须石。被抓去做劳工的有100多人。

（原件保存于中共惠东县委党史研究室）

8. 日军在惠东县稔山镇的罪行

被采访者：钟源兴（男，80 岁，现住惠东县稔山镇竹园村）

林观带（男，79 岁，现住惠东县稔山镇四巷）

陈子文（男，80 岁，现住惠东县稔山镇第五街）

刘　来（男，80 岁，现住惠东县稔山镇新围 126 号）

陈　带（男，75 岁，现住惠东县稔山镇）

王　抄

采 访 者：赖晓东、许国浩、刘惠

采访时间：2005 年 11 月 15 日

采访地点：惠东县稔山镇政府

钟源兴：竹园是抗日基地，1938 年 10 月 12 日，日军在稔山亚婆角登陆。那天，海上来了很多战舰，战舰上面装着许多飞机，飞机就在战舰上起飞。由于当时海水较浅，日本仔的战舰不能靠岸。他们便函利用帆布铺在岸边的泥土上上岸。大量飞机在稔山上空盘旋，三架为一组，不停地飞，轰隆隆地响。日本一来攻打竹园，无恶不作。随意打人，强奸妇女，村中年轻的妇女都被抓走了。村民不得安宁，民不聊生。当时有 100 多名日军住在林坑。

1939 年，日本又来围攻竹园，到处拉人去挑东西。村民不堪忍受日军的凌辱，打死了一个日本仔。因此，日军认为竹园是他们的死对头，里面有共产党。

1944 年，日军从柠檬山到竹园，杨增阿娘是个媒人婆，她用鸡肉甜糯米酒招待了 2 个日本仔。等日本仔喝醉后，村民便与他们搏斗，杀死了一个，另一个逃跑了，他们把缴获的枪和手榴弹交到坝仔部队。事后，日军报复，稔山有将近 100 人被俘。

1945 年 4 月间，因为当时在此地打死过日本兵，他们就特别关注竹园，日本采取"三光"政策，竹园人民纷纷拿起武器对抗日军。当时吕铁深领导稔平抗日自卫队，在竹园伏击日军，打死一位日本兵。日军恼羞成怒，进行疯狂报复。当晚日军就围攻竹园，幸好竹园村打了 3 发粉弹，延缓了日军进犯时间，村民得以逃跑。但有一名 70 多岁老钟金被日军抓住用刺刀刺死，还有一位叫钟汉的被日军活活用皮鞋踢死。

日军这次围攻竹园，由于村民逃跑及时，未造成大的人员伤亡，但财产损失非常严重，当晚烧掉 60 多间房屋，第二天烧掉近 50 间房屋，烧掉 2000 多担粮食，水车、犁耙共烧掉六七十副，家具完全被烧光了。有近 20 多户人家的房屋全部被烧毁，没留下任何东西。学校也难逃被烧的劫难。

林观带：日军侵略稔山时，非常残酷。全镇被杀的大概有近 200 人，负伤的有 100 多人，残废的将近 100 人，病亡和被饿死的加起来有 1000 多人。当时打日本的竹园战斗，是稔平自卫队，我也参加了吕铁深的部队。1943 年，敌人第二次进攻香港的基地，他们要打平、白、稔、多、海陆丰一带。那时，洋口桥被日军占领了。我们引出一个日本排出来打，只缴了他们的几支枪。

陈子文：1942 年 4 月 4 日，日军在后洲和范和港石湾登陆。在稔山街广栈，日军因敲一店铺，未开，便放火烧掉这间广栈布店。当时陈义、胡流民去救火，被日军用刺刀当场刺死。那时，日军住在稔山赞希门，周围有铁丝网警戒。陈冬仔想爬铁丝网，被日军打死。陈三的老婆姓李，日军想强奸她未得逞，被打成残废。西门街人陈喜和另外三个担盐的人被日军抓住，在鬼仔埔活埋了，全部都是男的。

1943 年的瘟疫，稔山有一家十几口都死了。当时整个稔山到处是香港来的难民，路头路尾都是死灰复燃人，尸体都发臭了，总共死了约 500 人。

刘来：1938 年，日本实行"三光"政策，在庄山烧掉几十间屋，仅剩十余间，到处奸淫妇女。花名乌胆狗和一个叫刘陈福的被日军带走，很多人都被打过。

1944 年，日军又来，我家的房屋被毁掉，鸡、猪全被抢走。登陆后，日军住在鹤嘴海头埔，大部队就住在这里。稔山被俘 50 人，劳工 100 多人。

陈带：日本在水纹住过，为建一座桥，拆了很多房屋。有 4 架日本飞机来炸，听说是要省广州的白云机场，结果炸了稔山的白云，投了 4 发炸弹，结果有 1 发不响。在白云现在的高速公路的位置打了很多地洞，我给日本仔做了 6 天工，第 7 天被日本仔打，白云被炸了很多屋。当时，海堤被日本仔破坏，三四千亩农田耕地遭到破坏。

王抄：1938 年 10 月 12 日，日本仔来，在范和红石湾登陆，当时我去看戏，看到日本仔从海上来。有 1 人在范和学校被日本兵炸死。12、13 日，在黄埔耕田的阿文被日本兵炸死。

1942 年 4 月 4 日，日本兵在后洲和范和港红石湾登陆，范和有姓游的一名群众被生理，系大埔街人。胡潭先的老婆被日军刺死，大屯有 1 人被杀死，范和被烧十几间房，被打死 5 人。

1942 年至 1943 年间，日本仔在雁湖带着防毒面具去摘荔枝，结果掉了一个面具，被一村民捡到。事后，村里连续二三天死掉 20 多个人，都是年轻力壮的。据统计，全村被烧 18 间房，牛 10 多条，被抢粮食七八千斤。

（原件保存于中共惠东县委党史研究室）

9. 日军在惠东县平山镇的罪行

被采访者：邓　佛（男，94岁，现住惠东县平山镇北街下米行15号）

黄　严（男，83岁，现住惠东县平山镇北街集胜街32号）

王炳辉（男，82岁，现住惠东县平山镇北街杉7巷2号）

王志意（男，80岁，现住惠东县平山镇北街杉7巷8号）

采 访 者：苏克、赖晓东、周伟忠、刘惠

采访时间：2005年11月16日

采访地点：惠东县平山镇北街

问：今天我们来调研，主要是1938年至1945年，抗日战争时期日军到平山后轰炸、烧杀抢，给人民群众造成的损失情况。首先是抗战前和抗战后平山的人口是多少？

邓佛、王炳辉、王志意、黄严：当时的平山常住人口不足1万人，但据我们所知道的估算，当时的平山大约是9000人左右。抗战期间，平山镇死了很多人，至1945年，抗战胜利后，走的走，死的死，外迁的外迁，在平山常住人口就是6000多人，不足7000人。

问：抗日战争时期，也就是1937年至1945年，当时平山的市场很大，很繁荣，当时究竟有几条街？你们知道吗？

王志意：抗日战争时期，日本仔轰炸和火烧平山以前，平山非常繁荣，外地来的商贩每天都很多，商贸非常旺。当时的平山有糕街、糖街、饭街、大米街、兔街、石灰行、草街、老盐街、都赛埔、楼子下、大楼王、毛尾巷、东门、南门、西门、北门共16条街。很多街名都是根据当时购销商品而命名的。

问：今天我们到的是北街，按现在的行政区域，北街辖当时的街道有哪条街呢？

王炳辉：现在的北街管辖当时的街首有毛尾巷、东门、南门、西门、糕街、草街、都赛埔共7条街。

问：1938年，日军在惠东境内的稔山、平海强行登陆后，日军经过的村镇有无进行烧、杀、抢？

黄严：平山第一次轰炸是在1938年农历八、九、十月间，当时是刚过中秋节。日军飞机是从平海方向飞过来的。有8架飞机，平山的居民从来没有见过这些东西，非常好奇，都聚在一起观看，见到飞机飞到头上投弹，居民还说是飞机拉屎，随后就掉在地上爆炸了，同时，飞机上还有机枪向地面扫射，在大路口和西门头有大约30人被打死。居民见到此情景，纷纷外逃到大岭万重村等地。当时我外逃时，什么也没有带，手中只随手带了几个月饼。十几天后，日军向惠州方向后，我才回来，回来途中见到平山大桥被炸了一个桥墩，旁边被炸了一个大洞。并听人说，在桥边的码头有100多商贩和民工被炸死，回到北街后，见到杉厂的房屋被烧，还见到了一个弹坑，还有一个未爆炸的炮弹，听别人说这里也被炸死三四十人。

王炳辉：当时杉厂是位于平山河边，因为那里是码头，所以人流特别旺。听说日本飞机投了很多弹，死了几十人。我是住在这里的，当我回到家后，这家4间房全倒塌了，当时杉厂有130多间房子，几乎全部被炸被烧了。飞机还对沙坝尾、都盛街、老盐街进行轰炸，有六七十人被炸死，被炸被烧的房子有五六百间，都盛街有三间房子被投了6颗炸弹，变成了鱼塘一直保留至今。

日军飞机对平山进行大规模轰炸后，地面部队随后就到了平山城。糖街有一个叫巨恩石的老人，当年约70岁，因其生病在床，日本兵叫他，他没有反应，后来就在床上被日本仔打死了。李桂清的爷爷李某当年见到日本仔进城，马上逃走，被日本仔开枪打中，因未及时医治，没过多久就死了。大楼王的王潭清也被炸死。糕街有一个妇女，日本兵企图强奸她，但遭到其反抗，结果被日本兵用刺刀捅进其阴部至死。还有一个妇女背着儿子，炸弹突然落在其身边，她本人被炸断腿，头也被炸掉了。她儿子只被炸伤。糖街有一家人，全家共8口，全部被炸死。

邓佛：听刚才他们一讲我就想起来了，第一次日本仔来，真是很惨。被炸的残肢断脚到处都是，很多被炸的肌肉都粘在墙上。日本仔第一次来有七八架飞机，整天都在平山上空，时不时还投下几颗炸弹来。日军走后，我们年青人都回来了，帮忙处理尸体和受伤的人，对死伤人数和被毁房屋也进行过统计，死亡人数约400人（包括外地人），伤约200人，房屋被烧1000多间。当时临街的房屋铺面被毁的不是很大，都连在一起，起火后全被烧毁，因为害怕，没有敢去救火。

1941年12月的一个下午，有一架据说是日伪中华公司的上海号运输机，当飞到阿婕岭上空时飞机突然坠毁，机上7人中有3人当场死亡，余被我们独九旅击毙。事后，日军派部队到平山烧杀，很多老人来不及躲藏，有10多人被杀。20多架飞机对平山轮番轰炸，约有商铺400多间、民房3000间被烧。

自从日军入侵以后，很多"走日本"的难民涌入平山，什么地方的人都有，马王爷（塑料厂）、"三王宫"等地的神坛社庙成了难民的居所。由于严重缺粮，很多难民都饿死了，街头路边神坛社庙很多饿死的人，因为是外地人都是无人收尸，最后爆发了霍乱流行，包括外地人在内病死饿死的约有2000人。

1938年8月（农历），日本仔入侵平山，当天就走了。1944年冬，日军进驻平山一段时间，他们的部队住在北门的杉厂。日本人到处抓人，王志意的哥哥、爸爸都被抓去了，另外还抓了二三十人。

邓佛：还有一次，日本兵在平山住了一夜，记不清是那一年了，当时是年初三，日军来到平山的楼衣底杀了很多人。我们看到日本仔走在街上都很怕，怕他们报复。第二天日本仔就走了。

（原件保存于中共惠东县委党史研究室）

10. 日军在惠东县铁涌镇的罪行

被采访者：孔观胜（男，92 岁，现住惠东县铁涌镇八丘田村委）

杨观亮（男，77 岁，现住惠东县铁涌镇大岭背村委）

徐　湘（男，84 岁，现住惠东县铁涌镇溪尾村委）

方　云（男，81 岁，现住惠东县铁涌镇溪尾村委）

方　添（男，84 岁，现住惠东县铁涌镇居委会）

采 访 者：苏克、邓伟雄、丘荣光、周伟忠

采访时间：2005 年 11 月 22 日

采访地点：惠东县铁涌镇政府办公室

孔观胜：1941 年，日军第二次到铁涌。村中有一妇女被强奸，邻村有一名妇女被打死，有四五人被抓。被抢牲畜和粮食一大批。

1943 年大饥荒时，包括难民在内饿死了很多人。

杨观亮：1938 年，日军第一次来铁涌时只是路过，没造成什么损失。（1941 年）第二次来铁涌时我 13 岁，听说日本兵来了，全村人都跑到山上去了。日军在我村驻扎了将近一年，被抢粮食和牲畜一大批。有 5 名妇女被强奸，房屋被烧毁 5 间，门板、棚、桌、凳等家具被烧掉一大批。1 人被活活打死，1 人被活埋。

方云：1941 年，日军第二次到铁涌后，溪美村被烧毁 2 间房屋，打死 1 人，活埋 1 人，1 名妇女被强奸，被抢粮食和牲畜一大批。

徐湘：日军第二次来铁涌后，打死了很多老妇女。有一天，日本鬼到村找食物时，刚好看到我老婆，于是就追着想强奸她，最后逃脱了。稔山有一位还不到 20 岁的小姑娘到铁涌探亲，遇到日本鬼子后遭到强奸，后自杀身亡。

方添：日本鬼子第二次来铁涌时，刚好村里在做戏，一个扮演皇帝的被打死，多名妇女被强奸，一个外地到铁涌开布店的被抢一空。

1941 年冬，饿死病死很多难民。

（原件保存于中共惠东县委党史研究室）

11. 惠东县大岭镇居民证言

被采访者：郑炳粦（男，80 岁，现住惠东县大岭镇洪湖村）

张覃木（男，78 岁，现住惠东县大岭镇洪湖村）

郑　松（男，72 岁，现住惠东县大岭镇洪湖村）

周记安（男，82 岁，现住惠东县大岭镇桥新村）

周学明（男，80 岁，现住惠东县大岭镇桥新村）

周秉严（男，77 岁，现住惠东县大岭镇桥新村）

周汉光（男，75 岁，现住惠东县大岭镇桥新村）

张志辉（男，79 岁，现住惠东县大岭镇桥新村）

龚发明（男，72 岁，现住惠东县大岭镇春光村）

龚振光（男，72 岁，现住惠东县大岭镇春光村）

李　远（男，72 岁，现住惠东县大岭镇春光村）

温运梅（男，76 岁，现住惠东县大岭镇棠阁村）

采 访 者：苏克、赖晓东、邓伟雄、周伟忠

采访时间：2005 年 11 月 24 日

采访地点：惠东县大岭镇政府办公室

郑炳粦：1940 年，我伯父郑谭钦去稔山港和大墩挑盐卖，被日本鬼抓住活埋，我伯母因饥饿而死，儿子郑原春为了报仇，参加了东江纵队小鬼班。1943 年间，日军第三次登陆后，驻扎在平山镇内，实行奸淫房掠和烧杀抢三光政策，我村有 20 多间房屋被烧，粮食和牲畜被抢一大批，妇女被强奸。

1945 年春，我村村民在平山坝正在干农活时，日本鬼从平广发市场附近打炮过来，村民和耕牛都受到惊吓，其中有一头牛被打死。有 2 人被抓去做挑夫，其中 1 人因受伤逃跑回来，后不治身亡。

1943 年 12 月 26 日，日本鬼子到我村住了一宿，门板、棚、桌、凳被烧。

1942 年至 1943 年，正值大荒之年，我村饿死小孩 10 多人，老人 5 人，周秉严的哥哥被打死，我和妻子被抓去做挑夫。

张志辉：1943 年至 1944 年间，日军 100 多人来到春光围乡，抓了一大批村民到谭公山后面挖地洞、战壕。

1945 年 6 月 6 日，鬼子又来围乡，有 2 个妇女被强奸，李永林、李超遭灌

水，200多只鸡和10多头猪被抢。

温运梅：1944年，我那年刚好15岁，日本鬼子第二次来棠角，有200人左右在塘肚、狗头猫驻扎，住了约一个月。村民温东安被鬼子烧死，温显文、廖福被烧伤，增光镇凤光村有2人被杀害，埋在我村山上。

（原件保存于中共惠东县委党史研究室）

12. 日军在惠东县吉隆镇的罪行

被参访者：蔡斗和（男，92 岁，现住惠东县吉隆镇）

蔡愫初（男，72 岁，现住惠东县吉隆镇平政村）

罗　干（男，76 岁，现住惠东县吉隆镇平政村）

蔡义强（男，75 岁，现住惠东县吉隆镇埔仔村）

采 访 者：苏克、丘荣光、周伟忠

采访时间：2005 年 11 月 24 日

采访地点：惠东县吉隆镇政府办公室

蔡斗和：1938 年 8 月 19 日（农历）晚上，我侄子刚好做满月，日军从范和岗登陆。20 日，天亮时，日本鬼子来到吉隆，全圩镇人都关门闭户，我家是做生意的，家中养了 10 多头猪，被日本鬼子抢了 3 头。21 日，日军轰炸吉隆大桥，当场炸死一个小孩（温华居的弟弟），在吉隆驻扎了一个星期。

1938 年 10 月 12 日，日寇派三架飞机轰炸吉隆，那时，我在粮所附近看到，日寇用飞机上的机枪向圩镇群众扫射，当场死了 40 多人，伤 100 多人。其中有梵阿田、黄曲如母亲、杨阿生妻子和蔡阿林母亲等 4 人，仅水沥仔（猪仔行）就炸死了 30 多人，车轿、老圩的咸鱼街，炸了 4 间店铺，糖街也被炸了 4 间店铺。

1941 年 4 月 8 日，日军从黄埔小汉登陆，实行烧、杀、抢三光政策，炸伤 100 多人。平政的角楼、档店都被烧掉。

1944 年 12 月 3 日，埔仔很多房屋被烧毁，鸡、猪、牛等和粮食被抢一空。一个挑盐的妇女（蔡吕秀的妻子）被打死，有 1 个挑鸡赶集的被枪杀，被抢牛 2 头。

蔡愫初：1942 年 5 月间，日军来到吉隆，实行烧、杀、抢三光政策，当地人恨之入骨。有一天，林匠林阿华做了一门土炮，他用炮打伤了很多日本鬼子。第二天，日寇报复村民，用火烧了 1000 多平方的店铺，平政圩 4 条街，60 多间商铺被烧毁，赖干娘的奶奶因年迈，躲藏不及被打死。维持会出面劝说都无济于事，日寇酒足饭饱后，仍然奸淫虏掠，杀人放火，强奸妇女。

罗干：1944 年至 1955 年间，日军在吉隆驻扎期间，当地村民为了阻止日寇的入侵在广汕公路上设置障碍，结果遭到日军的报复。

（原件保存于中共惠东县委党史研究室）

13. 日军在惠东县高潭镇的罪行

被采访者：罗　明（男，85 岁，离休干部，现住惠东县高潭镇）

罗少华（男，83 岁，离休干部，现住惠东县高潭镇）

黄炳先（男，80 岁，离休干部，现住惠东县高潭镇）

黄　球（男，73 岁，离休干部，现住惠东县高潭镇）

罗培灵（男，71 岁，离休干部，现住惠东县高潭镇）

采 访 者：苏克、邓伟雄、周伟忠

采访时间：2005 年 11 月 25 日

采访地点：惠东县高潭镇政府办公室

罗明：1945 年 1 月下午，我在哨塔上看到日军二三百人，从新庵经过高潭在黄姜住宿，当地准备过年的鸡鸭鹅被抢一空，门桌凳被烧毁，许多妇女被强奸。

罗培灵：1945 年 1 月（农历大年二十九，除夕）下午四五点钟，日军有四五百人从多祝经新庵进入高潭，不久，日军在高潭修佛子坳公路，当地很多村民被抓去修公路。福田村的村民听说日军来了都逃到外面去了，罗达尧的母亲来不及走，只以在晚上点着马灯逃难，途中被日军发现后开枪打死。当时，罗达尧的母亲是背着一个，抱着一个，肚里还怀着一个，除抱着的罗达尧（还健在）只受了点轻伤外，其余均被打死。六水陈杰的妻子罗赛容，被 10 多名日本鬼子轮奸，造成残疾，终生未能生育。

1945 年 3 月 15 日，东江纵队第 6 支队和当地武装在佛子坳一带伏击日军，我部队黄海、黄子明牺牲，另外，有 4 人受伤。

黄炳先：1945 年 1 月，即春节后，日军一二百人来到高潭，驻扎在福田一带，当地村民的门板、棚板被抢一空，拿去修公路。水口村石壁湖黄育人的一座大屋共 40 多间被烧毁。我也被抓去修公路，每天都有 100 多人在干活。有一天，朱锡明因偷日军的石炮被日军发现后，生殖器被日军用绳子绑着吊在树上，后由维持会出面，用钱赎了回来。

黄球：1945 年春，日军来到汭溪后，大肆烧杀抢掠，大批牲畜被抢一空，大米、青菜被抢无数，房屋被烧 40 多间，钟潭水的弟弟被打死，一名妇女被强奸，被抓的村民一二百人。

（原件保存于中共惠东县委党史研究室）

14. 我与家人返广州的经过与遭遇

被采访者：梁福耀

采 访 者：褟兆强、贺红卫

采访时间：2007 年 6 月 8 日

采访地点：梁福耀在广州市的家中

1941 年 12 月 16 日，一家七口（爸爸、妈妈、两个妹妹、一个姐、一个弟弟和我）从香港回广州，行前在香港深水涉集中领归乡证明书，并发了几斤米。当时组织广九难民回乡，一队队人从香港陆路走回来。第一站步行到沙田——大埔——深圳，沿途走山路，很多人，小孩边走边哭，情境非常凄惨。在深圳过蛇口沿路走到西乡，然后过梁家庄，一路上挑着行李，拖男带女，12 月 19 日（旧历）到东莞太平。那时妹妹没有鞋穿，连脚趾甲都没有了。

临启程前在香港九龙长沙湾道与荔枝角交汇的广场已打过防疫针，去到沙井、虎门又打防疫针，还要验大便，男男女女都跪下不许往前看，从屁股抽样检查。12 月 19 日晚（从东莞）乘难民船去广州，当时船上已塞满人，还有船到江门、顺德。当日已到达广州。在广州长堤的六国饭店后面，以前先施公司附近镇记码头。没到之前，12 月 20 日早上，在难民船上发现母亲发病，抽筋，可能染上霍乱。接着从镇记码头把船开到南石头检疫所，到了码头不许人上岸，当时有很多难民船，等待所谓的检验，当天下午母亲死在船上。当时最小的妹妹也在发高烧，马上送检疫所，船上的人只能说母亲是"饿死"的，然后将母亲送上岸，妹妹被送往南石头（不知下落）。

一家七口剩下五口人。12 月 21 日上岸到状元坊全新刺绣店父亲朋友家投宿，半夜父亲就发病，又拉又吐，刺绣店员工帮忙送到方便医院（现市一医院），当时医院没行医生，等到下午一辆车把父亲与几兄弟姐妹送到晓港路广东省立传染病院（当时益丰搪瓷厂的对面）。12 月 23 日上午见到父亲的病床已没有人，床上洒了消毒水，当时我和姐姐、妹妹都有传染病，都躺在床上，只有弟弟没有染病，站在床边不停地哭。后来到殓房，见到母亲和父亲的尸体，年卅晚妹妹也不在了，只剩姐姐、弟弟和我。

在传染病院出院时无家可归，护士建议把我们送到孤儿院，三姐弟被救护车送到现在的六榕寺隔壁的广州市立孤儿院（现在的省政协），孤儿安排在六榕路，孤女安排在淘金坑，姐姐年纪大不收留，后来好心护士收留做家佣。兄弟俩就进了孤儿院。在孤儿院大约两个月，又有一些孤儿从传染病院送来。当时的孤儿院不是政府办的，看来是佛教办的。后来又把我们送到文明路救济院，救济院就在现在的市一宫，救济院由于人多，再把我们送到石室（天主教堂）。大约在夏天（荔枝上市的时候），由于石室太多人，又被送到广东省赈募分会来接收，当时有100多儿童搬到北横街广东省瞽目院，年底又搬到西华路太宝直街广东难童收寄所（现市四中校址），当时难童收容所最多小孩是大约有2700多人（根据当时称米登记簿上所登记的数字）。后来又从西华路搬到真光中学，许多在真光中学死去儿童都在广州造船厂附近土葬，在越秀山湖附近也了葬了不少死在西华路的儿童。解放后到现在，经了解在收容所里剩下不到200个难童。由于是劫后余生，难童每年都有聚会，分别在岭南大学和工读学校，自选去这两个地方聚会。

1947年，我在广州做针织，姐姐嫁人，弟弟在香港从事画画。这年12月20日，我们姐弟到南石头附近扫墓，由于不知亲人葬在何处，就在万灵塔进行拜祭。听闻护士说宜民市和社庙（金花街）两个地方收留难民最多，有人看到日本人用车拉尸体拿去烧，死得最多的是在社庙。

1944年的春天，难童收容所从西华路搬到芳村的真光中学，现真光中学内现存还保留有几幢收容所楼房。我在难童收容所亲眼看到日本人用刀杀害中国人（成年人，可能是地下游击队），第一次杀害了2人；1945年初，第二次杀害3人，在真光中学校园里被杀，还挖了一个坑，当时很多小孩不知这个坑有什么用，还在坑里跳进跳出，后来都不敢在那里玩了。（根据录音整理）

（原件保存于中共广州市委党史研究室）

15. 日军在岭亭乡的暴行

被采访者：蔡孝林（80岁，岭亭人，岭亭老人协会会长）

采 访 者：陈郴

采访时间：2007年8月15日

采访地点：岭亭老人协会

蔡孝林：在整个澄海沦陷时期，岭亭乡是一个重灾区。特别是1939年农历五月三十至六月初一，日本仔在岭亭奸淫掳掠，杉排街利巷有170多间铺店和民房被烧，岭亭乡被杀170多人。其中蔡再顺一家被杀4人。蔡××一家被杀3人，蔡少庭的媳妇被刺刀挑出肠子而死，她的还在吃奶的孩子，被刺刀刺死后放在火里烤。在现在岭亭新村堤上，有10多个挑夫被强迫跪下，逐个杀头。我乡阿再顺在上窖芭蕉园和10多个挑夫一起被砍头，头未断被和尚救起。

我们岭亭乡堤上一处叫"周公坟"的地方，埋了许多被日本打死的尸体，很多是无头的。我小时候牵牛从那里经过，尸臭扑鼻，被杀之人开始还有善堂施棺，后来就只是挖个坑草草安葬。

岭亭乡抗战前有4000多人口，到1945年日本投降只剩2000多人，单单我们一区就死了300多人。每年五月三十和六月初一，我乡许多家庭同日做忌，同日施孤，以纪念死难的亲人。

（原件保存于中共汕头市澄海区委党史研究室）

16. 日寇对我同胞做杀人练习

被采访者：阿木伯（男，85 岁，樟林东和村）

采 访 者：张美生、陈郴

采访时间：2007 年 8 月 17 日

采访地点：樟林新陇村

阿木伯是一位在樟东失陷时亲眼见到日本兵砍杀无辜同胞的目击者之一。

阿木伯回忆说，1943 年冬天，临近过年，樟林新陇村莲角抽池掠鱼（一种人工脚踏水车抽水），当时池水已抽干，阿木伯和几个邻居蹲在池塘边看。突然，一阵急促的脚步声伴随着喝斥声从远而近，只见四五个日本兵押着被捆绑的 3 个男村民，后面还跟随着伪保长与乡民共 10 多人（听说是被日军强迫来看杀人的）。一群人来到池边空地，日寇将被抓来的三个人，按住跪在地上。

第一个被杀死者是被刀砍死的，当时日本仔杀人特别残忍，他们不是一刀将被害人性命结束，而是让被杀死者死前受尽精神折磨、恫吓、侮辱，甚至致使其尿裤子。阿木伯当时近距离看的真切，只见鬼子拔出寒光闪闪的屠刀，在被杀人面前比来划去，人未被砍死，但魂魄已升天。一阵挑弄之后，日寇用刀将被害人上衣割开，咔嚓一声，鲜血喷涌而出。阿木伯讲到这里，停了一下，说："现在大家看到的电影上鬼子杀人的画面，一般都是演人头砍下，而这次看到的砍人过程是用屠刀从被害人肩膀沿胸骨一边砍下，掉下地抽搐的是人头连着一只手。"此时恰好一村妇从井仔泉（樟林山边一处天然泉水）挑泉水从附近经过，被日军叫过来，将沾满鲜血的屠刀放进木桶里，顿时，清澈的泉水变成红色，当场将挑水的妇女吓昏倒地。

刚才用刀砍人的明显是日军小头目，是在做杀人示范动作，剩下的两个乡民是充当新兵活靶。没有前者杀人的花样，日本兵将刺刀直接从被害人的背后扎进去，一刀、两刀……被害人还在挣扎，后又再补一枪。场面恐怖之极，惨不忍睹。可怜的无辜同胞，就这样惨死在日寇的屠刀下。

（原件保存于中共汕头市澄海区委党史研究室）

17. "六一一"惨案叶惠基证词

被采访者：叶惠基（男，79 岁）

采 访 者：叶汉容、叶振锵

采访时间：2007 年 9 月 13 日

采访地点：东莞市

问：你是如何知道"六一一"惨案的情况？

答：我名叫叶惠基。1941 年 8 月 3 日，农历闰六月十一日早上 7 时，我坐在自家门口，突然枪声响起，有人叫"日本仔来了，快走啊!"我走到闸口，正遇日军，我赶忙掉回头走入巷内，后来又被日军拉了回来。被拉到卢氏祠堂门口的地堂内，闸口被日军拉的人越来越多，包括一些从外地来的过路人也被拉到这里集中，共有 1000 多人。日军逼村民交出枪支弹药。当时村民赤手空拳，并没有枪支弹药，日军暴跳如雷，把敢于抗击日军的刘皮林灌水、踩杠、毒打，并用烟火烧身，最后日军摔死刘皮林。中午日军将 1000 多男女分为两队，女人和小孩 300 多人困入卢氏祠堂，又将五六百的男人押入卢宅。卢宅是一间一房一厅一廊的侧正屋，无一个窗口，人多屋窄，日军用木棒、枪尾剑刺人，把五六百人逼入卢宅，平均每个方砖（40×40cm）站四个人，正值六月天气闷热，汗臭难闻。日军将门锁紧。被困人们无饭食，无水饮，二日一夜，无法坐卧，很多人饮尿解渴，万分辛苦。一名日军头戴防毒面具，把一瓶毒粉撒放在干枯的葵叶上，然后燃点葵叶，毒烟在屋内弥漫，被困的村民有些呕吐狼藉，日间日军施放毒烟三次，不少人中毒身亡。活人与死人同困在屋内，屎尿臭味、死尸的臭味越来越大。晚上日军又间歇地放了 2 次毒烟，幸得下半夜下了一场大雨，天气凉些，才救出了一大批人。我因年幼体弱，个子小，踩在成人的双肩，站在大门的横梁上，才能幸免一死。卢伟文当时年幼，个子小，被成人托上神台上所以得以偷生。闸口教师招木生，企图揭开屋瓦逃生，被日军发现，当场开枪打死在瓦背上。次日天亮（即 12 日早晨），日军把人放出来，再次逼交军火，乡民交不出，又遭日军殴打后，又困入卢宅，一直到下午 4 点，日军才撤走。那时，只见地上陈尸 48 具，脸黑难认，惨不忍睹。后经确认，毒烟熏死者，有我叔父叶扳联，当时 73 岁，还有已 65 岁的教师刘寿君；还有我的同学简金成，死时刚满 14 岁。"六一一"惨案使我终生难忘。

（原件保存于东莞市道滘镇党政办公室）

18. 日军在东莞开设"慰安所"证词

被采访者：蔡松发（男，78 岁，樟木头石马村）

采 访 者：谭志恒

采访时间：2007 年 9 月 13 日

采访地点：东莞市樟木头镇

问：日军入侵东莞后，你是否知道日军在樟木头建"慰安所"情况？

答：我叫蔡松发，随军"慰安所"设于樟木头泰安墟名为刘辉记的碉楼，楼占地 30m²，楼高 5 层。日军于 1942 年 10 月打通广九铁路，于 1942 年 12 月开设"慰安所"，所里有 10 多个"慰安妇"，年龄 20 岁左右，门口有 2 个日本兵守卫，每天上午 9 时，中午 12 时，下午 3 时三次营业，每次进入日军一个班 12 人享受性服务。我当年 14 岁，做地下工作，见"慰安妇"穿奶罩、短裤，与下身仅围一条白布的日兵在碉楼追逐嬉戏。此所的"慰安妇"大多讲广东话。

另一"慰安所"由日本人开设，所址在石马墟承昌木店，店面积约 80m²，有"慰安妇"7 至 8 人，专为驻养贤学校的日军（一个中队，100 多人）服务。此处"慰安妇"大多讲广东话。

樟木头飞云顶有日兵碉堡，驻日军一个班 12 人，每周一次向保长蔡春要猪肉、鸡……及花姑娘一个，保长蔡春向村民摊派费用。有次保长蔡春临时找不到花姑娘，便把自己媳妇送上飞云顶供日军玩弄。

（原件保存于中共东莞市委党史研究室）

19. 澄海大屠杀目击者证词

被采访者：刘德源（男，85 岁，埔美小学退休教师，现住澄城城西刘厝馆）

采 访 者：陈郴

采访时间：2007 年 9 月 17 日

采访地点：澄海大公园

刘德源：我的老家就在刘厝馆，即是便生医院对面，和便生医院只隔一条河沟。1939 年我 17 岁，蜈蚣桥大屠杀就发生在我家附近，真是惨不忍睹。在我家隔壁有一位老伯，60 多岁了，在桥头遇到日本兵，当场被刀劈死，身首异地。

在便生医院斜对面有一座楼，日本兵就驻守在这座楼里，经常拖妇女进楼强奸。我们隔壁房一个女青年名叫阿青，当时只有 18 岁，被拖去强奸，后来，阿青在澄海无法呆下去，只能嫁去异乡。

蜈蚣桥大屠杀的前一天，我亲眼看见日本仔抓了 100 多人，将他们的拇指用铁丝绑成一串，押入便生医院。隔天，在蜈蚣桥的沟边，一个个或刀劈，或枪杀，血流成河。

（原件保存于中共汕头市澄海区委党史研究室）

20. 增城新塘西洲村毒气事件访谈录

被采访者：徐中淦（78 岁）、陈寿康（81 岁）、徐应申（97 岁）、徐柱其（80 岁）、

徐沛润（90 岁）、莫言辉（82 岁）、刘景林（84 岁）、徐焕文（80 岁）、

梁胜盘（84 岁）、陈冯希（79 岁）、刘沃波（75 岁）、周锦溪（82 岁）、

钟松波、陈韦钊、刘　南、曾耀华、徐炳佳、徐怡矩、徐桂芳、

刘全远、徐镜池

采 访 者：黄卓夫、程汤泉、刘雨濂、袁冠勤、刘文芳

采访时间：2007 年 9 月 26 日

采访地点：增城新塘西洲村

徐中淦：70 年前日军来村，全村人都躲到山地去，当时正是九月，香蕉熟了都没有人敢回村收成。四年后即 1941 年农历五月十五早上 8 点，日军来到西洲村，把人都抓起来，逼迫村民交枪，不达目的，就对全村人实行封闭熏毒烟。其中女人和小孩关在一间房子早，青壮年人关在另一间叫一浤的祠堂里。我和妈妈当时也是被熏毒烟的两个。日本兵戴着防毒面具，拿出一个电芯大小的罐子（毒气瓶）威胁大家交枪出来，说有枪交的就放人，没枪交的人留下熏毒烟。他们把电芯样的罐子拉几下就会喷出毒烟，当时觉得很呛喉，趴在地上就舒服点。这次死了很多人，我的父亲徐德建也被毒烟熏死，时年 45 岁。

陈寿康：我今年 81 岁，当时 15 岁，父亲陈湛涛是名跌打医生，1941 年农历 5 月 15 日那天，他被日本人抓住，被强制熏毒烟，放出来后口渴难耐，喝了松子水，又被日兵绑在梯子上放到河里浸水，日军要求交出枪才放人。家人无奈，只好向亲友借钱买枪交给日军，父亲方被放。但父亲经过一番折腾后，已是死去活来，回家后就死了。另一个叫陈植南的人，身体很强壮，是被日兵活活打死的。

徐应申：我当时 30 岁，日军五月十五入村，共来了 4 天。日军对交出枪的立字据放人，没枪的按女人和小孩、青壮年分开两个房子熏毒烟。我被关在一浤祠，日兵戴着放毒面具，拿出矿泉水瓶样子的东西划了几下，毒烟就出来了，烟进入肚子就痛，喉咙很呛。死了几个人后，日兵放大家出房子，可是没水喝，一会又把大家关进屋里继续放毒烟。估计当时死了 40 多人，由于事隔 70 多年，

已记不清死者名字。

徐柱其：日军第一次入村时我大约八九岁，那次我的奶奶、大伯、婶婶三人被日军打死，还给烧了三间房子。第二次日军来村抓住村民熏毒烟时，我和母亲关在一间祠堂里熏毒烟，我的父亲徐允深、哥哥徐柱波、堂兄徐兆球三人被关在另一间。日兵拿着一个矿泉水瓶大小的东西扯几下，就喷出毒烟，人立刻觉得很难受，口水、鼻涕一齐流出来。日军这天放毒烟三到四次。我父亲徐允深、哥哥徐柱波、堂兄徐兆球三人都遭了殃。日军走后，大家去一泫祠认领尸体，尸体到处都有，估计20到40人之间，大多数尸体都变了形状，我的哥哥当时嘴巴、鼻子都有很多虫子，样子已无法辨认，只能靠他穿的衣服辨别。父亲当时虽没死亡，但事过几天也去了。另外还记得几个死去的人的名字，分别是汉深、柱怀、寿昌。日军入村除熏毒烟外还用竹竿、木杉等打人，被打死的都是一些十八九岁的青壮年，日军认定他们都是贼。

徐沛润：我讲两件事。第一件，日军入村。一天，日军经过新塘，有两个日本兵到西洲偷橙子吃，其中一人被村民打死，另一人走掉。村民害怕日军报复，都离家躲藏。不久之后的一天半夜，日军包围了村子，见人就打，死了很多人。第二件是熏毒烟。我父母知道日军要来，就叫我离村，他们没有走，被日本兵抓住熏毒烟。农历十八那天日军放人时我回家，父亲徐景惠已经哑了。我父亲没打针，煲万年青水、马蹄水等喝，不久能够说话了，但身体很差，而其他一些被熏过的人很多都死了。半年后，父亲也离开人世。听我妈妈说，熏毒烟时感觉到心口很痛，日军又往人肚子灌水，再用竹竿踩肚子，手段残忍。当时有徐志谦全家都被毒烟熏死的事。

莫言辉：我哥哥莫榕深被日军抓住带路，因带日军到死胡同，被日军用刺刀刺死，时年10多岁。

刘景林：我今年84岁，日军入村时我10岁，当时日军从广州打来，国民党兵日夜退却，而热血的西洲村民却与日军对抗。当时是农历九月，稻谷成熟了，日军撤走时村民回村收割。时隔4年，日军进村熏毒烟，日军把村民关在密封的屋子里放毒烟，先是拿出矿泉水瓶样子的东西，自己戴上面具，然后拉开一根针，黑色的毒烟就喷出来，很多人昏倒了，日兵就把人放到空地上，青壮年绑在梯子上浸入水中，再用竹竿踩上人的肚皮来折磨人。我年小，只熏一次毒烟后就昏倒了，后来被放出来。毒烟很辣，熏过后人很口渴，放出来后没水喝人很难受。我父亲刘应结年纪较大（60多岁），熏了一次就死了。当时除了我和父亲外，母亲也是受害者。当时日本兵对青壮年人又打又熏毒烟，认定他们都是土匪，对穿西装的人更甚。

徐焕文：日军入村时，我父亲带着全家离村，留下的爷爷徐治昌被毒烟熏死。

梁胜盘：当时我 18 岁，外出打工，本以为回村看望母亲，走到笔村时因没向日本兵行礼被掌刮倒地。到沙村时听到村里的情况，留在那不敢回家。我弟弟被毒烟熏到软绵绵，日本兵用水把他泼醒，母亲叶刘饼熏完毒烟后一年死去，当时嘴巴都烂了。日军很残酷，烧光、抢光、杀光。

陈冯希：我和母亲都被熏过毒烟。日兵拿出瓶状的东西弹了几下，瓶就发出"砰"的一声，黑色的毒烟周围都是，觉得很难受、很辣。一天熏了 3 次，第二天放出来。过后，我和母亲满身都长出毒癞，整个身子都很痒、很痛，没钱医治，只好用豆烧油涂。

刘沃波：当时我 9 岁，父母被分开在不同的祠堂熏毒烟，另外两个伯父也被熏。我父亲较高大，既熏毒烟又被绑在梯子上浸水，放回家后觉得很难受，很快就离世了。母亲和两个伯父不久也相继去世。

周锦溪：我今年 82 岁，日本人来时我在新塘帮人放牛，母亲刘亚女被抓去熏毒烟，两年后死了，时年 40 岁。

（原件保存于中共增城市委党史研究室）

21. 增城新塘塘边村毒气事件访谈录

被采访者：吴佐坤（70 岁）、吴广湖（80 岁）、吴柏坚（75 岁）、吴淦培（76 岁）、吴刘照（79 岁）、吴伟焰（79 岁）、吴炳厚（79 岁）、吴洪根（82 岁）、吴沛良（78 岁）吴陈仔、吴彭安、吴谢添

采 访 者：黄卓夫、程汤泉、冯吉祥、袁冠勤、刘文芳、刘雨濂

采访时间：2007 年 10 月 10 日上午

采访地点：增城新塘塘边村

吴刘照：日军初来时，塘边村与其斗争，打死日兵 1 人。国民党军以为日军会从铁路香港方向来，炮垒都对着那个方向。但他们却从新塘开着坦克车进村，车上插着太阳旗，驾着枪炮。他们对地形很熟悉，入村时，摘荔枝，鸡、鹅、猪都捉来吃。日兵经常"花姑娘"地叫着，妇女都不敢出门，村民四处走避。我做过日军的民夫，受害很深。由于汉奸胡说村里有枪，日军包围了村子，进村就打人，还把人绑在梯子上放进池塘浸水。日军又把村民关在光明厅熏毒气。当时还是小孩的我和女人关在一起，日兵戴着面具引燃一些垃圾，一会儿毒气呛人，非常难受，青年男人更惨，他们被关在密封的小房子里。烟是白色的，气味又呛又辣难以形容。村民共被困了 7 天，大约有 200 人死亡。村民任由日本兵鱼肉，稍有动作便遭毒打，官渡村有人与日本兵对抗，当场被烧死。

吴广湖：1938 年农历八月，山于汉奸黄显中向日军讲塘边村有机枪，因此日军进村搜枪，村民交了全部机枪出来还不够，还要买多一挺枪去交。日军又将村中男女老少几百人捉去祠堂，用毒气逼供。日军对村民又熏毒气又毒打，不少人被打死。我知道一个叫孖指兴的被捉去熏毒气，第二天就死了。日兵拉开一个罐子似的东西，毒气从地上往上窜，气味很浓，没水喝人就受不了。

吴伟焰：我 13 岁时被熏过两次毒气。日军把人捉去后，先问是否有枪，有枪就放人，没枪的就留下。我和斗全及阿昌的舅舅共 3 个人被熏完毒气，又被日兵拉出去，逼着跪在地上，脖子被日本兵用东洋剑架着，逼着交枪，说没有，便在耳朵边发枪，还有一个叫叶顺娥的妇女在龙会被强奸。当时天气较冷，老人被用馊水从脊背淋下，妇女和小孩被熏毒气后，又被迫到池塘里浸水。

吴佐坤：我的父亲是被日兵打死的。我两岁时被母亲抱在怀里，在现在的老人院（土名孖厅）熏毒气，当时一起受难的还有很多人。村民熏完一次毒气

后，日兵放人去池塘边喝水，然后又强迫回到祠堂。女人和小孩关在有天井的祠堂里熏毒气，男人却被关在密封的房子里，进去的基本无生还，加上一些被打死的人，估计有30人死于此。

吴柏坚：当时，我们一家子都是帮人打工的。农历八月廿几，日军进村就烧房子，我家也被日军烧了，日军烧屋时，家里只有我和弟弟两个人，被日兵夹着丢出家门，我抱着弟弟逃难。家没了，只好寄居外婆家。后来父亲挑担时顺便帮人带信到白石，日军在搜良民证时搜出信件，遭到毒打，继而伤痛缠身，40多岁就身故了。

吴沛良：我9岁那年，我和母亲外出，留在家的奶奶被日兵捉去熏毒气，回家几天就病死了。

吴洪根：我母亲被熏毒气后又被日兵逼去池塘找枪支。

吴炳厚：我12岁时日军来，村民在牛栏桥和日本兵展开巷战，各死1人，因此，雅瑶人就被日军认为是土匪村，要求全村交枪支、交人，故此时常围村，村民也纷纷躲避。日军非常狡猾，等村民都不走了就把村周围的大路口都封锁，村民知道后不少人又从小路跑了。日兵进村见人就捉，老人小孩最受难，被关在祠堂里熏毒气，农历十月天，日兵还在老人的脊背浇过夜洗米水。连我残疾的叔叔吴勤佐也不放过，折磨到他吐血，不久身亡。还有已经70多岁的外婆也受难，不久也身故。

吴淦培：日军进村时，很冷，在光明厅熏死很多人，女人还要帮日兵扛枪。我看到有人被生剖，有人被抛上空中摔下来，死了不少。管渡村有一个人被扒光衣服烧死，我自己也被抓到光明厅熏毒气，气味很难闻，被熏的人周围乱撞，熏完一次，日兵又要求交枪支，有枪就放人，没枪的留下继续受烟熏，直到日军离村。很多人死后被扔进一个小房间里，尸水横流。

（原件保存于中共增城市委党史研究室）

22. 关于三灶惨案的口述资料

被采访者：詹连香（女，77 岁，三灶镇草堂村人）

采 访 者：马峻、潘己婵

采访时间：2007 年 11 月 21 日 10 时

采访地点：草堂村

日军 1937 年来到草堂村以后，开始只是在村里来回巡查，了解情况。但接下来就是以做工的名义把村里的年轻劳动力带到海澄村附近将其杀害。等间隔了一星期左右，日军再次回到村里，用点名的方式将村里的老思妇女等剩余人员叫出来，跟着把他们带到现在吉林大学海滩附近，无让人预先挖了一个很大的坑之后，接着就用机枪扫射将村民全部杀害并用沙坑掩埋尸体，这就是现在村里"千人坟"的来历，并且日军最后还放火烧毁了整个村庄。

自己的父母、小姨、舅舅及亲妹妹都是在这次事件中被日军杀害的，而家中的禽畜、粮食及房屋都全部被日军杀光、抢光和烧光。自己则是跟着后妈逃到了澳门才得以幸存下来。

被采访者：欧容亮（男，74 岁，三灶镇鱼月列圣村人）

采 访 者：陈卓南

采访时间：2007 年 11 月 23 日 10 时

采访地点：列圣村

欧容亮：原列圣村由水坑 5 户、三家村 18 户、西洋田 6 户、列圣 28 户共57 户，总人口有 228 人，都从事农业生产业，每家都有耕牛 1 头，猪、鸡、鸭个个都有饲养 10 多只，都积有稻谷作口粮，犁、耙等生产工具家家都有一批，衣物等每人都有，这在日军入侵三灶后全村庄已被烧毁，村民迫不得外出逃难，流离失所，家破人亡。我听到 1938 年钟宽家有 10 多人逃难失踪，听讲饿死了 2 个人，森莲姨丈（未知名）刚从澳门返来，就被日军捉住用绳索捆住沉入海里活活浸死。

被采访者：詹亚柏（男，86 岁，三灶镇海澄村人）

采访者：徐文河

采访时间：2007 年 11 月 24 日 9 时

采访地点：在詹亚柏家中

问：日本仔侵略三灶时我们遭受罪难哪些受害情况？

答：（1）杀害上表村男人，全村只有走生2人，有进入村中强奸妇女，强占民房作营房，例如上表村连塘村房屋；（2）强迫村民去做苦工，整机场，挖防空洞，修公路等，如果做工稍为慢些就用棍打或用脚踢；（3）有些村民走难到澳门，无法生活好多人都回来拿粮食被日本仔发现就枪杀，如正表村有几人在肚池石被杀害，其中保大父母、盲伍等，因此走出澳门的人不敢回来拿粮食，饿死病死很多人；（4）不准人出海捕鱼，如捉到出海人就打和坐"黑房"，外地渔民就杀、烧船，惨无人道罪恶，同时在外地抢回谷、米、萝卜、白茨等作物；（5）在春花屋边茅田村把人用线穿住手拉回捻仔塾抢杀，同时把房拆烧掉，鱼弄村有日本仔把村民用钱线穿手心拉去枪杀，当中只有走生一人叫审朋，所以有田无人耕。

被采访者：曾娇环（女，84岁，三灶镇莲塘村人）

采 访 者：谭文乐

采访时间：2007年11月25日11时

采访地点：莲塘村

曾娇环：日本军入侵三灶时我当年13岁，日军登陆后将上表村村民拉去抢杀，我父亲也在被杀之列。记得当时是将村民抓到莲塘沙堆枪杀，男的基本抓去杀光。母亲当年是逃难饿死的，包括弟弟也是饿死。后来我和奶奶、弟妹连夜逃跑到澳门，后在澳门也不能生存，最终又逃回三灶耕种，但回来后上表村已被日军放火烧光，剩下房屋寥寥无几。之后也被日军抓去当苦工，每天帮日军修筑机场水利，挖坑道、拉电缆、搬运松柴到山顶修筑军营等，连饭也没得食，只好到其它地方偷番薯及挖野菜充饥。

被采访者：曾贤庆（男，76岁，三灶镇上表村人）

采 访 者：谭洁强

采访时间：2007年11月25日13时

采访地点：上表村

问：日本仔为何杀害我村人和拆平房屋？

曾贤庆答：当时是1938年3月份，由于在三灶定家湾村的地堡岗亭有日本兵被杀，于是日本兵在全三灶进行大搜查，上表村也不例外。当时住在中心巷的壬五丈夫阿沟，拿着一支枪打算拿上屋顶隐藏，被日本仔发现，当场将其射杀，然后借此话上表村还有同党而大举进屋拉人，将没有逃离家乡的男人全部拉晒，有90人左右，押在莲塘村的祠堂。几天后，在东北陆（解放军一连住址）挖了个大坑，与草堂村拉过来的人一起被日本仔杀害。其后不久，将上表村的房屋（除留下几间作妓院用）几乎拆平，夷为平地。

被采访者：吴观胜（男，82 岁，三灶镇月堂村人）

　　　　　吴社财（男，86 岁，三灶镇月堂村人）

采 访 者：吴月全

采访时间：2007 年 11 月 25 日 15 时

采访地点：月堂村

吴观胜：月堂村在走日本仔前原有七、八十户人家，总人口有 700 人，1945 年（光复和平）返乡只有五、六十家，人口共 500 多人。

吴社财：1938 年 3 月 12 日亚哥吴××，40 岁，在三灶关家祠被日军用机枪杀死，同年被日军抓去修海澄日本军用机场的记得有四五百人，后在同年 3 月逃出来。

被采访者：梁更婵（女，78 岁，三灶镇鱼林村人）

采 访 者：罗福成

采访时间：2007 年 11 月 29 日 9 时

采访地点：龙塘村

梁更婵：我嫁到龙塘村后，听一个要好的老妇人讲：当时，日本仔来到龙塘村，捉住一部分未能逃脱的村民，男男女女、老老少少拉于山上叫"文头顿"的地方枪杀，被枪杀人数四五十人，一部分的妇女受到日本仔的强奸。

另一部分被捉的村民，被迫带着日本仔上山搜捕其他村民，在"大石隆"的山洞内搜出几十名村民，与带路的村民一同枪杀在山洞内，被杀害人数大约七、八十人，日本仔在村内捉人，每到一户，鸡鸭全部抢走，房屋被烧毁。

被采访者：关亿次（男，85 岁，三灶镇中心村人）

采 访 者：刘木生

采访时间：2007 年 11 月 30 日

采访地点：在关亿次家中

关亿次：日本仔侵略三灶时，亚妈在山上被日本仔抢杀死，亚爸、大哥、姐姐在逃难时饿死，大屋 1 间约 150m²、小屋 2 间约 80m² 被烧毁。大哥亿强、亿高 2 户 11 人在逃难时全部饿死。亚叔庚遇、佳遇二户 17 人在逃难时全部饿死，亚婶被日本仔在山上抢杀死，烧屋 4 间约 600m²。

被采访者：许金莲（女，89 岁，三灶镇鱼林榄坑村人）

采 访 者：许月群

采访时间：2007 年 11 月 30 日 5 时

采访地点：在许金莲家中

许金莲，原是乌沙人，17 岁时因为日本人侵略而随村民逃难，当时，吴发仔带领群众进入苏家围，因为抵抗不住日本人的进攻而各自逃跑。我当时躲进树丛里，日本仔到处搜人，用枪托砸打树丛，刚好我的头部狠狠地被中多次而不敢出声，虽然幸好逃过了这一劫，但是头部受到重伤，致使到现在还经常出现头痛、头晕的现象。

我们细妹许月好、大哥许翠旺、弟弟许观德、许东成以及 20 多位亲人被抓后，遭到日本仔惨无人道的毒打，最后被押至鱼弄枪杀，此外日本仔还将我家里及整个村庄的财产、物品洗劫一空，并把房屋统统烧毁，即使是带不走的东西也统统损坏、烧掉，村子被日本仔破坏得惨不忍睹。

被采访者：罗玉燕（女，82 岁，三灶镇鱼林村人）

采 访 者：许月群

采访时间：2007 年 12 月 4 日 8 时

采访地点：在罗玉燕家中

罗玉燕：我 11 岁的时候家里住在现在"勤建村"，那时随着父母亲逃难，房屋又给日本仔炸平地，当时年少的我看见日本仔将我们三灶的人抓去的人手掌心对手掌心用铁线串住，拉到榕树仔的关家祠现在的"千人坟"那里枪决。为了避开日本仔的屠杀，我和父亲、大哥、细佬藏在海边浪树下，那时的枪弹在头顶飞过，吓倒在树下，湿湿的海滩上都感到是煮开的水一样，当时在海滩里的海水也有血水看到，死伤简直都不知道是多少人。后来大哥和细佬两人先逃到香港，我和父亲到处乞吃，也曾到过澳门的难民营那里吃饭，母亲因逃难时都不知道是饿死还是给日本仔杀死至今还不清楚。

（原件保存于中共珠海市委党史研究室）

四、大事记

1937 年

8月31日　侵华日军飞机6架首次空袭广州市。在天河机场及东郊附近、黄埔长洲岛等地，投弹15枚，炸毁机场一小部分，炸死2人，炸伤7人。

同日　日军飞机首次空袭粤北曲江县城（今韶关市），时适早晨，民众走避不及，伤亡达147人。

9月16日　下午2时15分，日军飞机轰炸揭阳县城，炸死居民22人，炸伤40余人；炸毁房屋77间，以及家具财物，价值共约4万元（法币，以下除另注明币种者外皆同）。

9月20日　由广洲湾（今湛江市）驶往香港的4艘大拖渡船队，在驶至澳门附近海面时，遇日军巡洋舰一艘，敌水兵30余人驾小电船强行将其中两艘大拖渡拖近敌舰，其余两艘则被敌小电船监视。拖渡上员工奋起向敌电船扫射，用土炮轰击敌船。敌开炮还击。4艘大拖渡先后中弹沉没，船员全部牺牲。

9月21日　6时20分，日军飞机15架空袭广州市，投弹14枚，炸死6人，炸毁房屋15间，造成损失3万元。天河、白云机场被毁机库3座，油库1所。一中国教练机油箱中弹焚毁，落于龙眼洞附近。13时30分，日军飞机空袭广州市西郊外陈家祠附近，炸伤4人，炸毁房屋2间。

9月22日　6时40分，日军飞机18架空袭广州市，投弹40枚，是日空袭共炸死126人，炸伤205人，炸毁房屋167间，震塌房屋113间，合计损失516975元。

9月24日　4时，日军飞机3架空袭广州市，先后在燕塘军校、蒙圣区、海幢区、前鉴区投弹，共炸毁房屋54间，炸死41人，伤63人。

同日　广州市市长曾养甫发表谈话指出，连日来日本空军袭击广州市达20次，投弹几百枚，除半数以上炸弹落在荒郊田陌间外，其余均向广州的文化机关、民房、店铺、名胜建筑物投掷。广雅书院、中山大学均遭到不同程度的破坏。中山纪念堂被炸穿一洞，石阶均震裂。市民惨死者超过100人，伤者200多人，塌屋数十间。

9月25日　零时40分，日军飞机4架轮流袭击广州，在黄埔港投两弹，均落江面，炸死炸伤渔民数十人。

9月26日　日军飞机3架空袭广州市，在位于东华西街一号的岭南大学投弹1枚，炸毁房屋1间，伤2人。在岭南大学对开河面投弹2枚，沉艇3艘，死26人，伤28人。

9月28日　6时55分，日军飞机25架空袭广州市，投弹4枚，毁黄埔军校电灯局一部，伤3人。9时30分，日军飞机21架飞往从化，投弹10多枚，炸毁民房十余间，死伤农民百数十人。

9月28日至30日　日军飞机滥炸龙门县城东门外的东廓市（街道），毁店铺民房500多间，死20多人，伤数十人。

9月29日　8时55分，日军飞机8架空袭广州市，投弹20枚，黄埔军校行营俱乐部门前一部被毁，死9人，失踪7人。12时15分，日军飞机2架又空袭广州市，炸毁房屋半间，炸沉一艘舰艇。

9月30日　大队日军飞机分六次袭击广州黄埔、鱼珠两地，并向停泊在鱼珠海沙的"海周舰"轮番轰炸，投弹24枚，"海周舰"中弹着火后沉没。

同日　下午，日军飞机空袭番禺县（今广州市番禺区）市桥新桥村，时值墟期，有20多名赴墟妇女被炸伤。市桥潖江村被炸死1人，伤20多人。

10月3日　日军飞机轰炸广州黄埔及粤汉铁路，造成平民数十人死伤。

10月6日　日军飞机5架轰炸曲江车站，炸死26人，车站货仓、路基路轨被炸毁。

10月12日　日军飞机在东莞县太平镇（现属东莞市虎门镇）投弹10枚，炸毁商店、民房10多间，死伤居民30多人。

10月14日　日军飞机8架空袭曲江县城西河乡，投弹5枚，炸死农民21人。

10月15日　下午，日军飞机10架轰炸台山县重要交通设施——新宁铁路及沿线，炸得整个牛湾铁船（该船是牛湾至公益的火车渡船）船身渗水而沉入牛湾河底。另6架敌机从南飞向公益，对公益机器厂疯狂轰炸，炸死2人，炸伤3人。炸毁车卡4个、路轨两段，工厂变成废墟。

是年10月至1938年3月止　日军共出动飞机102架，频繁轰炸新宁铁路，以及铁路沿线的重要圩镇，如公益、牛湾、台城、斗山、都斛等，共计轰炸40次，投弹221枚，炸死23人，炸伤31人，炸毁新宁铁路各项设施及各圩镇商铺，财产损失达1123950元。

同日　日军飞机轰炸东莞县石龙镇铁路桥，炸断桥两旁路轨 500 多尺、货仓路轨 300 多尺，炸毁民房 10 多间、兵棚 1 座，电报线省港长途线被炸断，炸死农民 40 多人。

10 月 22 日　日军飞机 28 架分三次大举空袭广九、粤汉铁路沿线樟木头、军田、银盏拗、源潭、英德等地，省港惠州长途电话线被震毁，平民死伤合计 50 多人。

10 月 24 日　日军飞机两度向粤北铁路投弹，公益、南社、军田各站均有落弹，南社土塘等站工房全被炸毁，所有电报机电话线被炸毁无遗，省港交通线断绝。另外日军飞机还用机枪向广九客货车扫射，打伤乘客 20 多人。

10 月 25 日　日军飞机首次空袭新会县会城镇，投弹 13 枚，并不断用机枪扫射路上行人。炸毁新宁铁路公司新会办公处中楼 2 座及售票房、路警宿舍 3 座、护路队队部 1 座，炸毁路轨 2 处，震塌茗园茶室 1 间，住宅 3 间，震塌医馆 2 间，古庙 1 间，炸毁铺户 3 间。此次空袭共炸死炸伤几十人。

10 月 27 日　12 时，日军飞机 8 架由北南下，向停在英德大站的军车、货车及广武车 3 列轰炸，投弹约 30 枚，炸死乘客六七人，伤路工及乘客七八人。

10 月至 11 月　广州市遭受日军飞机空袭和日本军舰封锁沿海以来，各行商业亏多盈少。据广州市商会调查统计，10 月份，全市新张开业店户共 170 多间，倒闭店户共 380 间；至 11 月份，全市新张开业店户共 253 间，倒闭店户共 488 间。

11 月 24 日　10 时 20 分，日军飞机 7 架空袭广州市，投弹 16 枚，炸毁房屋 72 间。其中，蒙圣里一带民房 33 间；河南保安外街一带 20 间；河南居士地一带 18 间；大沙头一带 1 间。共炸死 42 人，炸伤 68 人。

同日　上午 10 时 30 分，日军飞机 17 架在清远县河头上空投弹多枚。其中，在英萌桥乡龙子屋投弹 1 枚，南下列车 5 卡被炸，死 20 余人，车内伤兵及乘客 50 余人受伤，20 余头耕牛被炸死。

11 月 25 日　12 时 15 分，日军飞机两队，每队 8 架，飞赴虎门各炮台窥伺。至 12 时 50 分，其中一队向距广州 80 至 85 公里的横沥与常平两火车站间投弹。另一队经从化进袭粤汉路，在军田、银盏拗两站间投弹 7 枚，炸毁该站路轨一段，电话电报线亦被毁坏。下午 3 时，日军飞机 8 架由西南方飞至从化，在西北方旷地投弹 8 枚，并用机枪向县城低处扫射，致死伤 20 多人，另有割草妇女 6 人被炸死。

12 月 7 日　上午 11 时，日军飞机 11 架轰炸封川县（今属广东省封开县），共造成32人死伤，近百间民房被炸毁，封川古城墙西一段被炸塌。

12月9日、11日 日军飞机轰炸广九铁路。在东莞的土塘、樟木头、林村与塘头厦等站段间，天堂围、常平与横沥站等段间共投弹35枚、炸毁路轨98对、枕木697根，路基330公尺、电杆7条，震跌电话线电线甚多。

12月12日 日军飞机10架轰炸曲江县城（今韶关市）风度南路，投弹40余枚，炸毁房屋近百间。

同日 早晨，日军飞机在广九铁路樟木头与林村间路段、平湖与天堂围间路段、石鼓站、塘头厦铁桥、林村站、林村与樟木头段间共投弹48枚，炸毁路轨102对，枕木1000余根，炸塌路基880多公尺，炸倒电线杆20条，炸毁站室月台路轨转盘一座。

12月 据不完全统计，广州市被日军飞机炸毁房屋232间，死伤士兵13人，死平民184人，伤平民338人，损失约共35.7万多元。

1938 年

1月12日 日军飞机在东莞县大朗乡（今东莞市大朗镇）投弹6枚，并用机枪射伤1人。其后在县城投弹7枚，炸死60人，重伤5人，轻伤10人。

1月31日 日军飞机3架轰炸鹤山县沙坪镇和一区（今鹤山市沙坪街道办事处）越塘新村，投弹10多枚，炸死5人、伤11人，炸塌商店3间、民房8间。

2月4日 日军飞机空袭高要县禄步孔湾河面，投弹13枚，炸死21人，4人淹死，炸伤16人，炸毁船只8艘。其中柴船6艘，谷船1艘，轮船1艘。

2月5日 日军飞机43架分13批轰炸广九铁路沿线各站及惠阳、宝安、顺德各县。在惠州、虎门、石龙、樟木头，塘厦等处投弹多枚，共炸死平民20余人，炸毁民房10余间。

2月9日 上午9点20分，日军飞机2架由唐家湾起航，经上栅、虎门、东莞、石龙，向新塘河面的3艘轮船投弹轰炸，其中一艘被炸沉，船上2名工作人员落水失踪；船上搭客纷纷登岸走避，日军飞机低飞向搭客扫射，搭客应声倒地者不计其数；有的搭客躲入瓦窑避难，日军飞机又飞至瓦窑，投下2枚炸弹，窑内搭客有的被炸死，有的被活埋。据统计，搭客死伤高达六七十人。

1月至2月 日军飞机空袭粤汉铁路共99次，出动飞机684架，投下炸弹1427枚。其中，1月份损失铁轨264条，枕木3432枝，车卡18辆，民房30余间。源潭、横石、连江口三处伤亡人员36名，炸死耕牛3头，全月停车3次；

2月份损失铁轨234条，车卡7辆，桥梁2座，民房50余间，轻伤1人，全月停车2天。

3月12日至14日 日军对三灶岛上居民进行了大屠杀。12日，鱼弄村群众上山躲避日军。日军遂指使本村地保上山欺骗群众下山，但上当者不多，日军于是上山抓人，并将抓到的群众用铁线穿手心，关进祠堂。下午6时，日军把群众五个一串、十个一排地拉到事先挖好的坑边，用铁丝网围住，然后用两挺机枪扫射，并浇上汽油焚尸。在这次惨杀中，死者达386人。13日，日军大批出动，在全岛实施"三光"政策。从清晨至下午7时，日军共烧毁了岛上的圣堂、三灶、横石基等36个村庄的3264间房屋、164艘渔船。14日，日军又在草塘沙岗、连塘等村进行大屠杀，死者达2000多人。

3月17日 自上午8时30分至下午5时12分，日军飞机47架分9批侵袭粤汉路沿线，投弹48枚，炸毁房屋16间。从化县车站被毁电油车5辆。曲江县城内被毁民房16间。粤汉路横石段被毁路轨4条。在番禺县，番禺新造平民10多人受伤，毁民房数间。番禺县市头、新造两糖厂因遭连日轰炸损失惨重而停产。其中，新造糖厂厂区中弹4枚，工厂的墙壁、机房、货仓均被炸毁，损毁糖11000包，窗户损烂甚多，大水管也被炸断。

3月26日 上午9时55分至下午2时55分，日军飞机6架分批轰炸了广九路、粤汉路沿线。其中，粤汉路横石被毁路轨4条；在广州东郊银定塘等处炸毁民房百余间，死伤数十人。

3月27日 上午9时20分至下午5时15分，日军飞机53架（一说52架）分2次6批，轮番轰炸粤北及广州市东郊各地，投弹逾百枚。其中，日军飞机11架在军田投弹，炸死深坑农民1人。下午1时27分，6架日军飞机空袭广州市东山水厂，投弹8枚，震倒房屋2间，损失1700元。水厂滤水池间墙毁30尺，机房门窗震裂损失建筑物约值1000元。震塌棚厂一座，损失约400元。死102人，伤115人。同时，另一批23架日军飞机在新街附近新民埠上空投下12枚炸弹，毁掉大源、时亨、利南隆等杉店，长记棺木店以及工人住所等6间，炸死7人，重伤9人。

4月10日 下午1时12分，日军飞机4架闯进广州市区上空，在广州西北郊牛栏岗投弹数枚，另一架则在宝华正中约十二号大利工厂（原宝华戏院旧址）投下燃烧弹、爆炸弹各1枚，工厂3座楼房全部倒塌，厂内物资和设备全毁。全厂600多人中，当天即有85人死亡，其中女工77人；失踪女工130人；重伤142人，其中女工118人；轻伤133人，其中女工121人（事后据广州市社会局统计，此次大规模轰炸共造成 102 人死亡，受重伤需入院治疗的多达 199 人）。直接经济损失 41 万元。估计损失衣车 7.2 万元，服装 18.5 万元，纽线 5550 元，楼房平房 13.86 万元，家私用具 3000 元。

4月17日　11 时 30 分，日军飞机 11 架空袭广州市大北外直街一带、小北路、登峰路、北校场一带，投弹 27 枚，毁塌房屋 101 间，毁坏路面及自来水管一段，损失 28.57 万元。造成人员死 48 人，伤 132 人。11 时 40 分，日军飞机 11 架经番禺第二区明经乡上空时，在该乡前山岗投下炸弹 4 枚，炸死乡民 2 人。后经鱼珠闯进广州市区，其中，在高阳里二十八小学投弹 5 枚，广东中学、两广人寿义庄一带投弹十多枚，死者累计超过 36 人，伤 190 人。12 时 50 分，日军飞机 13 架空袭广州高阳里、同仁里、北教场登瀛路小北路以及林秀里同仁菜地、崇义街、白云庵后山，投弹 19 枚，震倒房屋 17 间，炸毁房屋 73 间，造成人员死 27 人，伤 105 人。

4月19日　中国军民趁驻闽、粤两地日军军舰返日，日军赴鲁南作战，广东海域只余日舰十二三艘之机，袭击三灶岛日军。为此，日军捕杀三灶岛居民泄愤，横石乡民 200 余人被日军囚于关家祠内射杀。

5月4日　17 时 25 分，日军飞机 2 架首次空袭中山县城石岐镇。造成 60 多人死伤，其中死 20 人，伤 33 人。长堤一带店铺多被炸毁，炸毁船只 24 艘。

5月6日　下午 2 时 30 分，日军飞机 18 架在英德县县城的大同路警察所一带、城外东关、竹篙铺及县府左侧地方法院等处，投弹 60 余枚，炸塌焚毁县府前座、县电话所、交通部、英德县电报局，另有法院民教馆、县城警察所及商店 65 间，住户 25 间，南门河面昌记渡满载货物大货船 1 艘，炸死市民 10 人，伤市民 15 人，员警 5 人。被炸店户无家可归之难民达上百名。

5月28日　上午 8 时 40 分至下午 4 时 16 分，日军飞机共 71 架次三度轮番狂炸广州市区，投掷 300 磅至 500 磅的炸弹 150 多枚。市内有数十处被毁：共震倒房屋 289 间，炸毁房屋 295 间，炸死 121 人，伤 319 人。

5月29日　日军飞机 36 架两度向广州实施大轰炸，滥投燃烧弹炸弹 40 枚，均以平民住宅区为轰炸对象，是日平民死伤数百，毁塌房屋约共 200 多间。其中，震倒房屋 170 间，炸毁房屋 110 间，致死 119 人，伤 90 余人。

5月30日　日军飞机分 5 批袭击广州。在市区先后投下爆炸弹和燃烧弹 200 多枚。轰炸地点有广大路、钱路头、兴隆东街、后楼房上街、越秀北路、净慧路、三元宫、厚兴新街、厚兴新横巷、湛家巷、黄华路、洪圣庙前及西村住宅区、河南岭南大学附近等十多处，震倒房屋 30 间，炸毁房屋 20 间，死 43

人，伤110人。

同日 日军侵占阳江县南鹏岛（今属阳江市海陵岛经济开发试验区），直至日本投降时才撤离，占领时间长达7年之久。日军在占领期间，强迫岛上居民和外来拉夫为三菱株式会社开采钨矿，强迫妇女为营妓，共杀害群众3500人，掠夺钨矿（砂）7246吨，约为144920担（每担价值法币20元），总价值为2898400元（法币）。

5月31日 上午8时47分，日军飞机16架在广州市西村塘溪乡附近投下重磅炸弹16枚，当场炸死农民100多人，炸毁房屋60多间。

6月2日 7时50分，日军飞机9架空袭南雄县，在南雄机场及西门、中山公园，兵房等地投弹数十枚，炸毁民房10余间，小学1间，震坏民房20余间，炸死民众30余人，伤数十人。

6月3日 下午2时15分许，日军飞机14架分两批袭击广州市，在河南的省营纺织厂西角落下巨弹2枚，炸塌毁坏厂房1座，炸死炸伤男女职工40多人，另有5枚炸弹落在该厂前及东堤一带江面，炸死12人，炸伤55人，失踪20人。炸沉大小船只20多艘，估值1万元。另外，日军飞机还向广州沙面投放毒物，幸未投中，但有一海关工友被毒物击中面部，当场中毒，皮肤溃烂。

6月4日 上午10时许，日军飞机25架在广州市区轰炸长达两个小时，为历次空袭所未有。下午2时30分，日军飞机15架分队轰炸广州，随后分散至虎门、太平、东莞等地广九路进袭，在石龙、樟木头、横沥、车陂各站沿线投弹共计50多枚，炸毁路轨甚多。据不完全统计，是日空袭，共毁掉广州市中心区民房250多间，平民死伤逾2000人。

6月5日 上午9时20分至下午1时10分，日军飞机52架两度狂炸广州市区及广九、粤汉铁路，投下重磅炸弹100多枚，造成损失惨重。其中，11时50分，日军飞机12架在广州市区，炸毁民房十多间。当地红十字会闻报，立刻派救护队到灾场施救。日军飞机竟然不顾国际公法，向救护车扫射。救护车尾部及右侧被击穿数十孔。中午12时许，日军飞机27架会合后，继续向商业、平民住宅区投下炸弹及燃烧弹20多枚。此外，还有日军飞机16架转趋粤汉路，在军田、江村一带乱投炸弹30多枚，并毁掉一座英国人开的医院。据统计，日军飞机共炸毁房屋201间（民房100多间，商店数十间，学校两间，车站球场、市民体育会、修机器厂各一间），炸死25人，炸伤108人。

6月6日 日军飞机41架袭击广州市区。落弹处有：光复北路、桃源坊、光孝路尾、丰宁路、五仙门、驿前街、长堤大马路、一德路、中华南路、惠爱西路、花笪街将军前、东堤陈家巷、高第街、东山新兴路、宝宁路、中山大学、东华路、永胜街、滕氏南荣华里、永胜级巷、汉民南路、仙湖街、西横街、八和坊、会元坊、惠福东路、书坊街、教育路、海珠北路、市美学校、中法韬美医院等地，共炸死171人，炸伤356人。房屋全毁452间，半毁413间，船艇20艘。是日，日军飞机还轰炸医院及慈善机关，残杀救护人员。其中包括韬美医院、一德路中华救护队总队部。自5月28日起至是日止的10天中，日军飞机共投弹数百枚，炸毁民房数千间，造成民众死伤六七千人以上，灾区遍布全市。

6月7日　上午6时许，和记柴船1艘，顺利、合德西江货船2艘，驶至泮浦附近河面时，遭到3架日军飞机袭击，船上3名人员受伤。晚8时起至12时止，日机一二架为一批，分6批，轮流夜袭广州市。据不完全统计，日机当天共炸毁房屋90间，震塌86间，炸死33人，伤73人。

6月11日　自5月29日起至6月11日，广州市西村新电力厂先后在6天里6次遭到日军飞机毁灭性轰炸，导致机炉房屋顶及四周围墙全毁，电掣房屋顶、办公室大部被毁，一号锅炉毁损严重，二号炉及二号透平发电机毁损，二号发电机电缆接头匣电流电压方棚母线全毁，1.3万伏母线被毁，一部分表件仪器及机炉内部遭毁。这间平时每日发电11至12万度的电厂已无法修复，不能发电。

6月15日　早晨5时35分许，日军飞机20架狂炸广州平民居住区，共毁屋252多间，炸死129人，伤324人，失踪1人。

6月21日　日军飞机轰炸东莞县城，在下市路投弹2枚，炸毁商铺10多间，死伤30多人；在威远路投弹7枚，炸毁民房5间，炸死男女各1名、伤5人；在霄边投3弹，炸毁运货车1辆。

6月22日　早晨6时许，日军飞机16架闯进广州市区，在市北郊外及逢源分局段内如意坊投弹10多枚，如意坊广安牛房、广丰糖厂、太平酒厂均全部被炸毁，共有20多间商店、工厂以及40多间民房被炸毁，炸死粤汉路路警、鱼贩及工人、店员等10多人，伤数十人。此外，有近百头牛被炸死。另有日军飞机6架经过番禺旧滘口附近河面时枪击货船，造成6人死伤。

6月26日　日军飞机轰炸广九铁路。在樟木头投弹8枚，炸毁农舍20多间，死伤农民20多人。在石龙镇投弹40多枚，毁民房60间，死伤居民80人。

6月　日本军舰封锁广东沿海，主要在海丰、惠阳、赤溪、宝安、中山、阳江、电白、合浦（今属广西壮族自治区）、琼崖（今海南省）等地，骚扰沿海各地。共炸沉船只334艘，杀害渔民334人，而被迫坠水溺死者未计在内。

7月1日　日军飞机9架轰炸汕头市区，造成民众死85人，伤100人，市内建筑物遭严重破坏，200间房屋受损，损失价值80万元。

7月12日　上午8时33分至11时50分，日军飞机23架分两批袭击广州等地。其中，第二批在广州的越华路、后楼房、市府前、蟹岗、黄沙北约、柳波桥、黄沙车站、郑家祠、如意坊等处，投弹44枚，震倒房屋150间，炸毁房屋60间，致29人死亡，44人受伤。

7月14日　上午7时30分许，日军飞机空袭广州市文德路、南堤、回龙路南、堑口、白云机场等处，投弹15枚，震倒房屋2间，炸毁房屋14间（旧式民房2间，其余为洋楼），船艇60艘，损失40.001万元，死152人，伤116人。

7月23日　日军飞机轰炸曲江县城（今韶关市区），西门关帝庙被炸，在庙内外避难的市民当场被炸死104人，伤105人。从1937年8月至1938年8月，曲江县城共遭受日机轰炸24次，炸死370多人，伤200多人。

8月8日　日军飞机空袭广州市区内民房、铺户、警察局等处，震倒房屋81间，炸毁房屋117间，死81人，伤363人。损失值港币80多万元。

8月9日　日军飞机41架空袭广州市区至宝桥、元和街、多宝街、吉祥坊等地，炸毁房屋97间，震倒房屋153间，市立第四十九小学全被炸毁，致38人死亡，231人受伤。

8月13日　上午9时左右，日军飞机轰炸潮州，投弹2枚炸中湘子桥中间的梭船，致使平民伤亡70多人，船上血肉横飞。

8月16日　凌晨6时5分，日军飞机4架在石龙镇上空先开机关枪向地面扫射，再轮回投弹8枚，炸毁渔船数十艘、民房数十间，死伤村民60余人。

8月31日　日军飞机8架对丰顺县城老街、丰顺一中、学宫、我东大桥等进行狂轰滥炸，投弹55枚。炸死103人，伤170多人。

9月26日　上午9时17分，日军飞机6架在广州河南鸭墩关河面投弹袭击，其中一架日机掷下巨型炸弹2枚，炸沉船只3艘，死26人，伤28人。当时河面有盐船多艘，一盐船被当场炸毁，船上2人被炸溺毙，附近另一盐船被炸毁尾部，造成船上配盐工人4死3伤。另一小艇和一沙艇被炸沉，沙艇内有男女童各一名皆失踪。

10月1日　日军飞机空袭高要白土圩，投弹16枚，机枪扫射数百发枪弹，民众死伤400多人，炸毁店铺数间。

10月3日　早上7点，日军飞机12架轰炸增城县城，公发米场起火，1000吨大米被烧掉。

10月12日　日军在惠阳大亚湾登陆。日军飞机向南海县简村杏头堡、简村堡、官山墟共投下104枚炸弹，伤亡41人，11间祠宇倒塌，54间铺屋被毁。

同日　日军飞机轰炸惠阳县淡水镇，当地居民扶老携幼仓皇出逃，在东门、城北铁桥外，因人流目标太大，拥挤不堪，日机在此两处投弹，炸死炸伤100多人。

同日　日军飞机轰炸惠阳县平山镇，在平山大桥、杉厂、沙坝尾、都胜街、高街、打铁街等地共炸死民众400多人，伤200人，炸毁房屋1000多间。

同日　日军飞机轰炸惠阳县梁化镇米行街、魁星楼、林屋、孤文祠、龙劲筋（地名）、上堂、老苏尾、昌盛庙、下圩尾等地，炸死18人，炸伤30多人，炸毁50多间房屋。同日，日军飞机5架轰炸惠阳县多祝镇等地，在双严堂（地名）炸死数人，洪胜爷（地名）炸死30人，东街炸毁4间房屋，塘背炸死数人。同日，日军飞机3架轰炸惠阳县吉隆镇，炸死40多人，伤100多人，车轿、老圩咸鱼街、唐街的8间商铺被炸毁。

10月13日　日军飞机连日分批向东江一带城市狂炸，新塘墟被炸塌屋宇百数十间，死伤平民200多人。下午3时，又炸增城东西门等街，投弹百数十枚，焚烧屋宇甚多，死伤数十人。

10月15日　惠州城沦陷后，日军在惠州城郊的马安、水口、三栋、永湖、潼湖等乡村大肆烧杀，共烧毁房屋2000多间，屠杀村民1000多人。

10月16日　日军飞机3架轰炸增城派潭圩地，炸死赶集的平民70多人，伤100多人。

10月18日至19日　日军大举进攻增城前夕，全城一片火海。城区被炸毁烧毁的建筑物共有店铺450间，民房1200多间，机关、学校、祠堂、会馆、寺庙等150座，损毁面积占城区建筑物总面积95%以上。

10月中旬　日军飞机轰炸龙川县大江桥、老隆师范学校及老隆镇等地。大江桥被日机拦腰炸断，老隆师范大门被炸毁，老隆镇横街店铺被炸毁20余间。

10月20日　国民党军第四路军看护干部训练班第一中队学员80多人，在撤退途中协助友邻部队在朱村阻截日军的追击。战斗中，该中队中队长梁国权以下50多名学员牺牲。

10月20日至21日　日军飞机连续两天分批轰炸扫射从化街口圩。其中，20日下午3时左右投下燃烧弹3枚，整条中华路成为火海，共炸毁店铺500间。

10月21日 下午，广州沦陷。从22日下午始，日军伙同汉奸开始在城内进行大规模的劫掠，所有大商店门窗悉被击破，大批商品被掠走。23日始，广州市内浪人、汉奸四处纵火，"每小时均有新火头发生"。东堤一带，火势蔓延数方英里，大批歹徒乘乱抢劫先施公司。沙面附近、黄沙等处火势甚烈，西关一带火势延及十七甫及十八甫之东段，大火一直燃烧了四五天。城西之繁华区域，几有一半被焚，70%的商店被烧掉，黄沙一带被烧成一片焦土，东堤也成一片废墟。全市至少有数十条街道被焚毁。广州市繁华的商业区顿成一片瓦砾场。全城店户悉被抢掠，抢劫者初为汉奸，其后则为日人。源昌街、兴隆街、德兴街、靖远街、同兴街、十三行及杉木栏东段与西堤遭到同一命运，残垣断壁，随处皆是。东山一带，日军在各民房内大肆抢劫食品、家具及被褥。在中小商店被抢掠的同时，日军强行占夺了中华书店、商务印书馆、中华百货公司、新华酒店、新亚酒店、爱群酒店、新华戏院、半瓯茶室、甘泉茶室、兰溪茶室等大商号。广州市内劫后所余的新式省营、民营工厂也难逃劫运，几乎全部为日军占据或劫迁，综计电厂、电台、电话、自来水、市区交通设备、新式马路、码头等公用设备和机关、会堂、银行、医院、古建筑等特殊建筑物，以及纱厂、水泥厂、铁工厂、面粉厂、其他制造厂等新式产业，共损失9200万元。日军占领广州后，对当时未及撤离广州及附近各地的华商船只，不论轮船或渡船以及各种木帆船，一律予以收缴。计大小船舶共1300多艘，其中汽船48艘、电船44艘、拖渡19艘。驳船木艇等其他船舶共1000多艘。两三天后，日军飞机先后轰炸新造、南村、市头等地，设于南村的贲南中学被全部炸为平地；市头、新造两间糖厂再度遭到轰炸。番禺沦陷后，日军将两间糖厂的机器设备运走，其余钢筋、铜、铁等被汉奸、歹徒盗拆，两厂夷为平地。市头糖厂的资产总值630万元、新造糖厂资产总值98.7万元。

同日 日军飞机12架在花县花城三八圩前投弹轰炸并开机枪扫射，炸毁店铺40间，打死50多人。

同日 广东省政府北迁连县。次年2月迁曲江。之后，中山大学和附中、培正中学、培道中学等迁到乐昌坪石；岭南大学、广州大学、法商学院、仲元中学、琼崖师范、文理学院等迁到曲江。

10月22日 晨，日军飞机组队轮番轰炸虎门要塞，投弹1000余枚；日本军舰16艘同时炮击沙角炮台，发炮弹100余枚。沙角炮台国民党守军开炮还击。与此同时，日军500余人在南沙鹿颈村登陆，进攻大角炮台。大角炮台国民党守军一个连与日军展开激战，连长唐林秋以下全连官兵阵亡，炮台台长冯绍甫自杀殉国。日军出动 10 余架飞机向中国鱼雷艇扫射。中国海军一艘鱼雷艇中弹着火沉没，艇上所有官兵殉难。

10 月 23 日 日军侵入广州后，大肆施放燃烧弹，市内大火燃烧三昼夜，广州城西南面烧成一片火海。十八甫、黄沙和现文化公园一带，民居和商店被烧成废墟，大新公司被毁。

同日 日军攻克顺德县陈村镇新墟、旧墟及赤花，杀死商民六七百人，焚毁屋宇百余间。

同日 日军占领虎门后，烧毁渔船 60 艘，在太平镇大肆抢掠粮食物资，并强奸镇内来不及逃走的妇女，打死居民 100 多人。日军还将逃避不及的居民囚禁在五眼井旁的一间空屋里，施放毒气熏焗居民。

10 月 25 日 日军飞机向南海县石湾镇投下炸弹 6 枚，炸死 50 多人，炸毁石湾码头和 2 条主马路。

同日 日军飞机轰炸三水县西南镇，炸死炸伤 40 多人；炸毁火车铁桥、后王庙、陈家祠、牛圩、火柴厂、老沙穗丰祥油厂、穗昌诚米机、大有年蚕茧场等。日军大批橡皮艇在三水县西南镇武庙口码头登陆，纵火焚烧该镇 3 天，焚毁 800 多间商店（占总数的 70%），死亡逾百人，5000 多人无家可归。三水县城沦陷时，县立中学损失了大批珍贵图书、教学器材。

10 月 25 日至 27 日 东莞县怀德乡民众与入侵日军血战 3 天后，弹尽援绝，邓绍荣等 300 名乡民殉难，民房被烧毁 100 余间。

10 月 26 日 日军进犯南海县澜石镇石头乡（今属佛山市禅城区），乡民英勇抵抗，12 人牺牲，3 人负伤。日军登陆澜石镇，杀害无辜百姓 50 多人；随后，在石湾镇逮捕了 100 多名工人和路人，押到陶师庙前全部枪杀。

10 月 27 日 日军飞机 3 架轰炸开平县第一区沙洲墟（今开平市赤水镇沙洲村），炸塌两层铺户共 4 间，约值 4000 元。炸死 16 人，炸伤 41 人。

同日 上午 9 时，日军飞机 3 架从东向西窜入云浮县城上空，正值云城圩日，先用机关枪扫射，后投弹 36 枚，炸死 24 人（男 11 人，女 12 人，儿童 1 人）；炸伤 13 人（男 8 人，女 5 人），炸毁商店、房屋 21 间，其中县城东街（现解放中路）有美华、绪经荣、河泗兴、广祥，锦新商店；于原大南路（现解放中路有东栈、云浮旅店）损失 41083 元。

10 月 29 日 中国海军"执信"、"坚如"、"仲元"、"仲恺"、"飞鹏"、"湖山"等 6 艘炮舰，在三水县西江河域思贤滘河段与日军展开炮战。副舰长林春炘及士兵 23 人阵亡，22 人受伤，舰长李锡熙伤重而亡。"执信"号中弹沉没，"坚如"号中弹受伤。

10月 广州沦陷后，金融业大受打击。战前广州的银钱业有537家，至是月止，广州的银号、找换店铺仅6间。

11月4日 驻扎在惠州城内飞鹅岭的日军3000余人，每日四出劫掠，强奸妇女，并将在惠阳大亚湾登陆后沿途抓的民夫300余人，到惠州后悉数纵火焚毙。在淡水一带，掳获妇女600余人，任意奸污，稍有不遂即行枪杀。

11月5日 民众自卫团第四区统率委员会参议邓绍勋、邓绍荣率当地集结团队，麦定唐率县抗日自卫团集训第一大队，在东莞县怀德乡（今属东莞市虎门镇）抗击日军500名步兵和一队骑兵的三路进犯。此战，两参议阵亡，自卫团队阵亡六七十人，负伤90余人。日军败退时，在大宁杀死村民10余人，在村头杀死村民数人。

11月6日 日军飞机第一次空袭连县县城。18架日军飞机对城内常平社学和城外老人桥（城东）进行轰炸，投弹34枚，炸死民众85人，炸伤110人，毁房37间，损失达5万余元。

11月8日 日军飞机8架飞至四会县城中山路一带，掷炸弹20余枚，炸毁民房数十间，炸死30人。

11月10日 日军飞机2架侵入阳春县城北，低空盘旋，开枪扫射，又飞往阳春县合水圩（今阳春市合水镇），沿途投放杀伤炸弹2枚，炸死民众9人和耕牛1头。

11月15日 日军窜犯顺德县乐从镇，枪杀男女90人，焚烧乐从墟店户560间。

11月19日 东莞县壮丁常备队、抗日模范壮丁队、县政府政警队以及茶山集结团队袁敬义部，分别截击从茶山、峡口、石腰乡（现属东莞市石碣镇）三路向莞城进犯的800多日军。直至下午4时，将敌击退。抗日团队伤亡60余人。

11月20日 东莞县城镇沦陷。日军入城当天，在旨亭街附近开枪打死打伤逃难群众200多人，并在振华路、北正街、市桥三处地方烧毁民房100余间。

11月21日 日军飞机连续在中山县石岐孙文西路、南基街等市区投弹，炸毁铺户40间，伤亡百余人。

11月22日 日军飞机轰炸肇庆城区及江滨河面，两次投弹共48枚，炸死4人，炸伤79人，毁房屋1间，轮渡5艘。

同日 日军空袭高要白土思礼站，投弹21枚，炸死63人，炸伤41人，炸毁房屋1间，米机1座。

11月26日 上午，日军飞机19架轰炸开平县县城（今开平市苍城镇），及水口市（今开平市水口镇）、月山乡（今开平市月山镇）、长沙埠（今开平市长沙街道办事处），共投弹39枚，炸死24人，炸伤47人。炸毁商店5间、车站后座1间、拖轮1艘、车厂1间及一间后座、车辆两辆，财产损失约值41000元。

11月29日 日军飞机轰炸和平县城（阳明镇），投弹9枚并用机枪扫射，炸死24人，炸伤34人，炸毁房屋55间（其中商铺12间）。损失水牛3头，黄牛7头，大米40担，稻谷400担，县政府被迫迁往城外。

11月30日 日军撤出东莞县太平圩时，将全圩商店铺户焚烧殆尽，化为焦土，圩中各当押店储存在地窖内的金饰银两，也被日军用镪水淋烂铁盖抢劫，约被劫去200余箱。太平圩附近的怀德乡亦被日军焚毁过半，该乡约2000余户，被焚去1000余家，其余亦毁烂不堪。

同日 上午，日军飞机2架侵入阳春县城上空，投下1枚燃烧弹，烧毁河堤路富春酒楼南边一带木屋，烧毁船只20艘，烧死7人，烧伤13人。

11月 日军攻陷宝安县深圳圩，当日军撤离深圳时，将圩内商户铁闸、铁门及其他五金类搜掠一空，分用数十辆车，将所掠铁器及其他财物运往南头的军舰，转运回日本。12月1日，南头日军撤退时，纵火焚烧，而汉奸、地痞乘机抢劫。深圳经日军蹂躏后，庐舍为圩，满目荒凉。

同月 日本大藏省向华南各日本银行发出通告，在华中、华南实行军用券代替银行纸币流通。除上海以外的整个华中、华南日军占领区，禁止使用非军票日系货币。日军占领广州后发行的大日本帝国政府军用手票（简称"军票"），只是将日本银行现成的日本银行兑换券加盖"军用手票"四字，强制占领区商民使用，没有发行准备或保证，不能兑换，依靠军事力量强制推行。军票面额分十元、五元、一元、十钱、五钱、一钱等数种，日军禁止商民直接以法币或毫券交易，并将法币和毫券分别低折。1940年伪广东省政府成立后，日军宣布广东伪政权以军票为税收本位。日军为了提高军票的地位，采取强制手段，压低法币、毫券、港币等与军票的兑换比率。日本正金银行承日军之命，随时规定军票对法币的比率。1941年底军票与法币的兑换比率高至1：4.6。广州商业受影响而市面萧条，商民蒙受损失。此外，日军通过设立物资统制配给组合来维持军票的价值，控制民需用品的流通。在汕头，日军同样是通过统制物资来提高军票地位。汕头沦陷后，日军搜刮并控制了汕头的存米及其他一切商品。然后，大量进口廉价的日本货。日军规定，凡是与日商交易都要使用军票。为生活所迫，商民不得不千方百计换取军票与之交易，但日军有意限制市场上军票的数量，使商民争换，因此，军票便不断涨价，而法币则落入日军手中。1943年4月1日，日军宣布废止军票新钞的发行，已在市面流通之军票，今后仍得自由流通，不直接收回。此后，广东沦陷区市面上军票逐渐减少，中储券基本取代了军票成为榨取中国资源、为其侵略战争服务的工具。至1940年，日军在广东沦陷区（海南除外）推行的军票约300多万元。伪中央储备银行广东分行自1942年7月6日始至1945年9月22日被接收为止，发行伪中储券5921796万元。

12月1日　日军飞机数十架次，轮番轰炸高明县明城镇，投弹百多枚，炸毁店铺20多间，炸死60多人、伤20多人。

同日　上午11时，日军飞机27架对封川县城的龙门坊、西厢中心小学、二码头和封川街尾一带进行轰炸。封川街店铺的后屋大部分被炸毁，死伤22人，炸毁房屋60多间。

12月2日　日军从水、陆、空三路夹攻南海县官山和九江镇霸甲、大同、沙口等。国民党警备队以及游击队、民团虽顽强抵抗，但因敌众我寡，相继失守。军民共计死伤680多人，700余间店铺被烧毁。

12月3日　日军飞机20余架向南海县官山镇西樵山碧云、云露、大科、杏头、简村等村投弹，炸死乡民30余人，中国守军40余名中弹牺牲。日军攻陷官山镇后，窜入各乡，强拉工役10余人为其引道，将村内鸡、鹅、牛、猪等禽畜及衣物等抢掠一空，并强奸妇女5人。是日，日军又进占南海县西樵海口的寨边、颜岗、头涌等乡，放火焚烧二乡，并枪杀乡民数十人。

同日　日军侵陷南海县九江镇，12月4日在柳木村的北风滩上杀害46人，在柳木村附近的横桥头塘杀害28人。九江镇南乡"大天二"（即地方恶霸）关彬与日军汉奸勾结，共杀死村民80多人。

12月4日　日军飞机9架空袭韶州（今韶关市）西河，炸沉船艇17艘，炸死居民42人，伤者无数。

同日　凌晨，日军强攻鹤山县古劳乡（今鹤山市古劳镇），遭古劳乡自卫团的阻击，日军便以重炮轰击古劳墟，炮火焚烧古劳墟商铺426间，烧毁古劳大巷、邓巷、田边村、赤岗村民房住宅25间。日军登陆古劳后，在龙古公路大巷村"梅岗初弟"处路段，架起机关枪对古劳镇无辜村（居）民扫射，枪杀男女老少共33人，并将打死或打至半死的群众拖到"梅岗初弟"闸门口堆放浇上煤油焚烧。烧焦的尸体后被饿狗撕食。日军还强征劳工210人，并令其中35人运送掠夺的财物和藏于古劳乡邮电所的枪支弹药返往九江镇驻地，行至江中遭古劳民间自卫团阻击，日军恼怒之下把35名劳工押回至古劳乡江边100米处，用机关枪疯狂地向劳工扫射，其中33人被杀害，劳兆恩、高佬其2人负伤装死而幸存。日军撤退时，杀害和烧死男女老幼80余人，重伤、轻伤120人。古劳遭劫后，部分富有者迁往港澳及国外居住，大部分古劳人逃难到茶山、丽水新村等地，另有1800多人沦为难民。

12月5日 上午9时32分，日军飞机16架袭击南雄县，投弹百余发，燃烧弹2枚。死20余人，重伤16人，轻伤60余人。毁屋40余栋，烧去第三市场全座。

同日 日军飞机空袭肇庆城区，投弹86枚，炸死31人，炸伤105人，炸毁房屋28间，高要县监狱、学宫、天主教堂和肇庆中学等被炸。其中，在肇庆中学，教学馆被燃烧弹命中，全座被焚，未及迁出的仪器、标本、药品等被悉数烧毁，图书馆门窗悉数被炸毁，劳作室、学生应接室及一座仪门被毁，围墙被炸塌10余丈，科学馆也被炸毁。

12月11日 东莞县民众抗日自卫团进攻驻东莞县城的日军，伤亡60余人。

12月15日 日军一架水上飞机窜入阳江县闸坡镇（今阳江市海陵岛经济开发试验区闸坡镇）上空，投下数枚炸弹并开枪扫射，炸毁房屋10余间，炸死18人。

12月21日 日军进攻增城县派潭，据莲塘迳村洪顶山作制高点，以迫击炮、机枪猛轰派潭。走避在派潭附近西岭防空洞的群众，被杀100多人，仅一个洞内就伏尸30多具。

同月 自广东沦陷两个多月以来，南海县官山镇有1000户商铺烧剩40余间、吉利乡300户被烧掉；九江镇1000人、大同乡60人、官山镇40人、吉利乡50人被日军所杀，沙头等地近两个月来被日机炸死五六百人。

是年冬 茂名县政府下令破坏公路、桥梁以阻滞日军。全县440多公里的公路及桥梁大部分被破坏。

是年 广州嘉顿厂被日军占用并改为"新高糕饼株式会社"，直接为日军提供军需服务。广州安乐园也被日商占用来生产军需用饼。日军对机器工业采取"军事管理"和"委托经营"的方式，派军队直接占领工厂，或交给日本垄断资本——株式会社（公司）管理。广州比较大型的机器厂如协同和、均和安、广同安、广和兴等被日军饭岛部队强占后改为造船厂。有的机器厂被侵占后，大部分机器被日军拆运回日本。

是年 中山大学曾三易校址，校舍、图书损失惨重，仪器设备几乎荡然无存。据不完全统计，仅理、工、农、研各院，两广地质所，广东通志馆因未能迁移而丢失的图书、仪器、标本、模型等达604箱，图书馆图书杂志20多万册。广州中山图书馆被迫停馆，馆舍被日本海军武官府霸占，尚未运走的书刊近10万册均被日军劫掠而去。中山大学、仲元、教育会、通俗、省一中等图书馆藏书被洗劫一空。

1937年7月至1938年12月底 开平县奉令彻底破坏本县公有鹤开及沙水平平等公路桥梁，该路建筑费及收入约计损失19.5万元，民间征工破坏公路所受损失1万元。因日机轰炸造成船务损失约计2万元，房屋商店所受损失约计2.55万元。各项税收所受损失约计6万元。

自1937年8月31日（日军首次空袭广州）至1938年10月21日（广州沦陷） 日军共对广州市进行了长达14个月的狂轰滥炸。据有关方面的不完全统计，空袭广州的日机共有近百批900多架次，共炸死居民6000多人，炸伤近8000人，毁坏房屋4000多间，毁坏船只近百艘。

1938年12月至1939年4月 高要县政府执行"焦土政策"，先后两次下令破坏公路，时高四三公路鼎湖段及罗鼎公路被毁共计31.38公里，民乐桥、枫湾桥全被破坏。

1938年底至1939年6月 为防止日军机械化部队进攻，广东省军政当局下令对公路进行彻底破坏。清远县对境内的清四、清阳、清从、清银、清花、清潖等公路都进行自毁，毁路长约200公里，按平均每公里造价7571元计算，造成损失151.42万元。为此，清远县财政支出破路费7373元。

1939 年

1月1日 驻南海县小塘乡日军到小塘乡袁边村、陈洞村进行烧杀抢掠，共有56名村民中弹身亡。袁边村全村焚毁近半。陈洞村84家民房焚毁，村内鸡犬猪羊全部被烧死。

1月4日 晨，日军约3000人偷袭番禺沙湾。日军首先在南面向镇内发炮，在滑石巷炸死13人，多人被炸至重伤，被炸房屋50多间；在六宅巷炸死2人；日军进入镇内后，在东村的茶亭刺死13人，又在李家祠前杀死数人，在龙子巷、坑尾巷、西安里上街、官巷里等处杀死七八人。日军还将大涌口新基8

个坊的130多间民居（茅屋）烧毁。日军还轰炸坐落在大涌口村的生利、信兴和、利农等4间糖厂，造成重大损失。

同日　日军一部进犯顺德县碧江、都廉两乡（今属佛山市顺德区北滘镇），杀死男女乡民200余人。

1月5日　日军一部进袭番禺县钟村，钟村抗日自卫队奋起抵抗。日军扫射五佛堂、波澜社、花庙等地，钟村村民及自卫队员108人死伤，诜敦死伤3人。谢村李杰昌等2人被刺死。钟村临海坊房屋20多间被毁。

1月9日　日军200余人突袭南海县九江镇沙头乡，杀死未及逃出之乡民200余人。

1月上旬　日军在南海县佛山镇附近的奇槎、湾头、夏漖等乡，及佛山镇鹰沙各地拐走妓女100余人，逼迫她们充当军妓。

1月14日　一艘载有270余名南洋华侨的英国轮船，在汕头港口外遭到两艘日军潜艇拦截，乘客200余人被杀害，仅20人生还，船主亦受重伤，船上所载货物被抢劫一空。

同日　日军空袭肇庆城区，投弹两次共计120多枚，炸死8人，炸伤32人，炸毁房屋134间，肇庆师范、肇庆中学、县监狱等单位均被炸。

1月中旬　日军为报复南海大沥乡大范乡民对日军侵略的顽强抵抗，对刘边等5个村进行了大肆侵袭。有270余名乡民被杀，50余名农妇被拐。在激战中，该乡自卫队队员共有30余人牺牲，20余人受伤；360余间村屋被烧毁。

1月30日　日军飞机5架空袭鹤山县宅梧圩（今鹤山市宅梧镇）和宅朗（今宅梧镇宅朗大道）、泗合两村，投弹20余枚，炸死8人，伤7人，炸毁铺店1间、民居1间；下午再飞鹤城镇，投弹26枚，炸死66人，重伤50人，毁民房16间。

同日　日军空袭高要县禄步圩及附近各村、宋隆水口、文园乡泉塘、大蕉园、迪村、三都、后沥、罗隐涌、金渡水边、白土思礼站、水口村等地，总计炸死炸伤128人，炸毁房屋90余间、货船1艘，沉艇3艘。

1月　日军侵略南海县石湾镇及各乡，当月共有200余名妇女被日军奸淫。

2月6日　驻南海县九江镇的日军为报复抗日游击队的袭击，大肆屠杀九江人民，共有170多名乡民被杀。

2月11日　日军飞机8架先后轰炸鹤山县的禄洞、凤岗、尧溪、高坪、协华、霄乡、沙坪镇等地，共炸死83人、伤88人，炸毁民房35间，毁祠堂4座，毙牛5头。14日，日军飞机1架飞鹤山县鹤城镇、大官田、龙眠等地，先后投弹 45 枚，炸死 14 人，炸毁房屋 62 间，毙耕牛 2 头。

2 月 19 日至 21 日 驻南海县九江镇日军为报复游击队的夜袭，对九江镇进行大肆搜捕，拘走并杀死 70 余名乡民。

2 月 25 日 日军飞机轰炸罗定县城，炸死 99 人，炸伤 300 多人，毁坏民房、商店 1005 间，直接损失 301.5 万元（法币）。

2 月 27 日 日军为报复南海县第一区第二别动队袭击驻南海县九江镇的日军，在九江镇大同圩大肆屠杀，共杀害 100 余名民众。

3 月 1 日 日军飞机轰炸潮汕铁路汕头车站，造成损失价值 4000 元（法币）。

同日 日军以顺德县勒流乡（今顺德区勒流街道）伪维持会 4 名傀儡被锄奸队击毙为由，纵兵至顺德勒流乡、大晚乡（今属顺德区勒流街道办事处）烧杀掳掠。日军用机枪射死来不及走避的乡民 100 余人，烧死 20 余人，焚毁房屋 700 余间。

同日 日军空袭高要县金渡、金利、东堡等地，投弹 49 枚，炸死 43 人，炸伤 65 人，炸毁房屋 72 间。

3 月 12 日 顺德县大良镇第二次沦陷。日军在镇内大肆劫掠，将赃物运走。此次日军攻陷大良，损失最大的是九眼脚的大丰、大信、荣昌、全信、荣盛丰等五大米机厂，损失价值 50 余万元。而大良附近各乡也随大良沦陷而备受蹂躏。日军冲进伦教乡（今顺德区伦教街道）后，逢人便杀，是日无辜平民死伤百余人，房屋被焚毁六七十间；大晚乡（今属顺德区勒流街道办事处）被日纵火焚烧一昼夜，铺户被毁 400 余间，平民死伤 200 余人；大良新滘口一带茅屋被日军焚烧净尽，平民死亡 55 人。

3 月 27 日 日军分三路进攻顺德县容桂地区（今改称顺德区容桂街道），遭到当地军民的顽强抗击，日军便派飞机增援。当日，沿容桂公路逃难的民众有 500 余死于日军的炮弹，200 余人死于汉奸的机枪射杀；中国军队第二别动队 180 余人全部牺牲，负责掩护各部撤退的团队也牺牲 200 余人。是役，共有 900 多间房屋被毁，被抢去绸缎土布 20 余匹，银器首饰 500 两。

同日 日军飞机 3 架轰炸新会县江门镇（今江门市市区），一枚炸中中华戏院，炸死 1 人。下午，日军飞机又轰炸江门镇北街火车站、仁济医院、海关、东炮台等，共炸死数十人，炸伤百余人，炸毁数处楼房。

3 月 29 日 日军飞机分别在 9 时、11 时、13 时轰炸新会县杜阮乡（今江门市蓬江区杜阮镇），炸断水泥桥一座，炸死炸伤水泥桥下的乡民 50 人，在桥园茶室旁的竹丛中，炸死躲避的乡民三四十人，在杜阮南街山顶园村村口大榕树下炸死三四十人，在南街尾的稻田炸死炸伤二三十人，炸毁民房 20 余间。

同日　日军飞机轰炸开平县水口镇，炸毁水口镇警察所的后座，炸塌店铺 40 余间，炸死炸伤 200 余人。

3 月 30 日　日军攻陷新会县江门镇后，先在江门郊区礼乐乡（今江门市江海区礼乐镇）大肆轰炸，时停时续，历数小时之久。炸死炸伤乡民数十人。日军进入江门后，逢人便抓，逃走不及的市民，有不少被杀。仅常安路、钓鱼路、沙仔尾等处，便发现尸首十余具，妇女被强奸者数以百计。其中有不少妇女被奸污后愤而自杀。

同日　日军飞机轰炸开平县赤坎镇，炸毁天利和、华兴、均吉等 18 间店铺，炸死平民方荣生等 108 人，炸伤 17 人。

同日　日军飞机 8 架轰炸台山县新旧白沙两墟（今台山市白沙镇）。是日正逢墟期，赶墟人多，日军飞机投弹 24 枚，炸死平民 181 人，炸伤 73 人，炸塌铺屋 23 间。

1 月至 3 月　开平县政府第二次奉令征集民工，彻底破坏全县公路及拆毁全县所有车辆。这些造成公路建筑费和行车公司减少营业收入，损失约计 200 万元，因征集全县民工，支付工食费约计 5 万元。

4 月 5 日　日军在顺德县龙江、龙山两镇强拉乡民八九百人，沿江佛路（今江门市至佛山市公路）赴江门对中国军队作战。被拉民众于当日反正，打死日军七八百人，但民众也被日军杀死 300 余人。

同日　日军进犯三水县崇本乡（今属三水区白坭镇），遭到当地中国军队与抗日游击队的沉重打击后，把目标转移到附近的小塘岗村。日军采取报复手段，用机枪扫射村民，杀死六七十人，其中有 26 人为小塘岗村民；日军还将搜查出的青年妇女全部强奸，全村的粮食被搜掠一空。

4 月 16 日　广州日军将 60 卡车的废铁，开往大沙头码头装运上船，转运回日本。一德路、白云路有轨电车已铺或未铺的钢轨与德宣路大口径地下铁水管，也被日军拆挖运走，市面上流通的铜制货币铜仙，被日军强行运走。

4 月 19 日　因盘踞顺德县乐从乡（今顺德区乐从镇）的日军遭到当地游击队袭击，日伪军出动 200 多人于是日包围乐从附近的第五区葛岸乡（今属顺德区乐从镇），打死打伤村民 30 余人，焚毁铺户百余栋，所有粮食财物被搬运一空。14 时，又有日兵百余人窜至高村乡搜索并开枪射击，持续两小时。村民无辜死伤者 20 余人、疍民（水上居民）数百人，焚烧疍寮（水上居民住的茅屋）

200 余间。

4月26日　日军空袭高要县皇华镇及安平、思礼等地，共投弹162枚，炸死39人，炸伤65人，炸毁房屋642间、艇3艘，炸死牛7头、猪1头。

4月30日　驻南海县盐步乡（今属南海区里水镇）日军，搜查该乡民居，杀死146名乡民。

4月下旬　驻新会县大云山日军的阵地于4月21日夜遭游击队袭击。日军以搜捕游击队为由，对新会县会城镇大隆里、紫龙里施行大屠杀。在村外伦氏家庙旁的烂水塘边和土库窟前路的水井边，砍杀60余人。另有70多名逃跑的乡民被射杀而亡。

4月　日军飞机轰炸遂溪县城，投弹65枚，炸死3人，炸伤7人，炸毁房屋75间。

5月8日　100多名日军突袭南海县盐步乡永平村，杀死村民150余人，焚毁民房100多间，强奸妇女7名。

5月19日　下午4时，日军飞机8架飞临四会县城上空，投下大量炸弹，人们逃避不及，死伤甚多，以新桥头伤亡最多，木棉树也挂有人的手足，惨不忍睹。这次轰炸，共炸死20多人，炸伤50人。

5月21日　为报复南海抗日游击队的袭击，日军飞机6架到南海县官窑镇三江墟，先后向民居投下炸弹40余枚，炸死炸伤平民100余人。

6月15日　日军飞机首次轰炸兴宁县城。县一中南院北楼、民众医院药房、大新街王万华商号等处被炸。16日及以后又轰炸龙田、水口等地，炸死炸伤平民20多人。

6月16日　为阻碍日军进攻潮安，广东省保安处处长邹洪、国民党军第12集团军独9旅旅长兼潮汕警备司令华振中下令，拆毁潮汕铁路，破坏汕头至潮州沿线桥梁和马围机场。潮汕铁路全部铁轨、枕木被拆掉，机车、车厢全部炸毁和烧毁。潮汕铁路全长42.2公里，由梅县华侨张煜南、张鸿南兄弟于1900年代投资302.58万光洋兴建。

6月21日　日军趁端午节之机对汕头市进行突袭。凌晨3时半，日军向汕头、庵埠进攻。日军在陆军21军团司令官安藤利吉指挥下，第104师团第132混成旅6个大队，在海军30多艘舰艇，40多架攻击机、侦察机的配合下，对汕头市发动偷袭，22日，汕头市沦陷。

同日　凌晨5时，日军第132混成旅竹内大队分乘7艘登陆艇，登上潮阳达濠岛东湖湾。日军侵占东湖乡后，残杀村民10余人，烧毁民房80多间。全乡在沦陷前有 5300 多人，至 1945 年光复时仅存 1900 多人。日军在进犯达濠岛同时，日军飞机 1 架轰炸凤山，投弹 5 枚，炸死村民 19 人，炸毁民房 8 间。日军军舰还炮击海门等地。

同日　上午 7 时，35 架日军飞机轰炸潮州城、铁路线、护堤线等地，投弹200 多枚，炸死炸伤群众 100 余人，毁屋近百间。上午 10 时，庵埠陷落。当天是端午节，到庵埠赶集的群众很多，由于逃避不及，被日军杀死 100 多人。其时，潮梅各地的内陆船只逃离汕头，于当天下午到达庵埠赐茶附近时，这里已被日军占领。几十艘民船和一艘电轮被日军截住，船上 300 多人被囚禁于赐茶庵中。深夜，被囚群众被日军捆绑后，拖到江边用军刀、刺刀杀死后推入江中。

同日　日军在庵埠遭到国民党军守军的顽强抵抗。国民党军守军撤退后，日军迁怒于附近群众，就在庵埠市内和附近村庄搜索、抢掠，奸淫妇女。一天时间共杀害 170 多人。其间，在溪头郑抓捕郑红记等 17 人，押到仰辰门内杀死14 人；在陈厝祠前抓捕杨广好等 4 人，用手榴弹炸死 2 人，重伤 2 人；在花头铺抓走杨启河、杨再宏等 11 人，押到溪头李池边，逐个刺死后抛到池中。

同日　国民党军第 12 集团军独 9 旅旅长兼潮汕警备司令华振中发布"拆除警报，烧毁电厂"的命令，烧毁潮州昌明电灯公司和振光发电厂。

同日　下午 14 时 50 分，日军飞机 8 架在南雄县投弹 30 余枚。共毁民房 29间，炸死 29 人，炸伤 17 人。

6 月 29 日　盘踞顺德县的日军用车将被诬为游击队的 70 名无辜民众从大良镇押赴三洪奇车站（现属顺德区北滘镇）附近荒地，用刀斩死。

同月　为阻止日军挺进，国民党四会县政府奉命动员公路沿线民众将四会县境内的三（水）四（会）、四（会）（广）宁、四（会）清（远）、广（州）云（浮）大沙路段、原广海北线四会境内榄岗（今大沙镇南岗村）至依坑路段等 5 条总长 123.15 公里的公路全部毁坏。桥梁、马房渡口也废止，仅留下县城的龙江桥。

同月　为破坏日军在中国南下运输线，国民党云浮县政府下令分别对云都线路（云浮至六都，现云城区、云安县境内）、粤桂西线云腰线（云浮至腰古，现云城区内）、云白路段（云浮至白石，现云城区、云安县境内）3 条公路线全部破坏。这 3 条公路线（段）共 122.07 公里。

同月　新兴县内国民党驻军执行"坚壁清野"令，先后炸毁洞口新江桥，毁坏全县公路 105.7 公里，拆毁乡村大部分碉堡。新江大桥于 1946 年重修，用去各种铁 3599 斤，铅线 80 斤，铁条 630 斤，原木模板 3000 斤，方杉 250 条，石碎 883 立方，沙 442 立方，铁钉 100 斤，人工大米 3140 公斤。两项损失共计价值 25.64 万元。

7 月 15 日至 18 日　15 日夜 12 时，驻潮州的国民党守军 6000 多人，发起反攻潮州城的战斗，与日军激战三昼夜后撤离潮州城，反攻部队死伤 400 多人。随后，日军对全城和城郊进行报复性的烧杀。18 日中午，日军在西湖虹桥头杀害周和木等 10 多人。当晚，日军包围了西门吊桥顶的小市场，抓了 30 多人拉到韩江边，杀害后推下江中。同日晚，日军"围剿"七圣村，打死 3 人，烧毁房屋十余间。国民党军反攻部队撤离笔架山后，日军迅速重占笔架山，随即放火烧毁位于湘子桥头的宁波寺。桥东广济善堂义务消防员李红面误以为宁波寺失火，前往救火，被日军抓住并杀害于江边。日军回到原驻地后，发觉撤退时无法带走的东西被群众拿走，于是到附近村里拘捕了 34 人，并全部拉到湘子桥上砍死后推下江中。此役，群众被杀达数百人，房屋被毁 2000 余间，其他损失难以计数。

7 月 16 日　日军饭岛部大队长富田德大濑、户竹内厚地率陆战队 300 余人伪装为难民，从潮安县庵埠乘汽艇侵袭新津港，在蛋家园登陆后，兵分六路攻陷澄海城。日军进城后，一连三天进行了疯狂的大屠杀，造成娱蚣桥惨案。被杀有名可考者达 700 人，实际被杀 1000 人以上。

7 月 20 日　驻东莞虎门日军因怀疑过往船只抗拒检查，开枪击沉 6 艘过往船只，船上男女老幼一共 50 多人全部溺毙。

7 月 24 日至 30 日　日军向中山县横门进犯，遭中山军民奋力抵抗。日军凭借飞机、大炮掩护，扩大战线。战线由横门七顷起，延至四区小榄、黎村、珊洲、蔴子、东利等村。战斗相持 7 日，至 31 日，日军因无法前进而退去。是役，中山守军伤亡达 100 人。东利涌一带茅房被焚。

8 月 10 日　为镇压南海县平洲三山乡（今属南海区里水镇）乡民抗交禾票捐税，日军 200 余人分乘 2 艘电船大举进犯该乡，遭到持械乡民的抵抗，附近的游击队也赶来支援。日军在损失 100 余人后逃走，乡民有 10 余人牺牲。翌日凌晨，日军再次进乡报复，杀死未及逃走的老弱妇孺共计 100 余人。

8 月 12 日　日军 300 余人再次进犯鹤山县平岭村，杀害村民 29 人，伤 28 人，烧毁民居 102 间，牲畜、财物被洗劫一空，折价值 200 万元法币。

8 月 23 日　日军入侵惠阳以来，全县总计被焚大小渔船 240 艘，死亡 48 人（仅海上渔民）。其中，澳头的大渔船损失 50 艘，小渔船损失 100 艘，死者 18 人；平海的渔船损失 40 艘，死亡 20 人；金门塘的渔船被焚 50 艘，死亡 10

人。渔民家属被杀者有 120 余人。

8 月 全国抗战以来，惠来县渔业中心区域即靖海、神泉、澳角、金东洲等地受损严重。澳角浮莲船被焚 4 艘，死亡 3 人；神泉包帆船被焚 20 艘，死亡 5 人；金东洲被焚浮莲船 13 艘、扫莲船 5 艘，小型牵索船 40 条，压莲船 2 艘，死亡 62 人。

8 月 海丰县、陆丰县的重要港口、渔区被日军焚烧大小渔船 109 只（艘），杀死 122 人，伤 2 人。其中，汕尾损失渔船 49 艘、死 29 人；遮浪损失渔船 20 艘、死 8 人；马宫损失渔船 4 艘、死 4 人；后门损失渔船 15 艘、死 9 人；湖东损失渔船 4 艘、死 25 人；碣石损失渔船 8 艘、死 33 人；甲子损失渔船 9 艘、死 14 人，伤 2 人。

9 月 3 日 南海县佛山镇日军指挥部派步兵 300 余人到附近 10 个乡抢掠粮食、畜生，放火杀人。其中，东滘受害最重，有 50 余名乡民被杀死，30 余间民房被焚毁。各乡损失不下 10 万元。

9 月 17 日 日、伪军进犯新会县天禄乡（今新会区会城镇天禄村）。天禄乡主任叶渠均、乡长叶桥焕、自卫队队长叶子群等率领自卫队全体队员奋力抵抗，消灭敌百余人，乡自卫队员叶罩个等十余人牺牲。后终因弹尽援绝而撤退。日、伪军进入乡里烧杀抢掠，打死乡民 100 余人。焚毁房屋 1000 多间。毁坏围堤，造成 7000 多亩水稻、甘蔗、柑桔、蒲葵等农作物被淹没，损失惨重。

9 月 日、伪军 3000 多人第三次进犯新会县三江乡，双方力量悬殊，为保存实力，自卫队被迫撤至古井。日伪军攻陷三江后，实行"三光"政策，焚毁永光碾米厂，烧毁民房 200 多间，民众死伤 100 余人。

10 月 6 日 日军川田旅团长率兵 5000 人，分向中山的叠石、金钟、大王头三处登陆，以一夜时间，连陷南村、安堂、南文、毛冲、十八乡，并经北台而入大尖山、石鼓挞；大王头之敌，亦进玉宫花，形成包围石岐形势。7 日下午进占石岐。敌兵所至，奸淫掳掠，一、二、四区各乡均被搜索、盘踞。其间，一区被劫 2700 余户，损失 210 余万元，被焚 130 余户，被炸 23 户，被杀死 73 人，被杀伤 40 人，被强奸 860 人；二区被劫财产损失 11 万余元，被焚 119 户（其中南文街商店 82 间），被杀死 85 人，被杀伤 33 人，被强奸 523 人；四区被劫 20 万余元，被焚毁 2061 户，被杀死伤共 280 人。一、二、四区向澳门及深山逃难者以 10 万计。

10 月 25 日 日军进犯南海县西樵山（今属南海区西樵镇），在位于山顶樵的东保各村到处杀人放火，共有 230 多名村民被杀，330 间民房和 32 间祠宇被烧毁。

11 月 17 日 日军令伪广州妇女会将拘押在王德光医院的妇女 2000 多人，组成"姑娘慰劳团"，送往前线充军妓。不从者多被杀害。王德光医院是王德光医生于 1929 年开办的。抗战时王德光迁居澳门，日伪当局将其医院改为博爱医院广东分院第一院。

11 月 23 日 日军飞机 12 架空袭花县（今广州市花都区）花城及两龙、坪山等圩。是日为花城、坪山圩期，花城死伤 100 多人，坪山亦有数十人遇难。两地共毁店铺数十间。

11 月 第一次粤北战役展开。11 月 21 日，日军近万名沿铁路侵入清远县境。12 月 17 日，日军 104 师团奉其 21 军司令官古庄干郎中将命令，1.6 万人从花县进犯。国民党军第 12 集团军第 62 军第 152、157、158、187 师等与日军作战。双方在银盏坳、迎咀、伯公坳、源潭、青龙岗一带激战近 10 天。国民党军伤亡 1000 余人。23 日凌晨，日军出动飞机 6 架，汽艇 60 余艘，强攻潖江，侵占源潭。在此次战役中，日军在沿途农村杀害平民共计 1300 人。其中男 1139 人，女 161 人，女性 281 人受伤。从 11 月至次年 2 月底，粤北战役期间，清远县农村居民财产遭受巨大损失：房屋被毁 5057 间，损失耕牛 1301 头，禽畜 50575 头，生产工具 27636 件，计 16582 元；其他财物计 381214 元。损失稻谷 23363 担。

12 月 1 日 驻顺德县容奇镇（今归属顺德区容桂街道）日军为报复当地抗日自卫团，到容奇镇海尾大肆劫杀，20 余乡民被杀死，300 多家农屋被焚。1 日至 2 日，日、伪军 400 余人在容桂各地搜查良民证，为此拘捕无辜民众 100 余人。24 日，容奇镇被日、伪军焚烧两次，焚烧屋铺 30 余间，杀死无辜乡民 60 余人。容奇墟头沿岸损失最重。

12 月 3 日 日军飞机轰炸从化县（今广州市从化区）鳌头圩。是日为圩期，附近各乡村民都来赶集。上午 10 时，3 架日军飞机从太平场方向飞来盘旋俯冲扫射和投弹，炸死乡民 90 人。

12 月 4 日 日军妄称南海县西樵山各村为游击区，出动战机 2 架低飞扫射，投弹轰炸，继而用钢炮密集轰击。随后，数百日兵分四路登山，将手无寸铁的乡民，包括老妇、幼孩、孕妇等 300 余人，集体用机枪扫射，或用枪剑屠杀。被惨杀的 8 条村无辜村民共计 321 人，焚毁屋宇 300 余间，被奸污者无法计数，间接冻死饿死者逾 1000 人。

12 月 11 日 日军空袭高要县鼎湖水坑村，投弹 100 多枚，炸伤 40 多人，炸毁房屋40多间。

12月16日　日军飞机6架空袭龙门县城，炸毁房屋20多间，炸死7人，伤50多人。

12月中旬　日军第21军司令官安藤利吉指挥第18、104师团、近卫混成旅团及伪军等共4万余人，在航空兵50余架飞机支援下，兵分两路由增城、从化向曲江进犯。据不完全统计，仅在从化吕田，日军就烧毁店铺65间，毁民房13432间，杀害村民254人，强拉壮丁162人。

12月22日　日军飞机8架轰炸阳江县闸坡港的木塘里、木塘外（今阳江市闸坡镇民润市场周边一带），炸沉、炸毁渔船15艘，炸死渔民200多人。

12月　日军第一次进犯新丰县，国民党军第63军教导团奉命在梅坑阻击，教导团阵亡营长以下官兵130多人，伤数百人。日军飞机在新丰县梅西叶屋炸死母女2人，枪杀15人，烧毁房屋120多间，生猪损失几十头；在张田村，日军杀死村民8人，烧毁民房200多间，粮食、衣物、家具等尽成灰烬，牛猪被宰杀无法计数；在回龙乡来石、蒲昌、许屋，日军打死群众25人，烧毁民房400余间，烧掉山林上万亩，被宰杀生猪100多头；日军进驻县城及附近村庄时，杀死16人，烧毁房屋20多间，抢掠的猪牛鸡鸭、粮食无法计数。

9月至12月　日军利用汉奸走私贩购新会县（今江门市新会区）钨矿（砂），并集中到香港。据出入关统计，当时由香港运往日本的钨矿（砂）达7898担，总值港币1845860元，与上年同期70余担比，增加100余倍。

12月　中、日军队粤北会战，战场遍及新丰、增城、翁源、龙门、清远、英德、从化、花县、佛冈等9个县。此次会战使这9个县的农业损失惨重。会战结束后，广东省农林局组织查报9县农业损失。查报结果为：房屋被焚45279间；人口伤亡：死3171人，伤1092人，失踪59人；粮食损失：米2790740担，杂粮383595担，种籽115579担，农具87682件，耕牛10746头，猪47386头，家禽200895（头），肥料8220（担），其他：2632411200元，总值估计为35020916.60元。另外，英德县被焚毁民船70艘未计入在农业损失内。

是年初　早在广州沦陷后，广东国民党当局曾下令一些县份的公路要在日军入侵前分段进行破坏，每隔2里就掘去路宽带一半，以阻延日军机械化部队入侵时的速度。新会县在会城沦陷前照令毁坏了冈州马路（今江会路）。冈州马路全长14里（7公里），路面宽度为五码半左右，是由华侨投资修建，于1928年建成通车。

是年春　鹤山县政府为阻止日军战车犯境，下令破坏县辖的江佛、龙古、鹤新、鹤开公路；同年 11 月，鹤山县政府军事委员会再次通令破坏全县公路、桥梁；1941 年春夏间，县政府驻防军队均派兵分赴县辖各乡督办破坏公路、桥梁，全县公路共 133.1 公里遭到破坏。

是年 广州进出口货值剧跌至 926.5 万元，比 1937 年进口货值减少 91.37%，为 1938 年总值的 5.66%，出口货值下降 91.69%。几乎为 1840 年以来广州进出口货值的最低点，仅占同期全国进出口总值的 0.74%，排全国第 16 位。

是年 为防日军侵略，电白县招收民工破坏公路，民工伙食费为 1521 元（1937 年 7 月价值）。当时，全县省道、县道、乡道公路共 406 里，每公里挖 1 条"之"字形深沟，每段长 16.67 米，深 3.34 米，仅留 1 米宽人行道，全县公路被破坏殆尽。损失折算金额为 904771（法币）元（1937 年 7 月价值）。

是年 四（会）连（山）公路广宁境内里程 61.98 公里，为阻止日军入侵，广宁县遵照省政府令，毁坏公路，炸毁全部桥梁。

是年 为防止日军西犯，广西省政府下令对荔怀公路全线实施毁坏。其中怀集境内坳仔大浪至岗坪太原段全长 59.9 公里，共耗用民工 45 万个工作日。

是年 粤汉铁路广州至源潭段 72.1 公里被日军占领，源潭至曲江段由中方自行破坏。经清远县境路段为 30 公里，被占领和自毁铁路按平均每公里损失 137280 元计算，共造成损失 4118400 元。

1940 年

1 月 5 日 日军 1000 多人于 1 月 2 日进犯潮州枫溪西塘村时，遭到国民党守军和当地乡民的顽强回击，激战 3 昼夜后，日军被歼数百人。是日，日军溃退，迁怒于沿途村庄，大黄、田东等村数百家受害。西塘、竹围、大园、田东、徐厝桥等乡无辜百姓被杀死 54 人，被炸死 48 人，被烧死 5 人，被打伤 51 人。

同日 早上，日军 3000 余人在飞机大炮的掩护下进攻清远县城，国民党军守军与日军激战至下午 5 时，清城首次沦陷。日军占领清城后，到处烧、杀、抢和奸淫妇女。屠杀平民 385 人，团队政警 52 人，奸淫并杀害妇女 35 人，伤害妇女 250 人。其中，在上廓街德国教堂内避难的 120 名妇女，被日军 5 次入内轮奸。日军入侵高田乡，将百余名妇女裸囚于一祠堂中，分施强暴，并强拖壮丁围观，当场有数人被强奸致死，还有数人羞愤自杀。

1 月 19 日 晨，日、伪军数百人进犯新会县荷塘乡篁湾和良村，遭各村自卫队顽强抵抗，战至黄昏，双方伤亡不少，后敌舰开来救援，日、伪军才登舰撤回江门。此役，自卫队员和村民等 103 人牺牲，7 人受伤。1 月 20 日，日军在汉奸带领下，再次进犯荷塘进行报复，烧毁禾冈村、篁湾濯泉坊居民房屋 103 间，高边市、横石、社坛巷商铺 67 间，祠庙 3 间，以及植生糖厂等。

1 月 31 日　日军在增城福和缸瓦窑村屠杀村民。全村的涂、陈、钟、刁四姓被杀村民 128 人，仅 3 人幸免，被烧毁房屋 110 多间。

2 月 10 日　日军为补充兵源，在顺德县的东马宁乡、西马宁乡（两个乡今属顺德区杏坛镇）、龙江、龙山（今属顺德区龙江镇）、乐从等乡村捕去 2500 余人。

2 月　为防日机空袭，利于疏散城中人口，海康县（今属雷州市）县长邱桂兴奉令拆毁 2 公里长的，有近 800 年历史的古雷州府城墙。

3 月 1 日　日军在汉奸的配合下第三次进犯顺德县大良镇，当地民团奋起抗击，终因敌众我寡被迫撤退。民团官兵死亡 22 人，失踪 4 人，伤 25 人，当地无辜民众死亡达 300 人以上。

3 月初　为配合驻汕头日军打通铁路线的行动，驻潮州城日军再次攻打枫溪。9 日凌晨，日军占领了枫溪、西塘一带。西塘村房屋 600 多间被烧毁三分之二，村里青壮年都逃光，留下的老少 50 多人全被杀死。枫溪镇内 734 人被杀害，几百间房屋被烧毁。白塔村被烧毁房屋 281 间，有 8 人被烧死。

3 月 8 日　日军步骑兵 400 余人包围梅县青麻山国民党守军并施放毒气，守军几乎全部牺牲。日军继续向浮岗进犯，数次施放毒气，国民党军伤亡甚重。另国民党军攻击龙翔寨西北的日军时，也遭日军毒攻，中毒者 100 余人。

3 月 9 日　日军自潮州浮洋及庵埠分两路进犯揭阳县，占领枫溪和炮台，后又进犯古巷、登塘，沿途屠杀乡民数百人。

4 月 3 日　日军空袭肇庆城区及河面，投弹 45 枚，炸死 13 人，炸伤 7 人，炸毁房屋 2 间，船只 16 艘，其中，轮船 8 艘、渡船 5 艘、民船 2 艘、艇 1 艘。

4 月 8 日　上午 9 时，日军飞机 1 架轰炸阳春县合水镇，投弹 5 枚，炸死 7 人，炸伤 4 人。随后，日军飞机飞到县城上空，投弹 2 枚，炸烂花挺 2 艘，炸伤疍民（水上居民）、店员等 3 人。

4 月 13 日　日军在顺德县容奇镇（今属顺德区容桂街道）各交通路口设卡检查行人良民证，历时 7 小时。120 余人因遗失此证被拘捕，30 余名嫌疑者被处死。

5 月 3 日、8 日　日军飞机先后两次轰炸开平县长沙、荻海、新昌三埠（今合并为三埠办事处），共计炸沉大小船只 21 艘，炸毁商店 3 间，炸死 30 人，炸伤 65 人。

5 月 14 日　侵粤日军第二次大举进犯粤北。日军第 38、104 及 18 师团等各一部在从化县良口一带，与中国军队第 62、63、65 军及独 2 旅等各部展开第二次粤北会战。此役于 6 月 12 日结束，中国官兵阵亡 3068 人，伤 2225 人，失踪 330 人。

5 月　日军对广东省营制纸厂（该厂 1938 年 8 月建成投产，全国规模最大、设备最先进）实行军事占领，将全厂机器设备拆卸，共计 3645 件，重 3691 公吨，并全部运回日本，后在日本北海道苫山牧勇拂设厂安装继续生产，定名为国策制纸株式会社勇拂工场。此外，日军还将省营硫酸厂、民营大兴油厂等厂的机器设备，强行拆卸后劫往日本。

同月　阳江县东平乡近百艘渔船在大镬、二镬海域生产时，突遭日本军舰袭击。日军开枪射杀渔民 100 多人，并登上渔船，将青壮年渔民用铁线穿透手掌并抛下海中，将渔妇强奸后抛下海淹死。

6 月 2 日　日军飞机 3 架在从化县陂下圩前投下 9 枚重磅炸弹，并开枪向人群扫射，炸死塘下村民近 50 人。

6 月 3 日　伪军华南挺进军高勤部在新会县古井区（今江门市新会区古井镇、沙堆镇）反正。日军恼羞成怒，连续多日派飞机 10 架次分别轰炸古井区的古井圩、文楼、泗冲、慈溪、沙堆各村，炸塌房屋 300 余间，炸死 4 人，炸伤数十人。6 月 9 日，日军又狂轰滥炸梅阁，炮火不断扫射，炸毁永耀堂和敬临祖祠前座，炸毁民房 17 间，炸死炸伤平民 100 多人。6 月 14 日，日军飞机轰炸独州，炸死数人，炸伤 100 余人，烧毁房屋 300 余间。

6 月 11 日　开平县长沙（今开平市长沙街道）、新昌（今开平市三埠街道）各商号货船 9 艘，满载面粉、豆类、油糖和杂货回驶三埠，途经芒洲湖海面时，与日军汽艇相遇，9 艘货船全部被日艇洗劫，损失达数十万元。

6 月 24 日　驻顺德县大良镇日军乘汽艇赴勒流镇，途中被当地土匪袭击败退。次日，日军为泄愤，派出 50 余名士兵，于 10 时至 12 时向该乡发炮数十响，毁民房 100 座，打死民众 40 余人。

7 月中下旬　南海县西樵的 10 个乡村因水灾导致早稻失收，物价飞涨，民不聊生，共有 200 余名乡民饿死。

7 月　日军华南派遣军司令部在广州市内秘密枪杀所雇佣的军事工程建筑人员 900 多人。

同月　日军进犯陆丰碣石港并大肆烧杀，焚毁渔船，杀死渔民 50 多人。

8月19日　下午1时，日、伪军500余人，乘舰2艘，汽艇、民船十余艘，进犯中山县坭湾，与国民党守军激战，相持至20日晨7时，伪军死伤50余人，后撤退返回舰上，国民党守军伤亡及失踪士兵30余人。

8月24日、26日　驻南海县九江镇、三水县西南镇日军为报复当地游击队的袭击，派兵在飞机掩护下两次进犯官山镇西樵大庆市，并向麦家、冯家、甘家、杜家、冯家、陈家各乡狂炸。有300余名村民死伤，200余间民房被炸毁。

8月25日　日军飞机扫射轰炸停泊于潮阳县龙井码头的客轮"新龙号"（龙井至新坛线）、"飞鹰号"（龙井至海门线），炸死平民30多人，炸伤十多人，尸体被收埋于东山"莫秀英义冢"。

10月17日　日军进犯顺德县北滘乡（今佛山市顺德区北滘镇），杀死、烧死53人、伤2人，焚烧店铺108间、房215间、祠堂2间、船3艘、糖厂2间、谷米勒3700斛，损失价值5278.9万元。

10月23日至24日　日军飞机连日轰炸台山县台城镇，共出动飞机18架，投弹数十枚，炸死平民198人，炸伤41人。炸毁台山酒店等商铺和民房数十间。

11月3日　日、伪军进犯顺德县里海乡（今属佛山市顺德区龙江镇），杀死乡民70余人，其中有名有姓的死者18人、伤2人，该乡副乡长兼抗日主任谭伯展遭杀害。焚毁屋宇71间、蚕房4间、铺3间、校舍5间。

11月19日　上午，驻南海县九江镇日军于驻地架巨炮10余门向鹤山县坡山、水口、沙坪、古劳、丽水、麦村等地发炮2000余发，炸死炸伤70余人，炸毁民居100余间。半夜，又向沙坪、维墩、甫草堂、大郡、冈头、麦村等地发射700多发炮弹，炸死炸伤20余人，炸毁民居60余间。20日，再向沙坪、南山、越塘、楼冲、霄乡、甫草堂、大塘等地发射炮弹，炸死、伤20余人，炸毁民居60余间。

11月　广州日军司令部在广州市政府原址秘密修建地下防空工程和军火库，强雇广州200多名工人参加劳动，工程完毕后，日军将全部工人秘密解往市郊杀害灭口。

12月9日　日军飞机12架空袭鼎湖凤凰、水坑，民众死伤120余人，毁民房无法计数。

12月11日　日军飞机3架在从化县鳌头圩日时，投下13枚重磅炸弹，造成500多名平民死伤。

12 月 18 日 凌晨，日军从斗门县北卡登陆进犯涅涌，火烧民房，又侵占月坑。村民陈转定回村救火，被开枪杀害。日军在深坑（月坑附近地名）发现群众后向群众扫射，当场杀害 32 人。后又火烧民房 70 多间，抢掠财物无法计数。

12 月 20 日 日军袭击驻东莞县横沥的国民党广东省保安团第 8 团。保安团官兵阵亡 30 多人；乡民被打死 36 人，伤 30 多人。

12 月 30 日 日军飞机轰炸丰顺县附城（今丰良镇），炸死 29 人，伤 16 人。轰炸丰顺县留隍街、球山中学和口铺等地，炸死 47 人，炸伤 31 人。

是年冬 日军 100 多人从花县（今广州市花都区）马溪乘船，突袭步云村，大肆烧杀，村民 60 多人被害。

是年 因日军侵占广州，广州港进出口贸易由沦陷前的 1.63469 亿元（法币），减至 2986.9 万元（法币）。

是年 驻南海县盐步乡（今属佛山市南海区里水镇）日军因橡皮汽艇被偷走，到盐步司前乡放火烧屋，滥杀无辜，共有 200 余名村民被杀。

是年 驻曲江县马坝沈屋背的国民党军队第 65 军第 158 师正在举行全师检阅时，遭 3 架日军飞机偷袭，官兵死伤 100 余人。

1941 年

1 月 26 日 下午 1 时，日军飞机 7 架在翁源县翁城镇南门庙投燃烧弹 20 余枚，炸死平民 2 人，伤 3 人，民房烧毁六七间。随后，日机北上轰炸新江墟，投燃烧弹 10 余枚，炸死平民 50 余人，伤 7 人，民房烧毁三分之二。

2 月 2 日至 3 日 伪顺德县护沙大队长张初带领日、伪军 180 余人攻占龙江（今属佛山市顺德区龙江镇），大肆烧杀抢劫。龙江沙田、长路等一带市区变成瓦砾，焚毁 70 余户，民众死伤 170 余人，被掳走 20 余人，财物损失不可计数。

2 月 9 日 驻三水县、南海县佛山镇的日军 3000 余人攻陷三水县芦苞镇，将逃避不及的妇女、儿童、老人等约 50 人赶到当地某庙内，并用汽油将他们全部烧死。12 日，日军撤退时纵火焚烧，芦苞商店大部分被毁，几成废墟。

3 月 3 日 日军在台山、阳江、水东、电白等海口登陆，国民政府外贸委员会在各口岸待运出口的物资被日军劫掠，损失桐油 17484 听。

同日 早上 6 时，日军 1000 余人乘兵舰两艘在阳江县北津（今阳东县雅韶镇北津港）登陆，烧毁北津的店铺、民房 30 多间，杀害村民 10 余人。11 时，日军占领阳江县城。入城后，即据守县政府、县党部等机关和城里几家大宅院。烧毁县政府保存的卷宗、档案。同时，日军还在塘背村一池塘边设立岗哨，射杀路过的村民。3月9日，日军撤走。人们从池塘中捞出87具尸体。

3月4日 日军进犯开平县单水口市（今开平市水口镇），国民党军彭林生所部第七挺进纵队奋勇阻击，营长刘秉钧等50人阵亡，单水口市遂告失守。日军进入单水口市后，大肆搜掠，多数商店的财物被劫，损失100万元以上。

同日 日军500余人由开平县水口镇方面猛攻三埠（今开平市长沙街道和三埠街道），国民党守军保安团第三营古煌部水警、周灼等团队迎击日军，乡壮丁队员50人被杀害，因众寡悬殊，守军撤退，三埠沦陷。日军登陆三埠后，大肆抢劫焚杀，杀害平民达100人，强奸妇女8人。三埠物资损失五六百万元，获海被焚店铺八成以上，新昌埠被焚住宅6间、西桥路警察所、店铺19间，长沙埠被焚店铺21间。

3月17日 日军飞机轰炸惠州城，当时有大批民众到意大利教会办的若瑟医院内避难，日军飞机轰炸了若瑟医院，共炸死250人，炸伤10人。

3月25日 凌晨，日军板口大队纠合伪军共2000多兵力，在飞机掩护下，分三路进犯潮阳县城。县境防御团队3个大队与政警中队等地方武装共12个中队近1000人防御不敌，防线被突破后撤退，驻后溪妈宫一个中队被日军两面合击，全队约80人牺牲。南路日军炮轰凤岗，炸毁庙宇1座、民房47间，村民2人被炸死。6时，县城沦陷。

3月 日军攻陷台山县台城镇，期间，国民党军阵亡将士9人，民众被枪杀39人，获海（今开平县三埠街道）被焚毁店铺483间，损失1200万元，平民被杀50人，受伤1人。

3月 日兵侵犯电白县，焚毁房屋50间，物资损失12517.150元法币（法币，1937年7月价值）；日军在电白县沿海登陆，大肆烧杀抢劫。电白县第一、三区被杀害民众75人、被杀伤民众54人、被掳去民众3人，被焚商店民房109间、被焚大小渔船108艘；被抢耕牛45头；谷（系被当地地痞及贫民抢去）5060担；民枪45枝；现款15万元；货物（内多系金属及生糖等物）310万元；家具50万元；盐约1万担；猪276头；鸡鸭1100只；灾民3100人；失业渔民617人；十间电话总机一架；电话机6架；损失电话线60余华里。

4月11日 日军飞机12架轰炸潮阳县深洋、仙陂、关埠、桑田、华阳等地，先后投弹200多枚。其中赤寮时遇圩期，100多平民被炸死炸伤。当天邻村乌溽赶集的农民也被炸死14人。

5月12日　惠州城第二次沦陷。日军分别从东江的惠（州）博（罗）江面和惠（州）樟（木头）公路侵入惠州城，由于居民已疏散到乡村，日军进城后一无所获，因而扑向乡村搜捕抢掠，在惠州城郊的蓬瀛村屠杀民众400多人。

同日　日本海军原田部队在东江沿岸地区与中国军队激战，国民党军第160师及独立第9旅等部数万人在惠州附近被日军包围，损失船数十只、无线电器材一批、迫击炮1门、迫击炮弹5发、捷克枪弹6500发、手榴弹1308枚、衣服325件、卫生材料10件。日军东江南岸部队于12日下午6时完全占领惠州城。

5月22日　日本军舰在台山县上川（今川岛镇）黄茅头海面骑劫行驶于上川（岛）至广海线的利源渡，驶向荷包岛，将行李货物劫走，船上乘客40人被驱逐落海，除5人潜水逃生外，其余35人全部溺死。

5月31日　日、伪军第二次进犯新会县古井，大环村国民党守军高勤部属第一中队一小队迎战不敌，退至腊石山咀高地，因腹背受敌，小队长黄荣贵以下37人壮烈牺牲。沙堆圩守军第七战区挺进第七纵队（以下简称"挺七"）司令彭林生部据守狮山迎战另一路日、伪军，"挺七"第2支队赵其休部与日、伪军激战一天，队长黄华贵等37人壮烈牺牲，退至梅阁、沙角山一带布防。6月1日，彭林生派其弟彭国彬连长率队增援，占据将军山阻击进犯之敌，彭国彬连长等18人阵亡。"挺七"部队星夜退防崖西，古井区再告沦陷。

5月　惠阳县政府关于日军第二次占领惠阳县各乡镇的损失调查表统计：被焚房屋18866间，死亡民众2546人，受伤致残者736人，逃亡难民52203人，损失农作物估价60116800元，耕牛6534头，物资281820520元。

6月9日　日军据一汉奸诬告新塘西洲窝藏枪支，从水陆两路包围该村，将全村男女老幼关押在一祠堂内，施放毒气威逼群众交出枪支，连续蹂躏4天，10多人中毒身亡，事后因毒发死亡40多人。

6月24日　日军飞机9架空袭高州县城，投弹8枚，炸死45人，伤77人，毁房屋28间。

6月24日至25日　日军飞机17架轰炸廉江县安铺圩，投弹39枚，炸死炸伤97人（其中有18名小学生），炸毁民房、商店160多间。建于清乾隆三十二年（1767年）的安铺镇天后宫（婆庙）被夷为平地。

6月26日　凌晨4时，日军陆战队300多人在2架飞机的掩护下进犯惠来县神泉。日军飞机在神泉南华街和惠城镇惠西马路、北门等处投弹，炸死当地居民多人。日军在神泉镇外沙田沿地龙埔、塔脚登陆后，遭到刚到达神泉的广东省保安团一个营兵力的抵抗，在文昌山激战，俱有伤亡。此役，保安团排长谭成仁以下34人阵亡，平民死亡98人，伤124人。

6月27日　日军飞机空袭梅菉市（今属吴川市），竹栏街燃烧，商民死伤100余人。

7月20日　驻潮阳城日、伪军1000多名，水陆并进进犯北路四区、南路七区。在北路四区镇守桥尾山、凤山及和平上中寨部的国民党保安团第16团3营与日伪军展开激战，排长廖忠以下10人牺牲。日军轰击烧毁民房30间，杀害平民7人。日军在里美乡、寨内门仔杀死马妈和等4人，马番仔被杀伤。在练江商铺和农户搜劫粮食30多灰船，共计5000多担。是日，在南路七区灰路头伏击日伪军的战斗中，保安团中队副谢维刚以下10多人战死。

同日　日军飞机空袭高州城，炸毁常平街长山馆，炸死入伍新兵100多人。

7月24日　日军在南海县和顺镇的14个自然村和金溪圩内划出军事禁区（即"无人地带"），强令区内居民离境，拆毁大量房屋，大肆捕杀冒险回村收割稻田的村民。至1943年五六月止，"无人地带"推至花县、清远等地后，各村回来人口只达原来的半数多些。在此期间，日军先后在镇龙圩旧址杀害100多人、颖水边村杀害100多人、石塘村边杀害20多人。逢涌村共有500多人饿死、病死，全家死亡的有20多户，被拆毁民房达八成。石塘村卖掉儿女共500多人。

7月29日　因日本商船"海刚丸"号在顺德县陈村旧墟（今属佛山市顺德区陈村镇）附近海面遭抗日游击队伏击、船上日军官兵多名被击毙，日军军官野后等率领数百人分乘多艘电船，在顺德县第三区陈村、赤花、弼教、达德、勒竹等乡（今属顺德区陈村镇）登陆。日军以搜查游击队为名，先将各乡伪联防队等武装队员的枪缴去，随即恣意焚烧惨杀。其中，陈村碉楼12座、店铺10余间被焚毁，民众400余人被杀死；赤花乡被缴去七九式步枪8杆、子弹500颗以及电话机1座，被拘去联防队员1名。随后，日军又将各乡男女老幼2000余人拘禁于陈村旧墟南街李忠简祠和新墟中兴当楼内，断绝饮食3天。其间，日军滥用酷刑和施放毒气熏蒸，毒死男子50余人，强奸妇女100余人。

8月3日　日军进犯东莞县济川乡，把3000多名男女老幼村民赶至闸口村卢宅和卢氏村祠、马洲村下闸门禾地堂、金牛村翕和书院、永庆村岐山家塾这四个集中点，分别施以烟熏毒打等暴行，逼村民交出枪支弹药。在这次事件中，日军杀死村民100多人，打伤村民200多人。

8月8日　日军进犯顺德县麦村乡（今属顺德县杏坛镇麦村），遭到该乡自卫队大队长麦德如率队顽强抵抗，日军死伤数人后，入乡大肆焚杀抢掠，并将该乡老少妇孺拘禁于南约秘书家庙甘雨祖祠，绝其饮食3天，滥施酷刑。此次劫难，乡民死109人，伤48人；毁屋6间、炮楼2座、亭阁3座，价值108万元，被劫去家伙服饰一批，价值15.25万元。

同日　日、伪军300多人侵入潮阳县古埕村实施报复。组织起来的村民与敌展开巷战，村民牺牲66人，受伤280多人；被烧毁祠堂5座、民房600多间，被夺渔船90多艘、被劫耕牛10头和其他禽畜、衣物难以计数。

8月10日　凌晨4时，日军进犯潮汕铁路西线仙庭一带，4天时间共烧毁8个村1300余间民房，杀害民众54人。

8月17日　连日来，日军在粤汉路、广九路、广从各路捕去行人共4000多人。12日晚广州日军又拉夫1000余人，以致人心惶惶。

8月19日　日军将三水县灶冈乡（今属三水区白坭镇）划为"无人地带"，焚毁房屋1284间，杀死乡民73人。

8月25日　日军"扫荡"三水县东鲁乡（今属三水区西南街道），杀死杀伤25人，饿死60人；花去医药费8.25万元、殡葬费13.56万元。毁房屋139间，值4481万元。其他财产损失：牛45头，值200余万元，猪、鸡不能统计，衣物、粮食值2000余万元，家具、农具值1000万元，金饰18.3两，值国币28.4万元。

8月　海康县（今属雷州市）政府奉令破坏县境内129公里道路，以阻延日军入境。

9月2日　自上月至本日，广州日军继续抽调兵力1万多人，转移出海，似开往越南，并搜捕市民，以一部他运，以大部编充伪军，因此人心惶惶，秩序混乱。日军两次施行户口总检查，共捕约数千人，致被饿死者达300多之多。

9月8日至9日　日军在广州施行戒严，拘捕无辜民众1000多人，内有86人在东较场被枪杀。

9月10日至25日　日军末藤少将率所部千余，配合保安队两团，"扫荡"中山九区游击队，并分遣部队袭中山一区港口、长洲、石岐等，于15日午后11时破坏北台桥。是役大小战斗16次，驻中山的国民党挺进第三纵队的官兵死伤65人。

9月20日至30日　日军调集福州38师团藤井部队1000余人，第二次进犯台山县境内。台山县30余乡镇，死亡560人，受伤275人，损失物资价值约900万余元。台城方面的损失是：死亡154人。焚毁永明电灯公司全部机器，损失港币 55 万元。毁坏制雪公司，损失港币 10 万元，捣毁同声电话公司总机及子机，损失港币 20 万。

9 月 22 日 日军进犯新会县牛勒乡，封锁各村口，开枪扫射逃跑的乡民，伤亡四五百人，又纵火烧人，焚死者 100 人以上。

9 月 23 日 日军飞机 9 架轰炸阳江县城下濠木工场、周屋塘基、石桥仔、白沙垌等地，投弹 10 多枚，炸死 30 多人。

10 月 4 日 日军在东莞石龙镇以试验毒气为名施放毒气，中毒居民 366 人，其中有 84 人毒死。

10 月 20 日 驻南海县佛山镇的日军将南海县九江镇的 40 名平民押到石湾镇进行集体屠杀。

11 月 26 日 日军飞机空袭肇庆城区正东路、新街、草鞋街等地，投弹 27 枚，其中燃烧弹 1 枚，炸死 27 人，炸伤 29 人，炸毁防空壕一道。

11 月 28 日 日军飞机轰炸南雄县城，投弹 19 枚。炸毁民房 26 间，被炸死 39 人，炸伤 36 人。县府礼堂被炸，炸死 1 职员，击伤 2 学员。

12 月 8 日 日军袭击美国在太平洋的海军基地珍珠港，同时进攻东南亚和香港，太平洋战争爆发。12 月 25 日，香港总督杨慕奇宣布无条件投降，香港沦陷。

1942 年

1 月 3 日 日军飞机空袭高要县广利、砚州，投弹 52 枚，炸死 6 人，炸毁房屋 2 间。

1 月 31 日 从香港回到广州市的难民总数已达 79419 人。据统计，从香港沦陷到 1942 年 2 月 4 日止，由香港回内地的难民达 46 万人，截至 3 月 31 日，从香港进入内地难民达 52.8 万人。

2 月 5 日至 7 日 日军酒井部中川联队 5000 多人攻占惠州城。由于受到中国守军的顽强抵抗，损失了一名联队长和 300 多士兵。恼羞成怒的日军进城后，就开始连续 3 天的屠城。其中，日军除在水门沙下惨杀 1300 余人外，还在江埔头惨杀 100 余人，在水门码头惨杀 100 余人，在礼门义路和叶屋巷口惨杀 100 余人，在南津牛贱（前）岭惨杀 300 余人，在老学宫（今中山东路 1 号）惨杀 300 余人，在五眼桥河边活埋数十人，南门外活埋数十人。集中杀人的场所计有十多处。2 月 6 日，在水门沙下，日军用铁线穿手掌，用刺刀驱赶 1300 余人，押至水门沙下西枝江边用机枪扫射、刺刀捅死后，将尸体全部抛入江中。是为惠州"沙下惨案"。2月7日，日军撤出惠州城。在日军侵占惠州城期间，共有中国居民 3000 余人遭杀害。据省振济会统计：全城被焚店屋 990 间，物资损失约 2800 余万元。

2月14日　日军侵入潮阳县河溪村，烧毁陈姓、刘姓两座祠堂及民房 10间，屠杀村民 10 人。同时，华阳的东底、亚整、下地有 10 名妇女遭日军强奸，其中东底、亚整的 3 名妇女被奸后杀害。

3月14日　日军飞机轰炸潮阳县西胪凤山郑，村民死亡 7 人。黄昏，日军 30 多人由马厝寮入奎掠夺，放火烧民房数十间、杀死村民 10 多人。

3月16日　日军井上部队，第 118 团之伊黑联队及驻江门之濑川中队 1 万余人，扫荡中山县二区、三区、九区。其间，六沙被焚屋宇共 1070 余户，其余各乡至少被焚数百间。被强奸妇女无法计数。

3月17日　数十名日军窜入花县炭步华岭村"扫荡"。国民党军某部前哨 1 名排长、2 名士兵来不及撤退，与日军战斗，排长牺牲。后来，日军向村民报复，杀死村民 38 人。

是年春　日军在海南岛石碌矿山开办一间"慰安所"，以香港合记公司为名，在广州、香港等地大批招收青年女子，先后有 300 多名青年妇女被骗至石碌矿山充当"慰安妇"。至 1945 年日本投降时，这些妇女死亡 200 多人，幸存者仅 10 多人。

4月10日　中国军队便衣队多次潜入广州袭击日军，一度将市内电话局炸毁。日军为实施报复，将城内男女青年 100 多人逮捕，游街示众后杀害。

6月16日　日军 2000 多人包围四会县南岗乡，大肆进行搜刮，用机枪、钢炮向各村进行扫射和轰击，这次大屠杀，全乡共烧毁房屋 720 多间，杀死、烧死、饿死和强奸致死的男女农民有 600 人以上。

6月23日　日机空袭肇庆城区，投弹 34 枚，炸死 48 人，炸伤 38 人。

6月25日　日军空袭高要县文园乡后沥，投弹 9 枚，炸死 10 人，炸伤 8 人。

8月13日　日军进犯鹤山县共和平岭村，大肆焚毁民居，计焚死居民 23人、伤 6 人；毁民居 75 间；毙耕牛 11 头；掠去稻谷 6.7 万多斤，杂粮 3000 余斤；其他财物损失折合价值 18 万余元法币。

8月　日军通过汕头数十家洋行，与下属的各种组合机构垄断金融、商贸，大量走私和掠夺钨矿资源。通过操纵商行从上海运来化肥 7000 包，用于换购八区马厝寮等山地的钨矿产资源，并以其垄断的纱布、洋杂等倾销于国民党统治区、换取粮食、木材、五金等战争物资。

9月8日 在增城县田美村刘氏宗祠门口，日军因1名汉奸被抗日军民处决而进行报复，架起机枪疯狂向村民扫射，当场打死7人（其中有一名孕妇），打伤多人。日军进村后，又杀害村长及村民20多人。

9月19日 日军进犯鹤山县平岭、大缘合、汉塘、榜塘等村，杀害村民9人、伤10人，烧毁房屋240间，掠去财物价值24.9万余元法币。

12月29日 日军空袭肇庆城区，投弹17枚，炸死13人，炸伤27人，炸毁房屋41间。

是年 因日军占领广州，广州的商业遭受重大打击，在广州已形成的惠爱路、上下九路和西濠口等中心商业区，百货业已由1929年的767户，降至是年的199户。

是年 茂名县发行航空救国义券、节约建国储蓄、同盟胜利公债等债券，以筹集抗日经费，其中同盟胜利公债量最大，本年度发行国币公债80万元、美金公债11.6万美元。

是年 广东省紧急救侨委员会高要县办事处登记救济港澳归侨18900多人，使用救济费58800多元。补助南洋缅甸归侨3072人，共201400元，另归侨受给养者27937人，费用81150元，同时发放赈谷162石。

1943 年

1月5日 日军飞机20余架轰炸韶关市区风度路、河西、黄田坝一带，炸毁商店、房屋2500多间，炸死73人，伤90余人，造成灾民数万人。

1月21日至22日 日军100余名、伪军100余名进犯揭阳县第二区联安乡曾厝洋村、西廖村等，杀害村民陈鹄等24人，杀伤村民陈许氏等43人，掳去村民曾亚哑等4人。炸毁房屋19间，焚毁1间，拆毁3间。炸死母猪1头。

1月26日、30日 日军飞机两次空袭肇庆城区，共投弹72枚（其中燃烧弹25枚），并以机枪扫射，共炸死9人、炸伤36人，炸毁房屋98间。肇庆中学两次被炸，炸毁爱莲亭宿舍2座，成绩室、课室各1座。

2月8日至15日 日军飞机5次空袭肇庆城区，共投弹126枚，炸死38人，炸伤56人，炸毁商店民房90间。烧毁镇南棉花厂1间。

2月12日 日军飞机3架轰炸廉江县城，西街居民3人被炸死。西街111号前后左右的民房被炸毁10多间。廉江中学、廉江师范校舍（今市一小前面一片）被炸毁。炸毁廉江中学房屋87间，直接经济损失达56万元。烧毁廉江师范图书共计 18000 余册；桌、椅损失共计 600 余张；门窗毁坏 200 多扇。

2 月 20 日　14 点 19 分，日军飞机 7 架轰炸信宜县城（今信宜市镇隆镇八坊），炸毁房屋 33 多间（座），炸死 16 人（其中有 13 名犯人），炸伤 32 人。

3 月 7 日　日、伪军数千人在飞机配合下"扫荡"南海县民乐乡，村民潘启等 3 人中枪身亡，墟市 100 多户店铺、14 间屋宇被烧毁。

3 月 22 日　日军入侵斗门县大沙，被当地抗日武装击退。翌日，日军再次增兵进犯大沙，实行"三光"政策，杀害村民 57 人，烧毁民房 110 多间，抢掠群众财物无法计数。

3 月 24 日　日军飞机空袭增城县棠厦村，炸死村民 30 多人，炸毁民房 10 多间。之后不久，日军又先后多次进村骚扰，共烧毁民房 40 多间，杀害村民 40 多人，并抓走 40 多人作夫役。

3 月 29 日　日军出动两艘铁拖船，骑劫台山县由上川岛满载客货开往广海（镇）的渡船，日军先搜夺了旅客的随身财物，然后将旅客全部推入船舱，将船驶至青山海面，将船撞沉，旅客中有几个善泳者跳入海中，被日军开枪射杀，全船共 30 人死亡。

4 月　潮阳县发生特大饥荒，全县受旱农田 35 万亩，失收或减收 70 万担，受灾人口 70 余万。部分地区又发生霍乱。日军侵潮后烧杀掠抢，天灾加人祸，人民惨不堪言。据 1945 年光复后潮阳县政府调查，全县饿、病死者 134380 人，流离逃荒 7 万多人。潮阳灾情以海门、达濠为最重。海门各善堂收埋于莲花峰下红沙堀的尸体就有 11726 具（莲花峰"万人冢"）。达濠死者达 1 万余人，占当地人口的三分之一，设有万人冢、千人冢各一处。

5 月 14 日　日军飞机 5 架轰炸惠州城，共投弹 21 枚，炸死 10 人，炸伤 17 人，毁屋 10 间。

5 月　郁南县都城镇发生霍乱疫情，历时两个月，死亡 200 多人。其中有人上午殓葬死者，下午随即死亡。

7 月 11 日　日军空袭肇庆城区，投弹 40 枚，炸死 8 人，炸伤 14 人。

8 月 13 日　下午 2 时，日军飞机 1 架轰炸揭西县河婆圩，投弹 4 枚，炸死梁少云等 14 人，炸伤陈少从等 22 人。炸毁铺房屋 4 间。

同日　日军飞机轰炸丰顺县汤坑，炸死 19 人，炸伤 2 人。

9 月 15 日　因日军空袭、侵占广州，不少广州市民被日军飞机炸死、遭日军屠杀，以及被迫逃离至外乡等。据统计，至是日止，全市人口由 1937 年 11 月 24 日统计的 121.6 万人，剧减至 64.3 万人。

9月17日　日军"围剿"揭阳福美村，造成村民至少300人伤亡。

9月20日　日军飞机9架分3批空袭新兴县天堂圩，共投弹20多枚，并低飞用机枪扫射，炸毁商店、民房15间，打死炸死31人（有部分是阳春石望人），伤90多人，沿途遍地碎尸残骸，惨不忍睹。

12月28日　日军进犯花县黄竹湖村（今属广州市花都区花东镇），村民28人被杀，房屋被烧过半。是日夜，花县地方团队负责人利记堂带一分队入村，被日军发觉，交火中打死日军3人，利记堂牺牲。翌日黎明，日军将黄竹湖村数百名村民集中于潭礼路口，强迫村民交出游击队员不果，便从人群中拉出32人（其中，最大的80岁，最小的仅7岁），押往寺庙旁边的芋地，用机枪扫射，未死者用枪托砸死。日军离村时，掠牛抢猪50多头，还有6人在石角圩日军驻地被吊打致死。

是年　春夏间，因日军多年狂轰滥炸兴宁县，致使民无宁日，社会动荡不安。近200天无雨，宁江干涸，早造失收，以致粮价飞涨，饥荒严重。到处都是饥民，卖儿鬻女者不计其数，加上有大批潮汕难民涌入兴宁，兴宁饥饿致死者5000余人。

是年　东莞县发生大旱灾，加上日军陷境，侨汇断绝，饿死者1.1万多人，外出逃荒4.6万余人。此时全县人口仅16万人，比1934年的88.19万人减少了4.5倍。

是年　南澳县大旱，田园无收，加之日军封海，民众挨饥受冻，饿殍载道。南澳平善堂棺木、袋席俱用尽，死者只能鹑衣裸葬，惨不忍睹。全县共饿死1000多人。

是年　惠阳县发生大旱灾，仅淡水、平山两镇就饿死5900人，2万多人逃荒，4800多户卖儿卖女，卖田卖屋。

是年　电白县发生旱灾，在抗战环境里，有3.4万人逃荒，1.2万人饿死。

1944 年

1月8日　日军在揭阳县官硕屠杀平民400多人，伤300多人，其中有姓名可考的624人，毁民房1200间，大祠堂3座。

1月9日　日军飞机4架再次空袭惠州城和博罗县，在惠州城中山公园、法院路、厦廊等地投弹10多枚，炸死1人。在博罗县城郊的苏村和惠州城郊广和投弹10多枚，苏村死伤各1人；广和的渔船被直接命中，炸死伤10多人。

1月23日　驻花县台坑的日军在黄竹湖村打死村民32人。

1月27日　为阻延日军西犯，国民党军某部工兵营孔碧海等5人奉命炸毁了云浮县白石的西圳大桥。该桥建于1933年下半年，是云浮县最早一座大型的钢筋混凝土结构的公路桥梁，1934年11月底试车，全长98米，桥车道宽5米，桥高6.5米，属民国时期粤桂西线的重要桥梁。

5月15日　凌晨2点，驻桑田、华阳日、伪军300多人在中队长永芳敖幸率领下，分两路夜袭潮阳县西胪。西胪的国民党官兵、乡民奋起反击，毙伤日、伪军100多人。国民党军和自卫队员死8人、伤14人，乡民死15人、伤10人。战斗结束后，超营山日军为泄恨而炮击西胪，炸死乡民7人、炸伤3人。

6月24日　日军集结3000余人兵分三路进犯台山县境，台城第三次沦陷。由于此次日军侵占时间较长（从6月24日至9月6日）。台山人民遭受巨大的生命和财产损失。国民党军阵亡50人、重伤14人、轻伤9人，民众死亡145人，重伤92人，轻伤38人，焚烧铺屋658间，局部毁坏230间，耕牛损失92头，政府发出赈款34.7万余元。

7月1日至4日　台山县三八镇三社村（今台城镇三社村）的壮丁于7月1日在三社良洞迳截获日伪宣传队男女队员10多人，当场将其枪毙，不料其中1人逃走报告日军。7月4日，日、伪军1000多人突于凌晨2时开抵三社，开始进行残酷的"三光"政策，以图报复。据统计，在这次惨案中，共有700名群众被杀，44人受伤，间接死亡500人，焚毁民房531间、祠堂5间、学校3间、华安圩等商店41间。财产损失7000万元，物品损失8000万元。

7月6日　日军围攻龙门县茅冈乡（今龙江）石墩村。入侵龙门的日、伪军1000多人从龙华开往路溪，经过石墩村时，当地群众在开明绅士刘其敬率领下在村内凭借围屋阻击日军。战斗从早上持续至下午，日军攻占石墩村。傍晚，其它村庄增援的枪声响起，日军误认为中方援军到而撤离。此役，群众死亡40人，伤20多人，9人被俘，47间房屋被烧毁。

7月20日　日、伪军千余人在汉奸的带领下包围中山县石门乡九堡的几个村庄，搜捕抗日游击队。日军对抓捕的村民采取施以酷刑、不给饭吃等手段，逼迫他们说出游击队的下落。在威逼无果的情况下，日军将其中41名青壮年村民押往下栅外沙的沙滩强行活埋。

7月26日　凌晨，日军约500人包围了在番禺植地庄集结的中共领导的广游二支队新编第二大队。新编第二大队利用地形地貌予以顽强阻击，最终打退日军。此役，共有大队长卫国尧以下指战员48人牺牲，21人重伤。

8月25日　盟军飞机轰炸集结于新会县会城镇五显冲、帝临堂的日军。但在轰炸中，有不少中国平民也被炸死。其中，会城大义巷一位女居民及女儿共3人被炸死；一单车夫被炸塌的帝临堂墙体压死；在五福里贡园塘角一洗衣老妇被炸死。盟军飞机还炸毁帝临堂偏间的华英小学，在30名学生中有20多人死亡，其余受伤。

9月13日　清晨，驻西椰日军80余人包围中山县南朗墟，掳去墟内各店壮丁70余人，带返西椰。至傍晚时，日军将店东等36人驱赶到西椰附近山头刺杀，32人被杀死，4人受伤逃生。17日，日军捕杀濠头乡民4名，捕去18人。18日，又捕杀宫花中心村乡民3名。为此，南朗一带居民逃避一空。

9月17日至22日　日军土桥部独立第12团及第104师团一部，伪军潘适生部，便衣特务陆万富部等共近万人，从高要县进犯云浮县。驻云浮县国民党军队第158师奋力抗击，在云浮境内多次与日军交战。在战斗中，国民党军队共有182人阵亡，25人负伤，592人生死不明。

9月19日　日军第23军第22师团从云浮县高村进犯郁南县连滩，其间，日军纵火烧毁一至四甲尾商铺150多间，枪杀平民40余人，将邱大棋等7人用铁丝穿捆，再用床板夹着抛下鱼塘，活活淹死。同时，日军还在连滩一带抢掠牲畜、财物一大批，有数十名妇女被强奸、轮奸。

9月23日　晨，国民党军第158师行经郁南县大湾狮子头搭渡，被3架日军飞机发现，投下数枚炸弹，炸死官兵30人，炸伤80余人，一艘渡轮被炸沉。

9月　日军第22旅团在郁南县南江口及都城港附近，先后没收大小舟艇39艘，汽船9艘（其中3艘是国民党第35集团军汽船），为其运送兵员和物资。

12月8日至22日　日军进犯揭阳县锡场，杀害村民林许氏等34人，杀伤7人，被抢夺财物无法计数。

12月16日　凌晨5时，日军板本部纠合伪保安警察大队人马，沿潮阳县竹山岭、南寮山合击防守烟墩山麓一带的国民党保安团，将其中林甘棠中队包围，该中队且战且退，至埗仔大庵埔时，全队官兵70多人阵亡。

12月23日　日军突袭四会县马房村，对该地用机枪扫射、大炮轰击，并用飞机轰炸，有84人被打死、炸死，100多间民房被烧毁。

12月26日至28日　日机连续轰炸四会县大布村、大沙圩，炸毁民房150多间，死伤群众50人。

是年　因被日军侵扰，罗定县公私存粮损失甚巨，再遭连年天旱失收，从是年初夏起，全县有6万多人逃荒。据事后统计，有1万余人饿死。

是年　为阻挡日军进攻，国民政府下令将郁南县74公里公路全部破坏。

1945 年

1 月 17 日 为配合豫湘桂战役，日军第 23 军第 104 师团从广州向韶关大举进犯。18 日，日军挺进队占领了乐昌至坪石段的铁路桥梁、隧道，及乐昌至韶关铁路线，配合南线日军夹击韶关。国民党军与日军展开第三次粤北会战。22 日，日军第 104 师团侵占沙口、马坝；24 日侵占韶关莲花山后，与韶关中国守军张光琼第 187 师在火车站一带激战。26 日，韶关全境陷落，是役，第 187 师阵亡官兵 500 多人。至 27 日，曲江县沦陷，粤北地区大部沦陷。

粤北沦陷后，广东省的后方资源和厂矿多为日军攫夺。战时重建的省营工业（大部分分布在粤北地区）除极少数工厂将部分机器拆迁保存外，其余各厂均被日军破坏，机器设备被洗劫一空。如设于仁化县的广东省银行中伦纸厂，厂房被焚 10 余栋，锅炉 3 个，蒸汽机 4 台，以及发电机、制纸机等机械设备悉被破坏；广东最大的民营煤矿富国煤矿被日军占据，矿井被毁，机器设备被掠；曲江民营那素化学制造厂的物资、厂房、机械，制成品、半成品以及原料等俱损失，总值达 858.9 万元；开采钨矿的乐昌民营联和公司的矿场惨遭日军蹂躏，所以采矿机器如唧水机、风炮机等荡然无存。战时实业公司所办的粤利肥料厂、粤新建筑材料厂、粤兴糖厂、粤明化工厂、粤强印刷厂、粤德制药厂、粤华电器厂、粤昌机器厂以及广东省银行所办的 12 家工厂也在粤北沦陷后被洗劫一空。后方林业也受到严重摧残，省银行中正林场被日军破坏焚烧，原有的 240 多万株油桐树中有 170 多万株被焚烧、砍伐，损失约 72%，加上房舍、农具、耕牛等损失共计 2000 多万元（1945 年币值）。乐昌农场油桐树也损失 35 万株，加上其他设备损失共值六七百万元（1945 年币值）。

1 月 30 日 下午，驻潮阳县贵屿日、伪军 200 多人窜至陈店，轮奸各乡掳来的 100 多名青年妇女，有反抗者即被杀死。

同日 日军 73 人进犯普宁县梅峰、六仁乡，是晚占据里湖，枪杀男女乡民 148 人，街头巷尾、路边、厕所等处丢满死尸。

1 月 日军南窜经过连县东陂、星子区时，遭到抗日武装阻击。此役，抗日官兵阵亡 35 人，伤 21 人。

2 月 27 日 日军进犯曲江县花坪龟塘洞。当地村民姚喜通等 3 人被枪杀，中国某警备队 100 多人战死。日军所到之处，勒索钱粮，牵牛抢物，强夺煤炭资源，烧毁房屋几十间。

3 月 18 日 凌晨 3 时，日军分多路进犯潮阳县南阳乡，偷袭护乡队和县团队并进行劫掠。当晚，日军包围米场庵县政警苏秋南中队，该中队60多人中只有20多人突围，伤亡40人。

4月1日　日军一部由新丰县金竹园向英德县青塘、新和隆、举子岩进犯，150多名农民躲进下官石岩避难。后有1人被日军剖腹，17人被熏死，7名妇女被日军强奸后致死。

4月22日　驻东莞县城日军500余人、伪军第45师一个团和一个炮兵营共1700余人、伪联防队刘棠部600多人，同时向东莞县水乡蕉利、望角、官桥滘进攻。中共领导的东江纵队第一支队挺进水乡的部队400余人进行反击。战斗中总共牺牲41人，独立中队长周康等50人被俘（周康后来被押到广州日军监狱牺牲）。

5月8日　日军1000多人、伪军2000多人和国民党降敌的"曲线救国军"1000多人，分六路进攻中山县五桂山根据地。中共领导的珠江纵队第一支队猛虎队在三山虎山担负阻击任务，战斗中有9人牺牲，1人受伤。日、伪军进入五桂山区后，所到之处，烧杀抢掠，杀害无辜百姓，疯狂搜捕游击队员、军属和抗日群众，给根据地和人民群众造成严重损失，总计有100多名无辜百姓死亡，11名军属被杀，30余所房屋被毁。在石莹桥附近集结的16名游击队员全部被杀害，并被碎尸。

6月10日至15日　日军从溪山镇进犯连平县城（元善镇）并在附近村庄驻扎，同从陂头镇进犯的日军会合。其间，日军打死百姓12名，打伤5人；抓走劳工（挑夫）几十人，其中8人被打伤，6人失踪。毁坏房屋28间，宰杀耕牛115头，生猪336头，家禽2650只，掠夺粮食139担，塘鱼2800斤，衣物900件，损毁花生油1200斤等。日军北犯江西途经和平时，用迫击炮轰击和平县城，炸毁商店18间。抢掠粮食500担，牲畜65头，和平县因战事毁坏大小公路桥梁150座，忠信至定南公路全长89公里被毁。造成经济损失达41992470元（法币）。日军还抓走23名青壮年男子充当挑夫。

6月　日军向中山县各区强征大批谷米，其中：二区，米100万斤；四区，米150万斤；五区，米300万斤，谷50万斤；乾务，米150万斤。

7月8日　下午4时，日军中渠师团由本大队派出先头部队40人，从新会县三江乡出发，经水路乘汽艇在鲤鱼冲五帅庙登陆，"扫荡"双水基背乡（今双水镇基背村）。乡自卫队奋力抵抗，战斗持续7天7夜。此役，自卫队队员阵亡15人，伤6人，被日军杀害的群众18人。被烧毁及拆毁的民房、庙宇、祠堂等20多间。

7月14日 日军放火焚烧潮阳县中央过街楼楼下两侧商铺。县团自卫中队17人据守中央孔溪楼（原名乡公所楼）顽强反击，弹尽粮绝，日寇劝降不受。至15日晚，炮楼被炸开，自卫队员被俘。后除一名自卫队员逃脱外，其余16人被日军以铁线穿掌心成串，押解至潮阳县和平桥尾山前龙空庵的东北山坡，自卫队郑荣光等14人被日军逐个剖腹或放狼犬咬死后丛埋。中队长郑会开、马瑞生两人被押囚于礐石，至23日屠杀于蜈田山麓。此役，抗日军民共死伤数十人。

7月19日 日军为打通广东南路干线，兵分三路进犯开平县赤坎镇。日军在赤坎镇南楼村遭遇抗日自卫队腾蛟团队的阻击。腾蛟团队副队长司徒煦率6名队员坚守赤坎镇南楼村，被日军围困于南楼。由于碉楼坚固，日军轰炸多次失败。战至25日晨，日军向南楼施放毒气弹，司徒煦等7人中毒昏迷而被捕。26日，被日军残杀。

7月19日至8月4日 日军从雷州湾撤退到恩平县，对圣堂乡（今恩平市圣堂镇）、夹水乡（今开平市大沙镇夹水村）、太平乡（今君堂镇太平村）、大槐乡（今大槐镇）、平安乡（今君堂镇平安村）等10余个乡进行"扫荡"，致使平民死亡72人，受伤24人，有729人被掳充作劳工，被抢物资无法计数。

7月20日 日军大举进犯曲江县李子园村、重阳村等村。一些群众被刺杀于街巷中，有45人被烧成焦炭，惨不忍睹。其中有陈维胜等8户全家灭绝；重阳村有韩亚胜等4人牺牲，王凤等8人在日军焚屋时被烧死。23日，日军进犯麻地埂村，全村粮食牲畜被抢被烧，有陈瑶妻等4人被烧死，陈志富被击伤。村庄被烧光，全村有50多户200多人无家可归。

9月3日 驻广州市日军炸毁海珠桥头的纺织厂的机器、物质，并炸毁河南工厂仓库3间，造成工人死亡30余人。广州和广州湾（今湛江市）的日军还将枪弹弄毁，并将大量物资抛沉海中。

9月16日 广州日军受降仪式在广州市中山纪念堂举行。

是年 日军在广州市区、郊区以及从南海、番禺、顺德、东莞等地抓来的人拉到广州黄埔的牛山集体屠杀，抛尸填坑。据不完全统计，埋身此处的多达近万人。

（林益 整理）

后　记

　　《广东省抗日战争时期人口伤亡和财产损失》一书是《抗日战争时期中国人口伤亡和财产损失调研丛书》的组成部分。经过编纂者长达数年的辛勤耕耘，现在终于出版了。

　　"抗日战争时期中国人口伤亡和财产损失"课题是中央党史研究室在全国范围组织开展的一项重大的调研项目。从 2006 年开始至 2009 年，广东省各级党史部门组织人员进行了关于广东省抗战时期人口伤亡和财产损失大规模的资料征集和社会调查工作。各级党史部门、党史工作者，以及参与这项工作的社会人士、专家学者，怀着对国家、对民族、对历史高度的责任感、崇高的使命感，克服了种种难以想象的困难，从山区到平原，从城市到乡村，从内地到港台，深入探研，顽强拼搏，最终完成了这一光荣使命，形成了洋洋大观的广东省抗战时期人口伤亡和财产损失调研成果，共 450 卷。这一丰硕的成果为本书的编纂出版奠定了坚实的基础。本书可以说是全省抗战损失调研成果的集中体现。

　　20 世纪三四十年代日本帝国主义对广东的侵略，曾给广东人民带来巨大的灾难和痛苦，造成巨大的人员伤亡和财产损失。这是一段久远而又难以忘却的悲惨历史。为全面反映这一历史真相，并让后人永远铭记历史，更加珍爱和平，我们从全省抗战损失调研成果中遴选出部分足具代表性和说服力的档案、文献、口述资料，并组织撰写了调研报告、专题、大事记等，编纂成书。透过这一组组历史资料、统计数据和历史照片，读者可以真切地感受到那段撼人心魄、难以忘却、令人悲愤的历史记忆。

　　广东省委党史研究室主要领导陈俊凤、杨汉卿、杨建伟高度重视抗损调研工作以及本书的编纂工作。分管领导陈弘君、李淼翔先后亲自领导并参与了本书的编辑工作，课题组成员林益、官丽珍、李秀珍、刘敏、魏法谱、张启良、孙莉娜分别参与了撰稿、编辑和校对工作，丁少红参与了档案查阅工作，中山大学王付昌、暨南大学张维缜两位老师承担了专题撰写工作。

　　本书在资料征集和编纂过程中，得到了广东省各级党史部门、档案部门、社会各界的支持和配合，得到了中央党史研究室原副主任李忠杰，以及李蓉、姚金果、杨凯等专家学者和同志们的热情指导和帮助，也得到了本课题三位顾问即广东省社会科学院研究员黄振位，华南师范大学教授左双文和广东省档案馆副馆长、研究馆员黄菊艳的大力支持，在此一并深致谢忱。

需要指出的是，本书的出版只是广东省抗战损失课题研究的阶段性成果。相信随着抗战损失史料的不断发掘和研究工作的继续深化，今后会有越来越多不同形式的研究成果面世。

广东省抗战损失调研课题组

2015 年 12 月

总 后 记

历时多年的《抗日战争时期中国人口伤亡和财产损失调研丛书》终于问世了。参加这套丛书编纂工作的，主要是承担《抗日战争时期中国人口伤亡和财产损失》课题调研任务的各省、自治区、直辖市及其下属市、县的领导同志和课题组成员，以及部分著名专家。他们以高度的责任心和使命感，竭尽全力，攻坚克难，终于完成了各自承担的任务，并按统一要求，形成了调研成果的 A 系列书稿。同时，有关省、自治区、直辖市还从实际情况出发，编纂了主要反映市、县调研成果的 B 系列书稿。由于各地情况不尽相同及其他原因，呈现在读者面前的丛书，将分批陆续完成和出版。

为了保证质量，我们对本丛书中由各省、自治区、直辖市完成的 A 系列书稿（即省级调研成果）实行了四级验收制，即：所有的省级调研成果，先由有关省（自治区、直辖市）课题领导小组及其聘请的省级专家验收组分别审读通过、写出书面意见；然后提交到中共中央党史研究室课题组。中共中央党史研究室课题组审读后，再聘请国内知名专家审读书稿，提出书面意见。对每次审读提出的意见，各省、自治区、直辖市课题组都认真研究落实，对书稿进行反复修改，或是说明相关情况，直到符合要求。由一批专家完成的 A 系列书稿（即带全局性的专门课题调研成果），也通过类似的办法验收。主要反映市、县调研成果的 B 系列书稿，则由有关省、自治区、直辖市党史研究室组织验收。各种调研成果验收修改的过程，同时也是调研的深化过程、提高过程。经过反复修改补充的成果，在质量上都有明显提高。

该课题的调研和编辑出版工作分两个阶段：

第一阶段从 2004 年启动到 2010 年部分成果出版。在这一阶段，中共中央党史研究室课题组在中共中央党史研究室室委会和分管室副主任的具体领导下开展工作。中共中央党史研究室几任主要领导同志即孙英、李景田、欧阳淞主任，非常关心和重视本课题调研工作的开展，室副主任李忠杰同志分管这项工作，第一研究部承担具体工作，各地同志和有关专家同中共中央党史研究室课题组保持密切联系，对中共中央党史研究室课题组的工作给予了积极配合和支持。

第二阶段从 2014 年 1 月重新启动此课题至今。2014 年 1 月，中央领导同志对"抗损"工作作出重要批示，要求我室重新启动"抗损"课题。在此前后，曲青山主任主持全室工作，并直接分管第一研究部的工作，尽管李忠杰副主任已不再担任副主任职务，室委会仍全权委托李忠杰同志对《抗日战争时期中国人口伤亡和财产损失调研丛书》的宣传出版负总责。室委会高永中副主任、冯俊副主任对此工作也给予积极的指导和帮助。

在曲青山主任的关心指导下，在李忠杰同志的领导和具体部署下，在一部主要负责同志蒋建农的主持下，课题组自 2014 年年初起，围绕进一步提高书稿质量和尽快全部推出该套丛书，全力以赴，做了多方面的努力。

2015 年年底，曲青山主任口头明确由张树军副主任代表室委会负责主持"抗损"书稿的编辑修订出版等后续工作。2016 年 3 月 2 日，室委会正式明确由张树军副主任代表室委会全权负责"抗损"课题出版工作。

中共中央党史研究室课题组由李忠杰、霍海丹、李蓉、姚金果、李颖、王志刚、王树林、杨凯同志组成。先后担任中共中央党史研究室第一研究部领导职务的黄修荣、刘益涛同志参与了课题调研部分工作。中共中央党史研究室科研管理部、办公厅的部分同志也参与了有关工作。特别是在北京市和山东省召开的两次全国性会议，中共中央党史研究室科研管理部、办公厅的有关同志自始至终参与了繁忙的会务工作，付出了大量心血和辛勤劳动。

中共中央党史研究室课题组承担了组织指导与协调推进各地课题调研和联系有关专家完成全局性专题调研的繁重任务。在人手十分有限的条件下，课题组同志们近十年如一日，以对民族负责、对历史负责的自觉精神，克服困难，埋头苦干，为圆满完成任务做了大量工作。计先后编发213期达60多万字的《工作简报》，同各省、自治区、直辖市的同志和有关专家进行了数以千万次的电话联系及当面沟通，先后到10多个省、自治区、直辖市实地调查、参加会议，了解情况，当面指导，协助各地完成调研工作，或邀请有关地方的同志到北京进行座谈；还组织22个省、自治区、直辖市课题组编纂《抗日战争时期全国重大惨案》，同中央档案馆联合编辑《抗日战争时期解放区人口伤亡和财产损失档案选编》，同中国第二历史档案馆、中国人民解放军档案馆联合编辑其馆藏的相关档案资料，撰写有关专题报告，等等。将近10年来，课题组成员虽有变动，但工作始终如一，没有延误和懈怠。

需要说明的是，《抗日战争时期中国人口伤亡和财产损失》课题，有时也简称为抗战损失课题或抗损课题。虽然有学者认为"抗战损失"或"抗损"通常只能反映抗日战争中财产方面的损失，人口伤亡不能称作损失，但考虑到当年国民政府习惯采用"抗战损失汇报"或"抗战中人口与财产所受损失统计"等表述，所以本课题参照前例，以"抗战损失"或"抗损"作为课题简称。

2014年初，根据中央领导同志的指示精神和中共中央党史研究室室委会关于做好出版和对外宣传全国抗战损失课题调研成果准备工作的要求，我们组织部分省、自治区、直辖市的分管领导和课题组成员对已经印出样本的 A 系列书稿再次进行复审和互审，并邀请部分承担了抗战损失专题调研任务的专家参加审稿工作。这次集中复审和互审的主要任务是：审核已经印出样本的 A 系列书稿，对相关数据、史实严格把关，保证课题调研结论的真实性，保证书稿没有重大差错。中共中央党史研究室主要领导同志和分管领导同志也提出要求：把工作做得再深入、再扎实一些，统一规范，责任到人，把问题消灭在书稿正式出版之前。

在复审和互审过程中，地方同志和邀请的专家以多种形式及时沟通，围绕审稿发现的问题研究讨论，和中共中央党史研究室分管领导进行交流，对一些重要的共性问题达成一致。经过复审和互审，对有关的 A 系列书稿做出进一步修改。在此基础上，中共中央党史研究室课题组同志又对拟第一批出版的每一部 A 系列书稿进行多环节的审读、检查、修改、校对，严格审核把关，尽可能如实、客观地反映调研情况和成果。

中共中央党史研究室的其他同志及一些外聘同志、从地方党史部门借调的同志，如徐玉凤、谢忠厚、杨延力、郭明泉、戴思厚、王俊云、梁亿新、宋河星、毛立红、王莹莹、茅永怀、庾新顺、李蕙芬同志等，满腔热情地参加了本课题调研的部分工作。不论是调研选题的讨论、同有关各方的联络，还是资料的整理、归类、建档等，他们都付出了辛勤的劳动。还有不少领导和同志对课题调研给予了关心和帮助。

这里，还要特别感谢国家社会科学基金规划办公室、国家新闻出版广电总局有关领导和同志对本课题调研工作的支持和帮助，感谢有关部门对丛书出版经费的支持和保证。中共党史出版社的领导汪晓军以及陈海平、姚建萍等同志，也为这套丛书的出版花费了很多心血。

我们相信，本丛书 A 系列和 B 系列各卷的陆续公开出版，必将大大有助于抗战损失课题调研成果的推广利用，有利于固化历史，更好地发挥以史为鉴、资政育人的作用。但是，我们也深知，本课题调研迄今所取得的成果，还只是阶段性的、部分的、不完全的成果。在已经取得的来之不易的成果的基础上，今后，这一课题的调研工作还要深入不懈地继续进行下去。

中共中央党史研究室课题组

2016 年 8 月 19 日